从战略制定到产品上市

——集成产品开发（IPD）应用实践

王四海 ◉ 著

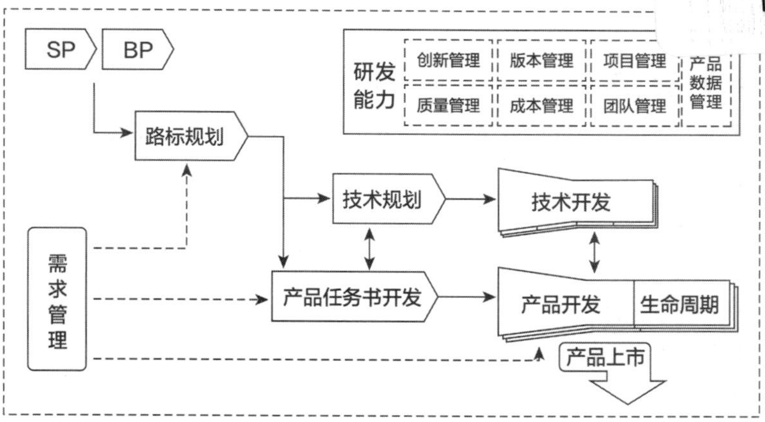

FROM STRATEGY FORMULATION TO PRODUCT LAUNCH

—Application Practice of Integrated Product Development (IPD)

企业管理出版社
EMPH ENTERPRISE MANAGEMENT PUBLISHING HOUSE

图书在版编目（CIP）数据

从战略制定到产品上市：集成产品开发（IPD）应用实践 / 王四海著 . — 北京：企业管理出版社，2023.2（2026.1 重印）

ISBN 978-7-5164-2810-8

Ⅰ . ①从…　Ⅱ . ①王…　Ⅲ . ①产品开发　Ⅳ . ① F273.2

中国国家版本馆 CIP 数据核字（2023）第 008687 号

书　　名：从战略制定到产品上市——集成产品开发（IPD）应用实践
书　　号：ISBN 978-7-5164-2810-8
作　　者：王四海
策划编辑：侯春霞
责任编辑：侯春霞
出版发行：企业管理出版社
经　　销：新华书店
地　　址：北京市海淀区紫竹院南路 17 号　　邮编：100048
网　　址：http://www.emph.cn　　电子信箱：pingyaohouchunxia@163.com
电　　话：编辑部 18501123296　　发行部（010）68701816
印　　刷：三河市荣展印务有限公司
版　　次：2023 年 2 月第 1 版
印　　次：2026 年 1 月第 3 次印刷
开　　本：787mm × 1092mm　1/16
印　　张：19.75 印张
字　　数：415 千字
定　　价：89.00 元

推荐序一

今天四海同我联系，希望我写一个序言。面对如此重任，我只好勉为其难、战战兢兢写个推荐。

同四海在华为共事了不短的时间，一直认为四海是敏于行而讷于言。当打开《从战略制定到产品上市》这本书，听了四海给我的介绍后，我才知道四海经过一段时间在非洲市场的锤炼后，已经是敏于行而善于言，更是长于思。

本书是四海长期的理论学习和实践完美结合的产物。本书框架设计完善、丰富，逻辑清晰，结构严谨，理论方法深刻，并结合作者在众多知名企业的工作经验及对集成产品开发（IPD）领域的理解，以大家日常使用的智能手机为例，介绍利用 IPD 方法，逐步将一个 IDEA 演变成产品并上市销售的全过程，清晰明了地给大家呈现了 IPD 流程的全貌。本书是目前市面上难得的理论结合实际地解读 IPD 的著作，力荐大家详细阅读和共同探讨。

对于 IPD，我个人的理解是它是理念和工具、方法论，不要将它想象成包治百病的神药，避免因盲从或教条而走弯路。

华为技术有限公司前安防事业部第一任总经理　邢练军

推荐序二

从战略制定到产品上市是一个高科技产品研发企业的核心流程，是最需要好好研究和管理的课题。从战略构想到战略规划、战略解码，再到产品成功上市，中间要经历的磨难就像一场长征，稍有不慎就会折戟沉沙。集成产品开发，也就是业界鼎鼎大名的 IPD 流程，就如同在茫茫大海中的指南针，指引团队走向成功的彼岸。

市面上谈 IPD 的书籍很多，四海这本书花费了大量心血，是过去长期工作实践和观察的总结和沉淀，是对从战略规划、战略解码，到产品开发落地的实战的总结。本书不是空谈理论、方法论、流程框架，而是在理论和方法的基础上，结合实战案例，辅助读者理解背后的“理”，能够指引各级管理者从认知走向落地，达到知行合一。

业界有很多企业在学习和推行 IPD 流程，我听闻有些企业在推行中深陷窠臼，遭受损失，令人扼腕叹息。本书难能可贵的是，能够跳出 IPD 理论框架，给出在不同组织中如何灵活运用，避免僵化执行的参考指引，避免企业组织陷入庞杂的 IPD 框架中不能自拔。

非常荣幸能够为四海的这本书做推荐，也衷心希望研究和实践 IPD 的读者能够从中获益。

昂楷科技董事长
前华赛安全产品线研发部长，综合接入产品线 LPDT　刘永波

推荐序三

我认识四海的时间并不是很长，这次四海出书来找我写序，我感觉既在意料之外，又在情理之中。

四海是一个很有积累的人，而且很重视对所处行业发展的研究与洞察。这本《从战略制定到产品上市》试图回答很多企业关心的“如何做产品”实现高质量发展这一核心问题。本书整体框架完整、结构严谨、逻辑清晰，并结合作者自身对IPD理论体系的理解及在多家知名企业的工作经验，以智能手机产品研发为例，介绍使用IPD方法，逐步将一个IDEA演变成产品并最终上市销售的全过程。

书中不少观点对我们正在进行的产品体系规划与研发工作也很有启发。比如，如何跨越产品战略制定到执行过程中存在的巨大鸿沟。这是一个跨越产品全生命周期的问题，需要战略上下对齐，解决商业计划书从制定到执行时宏观形势发生变化的问题。又如，共用构建模块如何抽取与运维的问题，如何使用平台化的思想减少重复建设、缩短开发周期的问题，如何平衡平台化部分和差异化需求的问题。再如，在市场方面，如何提供营销工具，如何开展营销赋能，如何开展销售通路的拓展，等等。

成功总是留给有准备的人。而所谓准备，就是在不考虑天时地利的条件下，优先做好理论准备，同时通过实践不断深入迭代和优化，这样，好的产品就会在时机“对”的时候应运而出，成为“爆品”。

书中提到了很多分析方法和工具，有些内容估计是由于篇幅限制还没有完全展开，但对读者已能产生一定启发，当然，也有必要再进一步深入研究分析。我们期待四海的下一部大作能够沿着这个思路继续给大家传道解惑。

科技部科技支撑计划课题技术负责人
核高基重大专项课题技术负责人
周献民
于2022年国庆节前夕

序　言

本书主要面向希望了解和使用集成产品开发（IPD）的产品经理、研发项目经理和流程经理，旨在帮助读者理解集成产品开发（IPD）的理论和具体应用。

集成产品开发（IPD）给企业带来的最大价值是“降本增效”，通过集成产品开发（IPD）可以提升企业的运营效率、产品质量、竞争力，降低企业的沟通成本、决策成本和试错成本。

- 通过标准的结构化流程，让企业的每一个员工都清楚在什么时候做什么事情、达到何种目标、满足什么样的质量要求，使得企业像一个巨大的机器，所有零部件都按照预定的规则和流程高效协同运作，从而有效降低企业内部沟通的复杂度，降低企业的沟通成本。
- 通过合理的授权与决策机制，使得问题能够在合适的层级由合适的人进行决策，确保决策时决策者能够获得足够的有效信息，及时做出最优的决策，避免层层审批带来的低效决策问题，降低企业的决策成本。
- 通过有效的方法论的支撑，例如，市场洞察、市场管理、创新管理等方法，帮助企业寻找新的机会，并提前发现问题和风险，降低企业的试错成本。

根据国际著名的 PRTM 咨询公司的统计，通过成功实施集成产品开发（IPD），能给企业带来以下好处：

- 产品投入市场的时间缩短 40%~60%；
- 产品研发浪费减少 50%~80%；
- 产品研发生产力提高 25%~30%；
- 新产品收益（占全部收益的百分比）增加 100%。

在国内，集成产品开发（IPD）首先由华为从 IBM 引入，随后逐步被众多企业接受和采用，目前有上百家企业正在使用这套工程方法，包括华为、中兴、烽火、美的、海康威视等。其中，华为在集成产品开发（IPD）的建设和推广上最为成功，几乎成为集成产品开发（IPD）的代名词。

本书是一本通俗介绍集成产品开发（IPD）的书，从工程和流程的角度，描述集成产品开发（IPD）的理论和方法，介绍集成产品开发（IPD）的具体运用，适合研发管理、产品管理、流程管理等相关人员阅读。

案例选择的缘由

为了方便读者理解集成产品开发（IPD），本书以一家手机制造商为例，以手机产品管理为主线，详细介绍如何利用集成产品开发（IPD）的工程方法，分析企业经营的目标差距、制定企业的战略、寻找创新机会、收集市场需求、进行路标和产品规划、完成产品开发，最终推动产品上市销售（Go-to-Market）。

本书中的案例均为虚构，如有雷同，纯属巧合。实际的手机研发过程中可以有其他更合适的方法，本书不做讨论，希望读者不要误解。

选择智能手机为例，主要是因为当前几乎每个人都有智能手机，绝大部分人都能够轻松理解智能手机的功能，进而方便读者理解集成产品开发（IPD）的方法。当然，这并不是强调智能手机研发必须按此流程运作。

智能手机主要由软件和硬件两部分组成，具体如下。

- 硬件部分主要包括主板、CPU、内存、存储卡、屏幕、电池、话筒、扬声器、天线、传感器、电源适配器等部件。
- 软件部分主要包括操作系统（Android、iOS）、通话、短信、时钟、照相机、录音机、网页浏览器、媒体播放器、应用市场等特性。

案例背景

案例中的企业是一家传统的非智能手机制造商，面向国内用户销售非智能手机，该企业具有完整的非智能手机设计和制造能力。由于技术的进步、客户需求的变化，非智能手机市场在不断萎缩，因此，该企业计划转型研发和制造智能手机。以此为背景，该企业利用集成产品开发（IPD）的思想和工具，进行新的智能手机的研发，支撑企业转型。

战略制定：通过使用 BLM 方法，确定企业新的愿景为“聚焦行业客户，为客户提供定制化的智能手机，成为行业定制化智能手机的领导者”，同时制定了企业的战略。参见第 2 章“从战略制定到执行”的战略制定部分。

战略展开：通过使用 BEM 方法，确定企业当年的重点工作，包括开发一款行业定制化智能手机、开发 10 个重点行业大客户、建设直销渠道等。参见第 2 章“从战略制定到执行”的战略展开部分。

需求管理：通过与行业客户进行需求沟通和业务对标，深入理解客户的业务，收集客户的需求，并进行需求分析、分发、实现和验证。参见第 3 章“需求管理”。

产品规划：使用市场管理（MM）方法，按行业对市场进行细分，并对细分市场进行排序、选择和业务设计，最终确定产品的路标规划（Roadmap）和任务书（Charter）。参见第 4 章“产品规划管理”。

产品设计与实现：成立产品开发团队（PDT），按照 IPD 开发流程的指导，采用规模化敏捷方法进行软件开发，采用瀑布模型方法进行硬件开发；并行同步启动市场、采购、制造、服务等职能部门的工作，确保产品在预计的时间内高质量地发布。参见第 5 章“产品设计与实现”。

技术规划与实现：通过对企业内所有的手机型号进行分析，提取通用公共模块（CBB），规划手机硬件平台和软件平台，启动平台和技术开发，提升企业系列化产品的开发效率。参见第 6 章“技术规划与实现”。

产品上市：在产品设计和开发的同时，同步启动市场营销工作，包括营销工具包开发、产品定价、早期市场推广、早期客户寻找等。当产品达到上市发布要求后，开始大规模批量生产备货，启动产品上市销售工作，确保上市即上量。参见第 7 章“产品上市与生命周期管理”。

生命周期：产品上市后，成立生命周期管理团队（LMT），负责产品问题的修复、软件补丁的发布等工作，并持续经营产品。当企业发布新产品后，启动老旧产品退市工作（EOX），将市场切换给新产品。配合产品开发和技术开发，在企业内形成“**预研一代（TDT）、开发一代（PDT）、销售一代（LMT）**”的三代产品持续滚动的格局，确保企业持续保持竞争力。参见第 7 章“产品上市与生命周期管理”。

书中的主要章节都包含现状问题、理论方法、应用实践、常见问题等内容，笔者尽量通俗、全面地介绍集成产品开发（IPD）方法，希望抛砖引玉，能够给大家的工作带来一定的启发和帮助。

王四海

2022 年 8 月

目　　录

1 集成产品开发（IPD）概述

本章是关于集成产品开发（IPD）的总体描述，包括集成产品开发（IPD）的来源、主要组成部分、核心思想和常见的工具方法，方便读者对集成产品开发（IPD）形成一个总体认识。后续各章节将依次对集成产品开发（IPD）中的各个组成部分展开详细讨论。

本章核心内容

- 集成产品开发两大组成部分：做正确的事情、正确地做事情。
- 集成产品开发的核心思想：市场重组、产品重组、流程重组。
- 常见工具和方法：系统全面的客户需求分析、项目和管道管理、优化投资组合、基于平台的并行和重用模式、结构化流程、跨部门的团队、基于衡量标准的评估和改进、有活力且职业化的人才梯队。

1.1 集成产品开发（IPD）简介

1.1.1 什么是集成产品开发（IPD）

集成产品开发（IPD）的思想来源于美国 PRTM 公司的 PACE 理论（参见 2004 年上海科学技术出版社出版的《培思的力量：产品及周期优化法在产品开发中的应用》），PACE 是产品及周期优化法（Product and Cycle-time Excellence）的简称。在这套理论中，详细描述了业界最佳的产品开发模式所包含的各个方面，其经过 IBM 公司的实践，形成了集成产品开发（IPD）方法。

截至目前，集成产品开发（IPD）已发展成为一套包含企业产品开发的思想、模式、工具的系统工程。经过多年的发展，当前集成产品开发（IPD）的管理体系基本如图 1-1 所示。

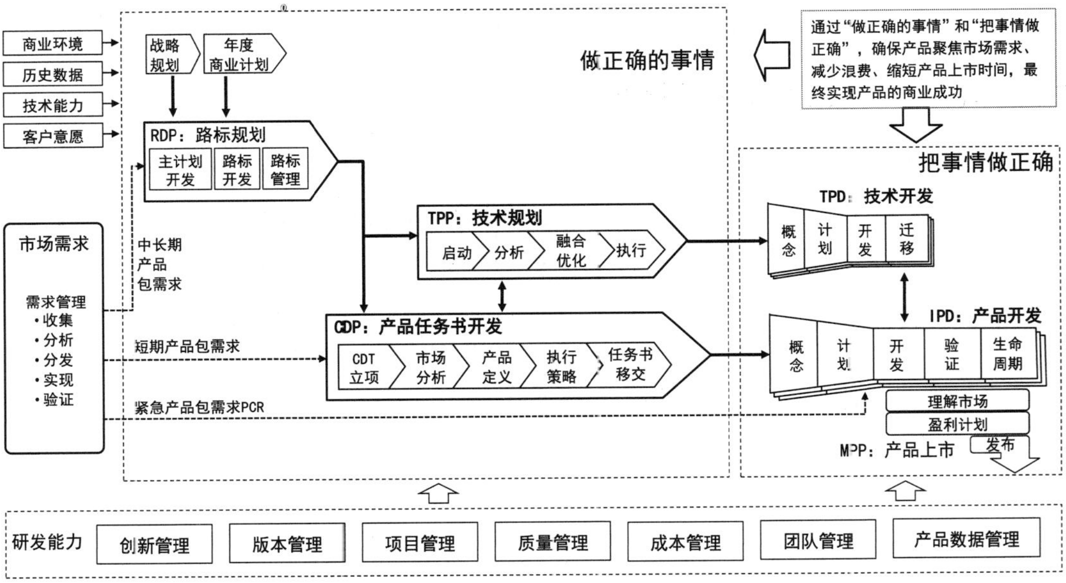

图 1-1 集成产品开发管理体系

在集成产品开发（IPD）的管理体系中，通过“做正确的事情”确保产品聚焦市场需求，通过“把事情做正确”提高效率、减少浪费、降低成本，确保产品符合市场要求。两者结合，最终实现产品的商业成功。

- **做正确的事情**：以客户为中心，通过一系列的方法，挖掘客户的需求，围绕商业成功进行投资组合管理，规划出具有竞争力的产品，帮助客户解决问题。
- **把事情做正确**：根据产品的规划，按时、按质、按量地完成产品开发，并准确地交付给客户，帮助客户创造价值，从而实现产品的商业成功。

集成产品开发（IPD）管理体系由一系列业务活动组成，接下来对这些业务活动进行简单的、概括性的描述，各业务活动的详细描述参见后续具体章节。各业务活动如下。

- **战略规划（SP）**：指企业或产品线未来3~5年的规划，包括企业未来3~5年的目标、业务计划、财务计划等。例如，未来5年企业要成为中国高端智能手机市场的行业领导者，完成1000万台高端智能手机的销售，实现销售收入500亿元。
- **年度商业计划（BP）**：指企业或产品线未来1年（12个月）的执行计划，包括为实现企业战略规划（SP）所需要完成的关键任务、组织结构、人才结构、文化氛围等。例如，为达成企业的战略目标，本年度需要构建智能手机研发和制造能力，建设1000人的手机研发团队，完成1款高端智能手机的研发，发展100家渠道合作伙伴等。
- **产品路标规划**：指产品或解决方案的发展方向和中长期规划，即在什么时候推出什么样的产品、版本或特性，从而有节奏地满足客户的期望。例如，根据企业的战略规划，计划未来3年内每年推出1款高端智能手机，不断提高智能手机的拍照能力、运算能力和网络访问速度，提升客户体验，满足客户的需求。
- **产品任务书开发**：任务书是产品或版本的商业计划书。为了区别于年度商业计划（BP），在本书中将产品或版本的商业计划书统称为任务书（Charter），指的是产品规划团队根据产品构想开发的产品开发合同和商业计划，用于寻找合适的产品开发团队进行产品开发。例如，针对第1款高端智能手机，明确该智能手机的商业计划，输出任务书（Charter），包括产品形态、功能、性能、上市时间、营销策略、销售预测、服务策略等。
- **需求管理**：通过深入理解客户的业务，收集客户的需求，并进行需求分析、分发、实现和验证。需求管理是集成产品开发（IPD）非常重要的组成部分，集成产品开发（IPD）的一切活动都是为了满足客户的需求。
- **产品开发**：根据产品任务书（Charter）的指导和要求，完成产品的设计、开发、验证和发布等工作，主要阶段包括概念、计划、开发、验证、发布。
- **产品上市**：根据产品任务书（Charter）的指导和要求，为了保证产品上市销售而做的一系列准备工作。例如，上市计划的制订、营销工具包的开发、产品的定价、产品配置工具的开发、种子客户验证等。
- **产品生命周期管理**：指的是产品上市销售后，为了保证产品能够持续大规模销售而做的一系列性能提升、质量改进、用户体验优化、产品运营等工作。同时，当产品无法满足客户需求、缺乏市场竞争力时，还需要及时进行产品退市。
- **技术规划**：通过技术洞察分析技术发展趋势，确定企业需要建设的产品平台，明确企业需要获取的关键技术，确保产品开发过程中有功能强大的平台、成熟的技术可以使用，从而提高产品开发的效率，降低产品开发的风险。
- **技术开发**：根据技术规划的指导和要求，遵照技术开发流程，开发产品平台和关键技术，主要开发阶段包括概念、计划、开发、迁移。

- **能力建设**：为了提高研发效率而做的一系列能力建设工作，包括创新管理、版本管理、成本管理、质量管理、团队管理等。

1.1.2　传统企业产品开发中的问题

对于一些传统企业，在产品研发和设计上通常会存在一些常见的问题，具体如下。

- 没有以客户为中心，没有深入分析客户的需求，没有从客户的需求出发开发和设计产品。产品经理习惯于模仿竞争对手的产品，最终结果是企业一直在追赶竞争对手，但从未实现超越，始终研发不出爆款产品。
- 企业内各职能部门独立运作，导致存在比较大的协作问题。例如：
  - √ 设计师设计出炫酷的方案，但由于硬件性能跟不上，研发工程师无法实现；
  - √ 硬件工程师完成硬件设计，但制造的时候却发现物料无法采购、无法量产；
  - √ 研发工程师为了追求物料成本最优，在不同产品上选择了大量低成本、不同型号的元器件，但是由于每个型号的采购量并不大，采购的时候并不能获得最优价格，制造的时候又因为物料过于复杂而导致生产工序复杂、质量不稳定，售后服务部门也因为质量不稳定而被客户反复投诉。
- 企业内多条产品线之间相互竞争。各产品线重复造轮子，经验没有得到充分共享，同样的问题在中端系列产品上出现过以后，在低端系列产品上可能还会再出现一遍，导致资源严重浪费，研发效率非常低。

总体来说，产品成功的确定性比较差，成功看运气和个人能力，而非组织的能力。

1.1.3　集成产品开发的核心思想

为了提高和发挥组织的能力，避免过于依赖个人能力和运气，从而大幅度提升企业整体的产品商业成功概率，企业需要从市场、产品和流程三个角度进行业务重组。因此，集成产品开发（IPD）的核心思想包括市场重组、流程重组和产品重组，如图1–2所示。

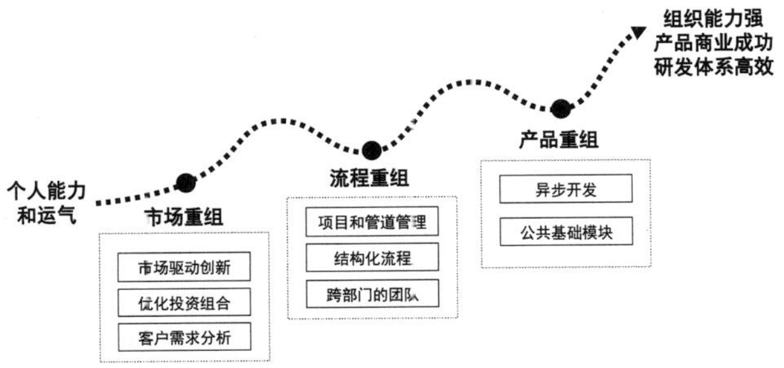

图 1–2　集成产品开发的核心思想

市场重组：以客户需求为核心进行产品的规划和设计，优化投资组合。通过市场驱动产品开发和创新，确保企业开发的产品都能够解决客户实际的痛点和问题，为客户带来价值，被市场广泛接受，能够实现上量销售，从而实现商业成功，而不是闭门造车。

流程重组：基于企业的业务流程，重构企业的产品研发流程，建设流程型组织，让产品的研发过程犹如水在河道中流淌一样顺畅，持续稳定地产出价值。例如，建立战略流程、市场管理流程、产品开发流程、技术和平台开发流程，以及与流程匹配的跨部门的团队、项目管理体系和 IT 支撑系统。

产品重组：为了避免产品线之间无意义的竞争，并充分利用企业的内外部资源，实现企业内部经验的最大化共享，提高企业生产效率，企业需要对所有的产品进行分析、识别，抽取公共组件和能力，建立共用构建模块（Common Building Block，CBB）和产品平台，形成产品货架，并在 CBB 和平台的基础上进行异步开发，避免各产品线重复造轮子。

1.1.4　常见的工具和方法

为了建设高效的研发体系，结合业界的先进经验，相关研究者在集成产品开发（IPD）中引入了一系列的工具和方法。通过运用这些成熟的工具和方法，将有助于各业务活动高效率、高质量地开展。主要的工具和方法如图 1–3 所示。

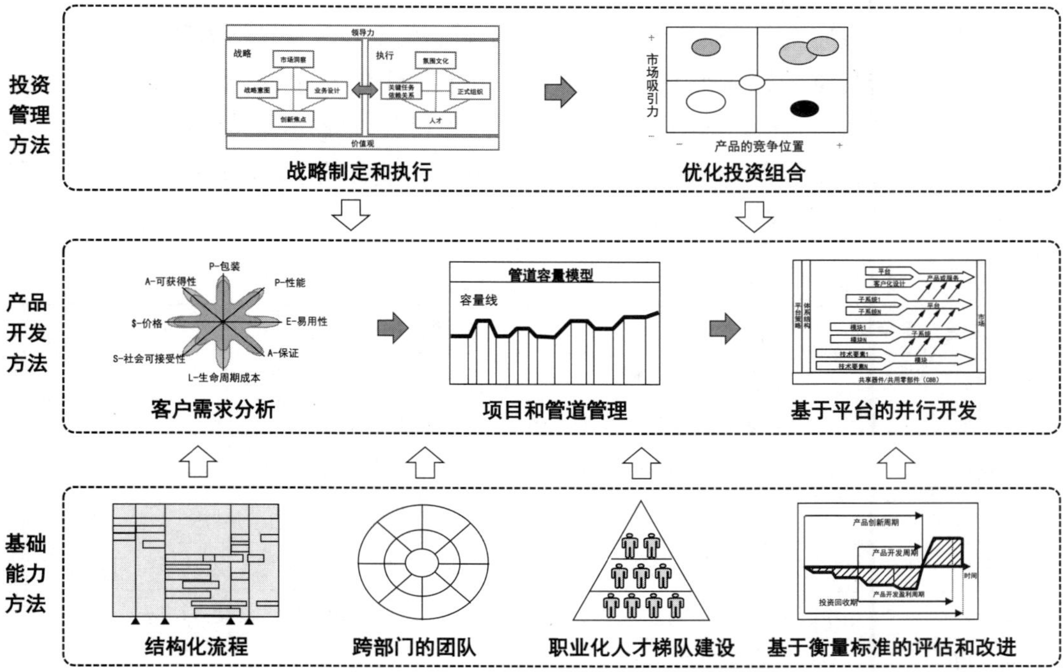

图 1–3　集成产品开发常见的工具和方法

主要的工具和方法解释如下。

- **战略制定和执行**：通过战略制定和执行的方法，帮助产品线明确战略方向，确定投资方向，梳理年度关键任务和重点工作，为商业成功奠定基础。

- **优化投资组合**：产品开发是投资行为。通过优化投资组合，优先投资高价值、低风险的产品和项目，从而提高整个企业的投资收益水平、降低风险，支撑企业战略目标。
- **客户需求分析**：基于市场需求分析，开发给客户带来最大价值的需求，提高企业的研发效率，持续保持企业竞争力。
- **项目和管道管理**：通过分析管道容量和设立项目优先级，合理规划项目开发计划，避免资源需求剧烈波动，确保研发能够持续稳定地产出，提高研发计划完成率。
- **基于平台的并行开发**：进行技术与产品分离，抽取共用构建模块（CBB），开发产品平台，在产品平台的基础上，快速、连续地推出产品系列。
- **结构化流程**：按阶段分解研发活动，并对每一个阶段逐层展开，直到展开后的每个任务都可以由单一团队高质量地完成，从而确保每个任务都能够得到合理执行。
- **跨部门的团队**：在产品开发过程中，通过组建跨部门的团队，并进行产品设计，充分发挥各职能部门的专业能力，形成专业的设计方案，尽早发现工作中的问题，避免后期返工，确保产品的竞争力。
- **职业化人才梯队建设**：企业是由人才组成的，有活力的职业化人才是企业最大的财富，应通过建设职业化的人才梯队，确保企业持续保持活力和竞争力。
- **基于衡量标准的评估和改进**：通过度量获取基线数据，基于数据对企业能力进行有效评估，并在此基础上制订改进方案和计划，推动组织持续进步。

为了方便理解，笔者按照集成产品开发（IPD）的业务活动，对这些主要的工具和方法做了一个汇总，如表 1–1 所示，后续章节将按业务活动逐个介绍各工具和方法。

表 1–1 集成产品开发主要工具和方法清单

关键业务活动	主要工具和方法
战略规划（SP）	业务领导力模型（BLM）、SWOT、战略地图、VDBD 等
年度商业计划（BP）	业务战略执行模型（BEM）、战略地图等
产品路标规划	市场管理方法（MM），包含一系列投资组合方法的运用
产品任务书开发	市场管理方法（MM），包含一系列投资组合方法的运用
需求管理	需求分析方法，包括 $APPEALS 方法、Kano 模型、设计思维等
产品开发	结构化流程、基于平台的并行开发、瀑布模型、敏捷方法等
产品上市	4Ps 理论、4Cs 理论、STP 理论
产品生命周期管理	产品生命周期理论
技术规划	市场管理方法（MM），包含一系列投资组合方法的运用
技术开发	结构化流程、瀑布模型、敏捷方法等
能力建设	基于衡量标准的评估和改进、职业化人才梯队建设、跨部门的团队等

1.2 集成产品开发实践准备

为了更好地推广和使用集成产品开发（IPD），让集成产品开发（IPD）能够尽最大可能地发挥其作用，企业可以做一些准备工作，具体如下。

首先，针对集成产品开发（IPD）开展一些基础赋能培训，介绍集成产品开发（IPD）的核心思想、主要业务活动和常见工具，让员工对集成产品开发（IPD）有一定的认知，开阔视野、拓展思路。同时，还可以找一些在集成产品开发（IPD）领域有过实践经验的同事或咨询机构，分享业界先进企业的成功经验，与企业内专家一起分析和总结企业当前遇到的问题和优秀实践，并结合企业当前的情况，择其善者而从之。当然，最重要的是需要大家开放心态、拥抱变化。

其次，准备一个资料库，保存工作中产生的过程文档，便于员工统一访问、相互分享和交流经验。资料库主要包括的内容如下。

- 市场洞察：存放市场分析和洞察相关文件。
- 战略规划：按时间存放战略规划（SP）和年度商业计划（BP）相关文件，SP 和 BP 建议每年更新一次。
- 路标规划：按时间存放路标相关文件，路标文件建议每季度更新一次。
- 任务书开发：按项目和开发阶段存放产品任务书（Charter）开发相关的产出物。
- 需求管理：收集和整理市场需求，保存需求相关分析过程文件。
- 研发项目：按项目和开发阶段存放研发过程文档。
- 上市材料：按产品保存上市文档，如宣传海报、投标建议书等。
- 流程规范：存放流程相关的参考文档，具体如下。
  - √ IPD 基础：收集整理一些关于 IPD 的资料，如培训资料、模板等。
  - √ 编码规范：存放编码规范，如 Java 编码规范。
  - √ 架构规范：存放架构设计规范，如硬件架构设计规范等。
  - √ 版本规范：存放版本发布规范，如版本命名规则、质量要求等。
- 参考资料：存放外部参考资料。

最后，如果企业正式确定需要进行研发变革，建设规范的研发体系，提升研发能力，那么，可以参照第 10 章“研发变革管理”的内容，将研发变革当成一个产品来开发，通过严格的变革流程，确保变革成功，降低变革的风险。

1.3 常见问题探讨

1. 集成产品开发（IPD）只适合大企业吗?

首先，没有一种流程和方法能够满足所有企业的需求，企业需要根据自身的商业模式、价值链的长度、合作伙伴的能力和企业自身的能力，选择合适的流程和方法。

通常在商业模式复杂、价值链长、合作伙伴众多等情况下，集成产品开发（IPD）更能发挥其优势。

其次，对于大企业来说，特别是制造型的企业，非常适合采用集成产品开发（IPD）方法。因为集成产品开发（IPD）不仅仅是一种研发思想，更是一个完整的系统工程，包含大量工具、模板和指导等，可以根据企业实际情况优化后在企业内部推广。

最后，对于创业型的小企业，虽然不能完全照搬集成产品开发（IPD）的所有内容，但是集成产品开发（IPD）的思想、方法、工具都具有借鉴意义。举例来说，对于一个新的创业项目，通过“五看”方法了解当前的市场环境，通过4W2H方法初步想清楚当下的创业目标和商业计划，总是有好处的。

2. 企业什么时候适合推行变革?

首先，唯一不变的就是变化。社会在进步、技术在发展、管理经验也在不断更新，如果企业故步自封，不去改变，那就可能跟不上时代的发展，逐渐丧失竞争力，最终会被大环境逐步淘汰。

其次，在任何需要的时候，只要条件合适，业务发展有需要，企业都可以进行变革。只有持续不断地调整和优化，才能让企业保持持久的竞争力。

最后，变革最好的时机是企业高速发展的阶段。通过变革，可以为企业长远的发展做好准备。同时，由于企业在高速发展，变革给每个人都能带来新的机会和挑战，变革推行的阻力会相对较小。相反，当企业经营困难的时候，变革可能会带来一定损失，此时推行变革，就会有不少员工心存担忧，因此，变革推行的阻力就变得相对较大。

3. 集成产品开发（IPD）的目的是确保研发成功吗?

首先，在集成产品开发（IPD）中，产品开发是一种投资，目的是通过产品研发实现商业成功，而不是研发成功。研发项目需要按阶段进行评审、决策和投入，当研发项目不能满足商业目标和市场需求的时候，需要及时变更和终止。

其次，从产品实现的角度看，产品的研发可以通过很多不同的方式来实现，例如，组建研发团队自主研发、研发外包、技术采购、产品转售、产品合作等。在实践过程中，对于大部分创业企业而言，可以先通过产品和技术合作，快速推出新产品和方案，满足客户的需求，占领市场；随后，针对关键技术和产品组建自己的研发团队，自主研发关键技术，生产核心产品，从而降低运营成本和风险，逐步构建企业的核心竞争力。

4. 集成产品开发（IPD）与敏捷开发方法不兼容吗?

集成产品开发（IPD）与敏捷开发方法并不冲突，只不过二者期望解决的问题和目的不同。

- 敏捷开发方法是一种软件开发方法，与瀑布模型等开发方法类似，主要目的都是解决软件开发的效率和质量问题。也有企业尝试在硬件开发上使用敏捷方法，有兴趣的读者可以查阅相关资料进行了解。

- 集成产品开发（IPD）需要解决的是如何确保产品商业成功的问题。即：通过一系列的市场分析和管理活动，规划产品的路标，并设计出合适的商业计划，牵引产品开发，实现商业成功。

因此，集成产品开发（IPD）与敏捷开发方法可以做到相互兼容、相互补充，敏捷开发方法与瀑布模型开发方法一样，都可以在集成产品开发（IPD）中视情况合理使用，并不冲突。业内有很多企业在这方面做了充分的实践。

在本书 5.2 章节“产品开发方法”中，会提到集成产品开发（IPD）如何与敏捷开发方法进行融合。

5. 集成产品开发（IPD）与项目管理（PMP）有关系吗?

首先，集成产品开发（IPD）的每一个业务活动都是按项目运作的，例如，路标规划、任务书开发、产品开发等。理论上，这些业务活动都可以参照 PMP 的指导来运作。

其次，PMP 是一个通用的项目管理方法，但对于具体的业务和问题，没办法给出具体的方法指导，否则，PMP 就成了一本百科全书。

因此，在具体的业务活动中，为了更直接、更有效地指导工作，比较好的方案是将 PMP 的方法具体化、实例化。例如，将项目过程中的输出件进行模板化，并开发相应的指导文件，让每一个员工都能够按照流程方法的指引，顺利完成工作，确保项目运作更高效。

具体内容可参见本书 8.6 章节的详细描述。

2 从战略制定到执行

本章主要介绍企业战略相关的内容，包括战略的整体框架、战略制定、战略展开，以及战略制定和展开中使用到的具体方法。

本章核心内容

- 市场洞察：通过“五看”方法，明确当前的市场环境和驱动力，寻找企业的机遇和风险。
- 战略制定 BLM 方法：从企业的目标差距出发，经过市场洞察、战略意图和创新焦点的分析，完成业务设计，制定企业的战略。
- 战略展开 BEM 方法：通过寻找关键举措和关键任务，将战略目标及规划逐步分解成组织和个人的责任及计划。
- 战略执行与监控：通过管理重点工作、管理组织 KPI、管理运营绩效、管理战略专题、提出改进建议并决策、跟踪与闭环等，保证战略规划（SP）和年度商业计划（BP）得到有效执行和闭环管理。

从战略制定到执行在整个集成产品开发（IPD）体系中的位置如图 2–1 所示。

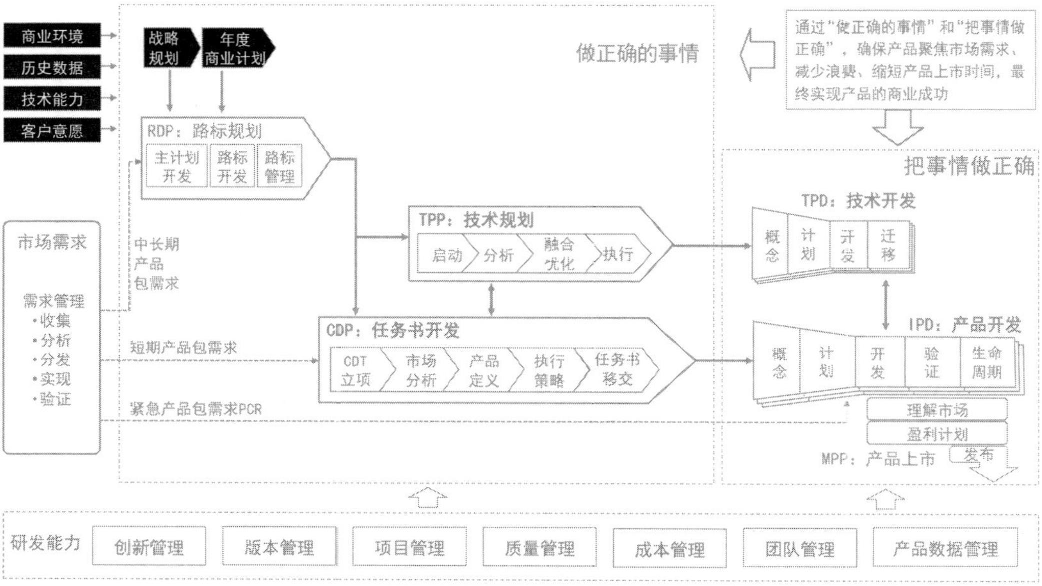

图 2–1　从战略制定到执行在 IPD 中的位置

2.1 战略的定义：企业走向未来的计划

常言道“人无远虑，必有近忧”，企业和团队也一样。如果一个企业和团队长期处于“每天忙于救火、业务变动频繁、员工缺乏斗志、发展不理想”等状态，那么大概率是企业和团队缺少了“远虑”。可能是企业没有明确的远期目标，缺乏长远的计划，走一步算一步；也可能是企业的目标与能力不匹配，战线拉得太长，资源不够用，能力跟不上；还有可能是企业员工的目标方向不统一，每个团队都有自己的想法和计划，都朝着各自的小目标在奋斗，没有做到“力出一孔、利出一孔”。总的来说是企业的战略出了问题。

什么是企业的战略？战略的定义有很多，例如，营销大师菲利普·科特勒的定义是“战略是根据行业定位、机遇和资源，组织为实现长远目标而制订的一份计划”。在众多有关战略的定义中，笔者最推荐的定义是：“战略是在有限的资源下对经营活动的聚焦，是下一步马上要做的、并对未来有重大影响的长期事项。”例如，某网约车公司初创时制定的战略是“为用户快速寻找到出租车”，因此该网约车公司将全部的资源都用于与战略相关的活动，包括“优化车辆调度算法”“出租车合作签约”等，而没有浪费资源去做其他相关度不大的业务，如优化 App 用户界面、建立自己的车队、提供代驾服务和送油服务等，从而更有效地利用了资源。

为了让企业能够达到“上下同欲”“利出一孔”的状态，企业或产品线需要确定一个战略方向，并让所有员工都能够理解这个战略方向。在确定企业的战略方向时，通常要回答以下问题。

- 企业需要在哪里为客户提供什么样的产品和服务？
- 企业的愿景、使命、价值观是什么？
- 企业未来 3~5 年要达成什么样的目标？例如，财务、业务、组织、运营等方面的目标。
- 企业在今年最重要的任务是什么？例如，研发出有竞争力的新产品、提升客户满意度、提升服务交付能力等。
- 企业有什么样的独特优势能确保赢得竞争？例如，人才、技术、市场等方面的优势。
- 企业需要在哪些地方进行什么样的创新？例如，关键技术、产品系列、商业模式、生态系统等。

实际情况是，当前很多企业虽然也制定了战略，但是在战略制定和执行的时候还存在很多问题，常见的问题如下。

- 企业制定战略前，缺乏方法论的指导。例如，缺乏资源、技能、工具、方法和模板等，战略制定过程不严谨，主要靠大家一起拍脑袋，战略目标要么没挑战，要么不可达。例如，某企业的战略目标就是在企业年会上通过相互敬酒、承诺销售额和业务目标来确定的。

- 在战略制定的过程中，过于关注短期的规划或财务数字，没有有效规划中长期的战略方向。缺乏足够的上下级沟通和对齐，没有拉通各部门的战略目标，各部门没有达到有效协同，规划的战略不能落地。例如：销售部门为了提高签单的概率，随意向客户承诺产品特性；研发团队为了保证产品质量、降低成本，不断拒绝各种需求。这就导致前后不一致，产生各种推诿和指责。
- 战略制定后，将战略汇报材料锁入保密柜，不对员工进行宣讲和传达，很少有员工了解企业和产品线的战略。了解企业和产品线战略的员工，对战略的理解也存在很大的差异。例如，对于“以客户为中心”，有的员工解读为“客户要什么就给什么”，有的解读为“指导客户、成就客户”，总之每个人的解读都不一样。
- 战略执行不到位，日常的运营中几乎不关注战略目标，以往怎么干，现在还怎么干，企业经营按照历史惯性推进，脚踩西瓜皮、滑到哪儿算哪儿。例如，某企业在战略规划中确定“未来 5 年企业要大力拓展大客户，提升大客户销售收入”，但是在实际运营过程中，连大客户销售经理岗位都没有，继续沿用原有的渠道销售体系。

针对上述这些情况，需要建立一套从战略制定到执行（Develop Strategy to Execution，DSTE）的方法。通过 DSTE 方法，可以加强战略制定能力，确保战略能够得到有效的展开和执行，进一步支撑产品规划和开发工作。

接下来一起探讨从战略制定到执行（DSTE）的流程。

2.2 从战略制定到执行：从确定企业方向到执行重点工作

俗话说：“方向不对，努力白费。”“在错误的方向上越使劲，结果越糟糕。”因此，企业的战略方向直接决定了企业的命运。同时，有了好的战略方向还需要好的执行，只有不断提高企业的执行效率，才能战胜同一条赛道上的其他玩家，最终达成战略目标。

从战略制定到执行（Develop Strategy to Execution，DSTE）的方法能够很好地支撑企业的战略运营工作，帮助企业找到合适的战略方向，并确保企业高效地沿着目标方向前行。从某种意义上讲，DSTE 的整个过程决定了企业的生存与发展。

从战略制定到执行（DSTE）的流程包括四大步骤，如图 2-2 所示。

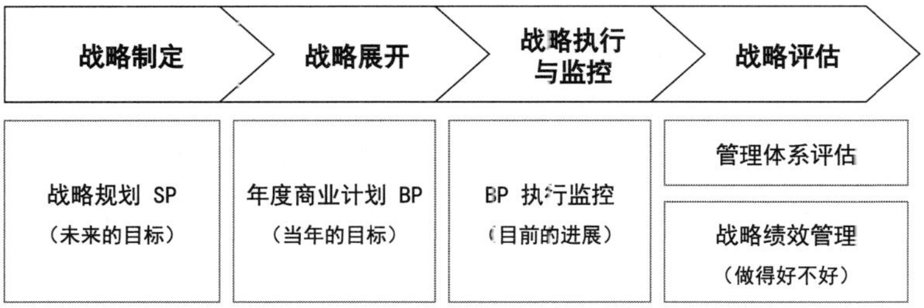

图 2-2 从战略制定到执行流程图

- **战略制定**：通过一系列的方法，分析企业所处的环境，帮助企业确定战略方向，明确企业的战略意图，输出企业的业务设计。常见的方法有：价值驱动业务设计（Value Driven Business Design，VDBD）、业务领导力模型（Business Leadership Model，BLM）、战略地图（Strategy Map）、优劣势分析（SWOT）、定量战略计划矩阵（Quantitative Strategic Planning Matrix，QSPM）等。
- **战略展开**：也称为战略解码，即通过寻找关键战略举措，对战略方向进行分解，进一步确定关键任务和年度重点工作及其关键绩效指标（Key Performance Indicator，KPI），从而确保战略被很好地执行。通常推荐使用业务执行模型（Business Execution Model，BEM）进行战略展开。
- **战略执行与监控**：通过执行战略展开确定的重点工作，监控重点工作 KPI 进展，管理战略执行中存在的问题，对相关人员进行绩效辅导，确保重点工作目标达成。同时，为了更好地确保战略的落地，建议成立战略运营部门，跟踪和监督战略的执行。在战略执行与监控过程中，常见的方法包括：平衡计分卡（BSC）、目标与关键成果法（OKR）、关键绩效指标法（KPI）、关键事件法、杜邦分析法、360 度绩效考核等。
- **战略评估**：对执行结果进行评估，帮助调整战略方向和目标，并进行相关的绩效考核。关于绩效管理和战略评估等方面的内容不是本书的重点，所以，相关内容本书就不展开讨论了。

另外，还有以下两点需要补充说明。

- 企业战略涉及的内容和方向比较多，包括组织战略、人才战略、变革战略等。由于本书主要面向产品经理，所以重点讨论产品的战略制定到执行，包括**产品战略的制定、年度产品规划、集成产品开发、平台与技术开发**（见图 2-3）。对

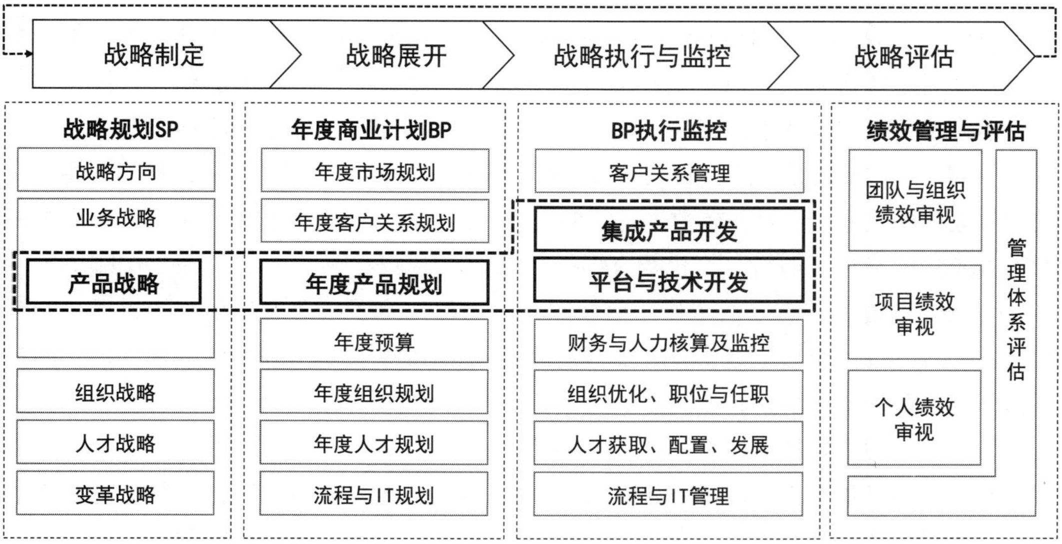

图 2-3 从战略制定到执行示意图

于非产品类的战略相关话题，本书不做过多讨论，读者可查阅相关资料。

- 战略规划和年度商业计划的重点是明确企业的方向和目标，要使方向和目标达成一致，而不是输出一份报告。在战略制定过程中需要进行充分的沟通，多次进行上下对齐、横向拉通，从而确保企业各层级在战略规划和年度商业计划上达成一致。在战略制定后，需要进行战略宣讲、解读，将企业的战略传递到每一个人，同时确保每一个人都能正确理解企业的战略。因此，无论是对于战略规划还是年度商业计划，多次反复沟通最为关键，如图 2–4 所示。

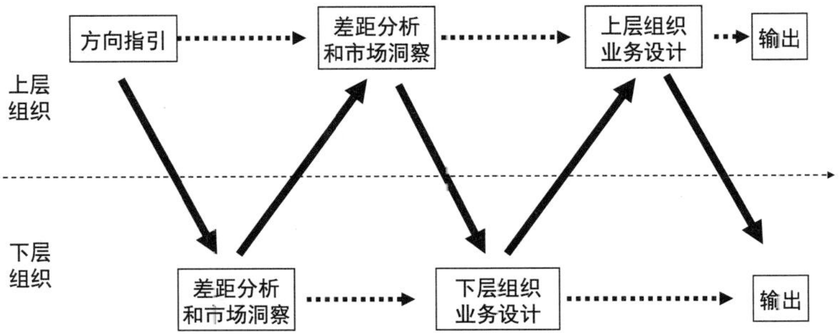

图 2–4 从战略制定到执行的沟通路径

2.3 市场洞察：顺势而为，明确目标方向，挖掘市场机会

2.3.1 市场洞察简介

从古至今，“顺势而为”都是广为人知的成功秘诀。《孙子兵法》有云：“故善战者，求之于势，不责于人”；唐代文学家罗隐有著名诗句：“时来天地皆同力，运去英雄不自由”；小米创始人有句名言：“站在风口上，猪都能飞起来”。由此可见，能否把握风口和时运非常重要，以至于几乎可以决定业务的成败。但是，“如何发现风口、找到时运”是一个比较棘手的问题。本节将尝试探讨此话题，也就是市场洞察。

洞察，通常指的是看穿、观察得很透彻、发现内在的内容或意义。市场洞察指的是通过收集市场数据，综合分析数据背后的信息，然后进行推理和预测，形成对市场的判断。例如，“现在环境如何？”“市场有哪些变化？”“风口在哪里？”“未来走向哪里？”。

市场洞察是非常重要的工作，市场洞察的质量决定了决策的质量。如果风口判断错误，那么决策一定不会有多好。集成产品开发（IPD）大部分业务活动第一步要做的工作基本上都是市场洞察，如图 2–5 所示。

市场洞察的主要作用如下。

- **支持战略的制定**：为 SP/BP 的制定提供输入。通过对市场进行持续扫描，定期输出市场洞察报告，回答与战略相关的问题。识别市场环境的关键变化，并指出关键的市场环境变化对企业的影响。在 SP/BP 的制定过程中，市场洞察的目的

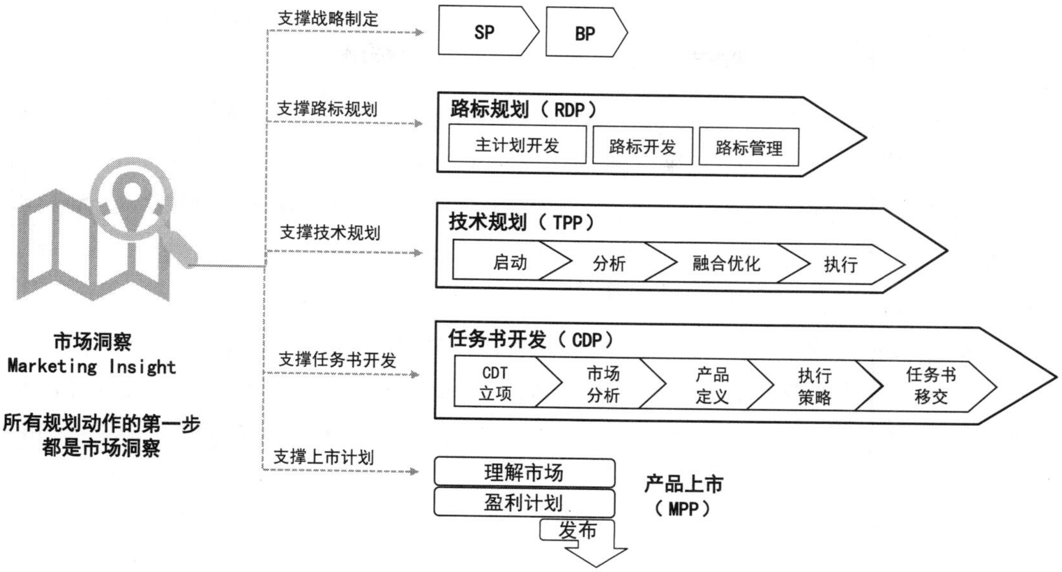

图 2-5　市场洞察的位置

是清晰地知道未来企业的机遇和可能面临的挑战与风险，理解和解释当前市场环境的变化，以及对企业未来的影响。市场洞察的能力决定了战略思考的深度。

- **支持细分市场的拓展**：针对某个细分市场开展专题化的洞察。通过对细分市场进行持续跟踪、定期审视，输出市场洞察报告，支撑路标规划、产品规划、营销计划等。回答与产品方向、营销策略、销售策略相关的问题，提供业务目标和市场策略建议。
- **支持项目情报的收集**：根据具体的项目需求，快速收集项目相关信息，支撑项目运作，帮助项目经理做出恰当的决策。例如，销售项目的项目洞察、投资项目的尽职调查等。

市场洞察的方法有很多，常见的市场洞察方法包括"五看"方法、行业价值转移分析方法、情境分析方法等。

- **"五看"方法**：用"五看"来确保市场洞察的全面性，"五看"包括看环境、看行业、看客户、看竞争、看自己。由于"五看"方法比较全面，且易于操作，实际工作中比较推荐使用"五看"方法进行市场洞察。
- **行业价值转移分析方法**：每一次价值转移都会带来大量新的机会。例如，当移动互联网时代来临时，行业价值从电脑端转移到智能手机，产生了大量智能手机新应用，包括手机游戏、短视频等。企业如果抓住了价值转移时产生的新机会，就等于占得了成功的先机。因此，将价值转移作为洞察的关键观察目标，寻找价值转移的方向，对准价值创造以及价值获取，可以有效避免企业迷失方向。
- **情境分析（SCQA）方法**：针对未来的情形，综合考虑各种可能发生的情况，分析未来可能发生的事件，以及事件发生的过程、结果及其影响，帮助企业预测未来、做出决策。采用情景分析方法可以将静态分析转为动态分析。

2.3.2 “五看”方法简介

市场洞察“五看”方法，指的是看环境、看行业、看客户、看竞争、看自己。通过使用“五看”方法，了解宏观经济状况、行业的发展方向、技术趋势、客户需求、竞争者的动向等，确认企业自身的优势和威胁，从而找到企业的机遇和风险，解释市场上正在发生什么变化，以及这些变化对企业意味着什么，帮助进一步开展后续工作，例如，战略制定、营销规划、项目运作等。

需要特别说明的是，在使用“五看”方法进行市场洞察时，务必要将收集到的数据和信息进行分析和整理，提炼出关键结论，发现内在的驱动力或意义，这样才能用于指导后续业务的开展。没有形成结论的洞察只是收集信息、陈述事实、展示现状，并不是市场洞察。

另外，在使用“五看”方法进行市场洞察时，也存在一定的顺序。首先，通过“看环境”分析宏观环境、价值转移趋势、技术发展趋势等，确定企业大致的目标方向。其次，通过“看行业、看客户、看竞争”初步论证大致的目标方向是否可行，明确企业的主航道。最后，通过“看自己”分析企业的市场机会，得出初步的市场洞察总体结论。具体如图 2-6 所示。

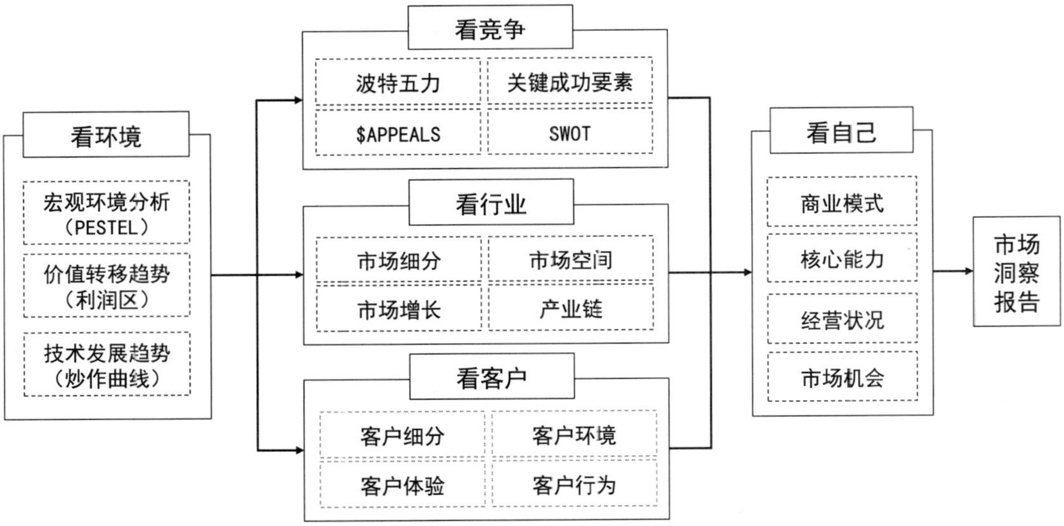

图 2-6　市场洞察的主要内容

接下来简单介绍一下“五看”方法的内容。

1. 看环境

通过 PESTEL 方法，对宏观环境进行分析，寻找对企业有利或不利的因素，帮助制订未来的计划。通常来说，政治稳定、经济繁荣、科技发达、市场机制健全、人口众多等社会环境更有利于商业发展。同时，还需要注意分析当地法律、法规、行业的管制政策和文化等因素的影响，避免存在一些不可突破的障碍，例如，进入电信、教育等行业前需要获得行业牌照，商业活动需要符合国家的民族和宗教文化政策。另外，还需要关注全球经济周期、贸易壁垒、全球价值链转移、全球能源价格、地区武装冲突等宏观环境的影响。

看环境的主要关注点包括：政治、经济、社会、技术、行业管制、知识产权保护、环境、法律、金融、规章制度、宗教、全球性等。

看环境需要重点分析的问题如下。

- 政治、政策、法律、法规的变化带来的影响，例如，政府鼓励的投资方向等。
- 人口环境变化趋势带来的影响，例如，人口红利、新生代偏好等。
- 经济形势、全球化等变化趋势带来的影响，例如，十年经济周期、贸易战等。

宏观环境信息可以通过政府机构网站、各类财经网站、大型门户网站的财经频道、经济学家论坛、咨询机构等渠道获取。例如，国务院政府工作报告、国家统计局报告、商务部报告、工业和信息化部报告、经济学家的报告、咨询机构的经济报告等。主要关注的内容包括：经济政策、产业政策、国内生产总值（GDP）、汇率、利率、广义货币供应量（M2）、通货膨胀指数（CPI）、就业率、投资方向、投资政策等。

2. 看行业

通过对产业发展和行业格局等因素的分析，寻找行业格局变化给企业带来的机遇和挑战，识别出对企业有重大影响的趋势、机会、威胁。

看行业的主要关注点包括：市场总规模、市场增长速度及增长趋势、市场特征及趋势、产业链特征及变化趋势、产品、渠道、客户、沟通、市场地图等。

看行业主要分析的问题如下。

- 整体市场空间、细分市场空间、市场空间的增长趋势等。通常会优选市场空间大、增长潜力高的细分市场进行投资。
- 行业整体趋势、外部环境的影响、产业链特征及变化趋势。例如，通过产业价值链的分析，分析价值链中的利润区，寻找产业内价值的转移趋势，帮助确定企业在产业链中的位置，从而更有效地进行业务和产品设计。
- 新技术的发展趋势及变化。针对不同的行业和企业的定位，选择合适的技术。例如，为高端用户提供服务的企业通常会选择新技术，追求薄利多销的企业通常会选择成熟的技术。
- 本企业可参与空间的评估。评估企业自身的能力，确定企业在产业链中的位置，评估企业能够参与的市场空间，从而帮助企业设定业务目标。

在日常工作中，企业需要逐步积累行业信息和信息获取的渠道，提高企业的行业洞察能力。常见的行业信息获取途径如下。

- 通过市场调研活动来获取行业信息，例如，市场调查、专家访谈、分析师交流、网络信息爬取等。
- 通过查阅咨询机构的行业研究报告了解行业信息。目前比较有名的咨询机构包括：IDC、赛迪、艾瑞咨询、易观国际、亿欧、雪球、海比研究、36 氪、虎嗅、沙利文、埃森哲、Gartner、德勤等。同时，还有一些券商和投资机构也会进行一些行业分析，其分析结果也可以参考。

- 通过行业网站、行业协会、行业峰会、论坛等渠道获取行业基本信息。例如，安防行业每年都会举行一次全球最大的“安防展”，电信行业有巴塞罗那通信展，等等。

3. 看客户

通过对客户进行细分，建立客户档案，为客户画像，进一步分析细分客户群的需求，判断客户需求、偏好、行为的变化趋势，寻找和定位企业的价值主张。

看客户的主要关注点包括：客户细分、客户环境、客户体验、客户购买行为等。具体如下。

- **客户细分**：从客户规模、采购额、毛利率等维度进行客户细分，形成战略客户、大客户、非利润客户、利润客户和价值客户等分类，并对相应的细分客户群进行客户画像。例如，针对非利润大客户，需要分析客户行为，寻找解决办法，将其转变为利润大客户。
- **客户环境**：从客户的角度，分析客户的市场地位、竞争情况、财务状况、面临的痛点和问题等，从而理解客户，挖掘客户的需求。例如，如果客户在其行业中处于领导者地位，那么客户可能会尽量采用新技术、新方案，拉开与其他行业竞争者的差距，持续保持其领导地位。
- **客户体验**：通过收集客户的声音，分析客户体验，寻找改善客户体验的解决方案。客户体验分析的内容包括售前、售中、售后的满意度，重大客户投诉，等等。
- **客户购买行为**：通常指客户的采购组织、采购流程、采购模式、招标方式、招标策略、供应商倾向、技术倾向等。通过对客户购买行为进行分析，帮助企业寻找恰当的商业模式和合适的交易模式。通过分析客户购买行为的变化，寻找新的机会。

看客户主要分析的问题如下。

- 客户的战略重点、需求偏好、技术偏好以及业务痛点。例如，采用跟随者战略的企业，通常采用成熟的技术，通过降低成本、薄利多销的方式赢得市场，其关键痛点是如何在保证客户体验的前提下有效降低成本。
- 客户面临的压力和挑战有哪些？例如，行业领导者面临追随者的产品质量和性能提升带来的市场压力，跟随者面临领导者的降维打击等。
- 客户的关键购买因素有哪些？例如，高性价比、新技术的应用、企业投资回报率提升、企业运营和维护成本降低、企业风险降低等。

在进行客户分析的时候，客户的信息一般可以通过以下几个途径获取。

- 从客户的官方网站了解客户的基本信息，例如，产品、服务、典型客户等。
- 与客户深度交流，获取客户的信息，包括客户访谈、业务对标、方案演示、需求澄清等活动。

- 从客户的年度财务报告中了解客户的战略方向和经营状况，从而挖掘客户的痛点，例如，客户的主营业务方向、未来的重点投资方向、是否存在财务压力等。
- 分析客户所处的行业，了解客户的市场环境，例如，客户的行业地位（领导者、跟随者、挑战者）、市场占有率、重点细分市场、市场竞争情况等。
- 从历史交易数据中分析客户购买行为和倾向，包括历史公开招标信息、客户的历史交易信息。

4. 看竞争

通过波特五力方法，寻找企业主要的竞争对手，分析竞争对手的战略方向、价值主张、主要竞争策略和手段，进一步构建企业的竞争沙盘，明确企业竞争态势。通过竞争分析，可以帮助制定企业的竞争战略、营销策略和项目运作方法。关于波特五力方法的详细介绍，读者可以查阅相关资料，本书不做详细探讨。

看竞争的主要关注点包括：整体竞争态势、主要竞争对手、竞争对手的目标及目的、市场行为、市场份额、增长情况、产品范围、服务质量、产品定位、客户关系、营销组合及战略、合作伙伴、组织架构、人员特点和组织文化、投资方向等。

看竞争主要分析的问题如下。

- 细分市场总体竞争态势如何？是寡头垄断，还是充分竞争？
- 谁是主要的直接竞争者、潜在的竞争者、替代者？参考波特五力方法。
- 竞争对手的重点细分市场、市场规模、市场份额、主要客户。
- 竞争对手的产品、解决方案、典型案例、价值主张。
- 客户为什么从竞争对手那里购买或不购买产品？
- 竞争对手的商业模式和运作模式是什么，其如何能够赢得市场份额？
- 竞争对手对企业当前的战略有什么反应？竞争对手是凶狠型，还是温和型？

同时需要注意，在竞争分析中需要重点分析并回答以下问题。

- 竞争对手有哪些值得借鉴和学习的地方？
- 如何与这些竞争对手进行竞争和合作？

在竞争分析中，对于直接竞争对手的优劣势，常见的分析方法如下。

- **客户关键成功要素（CSF）分析**：通过对行业、客户和产品进行详细分析，确定并列出客户关键成功要素，然后将本企业的产品与竞争对手进行对比，分析本企业产品的竞争力，输出企业的竞争沙盘，确定竞争力改善计划和市场竞争策略。
- **客户 $APPEALS 分析**：从 $APPEALS 的维度，分析本企业的产品与竞争对手的差距，了解什么对客户是最重要的，确定采取什么行动以满足客户的需求，从而改善竞争地位。
- **SWOT 分析**：通过使用 SWOT 方法对企业进行优劣势分析，形成竞争战略。包括：如何利用优势，抓住机会，避免或减少威胁；如何利用机会，发挥优势，克服劣势，将威胁最小化。

在进行竞争分析的时候，竞争对手的信息一般可以通过以下几个途径获取。

- 从竞争对手的官方网站了解竞争对手的基本信息，例如，产品、服务、主要客户、价值主张、典型案例等。
- 通过分析竞争对手的年度财务报告，了解竞争对手的战略方向、经营状况和未来的发展计划。
- 通过展会、峰会、论坛等公开渠道，进一步获取竞争对手的详细信息。
- 利用搜索网络或网络爬虫技术，寻找竞争对手的公开信息，包括：竞争对手的历史中标信息、高层的发言、客户和合作伙伴的反馈等。
- 从历史的项目运作信息中了解竞争对手的运作模式、商务模式、竞争反应、价格水平等，帮助企业制定相应的对策。
- 与客户和合作伙伴深度交流，了解客户和合作伙伴对竞争对手的评价，挖掘对竞争对手不满意的地方，寻找业务机会。

5. 看自己

通过对企业自身的资源和能力进行分析，寻找对业务开展有利的资源，确认需要弥补的短板。例如，当一个非智能手机制造商开始研发制造智能手机的时候，那么，其在市场渠道、制造能力、供应链管理上会存在一定的优势，在关键人才、关键技术和品牌影响力方面则存在严重不足，需要加强补齐。

企业应根据自身的优劣势，扬长避短、补足差距，发现新的机会，指导后续业务设计。另外，对于企业自身能力，可以借助商业模式画布（BMC）工具，进行相对完整的分析。

看自己的主要关注点包括：企业自身的目标和目的、市场份额、增长情况、服务质量、合作伙伴、业务运作和资源、营销组合及战略等。

看自己主要分析的问题如下。

- 企业内能够帮助本业务发展的资源有哪些？
- 如果开展本业务，企业存在哪些短板需要弥补？

2.3.3　市场洞察实践案例

从本章节开始，本书将通过智能手机的案例来逐步介绍集成产品开发（IPD）。

假设的案例背景为：企业是一家传统非智能手机制造商，具有完整的非智能手机设计、制造和销售能力。由于技术进步和市场趋势的变化，企业计划转型设计、制造和销售智能手机。企业高管通过头脑风暴会议，初步确定以行业定制化智能手机市场作为目标细分市场，逐步构建完整的智能手机研发、制造和营销能力。

案例中所有内容均为虚构，如有雷同，纯属巧合。案例分析的主要目的是方便读者理解集成产品开发（IPD）方法，并不代表案例内容为智能手机研发的最佳实践，企业需要根据实际的运作模式进行选择。

本节将通过“五看”方法进行市场洞察，并形成相关结论，为后续战略制定、产品规划等工作做好准备。

1. 看环境

通过 PESTEL 方法，分析智能手机市场，得出的主要结论如下。

- **经济环境**：随着国内经济的增长、居民消费水平的提高，非智能手机逐渐被淘汰，智能手机已经成为主流，智能手机普及率高达 60%。
- **社会环境**：移动互联网带来的便利性，如支付、打车、购物、订餐、导航等，使得智能手机成为日常生活必需品，甚至出现没有智能手机寸步难行的情况。
- **技术环境**：随着移动通信技术的进步和发展，老旧的移动通信技术面临退网（如 2G 通信技术、3G 通信技术），基于老旧技术的非智能手机面临淘汰。
- **政策环境**：为了保持国家的战略竞争地位，政府大力支持新技术的开发和应用（如 5G 通信技术、6G 通信技术），积极淘汰落后技术。

2. 看行业

智能手机市场可采用的细分维度如下。

- 地域：一线城市、二线城市、三线城市、四线城市、五线城市。
- 性别：男、女。
- 年龄：儿童、青少年、中年、老年。
- 偏好：游戏手机、拍照手机、音乐手机、安全手机、长续航手机、三防手机等。
- 价格：2000 元人民币以下、2000~3000 元人民币、3000~4000 元人民币、4000 元人民币以上。
- 行业：公安、能源、运营商、养老、教育等。
- 价值：办公、娱乐、通信、生产、彰显身份等。

由于本企业当前没有智能手机的研发经验，并且初步构想以行业定制化智能手机市场作为细分市场，构建智能手机研发和制造能力，最后逐步扩展到普通消费级智能手机领域，因此，本次市场洞察中采用按行业进行市场细分的做法。

通过与行业专家交流，并参阅相关咨询报告，对各细分市场情况进行初步估计和判断，如表 2–1 所示。

表 2–1　智能手机市场细分表

行业	市场空间	市场增长	竞争情况	定制诉求	市场渠道	建议策略
公安	xx 亿元	x%	低	高	直销	主攻
能源	xx 亿元	x%	低	高	直销	主攻
运营商	xx 亿元	x%	高	高	直销	尝试
养老	xx 亿元	x%	中	中	渠道	跟踪
教育	xx 亿元	x%	中	中	渠道	跟踪
普通	xxxx 亿元	x%	高	低	渠道、电商	暂缓
非智能手机	xx 亿元	x%	高	低	渠道、电商	保持

通过按行业进行市场分析，得出的初步结论如下。

- **保持**传统非智能手机业务及其市场份额，积极拓展海外市场。
- **主攻**特殊行业智能手机业务，包括防爆、防水、防摔、保密类智能手机。
- **尝试**提供运营商定制化智能手机，即根据运营商的要求定制智能手机。
- **跟踪**老年人和中小学生的智能设备，包括智能手环、智能手表、学生智能卡等。
- **暂缓**普通消费级智能手机的研发和制造。

同时，还可以通过产业链分析方法，分析智能手机产业链情况，如表 2–2 所示。

表 2–2 智能手机产业链分析表

上游	中游	下游	客户
操作系统提供商 芯片制造商 光学镜头制造商 显示屏制造商 其他配件制造商	智能手机制造商	线下渠道商 线上零售平台	普通消费者 行业客户

通过价值链分析得出的结论如下。

- 在智能手机产业链中，关键技术和主要利润被上游厂商控制。对于中下游厂商，只有通过提高品牌溢价、开发个性化功能特性，才可以获得相对较好的利润，从而避免陷入红海竞争。
- 智能手机的价值链相对稳定，不太会出现价值转移的情况。
- 中游企业（智能手机制造商）目前都在积极构建自己的线上和线下销售渠道，从而降低销售费用。部分智能手机制造商在自研芯片、操作系统和关键器件，以提高企业的竞争力。这对本企业有一定的参考和指导意义。

3. 看客户

根据市场分析的结果，同样可以按行业对客户进行细分，然后分析每一类客户的需求、采购模式。得出的结论为：特殊行业客户存在未被满足的需求。例如，老年人的防走丢、一键报警等需求，能源行业用户的防爆、防摔、环境监测等需求，如表 2–3 所示。

4. 看竞争

在进行竞争分析之前，首先需要知道有哪些竞争对手。企业可以通过波特五力方法寻找主要竞争对手，然后分类进行竞争能力分析，并思考如何向这些竞争对手学习，如何与其进行竞争与合作。

波特五力的五种力量主要包括供应商、购买者、直接竞争对手、潜在进入者和替代品，这里稍做一点介绍。

- **供应商**：指的是价值链的上游，主要分析其议价能力和供应能力。
- **购买者**：指的是价值链的下游，主要分析其购买能力和议价能力。

表 2–3 智能手机客户细分表

客户细分	客户主要需求	采购行为
公安民警	支持公安专用网络、超长续航、超长录像、一键对讲、普通三防、定制加密能力等	统一采购
能源职工	防水、防摔、防爆，避免引起安全事故； 高对比度显示屏，确保室外能够清晰阅读； 支持环境监测，环境异常时报警，确保人身安全	统一采购
运营商	根据运营商的需求，定制智能手机，包括商标、操作系统、网络制式等	统一采购
老年人	一键呼叫、一键报警、跌倒检测、大文字、高音量	普通零售
中小学生	一键呼叫、一键报警、辅助学习、禁止游戏	普通零售

- **直接竞争对手**：指的是那些提供与本企业类似的产品和服务的企业，并且这些企业所服务的目标客户与本企业也相似，与本企业在市场上直接竞争。直接竞争对手分析通常是竞争分析的重点。
- **潜在进入者**：指的是那些因为看好本行业的发展而准备进入的企业，这些企业原本不提供与本企业类似的产品和服务。例如，制造空调的厂商突然觉得手机行业非常有前途，于是开始研发和制造手机，那么对于手机厂商来说，这是个潜在进入者。针对潜在进入者，主要分析是否存在相关壁垒，能够阻止这些厂商进入，包括技术壁垒、经济壁垒、行政壁垒、资本壁垒等。
- **替代品**：指的是使用不同的产品和服务满足客户最终需求的企业。例如：茶叶和咖啡都有提神功效，是相互替代品，但是雀巢咖啡和麦斯威尔咖啡是直接竞争对手；矿泉水和可乐是相互替代品，但是百事可乐和可口可乐是直接竞争对手。还有很多类似的例子，例如：打游戏和刷短视频都可以消磨时间；私家车和公共交通都可以用于通勤等。在分析替代品的时候，主要分析客户对替代品的选择倾向、替代品的价值和性价比、替代品的转换成本。

关于波特五力更多的详细解释，读者可以查阅相关资料。

在本案例中，通过波特五力方法分析得出的结论如表 2–4 所示。

针对直接竞争对手，通过关键成功要素分析方法（CSF）进行分析，形成竞争沙盘，帮助进一步制订竞争力改善计划，如表 2–5 所示。

通过竞争分析得出的结论如下。

- 普通消费级智能手机市场处于强竞争状态，前 5 家厂商占领了 90% 的市场份额，前 3 家厂商利润占比达到 90%，还有部分小厂商通过差异化方式竞争。
- 企业可以通过提供行业差异化特性，实现差异化竞争，抢占细分市场。
- 需要加强智能手机的研发和营销能力，例如，建设智能手机研发能力、建设线上营销能力、建设大客户直销能力。

表 2-4 智能手机市场波特五力分析表

波特五力	竞争能力	典型代表
购买者	在特殊行业智能手机市场，产品可替代性较弱，客户议价能力相对较差； 在普通消费级智能手机市场，产品可替代程度高，产品黏性低，市场竞争大，客户议价能力高	公安部 XX 石油公司 XX 燃气公司
直接竞争对手	普通消费级智能手机厂商，具有智能手机研发和制造能力，具有品牌优势	H 公司、X 公司、O 公司等
替代品	行业专有通信设备，性价比高，但功能单一，用户体验差，替换成本低，如对讲机	A 公司
供应商	芯片和零部件提供商的议价能力高，但目前不会向产业链下游转移	M 公司、Q 公司
潜在进入者	智能穿戴设备制造商，具有智能设备研发和制造能力，有转型制造智能手机的能力	S 公司

表 2-5 智能手机企业关键成功要素分析表

竞争要素	H 公司	X 公司	O 公司	本公司
企业目标	研发制造高端智能手机	研发制造高性价比智能手机	研发制造音乐娱乐智能手机	研发制造特殊行业智能手机
产品种类	高端系列	中低端系列	音乐系列	行业手机
销售渠道	线下渠道 线上商城	线上商城	线下渠道	线下渠道 客户直销
客户类型	高端人士	年轻人	音乐爱好者	行业用户
利润模型	高毛利	薄利多销	高毛利	高毛利
战略控制点	高质量	高性价比	差异化特性	差异化特性
其他因素	研发、制造、营销能力齐全	研发和营销能力强	营销能力强	制造能力强

5. 看自己

借助商业模式画布（BMC），分析企业的现状，如图 2-7 所示。

通过商业模式画布分析，发现企业目前具备的能力和资源主要如下。

- 基本的软件和硬件研发能力。
- 完整的供应链能力，包括物料采购、产品制造等。

<table>
<tr>
<td rowspan="2">⑧重要合作
（Key Partnerships, KP）
主要合作伙伴包括：
• 软件开发商
• 原材料供应商
• 品牌宣传合作方</td>
<td>⑦关键活动
（Key Activities, KA）
深入理解客户需求，根据客户需求，设计、制造、销售定制化智能手机</td>
<td rowspan="2">②价值主张
（Value Propositions, VP）
为特殊行业客户提供定制化的智能手机，帮助行业客户降本增效，增加收益</td>
<td>④客户关系
（Customer Relationship, CR）
深入理解客户的需求，与客户建立战略合作伙伴关系</td>
<td rowspan="2">①客户细分
（Customer Segments, CS）
特殊行业客户，包括能源职工、公安干警、运营商等</td>
</tr>
<tr>
<td>⑥核心资源
（Key Resources, KR）
智能手机领域的关键人才，包括研发人才、生产人才、销售人才等</td>
<td>③渠道通道
（Channels, CH）
通过直销和渠道，向客户传递产品价值，销售产品</td>
</tr>
<tr>
<td colspan="2">⑨成本结构 （Cost Structure, $CS）
智能手机研发成本、原材料采购成本、制造和营销成本</td>
<td colspan="3">⑤收入来源 （Revenue Streams, $RS）
销售定制化智能手机，提供售后服务</td>
</tr>
</table>

图 2-7 智能手机企业商业模式画布

• 完整的线下渠道销售能力，例如，拥有数量庞大的线下渠道伙伴。

同时，企业还存在以下一些短板和不足。

• 缺乏智能手机实际开发经验，需要招聘智能手机领域的专业人才。
• 缺乏大客户营销能力，需要构建大客户营销体系。

另外，还需要分析企业的战略、财务状况、竞争能力等。通过企业自身分析，帮助企业明确未来的发展战略和计划。

6. 总结

通过“五看”方法，形成市场洞察报告，关键信息总结如表 2-6 所示。

表 2-6 智能手机市场洞察结论摘要

洞察内容	洞察结论摘要
看环境	• 通信技术快速发展，非智能手机逐步被淘汰 • 智能手机市场渗透率高，政策支持
看行业	• 智能手机市场空间大，增长快 • 智能手机产业链稳定，主要利润区为高价值行业定制化手机
看客户	• 特殊行业客户存在未被满足的需求
看竞争	• 普通消费级智能手机市场处于强竞争状态，为红海市场 • 定制化智能手机市场目前处于空白状态，有创新机会
看自己	• 具备基本的软硬件开发、生产制造、渠道销售能力 • 缺乏智能手机研发能力，缺乏行业客户销售经验

通过市场洞察，初步论证了企业转型策略的可行性，即以行业定制化智能手机市场作为细分市场，逐步构建完整的智能手机研发、制造和营销能力，从而为后续的战略制定、产品规划提供了指导。

2.4 战略制定：明确战略方向，确定业务设计

2.4.1 战略制定的方法

目前有很多管理学大师提出了分析和制定企业战略的方法，比较常用的方法包括业务领导力模型（BLM）、优劣势分析（SWOT）、战略地图（Strategy Map）、价值驱动业务设计模型（VDBD）等。这些方法的主要区别如表 2–7 所示。

表 2–7 战略制定方法对比表

方法	提出者	主要思想	关键点
BLM	IBM 与哈佛商学院	从企业的目标差距出发，经过市场洞察、战略意图和创新焦点的分析，完成业务设计，完成企业的战略制定	差距分析 战略制定 战略执行
SWOT	海因茨·韦里克	通过分析企业的优势和劣势，发现机会和威胁，从而确定企业的战略	优势、劣势、机会、威胁
战略地图	罗伯特·卡普兰和大卫·诺顿	在平衡计分卡的基础上发展而来，通过分析平衡计分卡中四个层面目标的相互关系，从而绘制企业战略因果关系图	财务、客户、内部运营、学习成长
VDBD	美世咨询	深入理解行业的价值转移，挖掘行业独特的利润区，分析客户的重大变化，从而设计新的业务模式	价值转移 发现利润区 确定业务设计

在实践过程中，笔者比较偏向使用业务领导力模型（BLM）进行战略的分析和制定，因为相对其他方法来说，BLM 方法更完善，可操作性更好。目前没有关于业务领导力模型（BLM）的专著，因此，本节将对业务领导力模型（BLM）进行简单介绍。

另外，对于战略地图方法，有兴趣的读者可以阅读罗伯特·卡普兰和大卫·诺顿的三本著作，即《平衡计分卡——化战略为行动》《战略中心型组织》《战略地图——化无形资产为有形成果》，本书中就不再赘述。

2.4.2 业务领导力模型简介

业务领导力模型（Business Leadership Model，BLM）是 2003 年 IBM 与美国哈佛商学院一起研发的一套完整的战略规划方法论。这套方法论从差距分析开始，经过顶层业务设计，再到执行落地，是一套非常好用的战略规划工具。

业务领导力模型（BLM）总体框架如图 2–8 所示。

BLM 方法认为，企业战略是由现状和目标之间的差距推动形成的。我们都知道，

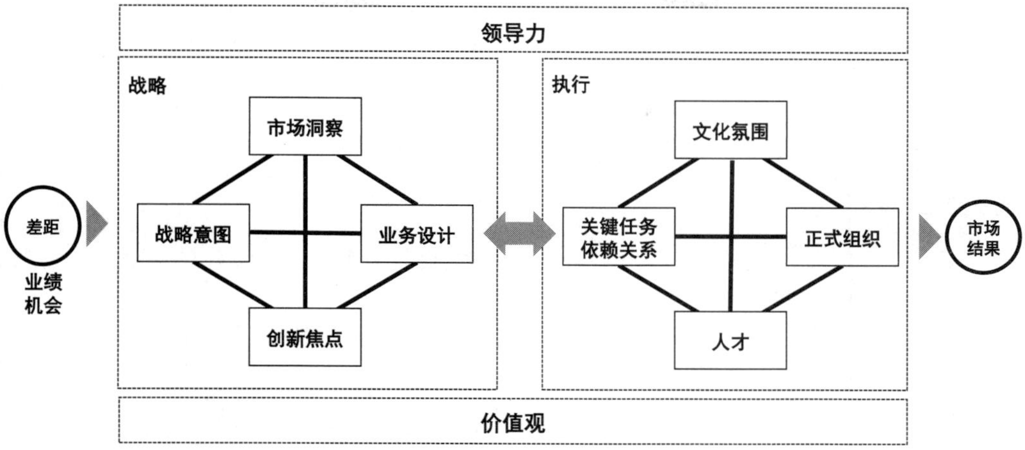

图 2-8 业务领导力模型（BLM）示意图

没有痛苦就不会改变。因为存在痛苦（差距），企业就需要制订行动计划去改变，从而推动企业战略的形成。差距包括业绩差距、机会差距。

- **业绩差距**：是指现有经营结果与期望值之间的差距。以手机厂商为例，如果年初计划销售 100 万台手机，可是半年过去了才销售 30 万台，那么这就是业绩差距。业绩差距常常可以通过高效的执行来填补，并不需要改变业务设计。例如，延长营业时间、更多地拜访客户、招聘更多的员工等。
- **机会差距**：是指现有经营结果与新的业务设计所带来的经营结果之间的差距。同样以手机为例，如果非智能手机制造商认为开发智能手机就可以打开新的市场，满足新的客户需求，从而获得更多的销售收入，那么这种差距便属于机会差距。填补一个机会差距需要进行新的业务设计，内容包括客户选择、价值主张、价值获取、活动范围等。

根据差距分析的结论，企业可以开始进行战略的分析和制定。战略制定包含四个部分，分别是战略意图、市场洞察、创新焦点、业务设计。

当企业的战略制定后，还需要对战略进行展开，寻找年度关键任务，以确保战略得以有效执行。战略执行包含四个部分，分别是关键任务、文化氛围、人才和正式组织。

BLM 方法认为，上述战略制定和执行的八个因素之间是相互影响、相互作用的。这八个因素确保企业有好的战略设计，同时也有非常强的执行，因为没有好的执行，再好的战略也会落空。

接下来，本节将按顺序简单介绍 BLM 方法中的八个因素。

1. 战略意图

战略意图是战略制定的起点。根据 Hamel 和 Prahalad 为战略意图所下的定义，战略意图是一个雄心勃勃的宏伟梦想，它是企业的动力之源，它能够为企业带来情感和智能上的双重能量，借此企业才能迈上未来的成功之旅。

根据这个定义，战略意图需要包含企业的愿景和目标。为了更好地衡量战略意图，通常会按照 SMART 原则，设定一组相应的具体的战略目标。战略意图的主要内容如表 2-8 所示。

表 2-8 BLM 方法战略意图解释表

战略意图	战略意图解释
愿景	企业未来情景的描绘，是企业梦想达到的状态。例如，成为全球最大的智能手机提供商、成为全球最佳雇主。 当企业实现自己的愿景时（达到梦想的状态），也意味着企业拥有领先的市场地位和可持续的获利能力
战略目标	未来 3~5 年的目标，可以从技术、产品、服务、市场、客户、伙伴、运营等维度对目标进行设定。例如，建立有效的、合理的、灵活的运营模式，从而赢得现有市场的增长机会，同时快速适应市场变化
近期目标	近期业绩可衡量的指标，可以从收入、利润、成长率、市场份额、客户满意度、新产品等维度进行设定。例如，当年实现销售收入 100 亿元

在确定战略意图时，企业还可以参考一些战略框架，帮助企业明确自己的定位，更好地确定企业的战略意图，例如，波特的战略框架、迈尔斯和斯诺的战略框架等。

波特的战略框架由“竞争战略之父”迈克尔·波特于 1980 年在《竞争战略》一书中提出。波特从竞争角度将企业的战略分成三类，即成本领先战略、差异化战略和细分市场战略，企业可以根据自身的状况，选择合适的竞争战略。例如，按照波特的战略框架，明确企业将采用“成本领先战略”，通过全面成本管理，为客户提供物美价廉的商品和服务。

迈尔斯和斯诺的战略框架由雷蒙德·迈尔斯和查尔斯·斯诺于 1978 年在《组织战略、结构和方法》一书中提出。他们将企业的战略分为四类，即探索者战略、跟随者战略、回应者战略和防御者战略。例如，按照迈尔斯和斯诺的战略框架，确定企业采用“跟随者战略”，通过分析和对标行业领导者，及时推出高质量的“平替”产品，逐步拓展和占领市场等。

类似的战略框架还有很多，读者可以查阅相关资料进行详细分析和研究。

2. 市场洞察

通过对市场进行持续扫描，了解宏观经济状况、行业的发展方向、技术趋势、客户需求、竞争者的动向等市场信息，确认企业自身的优势和威胁，找到企业的机遇和风险，回答与战略相关的问题，进一步帮助分析和制定业务设计。

市场洞察方法在本章 2.3 节有比较详细的介绍，这里不再重复。

3. 创新焦点

企业只有通过不断创新，不断突破现有的能力和认知，创造新的产品和服务，才能持续为客户创造价值，逐步构筑自身的竞争优势，实现基业长青。因此，企业需要将创新作为战略思考的焦点，从而持续保持竞争地位。

创新的分类方式有很多，如皮萨诺的创新画布、克里斯坦森的颠覆式创新等。在创新模式上还可以分为技术创新、商业模式创新、架构式创新、微创新、组织创新、文化创新等。读者可以寻找相关资料进行了解，本书不再赘述。

在 BLM 方法中，根据创新的领域，将创新划分为三种典型模式，包括产品创新、业务模式创新、运营创新，这三种创新模式的应用方向和关注点如表 2–9 所示。

表 2–9 BLM 方法创新模式对比表

创新模式	应用方向	关注点
产品创新	聚焦客户，在产品和服务上进行创新，从而进入新的市场领域	• 研发和发布创新产品和服务 • 进入新市场，寻找新客户 • 推行新的渠道和交付路径
业务模式创新	通过引入新的业务模式，实现企业业务重构和扩张； 瞄准客户痛点，帮助客户解决问题，实现企业扩张，达成双赢	• 引入业务运营的新模式 • 建立新的合作伙伴关系 • 提升业务灵活性
运营创新	通过创新，改善核心职能领域的效能和效率； 从财务驱动的角度提升内部的效率，降低成本	• 发展的最佳成本结构 • 优化流程，改进生产力 • 核心职能再造，提高效率

在 BLM 方法中，根据创新程度的不同，将业务分为三大类型（三条地平线），即核心业务（H1）、成长业务（H2）和新兴业务（H3），如图 2–9 所示。

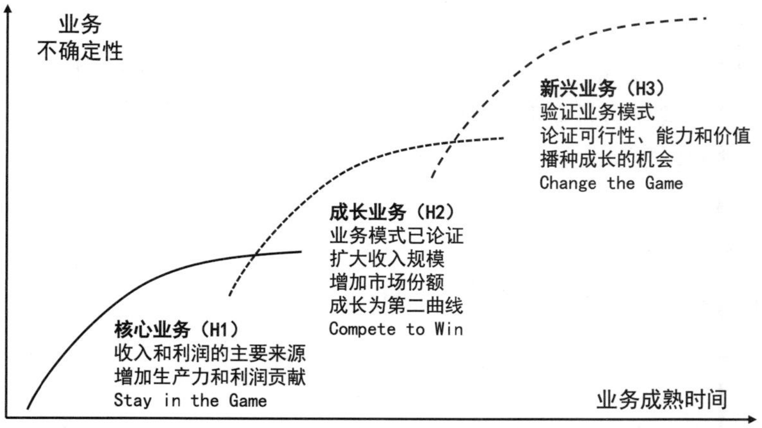

图 2–9 BLM 方法创新地平线示意图

企业需要根据不同的业务类型，采取不同的投资策略，以确保企业在获得足够利润的前提下，也能够应对行业和环境的变化，确保企业资源能够被最有效地利用。同时，还需要根据业务类型设定不同的业务目标和评价机制，如表 2–10 所示。

表 2–10　BLM 方法业务类别对比表

业务类别	业务内容说明	管理重点和指标
核心业务（H1）	当前收入和利润的主要来源	近期的利润表现和现金流，包括利润、投资回报率、生产效率等
成长业务（H2）	市场增长和扩张机会的来源；企业的第二曲线	收入的增长和投资回报，包括收入增长、新客户 / 关键客户获取、市场份额增长、预期收益等
新兴业务（H3）	业务是否可行；未来长期增长的机会点；改变行业格局	回报的多少和成功的可能性： • 项目进展关键里程碑 • 机会点的数量和回报评估 • 从创意到商用的成功概率

- **核心业务（H1）**：企业当前收入和利润的主要来源。企业需要将主要资源投入在核心业务上，以确保企业的整体经营不出现异常。类似波士顿矩阵中的现金牛业务。
- **成长业务（H2）**：企业中完成了从 0 到 1 的业务，当前正在高速发展，市场份额持续增长。针对此类业务，企业需要投入足够的资源，保持该业务的成长性，力求将该业务变成企业的第二曲线。类似波士顿矩阵中的明星业务。
- **新兴业务（H3）**：企业正在探索的业务。企业可以投入部分资源进行尝试和试错，验证业务是否具有可行性、业务的能力和价值有多少，以发现新的机会和方向。此类业务一旦尝试成功，可能会改变行业格局，让企业保持长久的竞争地位。类似波士顿矩阵中的问题业务。

另外，对三种类型的业务进行资源投入时，可以参照通用电气前 CEO 杰克 · 韦尔奇提出的 721 资源配置原则，即核心业务（H1）投入 70% 的资源，成长业务（H2）投入 20% 的资源，新兴业务（H3）投入 10% 的资源。当然，这种资源配置方式也仅仅是一种参考，企业需要根据实际情况决定，例如，在核心业务已经饱和，投入再多资源也无法提升收入的情况下，企业需要把资源重点投入在成长业务上。

4. 业务设计

在明确了企业的战略意图和创新焦点后，企业需要在此基础上设计业务模式，明确如何高效地利用企业内部现有的资源，创造可持续的战略控制点，为目标客户持续提供价值。因此，业务设计是战略制定的最终落脚点。

通常，好的业务设计要回答两个基本的问题。

- **新的业务设计能否建立在现有能力的基础上？**如果新的业务设计不是建立在现有能力的基础上，那么新的业务设计风险会比较大，需要重点关注业务设计是否能够落地。例如，生产空调的企业决定生产智能手机，相比原本生产非智能手机的企业，其业务风险就高很多。
- **如果新业务需要新能力，能否获得所需要的新能力？**例如，生产空调的企业决定转型生产智能手机后，企业需要招募手机行业的人才、建设新的生产线、拓展新的销售渠道、寻找新的合作伙伴，那么需要确认企业是否有足够的资源完成这些能力的建设。

业务设计涉及六要素，即客户选择、价值主张、价值获取、活动范围、持续价值和风险管理，如表 2-11 所示。

表 2-11 BLM 方法业务设计项目表

业务设计	说明	举例
客户选择	谁是企业的客户？包括目标客户、价值客户、潜在客户等	面向追求高性价比的客户
价值主张	满足客户需求的独特的价值	为客户提供高质量、低成本的产品，帮助客户降本增效
价值获取	企业怎样赚钱？包括产品销售、服务销售、许可证销售、知识产权授权、品牌加盟、连锁经营、收入分成、资产租赁等	产品销售、服务销售
活动范围	企业在经营活动中的角色和范围，包括研发、采购、生产、销售等	产品自主研发，委托第三方企业生产，利用渠道伙伴合作进行分销
持续价值	如何确保为客户长期提供持续的价值？	通过先进的设计能力有效控制产品成本，通过合作伙伴降低生产和销售成本，确保企业能够持续提供高性价比的产品
风险管理	全面识别和管理企业内外部的风险，包括市场风险、技术风险、运营风险等	过度追求高性价比可能带来产品质量和客户满意度不足等问题

下面补充两点说明。

• **价值获取**，指的是企业如何赚钱，也就是企业的盈利模式。企业除了进行产品销售以外，还可以通过提供服务来获得盈利。关于盈利模式，读者可以阅读亚德里安·斯莱沃斯基等的著作《发现利润区》，书中给出了 22 种盈利模式，值得学习和参考，本书不做展开讨论。

• **持续价值**，指的是企业如何确保为客户长期提供持续的价值。持续价值可以通过战略布局图（Strategy Canvas）来分析和设计。战略布局图来自 W. 钱·金和勒妮·莫博涅的《蓝海战略》一书。通过战略布局图寻找企业差异化战略的过程如下。

（1）画出战略布局图。横轴是通过研究行业惯例和竞争对手得出的特征要素，如价格、质量、速度、体验等；纵轴是特征要素的分值，如 1~10 分。

（2）针对某种需求在每个特征要素上打分。例如，针对高端消费需求，价格 10 分、质量 10 分、速度 10 分、体验 10 分。将所有这些特征要素的得分点连接起来，就形成了一条曲线，这条曲线就叫作价值曲线（Value Curve）。

（3）通过分析和对比所有需求的价值曲线，并进行“剔除（无价值的）、减少（过多的）、增加（未满足的）、创造（新的）”四个步骤后，塑造出新的价值曲线，形成差异化战略。

有兴趣的读者可以阅读《蓝海战略》一书进行详细了解，本书不做过多描述。

最后，在业务设计过程中，还需要通过回答以下问题来确认业务设计是否有效。

- 新的业务设计能否抓住新的价值来源？
- 这种价值来源是可持续的吗？
- 客户战略重点的变化对业务设计会有怎样的影响？
- 有什么可替代的设计可以满足下一轮的客户需求重点吗？
- 创新对于客户以及企业的成功是否至关重要？

5. 关键任务、依赖关系

为了确保战略能够被有效执行，需要对业务设计进行分解，寻找战略执行的关键任务。关键任务包含战略执行的细节，给出了执行的关键任务事项和时间节点，并对企业的流程改造提出了具体的要求。

企业可以使用战略画布、战略地图、价值链等工具来寻找关键任务。关键任务的来源可以包括客户管理、产品营销、产品开发、交付、平台、服务、风险管理、能力建设、重要的运营流程的设计和落实等。

关键任务是战略执行中其他工作的基础，需要定期（按季度或月度）跟踪衡量，并识别这些关键任务之间的相互依赖关系，如资源、设施等。

关于具体的关键任务分解方法，在本章 2.5 节“战略展开”中有比较详细的描述。

6. 正式组织

在企业开展新业务的时候，一定要有配套的正式组织和相应的资源投入，这样才能确保关键任务和流程得到有效的执行。如果没有相应的资源投入，执行的结果往往会大打折扣。换句话说，正式组织是执行的基本保障，能够帮助管理者指导、控制和激励个人和集体去完成团队的任务。正式组织的建设主要关注以下内容。

- 组织架构、管理体系和流程。
- 资源和权力如何在组织中分配，包括授权、行权、决策、问责机制等。
- 关键岗位的设置和能力要求。
- 管理与考核标准，包括管理与考评、奖励与激励、职业规划等。

7. 人才

企业是由人组成的，训练有素的人才是企业成功的关键，“企”字缺少“人”就是“止”。企业的战略也需要由具备相应技能的人才来执行，因此，人才在企业的战略规划中至关重要。

在 BLM 方法中，需要准确描述企业需要什么技能的人才，以及如何获得、培养、激励和保留人才。人才建设主要关注以下内容。

- 关键岗位和人才布局有什么要求，包括人才需求详细定义、人才的画像等。

- 人才和能力的差距及挑战，包括欠缺哪些能力、需要什么样的人才等。
- 人才获得的方式，如内部获取、内部培养、外部招聘等。
- 人才激励措施、人才保留措施。

8. 文化氛围

好的工作环境可以激励员工高效地完成关键任务，积极的氛围能激发人们创造出色的成绩，使得他们更加努力，并在危急时刻鼓舞他们。在知识密集型经济时代，大多数成功转型的企业最终都逐渐形成了开放、授权、共享的文化氛围。好的文化氛围包括以下内容。

- 参与：鼓励人们做出选择，鼓励参与，用团体共识和反馈来实现承诺。
- 言行一致：领导者和领导团队需要言行明确并始终如一。
- 信息支持：信息能够支持对的决策和对的行为。
- 奖励：明确什么行为和结果会得到奖励，奖励能够真正起到激励作用。

2.4.3 战略制定实践案例

在 2.3.3 节，通过智能手机制造商的案例，我们介绍了“五看”市场洞察方法，并形成了初步的结论。在本节，企业将在市场洞察的基础上，通过使用 BLM 方法，对企业的战略进行完整的梳理，形成企业未来 3~5 年的目标和业务计划。

案例中所有内容均为虚构，主要目的是方便读者理解集成产品开发（IPD）方法，并不代表案例内容为智能手机研发的最佳实践，企业需要根据实际的运作模式进行选择。

1. 差距分析

（1）**业绩差距分析**。通过获取企业当前的经营状况和财务数据，对比现状和目标，寻找业绩差距，并通过 5Why 方法，寻找差距的根因。业绩差距通常体现在收入、利润、服务、产品竞争力、产品质量、客户、研发能力、销售能力等方面。本案例中的业绩差距如表 2–12 所示。

表 2–12 手机制造商业绩差距分析表

差距描述		根因（TOP5，按顺序）	
1	销售收入不达标： 截至 10 月，目标达成率为 50%，同比下降 30%	1	国内非智能手机市场萎缩，客户转向购买智能手机，主要销售渠道也转向代理智能手机
		2	原材料短缺，工厂不能及时开工生产，产品库存不足，导致部分渠道缺货
2	利润下滑严重： 截至 10 月，利润为 500 万元，同比下降 50%	1	原材料价格上涨，导致利润下滑
		2	生产用工成本增加，影响产品利润
		3	销售费用增长，导致利润下滑

（2）**机会差距分析**。通过安索夫矩阵、头脑风暴、六顶思考帽等方法，发现新的市场机会，寻找机会差距。机会差距通常是由新解决方案、新产品、新市场、新特性等带来的。本案例中机会差距分析结论如表 2–13 所示。

表 2–13 手机制造商机会差距分析表

差距描述		差距分析（TOP5，按顺序）	
		关闭差距类型	预计关闭差距的量化说明
1	拓展海外市场	收入	提升企业收入 50%
2	研发和制造智能手机	收入、利润	提升企业收入 100% 提升产品利润 20%

2. 战略意图

经过差距分析，根据 2.3.3 节市场洞察的结论，按照波特的战略框架，确定企业的战略定位从“成本领先战略”调整为“细分市场战略”。即：贴近能源、公安等行业客户，深入理解客户的个性化需求，开发定制化的智能手机，为客户创造价值。通过团队的充分反复研讨，确定企业新的战略愿景和目标如表 2–14 所示。

表 2–14 手机制造商战略意图分析表

战略意图	关键结论
愿景	聚焦行业客户，为客户提供定制化智能手机，成为行业定制化智能手机领导者
战略目标	3 年内，在公安、能源和运营商行业形成突破，实现盈利； 3 年内，完成三款智能手机的研发，第三年形成 30 亿元的总销售收入； 构建完整的智能手机研发、制造、营销能力
近期目标	1 年内，完成一款智能手机的研发，形成 3 亿元的总销售收入

注：每款手机按 3000 元左右定价，第一年销售 10 万台，第三年销售 100 万台。

3. 创新焦点

通过深入分析行业客户的需求，为行业客户定制智能手机，实现产品创新。在业务模式上，尝试建立线上销售渠道，提升企业的收入，降低运营成本。

在业务组合方面，短期内将形成“非智能手机”和多款“智能手机”业务并存的产品组合，具体如下。

- 核心业务（H1）：非智能手机。
- 成长业务（H2）：行业定制化智能手机。
- 新兴业务（H3）：消费级智能手机、智能穿戴设备、智能家居设备等。

资源分配和利用具体如下。

- 核心业务（H1）：对于非智能手机业务，保证现有的生产和销售，维持国内市场份额，同时积极扩大海外市场，增加销售机会。在研发投入方面，逐步减少相关投入，直至退出非智能手机市场。

- 成长业务（H2）：重点投入研发智能手机产品，确保每年至少有一款行业定制化智能手机上市销售，形成企业的第二曲线。
- 新兴业务（H3）：尝试探索研发其他智能设备，如智能穿戴设备、智能家居设备等。

4. 业务设计

基于 2.3.3 节市场洞察的结论，通过企业内部研讨，形成了新的业务设计。新的业务设计主要针对行业智能手机业务，如表 2–15 所示。

表 2–15　手机制造商新旧业务设计表

业务设计	现有业务	新的业务
客户选择	非智能手机用户	行业智能手机用户
价值主张	提供高性价比的非智能手机	为行业客户定制智能手机，帮助行业客户创造价值
价值获取	销售非智能手机	销售行业客户定制的智能手机
活动范围	研发、制造、销售非智能手机	研发、制造、销售行业客户定制的智能手机
持续价值	性价比高	理解行业客户，满足客户需求
风险管理	非智能手机市场萎缩	建立新的销售模式，树立新的品牌形象

对于持续价值，采用战略布局图（Strategy Canvas）来分析和设计。在手机战略布局图中，分别从产品价格、网络速度、行业应用、售后服务等维度，对高端消费类智能手机、低端消费类智能手机、行业定制化智能手机和非智能手机进行打分，绘制价值曲线，如图 2–10 所示。

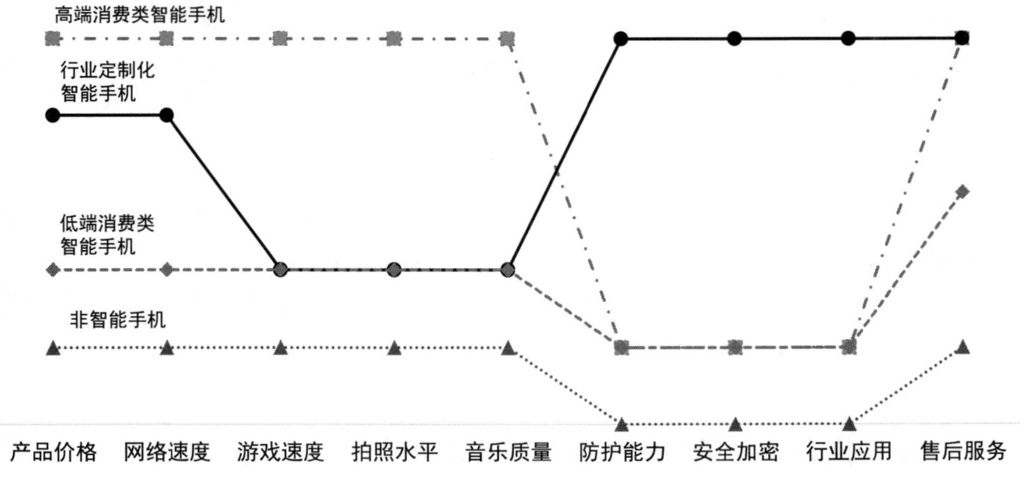

图 2–10　手机战略布局图

通过团队的分析和研讨，采取“剔除（无价值的）、减少（过多的）、增加（未满足的）、创造（新的）”四个步骤对价值曲线进行调整，最终确定行业定制化智能手机的战略控制点为深入理解行业客户，持续满足客户的定制化需求，包括手机防护、安全加密、行业定制化应用等。

5. 关键任务

通过战略展开活动，得出企业的关键任务，如表 2–16 所示。

表 2–16　手机制造商关键任务表

关键任务	优先级	完成时间	责任人	完成标准
打造智能手机品牌	低	XXXX 年 X 月	市场总监	打造行业智能手机品牌，建立企业在智能手机行业的地位
构建大客户销售通路	高	XXXX 年 X 月	销售总监	签约 10 个行业大客户
构建智能手机研发能力	高	XXXX 年 X 月	研发总监	完成智能手机软硬件研发，确保质量合格、客户体验优秀
构建智能手机制造能力	高	XXXX 年 X 月	制造总监	完成物料采购和产品制造，达到大批量出货要求
完成智能手机领域关键人才的招聘	高	XXXX 年 X 月	HR 总监	识别关键岗位，招聘优秀的智能手机领域专家

在本章 2.5.2 节，将通过业务执行模型（BEM）对战略进行展开，形成关键任务和重点工作。关于详细操作过程，读者可参见本章 2.5.2 节。

6. 正式组织、人才、文化氛围

为了更好地进行企业转型，决定成立新的事业部，负责智能手机研发、制造和销售活动，对智能手机业务的商业成功端到端负责。

同时，按集成产品开发（IPD）管理体系，建设产品规划和开发流程，并按集成产品开发（IPD）的定义，设立关键岗位和考核牵引指标。

根据智能手机研发需要，补充智能手机领域相关人才，构建开放合作的企业文化氛围。

7. 总结

通过 BLM 方法，分析了企业的差距，根据市场洞察的结论和战略研讨，确定了企业的战略方向，并根据创新焦点的分析，输出了企业的战略业务设计。

在下一节，本书将利用业务执行模型（Business Execution Model，BEM），对战略进行展开，从而更好地支撑战略的执行。

2.5　战略展开：明确关键任务，落实重点工作

战略制定后，如果执行不到位，一切都白费。所以，完美的战略更需要高效的执行。在本节将探讨企业或产品线完成战略制定后，如何将战略展开成具体的任务，从

而确保战略的有效执行。

很多企业战略制定得很完善，但是执行起来却存在很多问题，举例如下。

- 战略无法落地：高层制定的战略没有上下对齐，没有让基层部门承接战略规划，导致战略得不到落地和实施。
- 部门之间拉通不够：各部门的战略规划没有左右拉通，相互衔接和沟通不畅，各自为政，各自朝着各自的小目标奋斗。
- 无法闭环：整个战略执行过程欠缺一个闭环的流程和管理体系，没有办法确保战略规划得到切实有效的执行。
- 没有合理的 KPI：无法为各个部门和岗位制定合理的考核指标，部门考核指标没有与战略方向和目标对齐，绩效指标往往常年保持固定不变，没有根据实际情况进行动态调整。

因此，为了确保战略能够被有效执行，推荐首先使用业务执行模型（Business Execution Model，BEM）来对战略进行展开，然后跟踪闭环战略展开的重点工作和关键任务，如图 2–11 所示。

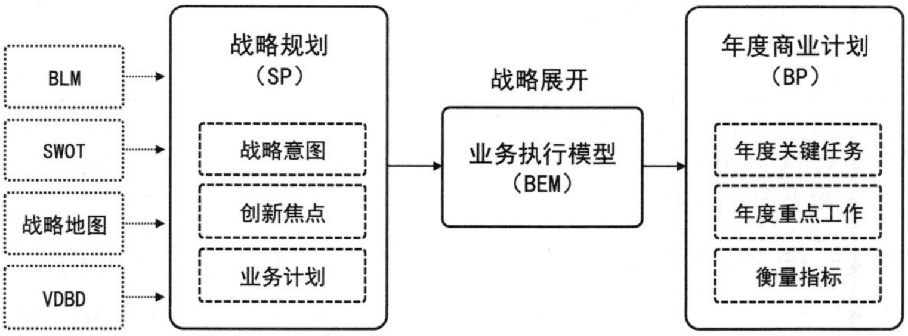

图 2–11　战略展开与 SP/BP 的关系

总的来说，战略展开就是通过寻找关键任务，将战略目标及规划分解成组织和个人的责任及计划。接下来将介绍战略展开方法的具体应用。

2.5.1　战略展开方法

为了确定企业的年度关键任务和重点工作，有效支撑企业的战略，可以通过 BEM 方法进行战略展开。BEM 方法主要包括两大步（六小步），即从战略导出关键举措和衡量指标、从战略导出重点工作，如图 2–12 所示。

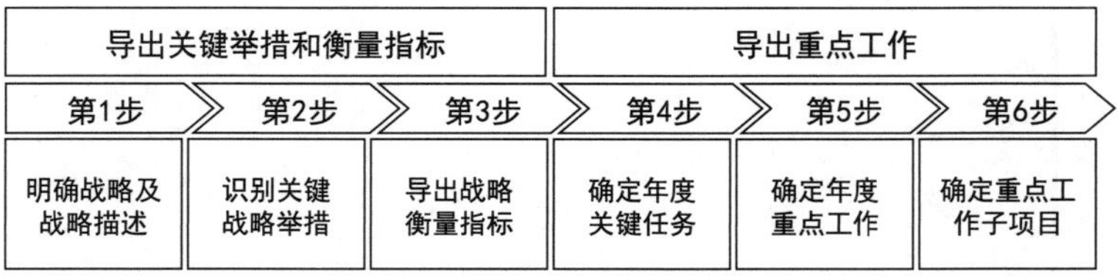

图 2–12　战略展开流程图

每个步骤的活动内容如表 2–17 所示。

表 2–17　BEM 方法战略展开阶段和步骤

阶段	步骤	活动内容	输出
导出关键举措和衡量指标	第 1 步：明确战略及战略描述	明确战略，并对战略的范围、内涵等进行明确定义	战略及战略描述
	第 2 步：识别关键战略举措	识别支持战略目标达成的中长期战略举措	战略举措列表
	第 3 步：导出战略衡量指标	确定战略举措内容和范围，识别对应的衡量指标	战略衡量指标
导出重点工作	第 4 步：确定年度关键任务	围绕战略举措，分析差距，确定年度关键任务	年度关键任务列表
	第 5 步：确定年度重点工作	按照组织层级，确定年度重点工作和责任人	年度重点工作清单
	第 6 步：确定重点工作子项目	按照组织层级，根据年度重点工作，进一步分解确定下一层级的重点工作或子项目	下级重点工作 重点工作子项目 行动计划清单

具体步骤简单描述如下。

1. 明确战略及战略描述

进行战略展开前，需要再次明确企业的战略和运营方向。如果企业的战略方向没有明确，可以回顾本章 2.4 节“战略制定”的内容，通过 BLM、SWOT、战略地图、VDBD 等方法重新梳理企业的战略方向。明确战略及战略描述是战略展开的起点，如图 2–13 所示。

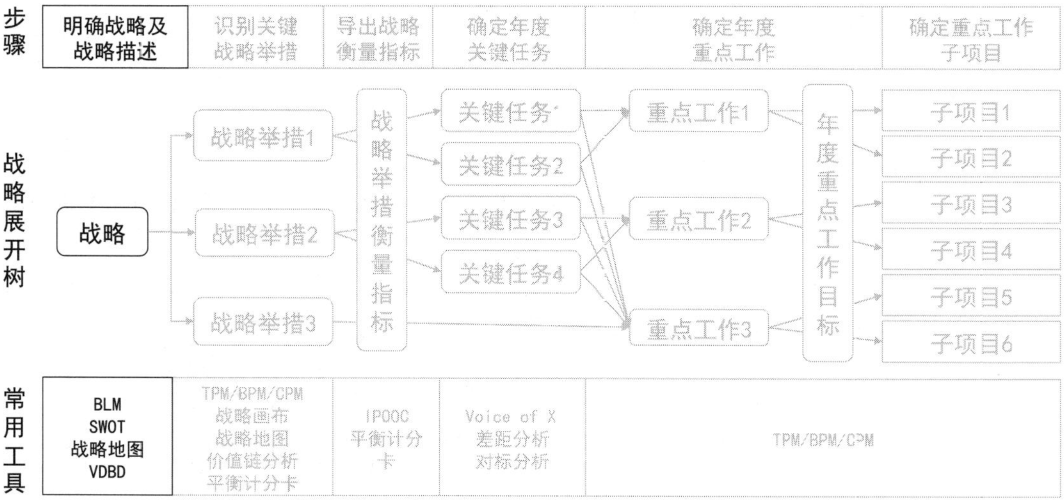

图 2–13　BEM 方法第一步：明确战略及战略描述

2. 识别关键战略举措

关键战略举措又称为关键成功因素（Critical Success Factors，CSF），是企业为了达成未来 3~5 年计划对需要解决的关键问题所采取的举措，是需要企业重点管理的、以确保竞争优势的、差别化的核心要素。该步骤具体如图 2–14 所示。

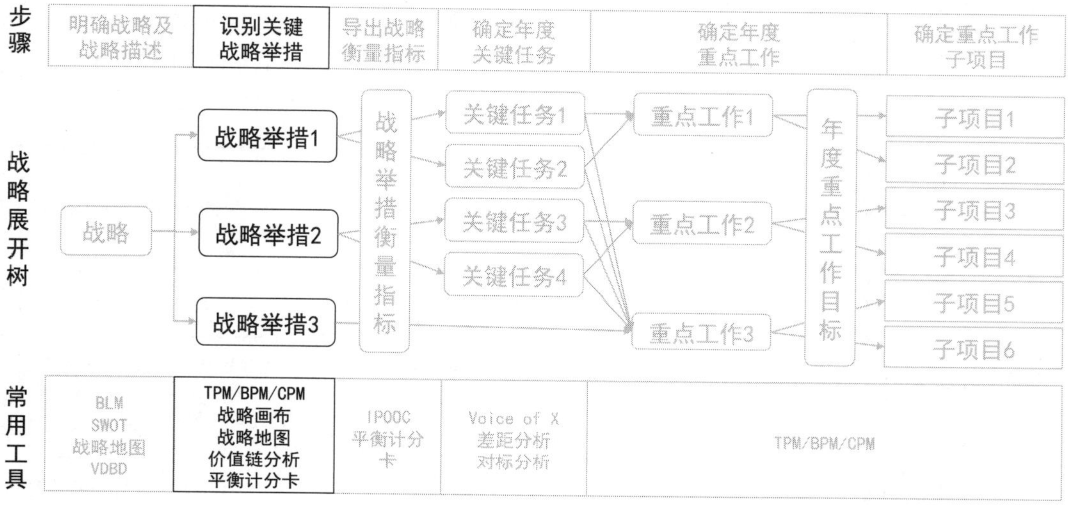

图 2–14 BEM 方法第二步：识别关键战略举措

（1）**关键战略举措的特点。**

关键战略举措具有以下四个特点。

- **瞄准“成功”**：“成功”指的是达成企业的战略意图和业务设计目标。类似于“第一性原则”，企业需要确保所有的动作都应该瞄准“战略意图”和“业务设计”。
- **聚焦“关键”**：影响战略达成的因素有很多，但是企业的资源是有限的，无法控制所有的因素。因此，需要聚焦于最重要、对战略目标绩效贡献最大的驱动因素。在战略执行过程中，管理层需要抓大放小，重点关注中长期的目标。
- **强调“内在”**：影响战略成功的因素还可以区分为内在因素和外在因素。由于外在因素难以控制，如单个企业几乎无法控制经济危机是否爆发，因此在识别关键战略举措的时候，更倾向于识别通过主观努力能够改善的内在因素，而不是难以控制的外在因素。
- **符合 SMART 原则**：关键战略举措需要符合 SMART 原则，确保其具有可操作性、可管理性，便于后续在战略执行时能够进一步分解和跟踪管理。

关键战略举措示例如表 2–18 所示。

（2）**关键战略举措的分解方法：TPM、BPM、CPM。**在实际应用过程中，寻找关键战略举措有多种方法，大致可分为全量分解法（TPM）、流程分解法（BPM）、参数分解法（CPM）三大类，如图 2–15 所示。

表 2-18 关键战略举措示例

财务层面	客户层面	内部运营层面	学习成长层面
• 企业价值提升 • 利润最大化 • 销售额提升 • 成本降低 • 资产利用率最大化	• 市场份额提升 • 产品价值最大化 • 品牌形象提升 • 构建与客户的亲密关系 • 产品品质提升	• 开发符合客户需求的新产品 • 建立高品质柔性的市场机制 • 采购效率提升 • 交货周期改善 • 供应链效率优化	• 全球人才培养 • 构建先进企业文化 • 知识管理 • 构建技术壁垒 • IT 基础扩大

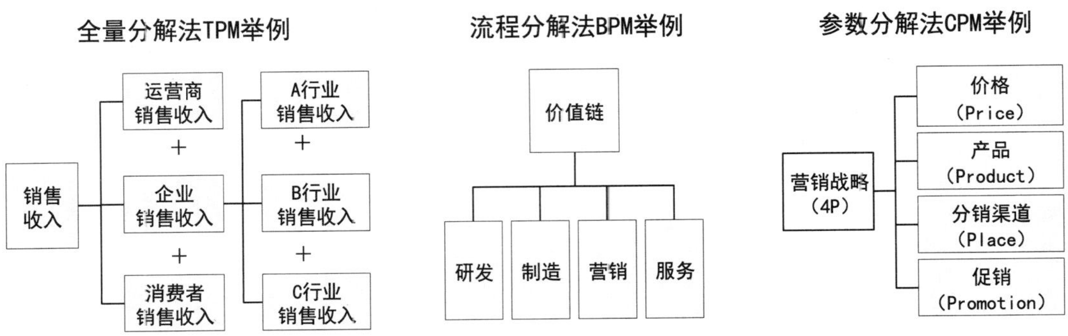

图 2-15 TPM、BPM、CPM 示意图

- **全量分解法**（Total Productivity Management，TPM）。通过全量分析，对目标进行全面的解构，确保分解后的目标能够完整支撑全量目标。在分解的时候，上下分解指标的量纲需要保持一致。该方法通常适应于分解财务类业务目标，如利润目标分解、销售收入分解、成本目标分解等。
- **流程分解法**（Business Process Management，BPM）。以客户为中心，按照业务的运作流程对目标和措施进行分解和导出，通常适用于分解效率、周期类业务目标。常见的分解方法包括价值链分析、研发流程分解、营销流程分解等。
- **参数分解法**（Critical Parameter Management，CPM）。通过分析相关方法论模型的关键要素，寻找系统内部的关键影响参数，再通过对关键参数的改善来支撑系统的改善。该方法通常适用于分解产品研发、市场营销、战略制定等业务目标。常见的分解方法有营销 4Ps、战略画布、战略地图等。

（3）**产品经理最常用的关键战略举措分解方法**。在上述分解方法中，产品经理寻找关键战略举措时最常用的方法是战略画布（CPM 方法）、战略地图（CPM 方法）和价值链分析（BPM 方法）。

本节将简单对比这三种常见的方法（见表 2-19），读者可以查阅相关资料了解这些方法更详细的内容。

表 2-19 关键战略举措寻找方法对比表

对比项	战略画布	战略地图	价值链分析
分类	CPM 方法	CPM 方法	BPM 方法
简介	• 来源于商业模式画布 • 使用商业模式画布，整体把握商业模式后，导出 CSF • 对于导出新商业推进所需的 CSF 非常有用	• 通过四个层面的思考框架导出 CSF • 战略地图涵盖四个层面，分别是：财务、客户、内部运营、学习成长	• 将战略细化成企业价值链后导出 CSF • 已构建系统性的战略时，导出 CSF 会非常方便
优点	• 从商业模式角度，把握商业整体，不遗漏地识别 CSF，可以识别与新商业关联的 CSF	• 具有完整的思考框架，有利于系统地展开和收敛 CSF，在支撑财务层面战略的达成上具有很强的逻辑性	• 战略完成度高时，可以从战略开始，非常方便地识别 CSF
缺点	• 结构复杂 • 需要学习概念和工具	• 当环境和商业变化快或增加多元化商业时，战略地图会不太灵活	• 战略完成度低或价值链复杂时，可能会遗漏 CSF

（4）**什么是战略地图？**战略地图（Strategy Map）是由罗伯特·卡普兰（Robert S. Kaplan）和大卫·诺顿（David P. Norton）提出的，是战略展开的关键工具。战略地图从四个层面对战略进行分析，形成一个全面的、系统化和可视化的视角，从而避免遗漏。这四个层面分别是财务层面、客户层面、内部运营层面、学习成长层面。详细内容可参考罗伯特·卡普兰和大卫·诺顿的著作，本书不再赘述。

在企业使命、愿景以及战略目标确定之后，可以采用战略地图来导出企业的关键战略举措。为了方便读者理解，笔者按照战略地图的四个层面，分别罗列了一些常见的与产品相关的关键战略举措，如图 2-16 所示。

（5）**什么是战略画布？**战略画布源自商业模式画布（BMC）。商业模式画布（BMC）

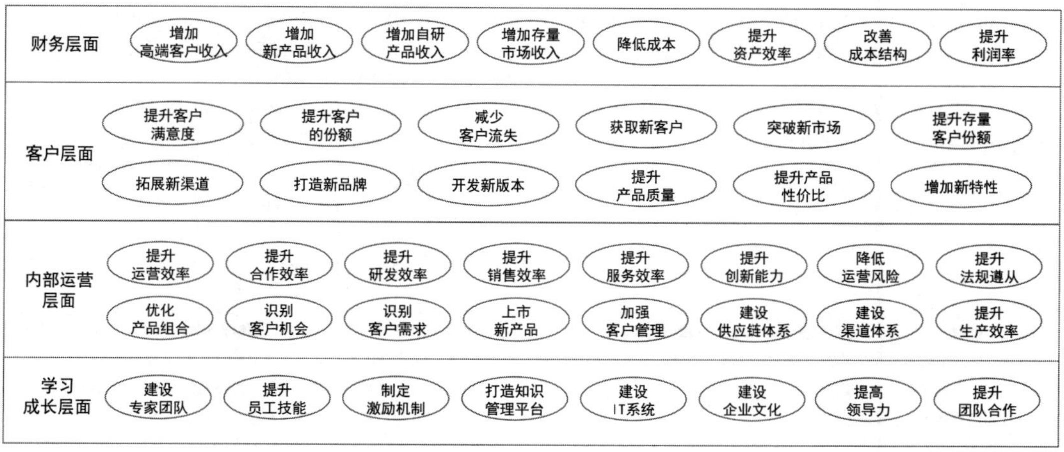

图 2-16 采用战略地图导出关键战略举措示意图

是一张能将组织的商业模式展示出来的画布，是一种用于梳理商业模式的思维方式和工具，可以帮助企业描述、评估和改变商业模式，并以一种极其简练的、可视化的、一张纸的方式表现出来。商业模式画布（BMC）每一个构造块的说明如下。

- **客户细分和价值主张**：以客户为中心，明确目标客户，并确定价值定位。
- **客户关系**：企业与特定客户细分群体之间所建立的关系类型。
- **渠道通道**：如何与客户细分群体进行接触、沟通并传递其价值主张，帮助企业长期经营客户，进一步发掘其他机会和收入来源。
- **核心资源**：企业的经营需要有合适的核心资源支持。要充分利用价值网络，打破传统线性思维模式，去获取和整合相关资源。
- **关键活动**：识别出关键活动，并将其执行到位。
- **重要合作**：任何一个企业都很难拥有实现价值定位所需的所有核心资源和关键活动，因此要深入思考如何整合关键的合作伙伴。
- **收入来源**：通过为细分客户创造价值，获得持续的现金流。
- **成本结构**：核心资源和关键活动的消耗是需要成本的，需要深入理解背后的成本结构。

通过对商业模式画布（BMC）九大构造块的思考，最终帮助企业建立的就是一个“收入来源 > 成本结构”的商业模式。关于商业模式画布（BMC）的详细介绍，可参考亚历山大·奥斯特瓦德（Alexander Osterwalder）和伊夫·皮尼厄（Yves Pigneur）的著作《商业模式新生代》，本书不再赘述。

战略画布是在商业模式画布（BMC）的基础上，通过对商业模式画布（BMC）的九大构造块进行思考，分析每个构造块中影响战略成功的重大关键问题，从而寻找实现战略的关键举措。为了方便读者理解，笔者按照战略画布的九个维度，分别罗列了一些常见的与产品相关的关键战略举措，如图 2-17 所示。

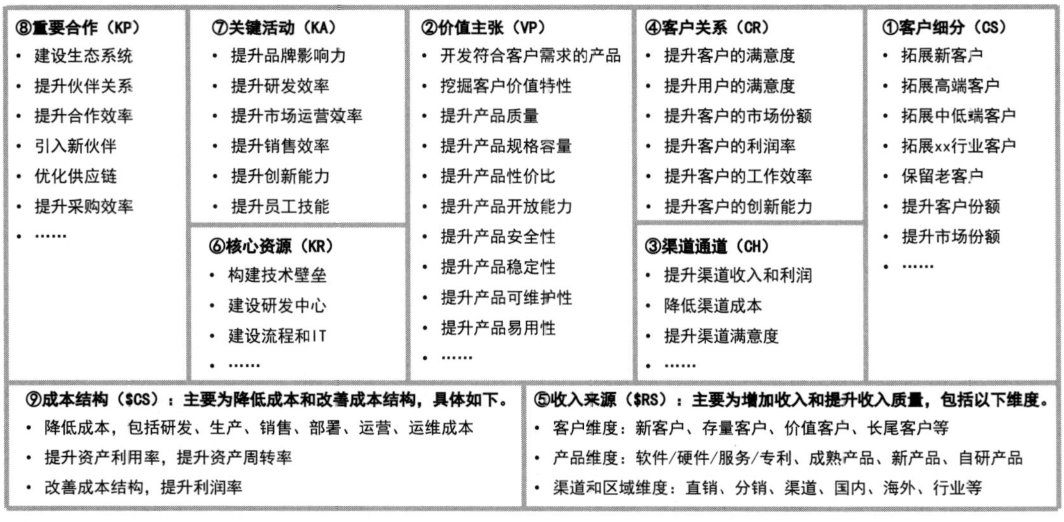

图 2-17 采用战略画布导出关键战略举措示意图

3. 导出战略衡量指标（即战略 KPI）

战略衡量指标是衡量战略是否达成的 KPI 指标，可以作为组织考核 KPI 的补充。该步骤具体如图 2-18 所示。

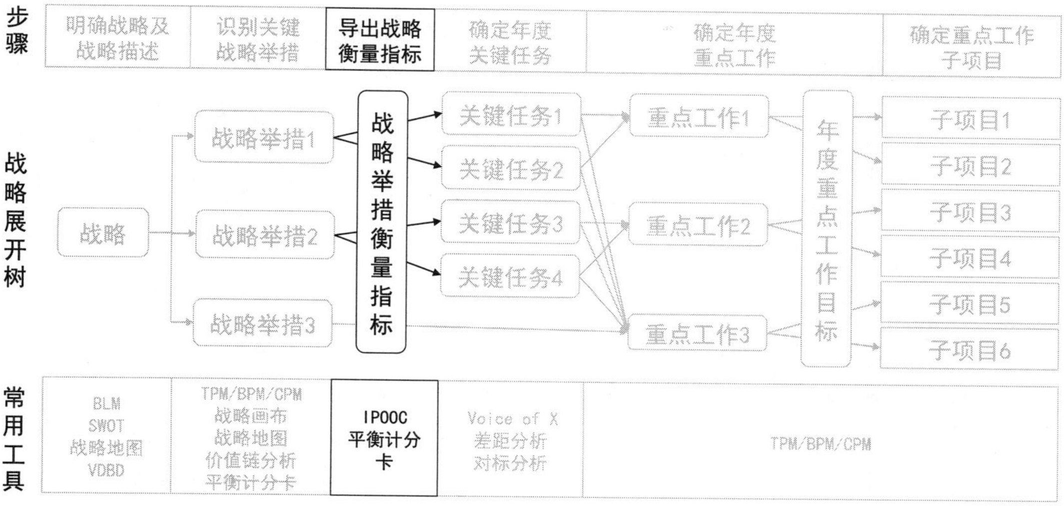

图 2-18　BEM 方法第三步：导出战略衡量指标

（1）为什么需要导出战略衡量指标（KPI）?

罗伯特·卡普兰教授认为，“不能衡量，就不能管理”。如果战略举措仅仅是一些方向，如“提升销售收入”“提高产品品质”等，而没有明确的衡量指标，那么就无法衡量这些战略举措是否达成，达成的程度如何。因此，需要从关键成功因素中导出对应的战略衡量指标。

（2）从关键成功因素（CSF）中导出战略衡量指标（KPI）的方法。

从 CSF 中导出战略衡量指标（KPI）存在以下两种情况。

- **通过 CSF 直接导出战略 KPI。**在 CSF 的衡量标准非常明确的情况下，可以由 CSF 直接导出战略 KPI。例如，对于关键战略举措“建设领先的研发团队”，就可以直接设定衡量指标为“研发专家满足率”。
- **通过战略构成要素挑选战略 KPI。**在 CSF 的衡量标准不明确时，需要分解出 CSF 的构成要素，然后再根据 CSF 的构成要素，设计备选 KPI，并对备选 KPI 进行打分，最后挑选重要的 KPI，纳入考核。例如，对于关键战略举措“提升价值市场份额”，如果直接衡量“价值市场份额占比”，那么可能导致员工在忽略长期利益的情况下达成目标，最终导致动作变形；但是如果通过“客户满意度”来衡量，则可能使企业与客户保持长期稳定的合作关系，从而持续为企业带来收入。当然，具体选择什么样的衡量指标，需要根据企业的具体情况来确定。针对这种情况，通常推荐采用 IPOOC 方法来导出 CSF 的构成要素。

（3）**IPOOC方法简介**。IPOOC方法是从输入（Input）、处理（Process）、输出（Output）、产出（Outcome）四个维度对CSF进行展开。下面以货物运输类比，从这四个维度解释战略举措分解的关键要素。

- **输入（Input）**：指关键举措的输入条件，一般包括资源（人、财、物）和信息。如果输入条件未达标，那么这项关键举措的落地效果就很难保证。以货物运输类比，输入（Input）是以装车数量作为整个货物运输的考核指标，装多少货物算多少钱。装得少，肯定运得少；但是，装得多也不一定能够完整地运送到，中途可能存在较大损耗。
- **处理（Process）**：从战略的视角看影响战略举措达成的关键活动、过程。以货物运输类比，处理（Process）重点关注货物运输过程，如运输路线是否合适、是否疲劳驾驶、是否违反交通规则、中途是否卸货或捎带其他货物等，只有过程符合规则，才能提高系统的成熟度，减少误差，降低结果偏差。
- **输出（Output）**：是基于流程视角看流程的直接输出，如一个产品、一个客户、一项专利、一个制度等。以货物运输类比，输出（Output）是以运输到目的地的货物数量作为考核指标，运到多少货物算多少钱。用结果衡量非常有效，但可能忽略了整体运输效率和经济效率。
- **产出（Outcome）**：是基于内外部客户视角看收益，如经济结果、客户感受、品牌增值、组织激发等。以货物运输类比，产出（Outcome）是以整个货物运输的价值作为考核指标，即：这次送货赚了多少钱，客户是否满意等；可能运送这趟货物不赚钱，但打通了客户关系，签订了长期合同。

由此，可以理解IPOOC方法是通过分析关键战略举措的整个落地过程，寻找构成要素，进一步筛选和确定考核指标。以战略举措“提升价值市场份额”为例，我们使用IPOOC方法导出其构成要素，并根据构成要素设计备选KPI，如表2-20所示。

使用IPOOC方法导出战略举措的构成要素后，再导出战略备选指标，然后进一步筛选出合适的战略衡量指标。需要补充说明以下几点。

- 将战略举措按照IPOOC四个维度细化到构成要素，识别各构成要素的衡量指标，形成备选指标池。一般由Outcome开始，由后往前识别构成要素。成熟业务一般以Output、Outcome指标为主，重点关注产出。新业务同时考虑Input和Process指标，打下成长的基础，确保战略举措落地。
- 构成要素的数量不能太多，一个战略举措分解五个左右的构成要素比较合适。同时，还需要保证适当的颗粒度，不宜过于追求细节，要从总裁视角考虑。
- 战略衡量指标筛选标准可以为战略相关性、可测量性、可控性、可激发性。

最后，按照平衡计分卡的维度检验指标平衡性，确保可以支撑战略达成。

表 2-20 采用 IPOOC 方法导出构成要素举例

战略举措	IPOOC	战略举措构成要素	备选 KPI
提升价值市场份额	输入（Input）	匹配客户需求的解决方案	客户需求包满足率
			技术标排名
		专业的销售人员到位率	专家到位率
	处理（Process）	规范项目运作管理	流程符合度
		改善客户关系	客户满意度
			续单完成率
	输出（Output）	获取到价值客户合同	签单率
		竞争项目的胜利	山头目标完成率
	产出（Outcome）	价值市场份额提升	价值市场份额占比
		订货增加	订货额
		利润改善	销售毛利率

4. 确定年度关键任务

年度关键任务是企业未来一年内需要完成的关键任务，是年度商业计划的起点。年度关键任务需要承接企业的战略目标，确保战略目标有效达成。该步骤具体如图 2-19 所示。

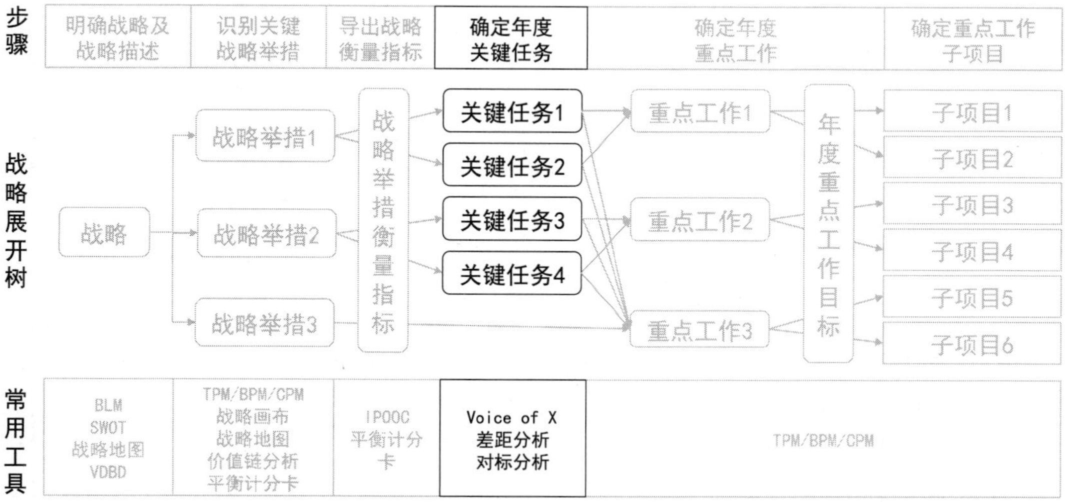

图 2-19 BEM 方法第四步：确定年度关键任务

应结合企业的战略，以关键战略举措和战略举措构成要素为基础，开展客户声音（Voice of X，VOX）调查与分析，从而确定年度关键任务，具体过程分三步，如图 2-20 所示。

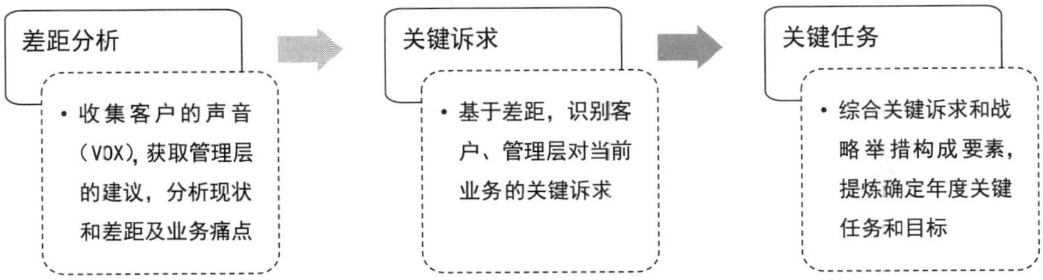

图 2-20　导出年度关键任务流程图

5. 确定年度重点工作

年度重点工作是在当年需要落实的具体措施，是企业当年需要优先完成的工作任务。年度重点工作内容涉及行动、阶段性目标、责任部门。

应基于年度关键任务和目标，拉通整合形成年度重点工作。年度重点工作可以用一句话总结提炼，并设定工作目标及负责人（Owner）。年度重点工作目标主要承接战略举措在第一年的目标和组织 KPI 指标（一般是结果性指标），并从上至下进行结构化分解，确定各层级衡量指标及其目标值。该步骤具体如图 2-21 所示。

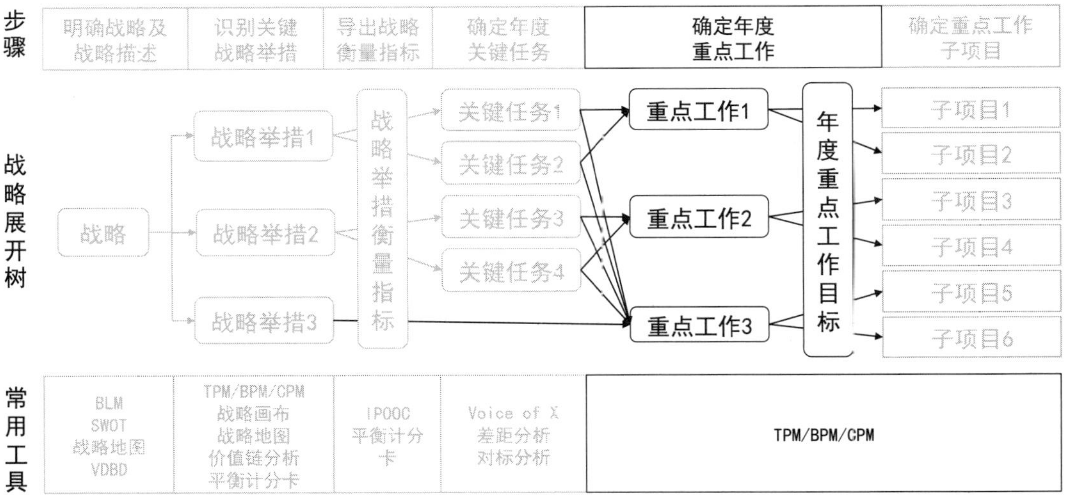

图 2-21　BEM 方法第五步：确定年度重点工作

在重点工作分解的过程中，需要将重点工作的主要行动方案和计划进行汇总，也可以采用列表的方式进行描述，如表 2-21 所示。

表 2-21　BEM 方法重点工作举例

重点工作描述	目标	责任人	资源配置	截止日期
成为 XX 区域运营商 IT 和数据中心的主要玩家	实现 IT 订货 XX 万美元； 数据中心订货 XXX 万美元； 山头项目突破率为 XX%	销售总监		20XX 年 12 月 31 日

6. 确定重点工作子项目

为更好地达成重点工作的目标，需要将上层组织的重点工作分解为下一层级的重点工作、子项目或行动计划，并从上至下确定各层衡量指标 KPI 的基线和目标值，以确保重点工作能够得到有效执行。该步骤具体如图 2–22 所示。

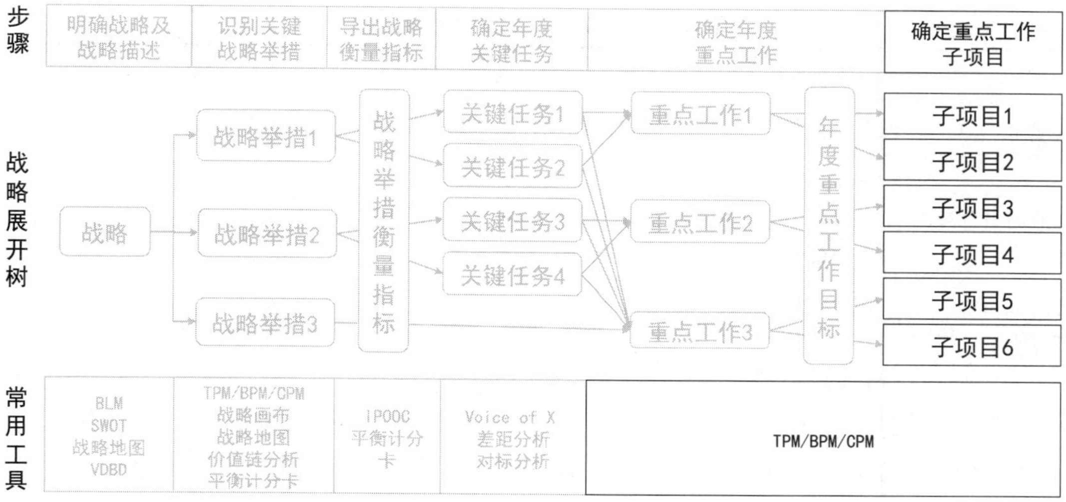

图 2–22　BEM 方法第六步：确定重点工作子项目

在分解重点工作时，可根据不同目标的特点，采用相应的 xPM 方法（TPM、BPM、CPM），向下进行结构化分解。各重点工作完成分解后，为了避免重复和冲突，需要从组织维度拉通审视，检验和调整重点工作分解树。对重点工作分解树进行检验有五个原则，具体如下。

- 不能与其他任何一个上层的重点工作发生冲突。
- 同一层级的重点工作之间不能发生矛盾和冲突。
- 在同一层级内的重点工作，逻辑上应是同一层级，并符合 MECE 原则。
- 下层重点工作能支撑上层重点工作目标的达成。
- 上层组织职能部门重点工作与下层组织职能部门重点工作会有间接关联性。

7. 总结

通过将战略逐步展开，最终形成一棵完整的、有逻辑的战略展开树，确保从战略制定到执行可闭环。

2.5.2　战略展开实践案例

在 2.4.3 节中，通过智能手机制造商的案例，介绍了 BLM 方法，并利用 BLM 方法确定了企业的战略目标和业务设计。在本节，企业将使用 BEM 方法，对战略进行展开，形成关键战略举措，确定年度重点工作。

案例中所有内容均为虚构，主要目的是方便读者理解集成产品开发（IPD）方法，并不代表案例内容为智能手机研发的最佳实践，企业需要根据实际的运作模式进行选择。

1. 明确战略及战略描述

在本章 2.4.3 节，通过 BLM 方法，制定了企业的战略目标，具体过程不再重复。战略意图描述如表 2–22 所示。

表 2–22 手机制造商战略意图描述

战略意图	战略描述关键信息
愿景	聚焦行业客户，为客户提供定制化智能手机，成为行业定制化智能手机领导者
战略目标	3 年内，在公安、能源和运营商行业形成突破，实现盈利； 3 年内，完成三款智能手机的研发，第三年形成 30 亿元的总销售收入； 构建完整的智能手机研发、制造、营销能力
近期目标	1 年内，完成一款智能手机的研发，形成 3 亿元的总销售收入

2. 识别关键战略举措

由于本次战略展开工作是针对整个企业进行的，因此使用战略地图分解战略目标，寻找关键战略举措（CSF）。为了识别关键战略举措，企业召开了战略展开研讨会，研讨会的会议议程如下。

首先，通过战略地图将战略展开，进行头脑风暴，产生一系列战略举措。

其次，通过投票挑选出最关键的战略举措。

最后，利用平衡计分卡进行检验，确保关键战略举措保持平衡。

企业对关键战略举措研讨的结果如表 2–23 所示。

表 2–23 手机制造商关键战略举措备选表

关键战略举措	平衡计分卡分类	投票数
增加智能手机销售收入	**财务层面**	**21**
维持非智能手机销售收入	财务层面	5
降低产品成本	财务层面	7
减少非智能手机客户流失	客户层面	12
研发行业智能手机	**客户层面**	**18**
提升非智能手机市场份额	客户层面	8
建立智能手机销售渠道	内部运营层面	16
提升企业生产效率	内部运营层面	9
制造行业智能手机	**内部运营层面**	**19**
提升员工技能	学习成长层面	15
构建高效的产品团队	**学习成长层面**	**18**
打造知识管理平台	学习成长层面	10

根据投票数，进行小组讨论，最终挑选了四个关键战略举措。同时，还要确保挑选的关键战略举措在财务、客户、内部运营、学习成长四个层面都有，即保持平衡。具体如表 2–24 所示。

表 2–24　手机制造商关键战略举措列表

平衡计分卡分类	关键战略举措
财务层面	CSF1：增加智能手机销售收入
客户层面	CSF2：研发行业智能手机
内部运营层面	CSF3：制造行业智能手机
学习成长层面	CSF4：构建高效的产品团队

3. 导出战略衡量指标

通过 IPOOC 方法，识别关键战略举措衡量指标，形成备选 KPI 指标池。同时，还需要按战略相关性、可测量性、可控性、可激发性的标准对所有的指标进行评价打分，以便确定最重要的 KPI 指标。

CSF1（增加智能手机销售收入）构成要素分解如表 2–25 所示。

表 2–25　手机制造商关键战略举措 1 构成要素分解表

IPOOC	CSF 构成要素	备选指标	评价指标				得分
			战略相关性	可测量性	可控性	可激发性	
Input	匹配客户需求的产品	需求满足度	1	3	1	3	8
	专业的销售工程师	专家到位率	1	9	3	3	16
Process	规范的项目运作	流程符合度	1	3	6	3	13
Output	**获得价值客户**	**签单率**	**9**	**3**	**3**	**3**	**18**
Outcome	**树立智能手机品牌**	**收入**	**3**	**3**	**3**	**8**	**17**

CSF2（研发行业智能手机）构成要素分解如表 2–26 所示。

CSF3（制造行业智能手机）构成要素分解如表 2–27 所示。

4. 确定年度关键任务

明确战略、关键战略举措、年度关键任务三个概念的区别。

- 战略是企业未来 3~5 年的计划。
- 关键战略举措是企业为了达成未来 3~5 年计划对需要解决的关键问题采取的举措。
- 年度关键任务是企业未来一年内需要完成的关键任务。

表 2-26 手机制造商关键战略举措 2 构成要素分解表

IPOOC	CSF 构成要素	备选指标	评价指标				得分
			战略相关性	可测量性	可控性	可激发性	
Input	**有效的需求收集**	**需求覆盖率**	3	3	3	8	17
	专业的研发工程师	专家到位率	1	9	3	3	16
Process	规范的项目运作	流程符合度	1	3	9	3	16
Output	**产品按时上市**	**研发效率**	9	3	3	3	18
Outcome	收入增加	收入	1	3	1	3	8

表 2-27 手机制造商关键战略举措 3 构成要素分解表

IPOOC	CSF 构成要素	备选指标	评价指标				得分
			战略相关性	可测量性	可控性	可激发性	
Input	**专业的供应链专家**	**专家到位率**	1	9	3	3	16
Process	规范的项目运作	流程符合度	1	3	6	3	13
Output	**智能手机批量生产**	**生产效率**	9	3	3	3	18
Outcome	收入增加	收入	1	3	1	3	8

针对每一个关键战略举措（第 2 步的结果），根据关键战略举措的备选 KPI 的指示（第 3 步的结果），寻找现状和目标的差距，同时收集 VOX（客户的声音、企业高管的声音等），进行对标分析，找到年度关键任务。具体如表 2-28 所示。

表 2-28 手机制造商年度关键任务表

关键战略举措（第 2 步）	CSF 构成要素（第 3 步）	现状及差距分析（VOX/ 对标）	关键诉求	年度关键任务（第 4 步）
CSF1：增加智能手机销售收入	获得价值客户	在智能手机领域缺乏品牌影响力	提升品牌影响力	树立智能手机品牌
		缺乏智能手机的价值客户	寻找智能手机潜在客户	构建新的销售通路
CSF2：研发行业智能手机	产品按时上市	尚未研发智能手机	开发高质量智能手机	研发一款行业智能手机
CSF3：制造行业智能手机	智能手机批量生产	没有智能手机生产线	建立智能手机生产线	制造一款行业智能手机
CSF4：构建高效的产品团队		缺乏智能手机领域的专家	招聘人才	完成智能手机领域关键人才的招聘

5. 确定年度重点工作

通过分析年度关键任务，确定年度重点工作，确保年度关键任务得以落实，如表2–29所示。

表 2–29 手机制造商年度重点工作表

年度重点工作（第 5 步）	优先级	完成时间	责任人	完成标准
打造智能手机品牌	低	XXXX 年 X 月	市场总监	打造行业智能手机品牌，建立企业在市场上的品牌形象
构建大客户销售通路	高	XXXX 年 X 月	销售总监	签约 10 个行业大客户
构建智能手机研发能力	高	XXXX 年 X 月	研发总监	完成智能手机软硬件研发，确保质量合格、客户体验优秀
构建智能手机制造能力	高	XXXX 年 X 月	制造总监	完成物料采购和产品制造，达到大批量出货要求
完成智能手机领域关键人才的招聘	高	XXXX 年 X 月	HR 总监	识别关键岗位，招聘优秀的智能手机领域专家

6. 确定重点工作子项目

通过使用 xPM 方法（TPM、BPM、CPM），进一步分解年度重点工作，明确行动计划，识别子项目或子任务，如表 2–30 所示。

表 2–30 手机制造商年度重点工作子项目表

重点工作行动计划	子项目 / 子任务
构建大客户销售通路： 签约 10 个行业大客户	寻找 10 个种子客户，进行需求对标
	构建产品原型，完成灯塔项目
	加强线索管理，挖掘 100 个潜在线索并进行培育
打造智能手机品牌： 打造行业智能手机品牌，建立企业在市场上的品牌形象	梳理产品价值主张，建设品牌文案
	进行品牌宣传活动
构建智能手机研发能力： 完成智能手机软硬件研发，确保质量合格、客户体验优秀	构建研发环境，包括流程、工具、系统等
	构建智能手机软硬件平台
构建智能手机制造能力： 完成物料采购和产品制造，达到大批量出货要求	建设智能手机供应链流程
	建设智能手机生产制造工艺
完成智能手机领域关键人才的招聘： 识别关键岗位，招聘优秀的智能手机领域专家	招聘智能手机研发专家
	招聘智能手机供应链专家
	招聘智能手机营销专家
	招聘大客户经理

7. 总结：形成战略展开树

通过对战略的逐步展开，最终形成企业的战略展开树，确保从战略制定到执行可闭环，如图 2-23 所示。

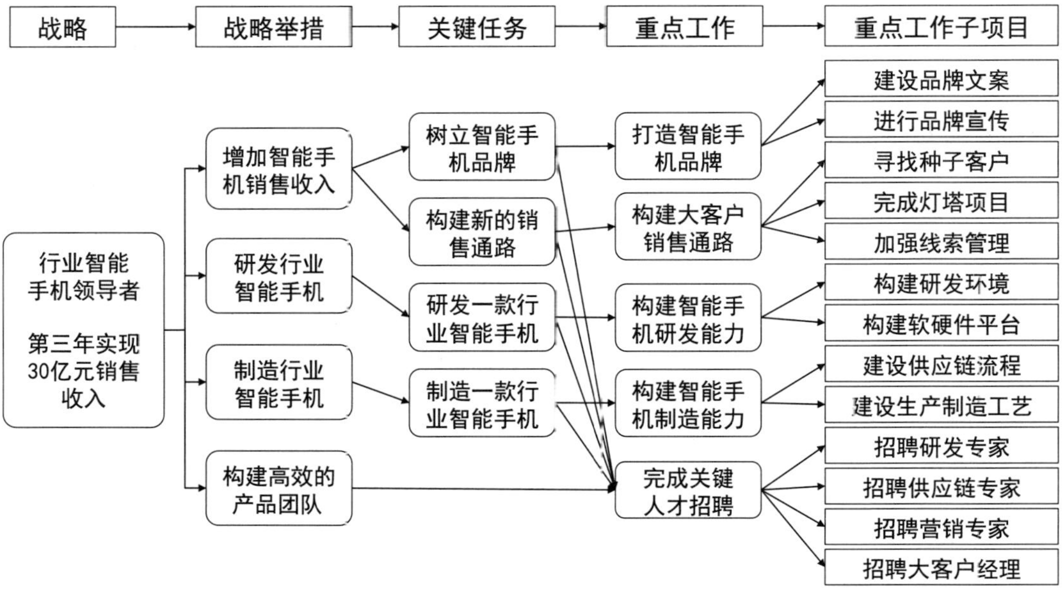

图 2-23 手机制造商战略展开树示意图

2.6 战略执行与监控：跟踪与闭环，确保正确执行

战略执行与监控主要包括管理重点工作、管理组织 KPI、管理集成业务计划、管理运营绩效、提出改进建议并决策、跟踪与闭环等活动，以保证 SP/BP 的有效执行和闭环管理，如图 2-24 所示。

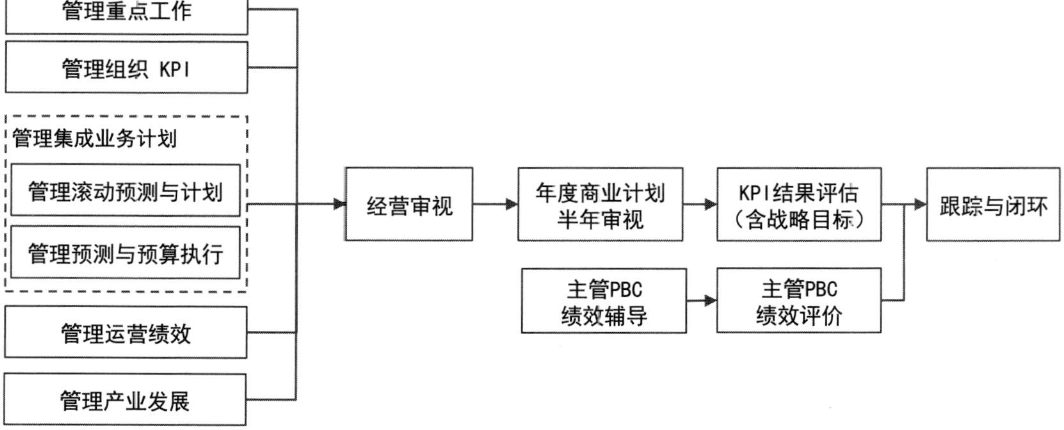

图 2-24 战略执行与监控流程示意图

在战略执行与监控阶段，主要通过例行会议来进行监控，特别是经营审视会议。

经营审视会议的议题通常包括经营报告、全年预测、业务进展、目标差距和根因分析、改进举措和行动计划、待决策的事项等。

通过经营审视会议，了解当前的经营进展，输出经营差距和风险，分析形成差距的根本原因，提出改进举措和行动计划，并及时对相关负责人进行绩效辅导，确保战略能够执行落地。具体的会议召开方法和要求可参见本书 9.2 章节。

战略执行与监控阶段的相关会议样例如表 2–31 所示。

表 2–31 战略执行与监控阶段例行会议样例

会议名称	会议频度	会议开展的层级建议	
		企业	PDT
经营审视会议	月度 / 季度	Y	Y
BP 半年度审视会议	半年度	Y	Y
战略专题审视会议	按项目里程碑	Y	
重点工作审视会议	按项目里程碑	Y	Y
产业发展项目会议	按项目里程碑	Y	

2.7 常见问题探讨

1. 战略多长时间制定一次？

虽然战略通常是企业未来 3~5 年的计划，但是企业一般会每年更新一次，并进行战略复盘。当然，当企业发现环境发生重大改变，或者对业务有了更多更深入的认识时，可以随时刷新战略，没有具体的约束。

举例来说，一个创业企业初入行业时给自己制定了一个战略方向，但是经过半年的运作后，发现对行业的认识存在严重的偏差，企业当初制定的战略方向存在巨大的问题，此时，企业就可以刷新战略，而不需要等到年度结束再刷新。

2. 是不是所有企业都需要战略？

有战略肯定是好的，可以帮助企业实现上下同欲、利出一孔。但是，并不是所有的企业都需要花费大量的时间去分析和制定战略。例如，对于大部分跟随型企业来说，其战略就是“竞争对手做什么，我就做什么，并且质量更好，价格更便宜”。这种情况下，耗费大量的人力和物力去分析和制定战略，投入产出比并不一定很高。

3. 使用方法论进行战略制定和展开有什么好处？

- **逻辑完整**：方法论通常都是相对完整的，并且具有一定的逻辑，可以帮助使用者理清思路，避免盲区。
- **语言统一**：所有参与者在沟通的语言上能够对齐，降低沟通成本，提高效率。
- **目标一致**：通过方法论的指导，可以让所有参与者的目标和节奏保持相对一致，有利于任务的开展和执行。
- **闭环执行**：通过方法论，可以比较有效地看到任务当前的进展，从而更好地监督，及时发现并解决问题。

4. 在制订业务计划时，企业需要考虑哪些风险?

首先，企业经营就必然有风险，很多企业都因为风险管理意识不足，盲目扩张，最终出现巨大的危机。因此，风险管理非常重要。

其次，企业在制订业务计划时需要考虑各方面的风险，并加以管理，主要风险具体如下。

- **经济风险**：经济下行、贸易壁垒、汇率波动。例如，2008 年国际金融危机。
- **政策风险**：政策不鼓励（甚至限制）某些行业的发展。
- **行业风险**：行业整体下行、行业被颠覆等。例如，互联网的出现颠覆了传统纸质媒体广告业务。
- **技术风险**：技术性能发展达不到预期、演进方向不明确等。例如，当年发展势头良好的 WiMax 技术，最后还是没有得到广泛应用。
- **客户风险**：客户的转型、升级、倒闭等。例如，客户都去互联网上打广告了，传统纸质媒体就必然会衰落。
- **合作伙伴的风险**：合作伙伴的转型、断供、业务调整等。例如，由于受贸易战的影响，原材料无法进口，产品无法生产。
- **竞争风险**：恶性竞争、价格战、潜在进入者的搅局等。例如，竞争对手突然开展价格战、提前发布新产品等。
- **组织风险**：组织能力不足、思想守旧、流程僵化、无法跟上时代的发展等。
- **财务风险**：收入下滑、成本攀升、债务违约、汇率波动等。
- **安全风险**：生产安全、信息安全、隐私安全等。

最后，对于风险的管理，可以按照“风险识别”“风险分析”“风险应对”“风险监控”等几个步骤进行。其中，风险应对策略包括规避风险（绕开风险）、承受风险（愿赌服输）、利用风险（弯道超车）、减轻风险（应急预案）、分担风险（买保险、对冲）等。

5. 在市场洞察中，看行业和看客户的具体区别有哪些?

总的来说，看行业是分析行业的市场空间，确认行业是否有利可图；看客户是分析客户的行为，确认客户的痛点、需求和采购模式，以帮助产品经理规划和设计产品。

详细对比如表 2-32 所示。

表 2-32　行业分析与客户分析对比表

对比项	行业分析	客户分析
对象	具体细分市场	具体客户（群）
数据	产品、客户、行业、区域	客户的收入、格局、对新技术的态度
内容	市场空间、市场增长、竞争分析、颠覆力量分析	客户战略、投资方向、组织文化、竞争及合作策略
工具	安索夫矩阵、PESTEL、波特五力、波士顿矩阵、SWOT	财务报告分析、PESTEL、SWOT

3 需求管理

本章主要介绍需求管理的相关方法和实践，包括需求的分类、需求管理的流程、需求管理的方法、需求管理的角色等内容。

本章核心内容

- 需求的分类：通过需求的分类，寻找高价值的需求，简化需求管理。
- 需求管理的流程：需求的收集、分析、分发、实现和验证。
- 需求管理的方法：通过设计思维挖掘客户的需求，通过特征工程提取系统特性，通过七步法编写系统需求。

本章内容在集成产品开发（IPD）体系中的位置如图 3-1 所示。

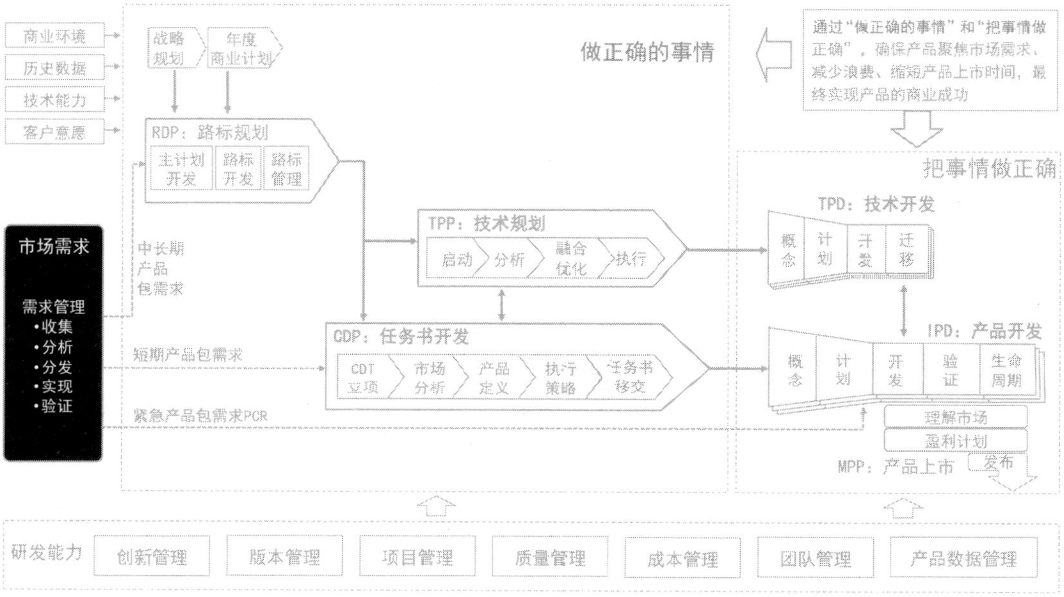

图 3-1　需求管理在 IPD 中的位置

3.1 基本概念：解决方案的完整交付才能满足客户的需求

企业存在的价值是满足客户的需求，为客户提供服务、创造价值。但是，很多企业并不能很好地管理需求，常见的问题如下。

- 研发与市场脱节，需求与实现不一致。客户需要一辆农用拖拉机，企业却提供了一台超级跑车。
- 产品支持了大量功能特性，但是没有客户愿意买单。例如，智能手机上有超过 50% 的功能大部分用户从未使用过。
- 临时紧急需求过多、需求不断变更，研发团队为应对需求变化疲于奔命等。

为了解决这些问题，企业需要开展全面系统的需求管理工作。需求管理可以给企业带来巨大的利益，包括以下方面。

- 企业的资源是有限的，通过需求管理可以把有限的资源投入到具有最高价值的需求上，放弃那些低价值的需求，从而最大化利用企业的资源。
- 通过需求管理将需求合理地排序和排期，能够确保按客户可接受的进度，逐步满足客户的需求，从而尽可能地提升员工和客户的满意度。
- 通过需求的反复验证，能够确保客户的需求得到正确的实现，避免由于需求理解不一致造成进度延迟和返工。

为了更好地开展本章节的探讨，首先对“产品需求”和“产品包需求”做一个简单的概念解释。

什么是产品需求?

从经济学角度来看，需求是指人们在某一特定的时期内在各种可能的价格下愿意并且能够购买某个具体商品的需要。在产品领域，需求描述客户或用户对产品的期望，包括对产品的操作、功能和设计的特性的描述，这些描述是明确的、可测试的、可度量的。

什么是产品包需求?

从客户的角度看，客户需要的不是一个单一需求的满足，而是需要一个能够解决客户问题的完整解决方案，包括功能、性能、包装、价格、服务、质量等方面。对这个完整解决方案的描述就是产品的包需求。举个例子：客户需要一台电脑玩游戏，这意味着客户能够支付得起、买得到、不会频繁出现故障、性能够用、能够运行喜欢的游戏，并不是随便一台 10 年前的电脑都行。产品包需求通常可以使用 $APPEALS 方法描述，如表 3-1 所示。

- 价格（$Price）：客户为一个满意的产品或交付希望支付的价格。
- 可获得性（Availability）：客户是否容易和有效购买，包括完整的购买经历、购买的渠道。
- 包装（Packaging）：产品的视觉特征、打包销售的方法。例如，是单品销售，还

表 3–1 $APPEALS 方法内容举例

价格 $ 价格比较	可获得性 A 购买过程	包装 P 视觉评估	性能 P 规格比较
研发成本 生产成本 人力成本 管理成本 库存、废料 ……	分销 销售 渠道 交货期 订购 ……	包装 布局 尺寸 风格 颜色 ……	速度 功能 容量 精确度 多功能性 ……
易用性 E 感觉的比较	**保证 A 顾虑和响应**	**生命周期成本 L 真实成本比较**	**社会接受程度 S 其他方面的影响**
安装 可用性 升级 图形化 人类工程学 文档 ……	可靠性 可用性 可维护性 质量保证 安全性 稳定性 ……	寿命 / 磨损 正常 / 停工时间 服务 备件 能源 操作成本 ……	顾问 / 团体 环境的影响 法律关系 社会文化 社会责任 保密 ……

是捆绑打包销售。

- 性能（Performance）：产品的功能和性能特性。例如，CPU 的速度、存储容量、网络速度等。
- 易用性（Easy to Use）：涉及安装、使用、管理等方面。例如，零配置开箱即用、图形界面、语音操作等。
- 保证（Assurances）：产品在稳定性、可靠性、安全和质量方面的保证。例如，99.99% 的可用性、3 年质保、终身维保等。
- 生命周期成本（Life Cycle Cost）：产品在整个生命周期的成本，包括安装成本、培训成本、服务成本、维护成本、能源消耗成本、处理成本等。
- 社会接受程度（Social Acceptance）：产品的其他影响。例如，社会认可度、产品义务、法律关系、产品形象、不违背道德规范等。

3.2 需求分类：寻找高质量、有价值的需求

“分类”是一种常见的、非常好用的管理方式。通过分类，可以将不同属性的事物区分开来，将复杂的事情简化，从而更好地管理。

为了更好地管理需求，首先可以对需求进行分类，然后根据需求的不同类别，采用不同的方式进行管理，主要的分类方式如下。

- 需求来源：内部需求、外部需求。

- 用户感知：功能需求、非功能需求。
- 需求层次：原始需求、初始需求、客户问题、系统特性、系统需求。
- 需求价值：按 Kano 模型分为基本的需求（Basic）、最好满足的需求（Satisfied）、有吸引力的需求（Attractive）和负向的需求（Negative）。
- 紧急程度：紧急需求、不紧急需求。
- 实现难度：容易实现的需求、普通实现难度的需求、有挑战的需求。
- 交付时间：长期需求、中期需求、短期需求。
- 需求范围：单模块需求、单产品需求、跨产品需求。
- 客户类型：大客户需求、战略客户需求、价值客户需求等。
- 是否收费：可以收费、不能收费。
- 行业维度：公安、教育、能源、医疗等。
- 客户利益：核心利益、有形性能、附加性能。
- 服务对象：客户（采购者）的需求、用户（使用者）的需求。
- $APPEALS：对 $APPEALS 某一方面提出的改善需求，例如，改善产品包装，减少运输过程中的损坏。

接下来对几个非常重要的需求分类方式进行简单介绍，包括需求来源分类、用户感知分类、需求层次分类和需求价值分类，具体如下。

3.2.1　需求来源分类

从需求来源的角度，可将需求分为内部需求和外部需求。

- **内部需求**：通常指的是企业内部人员通过自己的分析和设计提出的需求。例如，可制造性、可维护性、降低成本等需求。
- **外部需求**：通常指的是客户提出的需求。例如，客户希望在产品上增加一些功能，用以解决其在某方面遇到的问题。

对于内部和外部需求，人们容易陷入一些认知误区，在这里有必要澄清一下。

首先，客户表达的并不一定是需求。以冰山模型为参考，客户表达的可能是解决方案初步构想，而并非真正的需求。企业需要针对客户提出的解决方案构想，分析背后的根本原因，从而设计出更有效的解决方案，如图 3–2 所示。

图 3–2　冰山模型示意图

例如，因为没有便捷的通信手段，只能使用传令兵传递信息，而当现有条件下交通工具只有马匹时，那么客户可能会说“需要一匹更快的马”。而实际上，更好的解决问题的办法可能是狼烟、信鸽、旗语等，甚至是发明电报、电话等现代通信技术，而不是去给客户养马。作为产品的设计者，需要分析客户需求背后的根本原因，从而设计出更好的解决方案，最有效地解决客户的问题，而不是客户说什么就做什么。

其次，内部需求也同样重要。需要强调的是，在进行内部需求分析和处理时也需要与客户进行交流和确认，确定是否能够真正解决客户的问题。产品的设计者掌握着先进的技术，对产品的理解要远超客户，因此，可以设计出很多高效、先进的特性，解决客户的问题。但是，从业务需求的角度来说，在业务问题上客户始终是最有发言权的，因此，不管产品设计者如何高明，都需要尽量就自己的设计方案与客户沟通，以确认设计方案是否能够真正解决设想的问题，满足客户的需求。

3.2.2 用户感知分类

根据用户是否可以直接感受到需求，可将需求分为功能需求和非功能需求。

- **功能需求**：指的是用户能够感受到的需求，通过满足该需求直接解决客户的问题。
- **非功能需求**：指的是用户感受不到的需求，例如，架构升级、可维护性、可制造性等。

需要说明的问题如下。

首先，功能需求和非功能需求同样重要。以火车来类比，如果非功能需求如同火车轨道，那么功能需求就如同轨道上的火车，二者相辅相成。没有轨道，火车跑不远，走不动；只修轨道，没有火车在上面运行，也不能发挥轨道的价值，对客户没有任何意义。因此，只强调一方面都是不可取的。

其次，针对功能需求的设计，要能够完整地解决客户的问题，而不只是提供一个功能。例如，当建设一个电商网站的时候，网站需要提供包括查询商品、将商品加入购物车、下订单、付款、发货等在内的一系列功能。因此，建设电商网站的时候，不能只将付款和发货功能做得非常完美，而将查询商品、加入购物车、下订单等功能做得很粗糙，这会导致客户找不到想要的商品，从而无法完整地完成交易，也就无法产生价值。

最后，很多情况下非功能需求也会影响客户的感受。例如，如果产品经常出现故障、性能无法满足客户的要求，客户也会很烦，直接影响客户体验；如果支持故障自动恢复，客户就会发现只要再尝试一次系统就会正常运行，对客户体验的影响就没那么严重了。

非功能需求通常可以通过 DFX 方法进行设计，包括可安装、可维护、可测试、可制造、可服务等，参见本书 5.2.6 章节。

3.2.3 需求层次分类

从需求的实现层次来看，需求可以分为原始需求、初始需求、客户问题、系统特性、系统需求等，如图 3–3 所示。

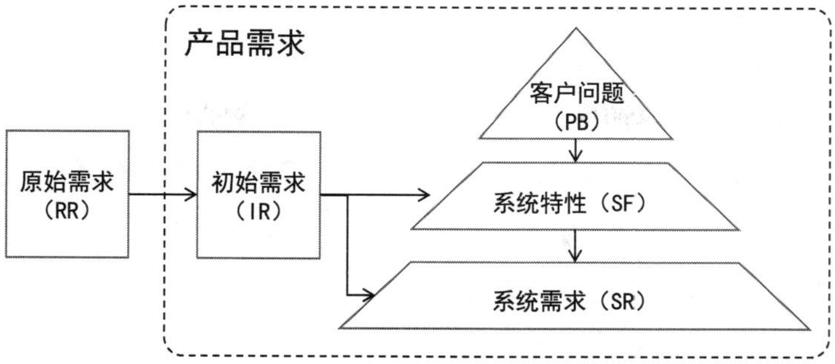

图 3–3 需求分层示意图

客户原始需求经过逐步分析和确认后，最终得到系统需求。研发人员最终根据系统需求的描述，实现需求，完成产品开发。具体如表 3–2 所示。

表 3–2 需求定义说明表

需求类别	需求类别的定义	举例
原始需求（RR）	来自企业内、外部客户的，关于产品与解决方案的所有需求，包括销售项目需求和非销售项目需求	手机不支持通话中录音，非常不便捷，如果能录音就好了
初始需求（IR）	原始需求（RR）经过 RAT 分析后，站在客户视角，以准确的语言、标准的格式重新描述的需求	客户希望手机在通话过程中能够录音
客户问题（PB）	客户的痛点，或者说客户追求的核心价值	在通话过程中随时录音，可以帮助客户保存信息，随时进行二次确认，避免遗忘
系统特性（SF）	产品为支撑客户问题所具备的重大能力，是产品的卖点集合	• 支持录音功能 • 支持录音文件管理 • 支持录音转文字功能
系统需求（SR）	系统对外呈现的、可测试的全部功能需求和非功能需求	• 通话中可启动录音 • 通话结束时停止录音 • 录音文件采用 MP3 格式 • 客户可以回放电话录音文件

3.2.4 需求价值分类

从价值角度看，通常可以参照 Kano 模型对需求进行分类，具体的维度如图 3–4 所示。

按照 Kano 模型，可将需求分成四类，即基本的需求（Basic）、最好满足的需求（Satisfied）、有吸引力的需求（Attractive）和负向的需求（Negative）。

基本的需求（Basic）是最基本、最基础的需求。这些需求是产品必须满足的，如果某个新产品不能满足这些需求，则客户基本不会购买这个产品，那么企业也不可能进入这个行业。例如，在当前技术条件下，通话是用户使用手机产品时的基本需求，任何手机产品都必须提供通话功能，手机如果不能拨打电话，就不是手机，最多只是个 MP3 或者游戏机。

最好满足的需求（Satisfied）是在基本需求以外的一种差异化需求。如果产品满足了客户的这类需求，则产品的附加值就会上升，客户的满意度会提高，客户也更愿意为产品支付更高的价格。

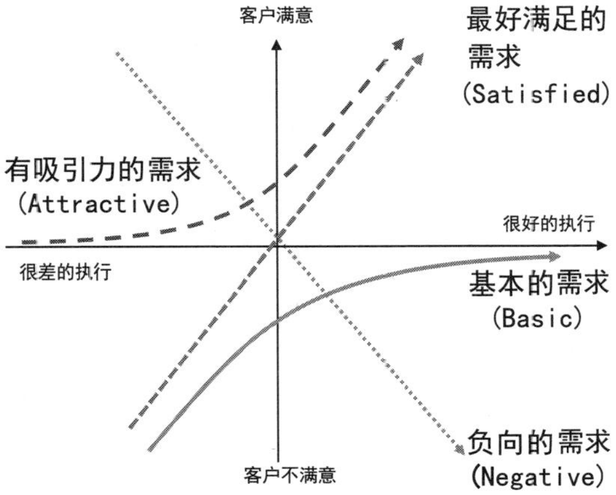

图 3–4 Kano 模型示意图

最好满足的需求（Satisfied）实现的前提是基本需求得到了满足。如果基本需求都不能很好地满足，而过度追求差异化，客户只会认为企业“不务正业、投机取巧”，并不会买账。在定义新产品、规划特性的时候，需要重点考虑投入多少资源开发此类需求。例如，智能手机中提供的各种应用，包括日历、天气、闹钟、记事本、音乐播放等，都属于“最好满足的需求”这个类别，手机提供的应用越多，客户的满意度越高，同时意味着客户愿意出更高的价格购买这样的手机。

有吸引力的需求（Attractive）是能够让客户尖叫的需求，实现这一需求需要提供独一无二的功能。所谓独一无二，指的是和竞争对手相比，只有这款产品才具备此功能，所有的竞争对手都不具备此功能。例如，苹果 iPhone 刚出来的时候，支持应用市场、多点触控等功能，相对于传统功能手机，这些功能就是独一无二的，没有任何一款其他型号的手机能够提供类似的功能，从而极大地提升客户体验。

负向的需求（Negative）指的是给客户带来不好体验的需求，这类需求实现得越多，客户体验越差。当然，这类需求也有其存在的价值，常用于解决产品授权、功能控制、成本转嫁等问题。例如，互联网应用（App）的广告虽然给客户带来的体验很差，但如果没有广告，很多互联网应用（App）将没有获利的手段，因此它的存在是有必要的。这类需求在可接受的范围内实现得越少越好，超过一定的范围，将没有客户愿意购买该产品。试问：谁愿意在看一个 2 小时的电影前，先看 1 小时广告？

3.3 需求管理：正确地管理和实现需求

为了更好地牵引需求，准确把握市场机会，需要在企业范围内建立统一、分层、协调一致的需求管理体系，支持产品持续获得成功。

在集成产品开发（IPD）中，需求管理通常分为五个步骤，即需求收集、需求分析、需求分发、需求实现和需求验证，如图 3–5 所示。

企业通过内外部渠道收集到大量的需求后，需要对需求进行解释、过滤、分类和

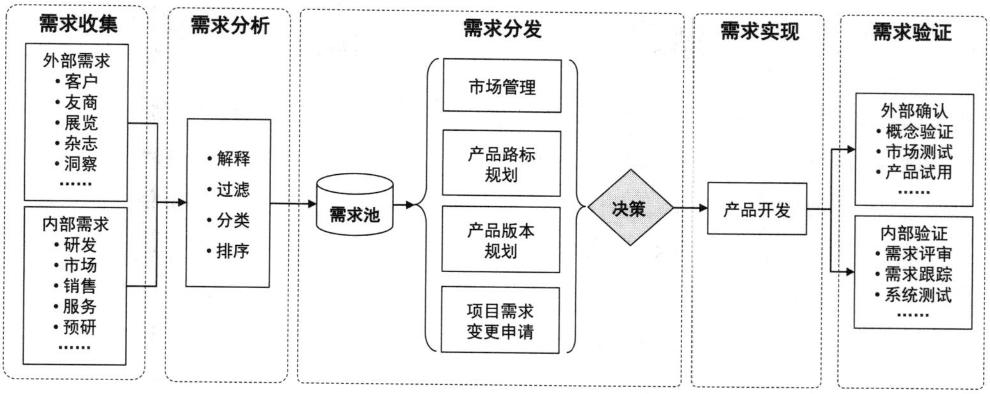

图 3-5 需求管理流程示意图

排序，然后根据分类和排序的结果，将需求分发到不同的业务单元进行实现。同时，还需要与需求提出者和客户保持沟通，确保需求理解正确，确认需求的实现是否能够解决客户的问题。

接下来，将逐一介绍需求管理的各个步骤。

3.3.1 需求收集

需求收集就是通过各种渠道收集高价值的需求。客户需求收集过程分三步，如表 3-3 所示。

表 3-3 需求收集过程

1. 客户分析	2. 收集策划	3. 需求收集
行业惯例分析 客户和用户分析 干系人分析 决策分析 关注点分析	多种收集途径 收集途径选择 需求访谈设计 调查问卷设计	需求收集技巧，包括提问、倾听、分析原因、确认等 需求收集及管理 需求收集质量控制 例行需求收集机制

其中，需求收集渠道包括内部渠道和外部渠道。

- **内部渠道**：主要是企业内部各部门。企业内部各部门可以针对产品提出需求，例如：采购部门希望物料归一化；服务部门希望产品更稳定、能够一键交付、一键定障、自动修复；销售部门希望简化销售配置；等等。
- **外部渠道**：主要是外部客户和合作伙伴。企业可以与外部客户和合作伙伴沟通交流，从而获得需求。具体方式包括客户对标、技术交流、高层拜访、市场调研、参观展览、技术支持、招投标、浏览媒体信息、聘请行业专家顾问、客户满意度调查、竞品分析、概念验证、产品测试等。

需要补充说明以下几点。

- 建议通过 IT 系统进行需求收集，同时允许所有人员都可以录入需求。对于具体的需求，甚至还可以让销售工程师主动追加相关的销售项目信息和金额，帮助进一步确认需求的价值，帮助产品线进行决策。

- 在需求收集过程中，需要确保需求包含必要的要素，能够支撑对需求进行分析和解释转化。这些要素包括以下方面。
  - √ 需求是否属实？
  - √ 需求是否符合企业的发展战略？
  - √ 需求信息是否具备较大价值？
  - √ 提出需求的是否是企业的重要客户？
  - √ 对产品的意义有多大？
  - √ 如果是新市场，新市场容量有多大？潜力如何？竞争程度如何？

3.3.2 需求分析

收集完各种需求后，经过需求分析团队的分析，输出解释和转化后的需求，然后分配给其他业务活动进行处理。需求分析过程包括解释、过滤、分类、排序，具体如下。

1. 解释

对于从不同源头收集的需求，需要进一步提炼，以正式的语言描述。统一语言，可以方便交流，避免歧义。需求描述有以下四个原则。

- 描述产品需要做什么，而不是应该怎么做（怎么做是方案设计）。
- 尽量原汁原味、完整、详细地陈述需求。
- 使用肯定句而非否定句，即描述客户期望的目的。
- 避免使用“必须”和“应该”，“必须”过于绝对，“应该”是一种猜测。

2. 过滤

收集到的信息有可能不是需求，需要过滤出来。例如：客户希望参观公司的请求；客户希望借几台产品试用一下；商务、法律方面的请求；等等。

3. 分类

需求有很多种分类的维度，根据这些维度将需求分类，并进行针对性的处理。参见 3.2 节，如时间维度、类型维度、层次维度、客户维度、价值维度等。

4. 排序

由于研发时间和成本是有限的，所以，需要在有限的时间和成本下，对需求进行取舍，挑选高价值、低成本的需求进行实现。常见的排序方法有 $APPEALS 方法、Delphi 方法。

经过初步筛选后的需求信息会进入需求池，需求管理团队一般每周会对这些信息进行一次分析和处理，然后进行需求的分发。

3.3.3 需求分发

按照需求实现的重要和紧急程度的不同，可以将需求分发到不同的流程阶段进行处理，确保需求交付时间满足客户的要求，如图 3-6 所示。

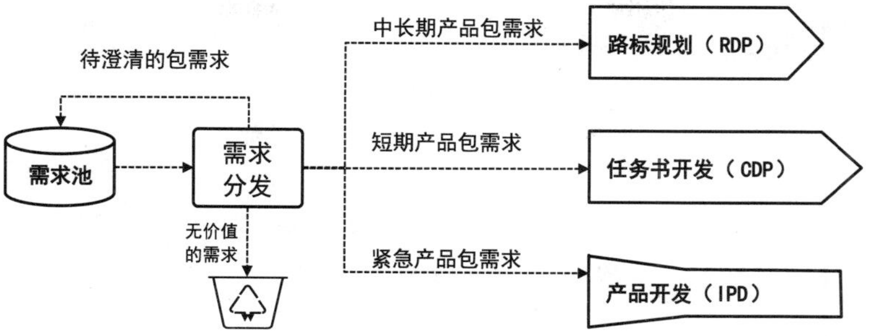

图 3-6 需求分发流程示意图

- **对于紧急且重要的需求**，需要启动研发需求变更（PCR）流程，让开发团队变更开发节奏，优先完成紧急需求。需要注意以下几点。
  - √ 在 PDCP（项目正式立项）前，由于项目还未正式启动开发和设计，所以可以通过端到端的产品包需求模板汇总产品包需求。
  - √ 在 PDCP（项目正式立项）与 TR5（少量早期发货）之间，由于项目已经启动，所以新增和改变需求必须通过需求变更（PCR）流程，确保变更得到有效控制。
  - √ 在 TR5（少量早期发货）后，此时版本基本定型，为了保证产品及时发布和质量稳定，禁止更新需求。
- **对于不紧急但是重要的短期需求**，可以分发给产品任务书开发团队（CDT），将需求纳入下一个产品或版本开发中。在编制任务书（Charter）的时候，一般需要根据分发的需求编制初步的产品包需求列表，与任务书（Charter）一起作为 IPD 开发流程的输入。
- **对于重要但是不紧急的长期需求**，可以分发给路标管理团队，将需求纳入路标，进行需求排期。当组合管理团队（PMT）创建路标规划时，需要从需求池中提取需求。
- **对于既不紧急也不重要的需求**，直接放弃。
- **对于一些暂时看不太清楚的需求**，可以纳入需求池，由需求管理团队定期审视。

3.3.4 需求实现

需求分发到各自的流程后，便可以按照各自流程的要求进行设计和实现。在 IPD 研发项目中，系统工程师需要采用系统工程的方法将产品包需求分解为设计需求和设计规格，然后依据设计规格实现产品需求。具体如图 3-7 所示。

- 当研发需求变更申请通过后，将需求加入当前的开发项目，然后进行端到端的需求跟踪和变更管理。
- 当需求纳入下一个版本开发的时候，需求将由产品任务书开发团队进行分析，

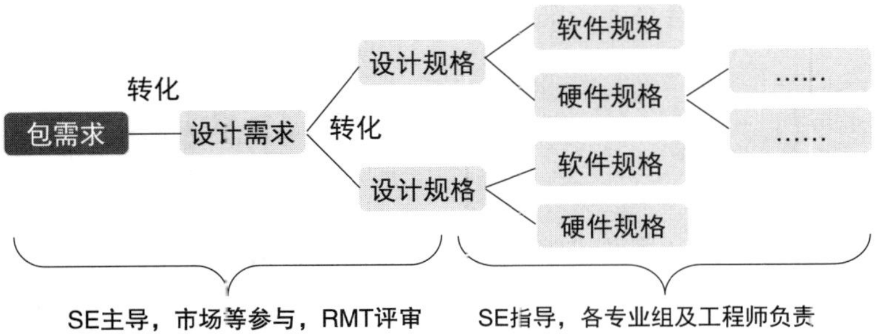

图 3–7 需求实现流程示意图

加入产品任务书（Charter）的包需求。

- 当需求纳入路标进行管理的时候，则发送给路标管理团队，进行需求排期。

3.3.5 需求验证

需求验证指的是通过各种渠道和方法确认客户需求的过程。为了确保正确地理解客户的需求，在需求管理的整个过程中，需要不断地进行需求验证，避免对需求产生错误的认识。

在产品规划、开发、上市过程中，当发现需求目标不清、团队认识不统一、可能存在较大的市场风险时，都可以进行需求验证，从而进一步加深对需求的理解和增加团队的共识。因此，需求验证并不是一次就能完成的，需要多次反复进行，如图 3–8 所示。

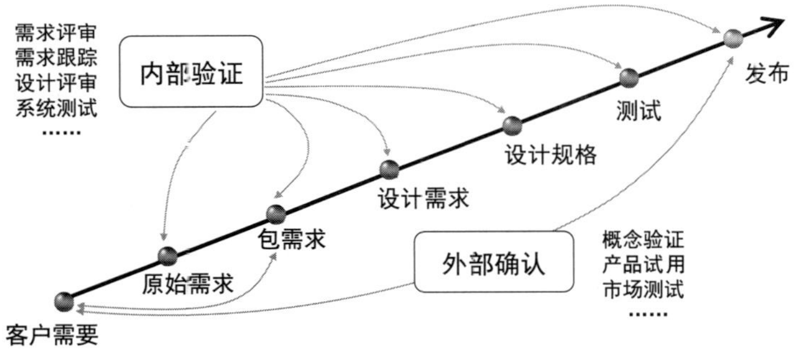

图 3–8 需求验证流程示意图

需求验证的方法包括内部验证和外部确认两种。

- **内部验证**：通常是通过各种评审和测试来实现，包括需求评审、需求跟踪、设计评审、系统测试、阿尔法测试等。内部验证的目的是保证需求能够严格按照描述实现，不偏离目标。
- **外部确认**：目的是保证准确地理解客户需求，常见的外部确认方式包括概念验证、产品试用、市场测试等。

在具体操作方式上，产品经理需要与客户沟通对需求的理解，通过客户的反馈来确认需求理解是否准确和正确。需求验证的主要过程如下。

- **明确目的**：描述需求验证的目的，明确需求验证需要达成的目标。
- **选择客户**：外部验证通常选择可靠的、熟悉的、友好的战略合作伙伴进行验证。要确保获得有效信息，避免信息泄露。
- **确定形式**：包括线下会议、单独访谈、邮件、视频会议、原型演示等。
- **确定手段**：通过概念设计、功能清单、规格列表、产品原型、验证环境、系统模拟器等方法和手段，描述产品线对客户需求的理解和设想，确保对需求的理解一致。
- **制订计划**：制订详细的验证计划和验证方案，包括时间、地点、人员等。
- **执行验证**：按照验证计划和方案，实施验证活动，记录验证结果。
- **总结结果**：对于验证结果进行分析和总结，确定需求理解是否一致，并修正需求理解的偏差。同时，还可以对需求验证过程本身进行总结，提升后续需求验证的效率。

总的来说，需求验证就是通过不同形式与客户多次反复沟通和确认，尽量确保需求理解一致。

3.4 需求管理方法：挖掘需求，提取特性，转换成系统需求

3.4.1 如何进行客户洞察

在需求收集过程中，可以通过"设计思维"方法主动分析客户的需求。通过"设计思维"方法，建立用户同理心，能够确保站在用户的角度思考问题，同时可以完整地分析客户的需求，避免需求遗漏。使用"设计思维"进行客户洞察时，推荐的过程如图 3–9 所示。

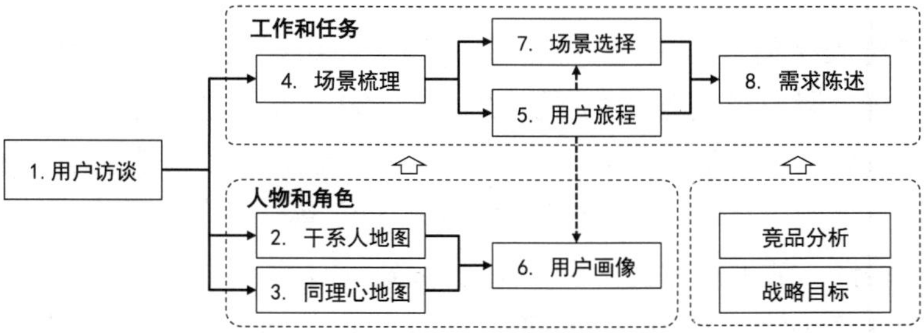

图 3–9 基于"设计思维"洞察需求流程示意图

主要步骤描述如表 3–4 所示。

1. 用户访谈

用户访谈是帮助团队收集用户信息的重要方法。通过充分的访谈准备，配合恰当的访谈技巧，以及完整的访谈纪要整理，可以为后续需求分析和产品规划提供强有力的信息输入，为产品的成功奠定信息基础。用户访谈的主要步骤如下。

表 3–4　客户洞察步骤表

步骤	目的	关键活动
1. 用户访谈	通过用户访谈，与用户深度接触和沟通，理解用户与产品相关的工作信息	制订拜访计划、寻找客户、准备访谈大纲、执行访谈、整理访谈信息、将访谈纪要结构化归档
2. 干系人地图	明确关键角色，梳理典型干系人之间的联系	基于用户访谈信息，梳理目标用户的组织关系与核心角色
3. 同理心地图	帮助团队建立同理心，设身处地地理解用户，站在用户视角上理解问题	基于用户访谈信息，分析用户所说、所想、所做、所感
4. 场景梳理	基于对行业的分析，根据用户访谈的内容，识别和梳理用户场景	梳理用户场景，并进行场景描述
5. 用户旅程	系统梳理用户场景，理解用户在工作中的体验、感受和想法	对每一个用户场景，根据所想、所做、所感，编写用户旅程
6. 用户画像	结构化用户信息，帮助团队快速对齐，建立共情，设身处地地理解用户	制作用户画像，深入理解用户
7. 场景选择	通过场景优先级排序，确定核心用户场景，细化研究范围	场景对齐、投票、排序，挑选核心场景
8. 需求陈述	深度分析用户场景，洞察用户本质诉求，建立用户诉求共识，陈述需求，确保解决正确的问题	需求梳理、竞品分析

（1）**制订拜访计划**：在什么时间，完成多少访谈工作，达到什么样的目的。

（2）**寻找客户**：通常会在现有客户中挑选友好客户进行访谈。同时，还需要访谈不同的角色，从而确保访谈的信息充分和完整。

（3）**准备访谈大纲**：访谈大纲是帮助访谈人在访谈用户的过程中明确访谈目的、聚焦问题的指导文件。针对不同的被访谈角色，需要有不同的访谈大纲。访谈大纲的内容主要包括基础信息（地点、时间、时长等）、访谈目标、访谈框架与时间安排、细化的大纲问题（主题、目的、问题设置与时间安排）等。

（4）**执行访谈**：放下自己的预设，让自己像“小白”一样去倾听。

（5）**整理访谈信息，输出访谈纪要**。访谈信息包括会议纪要、用户提供的资料、录音或视频文件（如有）、现场照片（如有）等。

（6）**将访谈纪要结构化归档**。

2. 干系人地图

在用户访谈结束后，团队可以开始搭建干系人地图。干系人地图是梳理客户组织中每个人物与其他人物之间关系的工具，可以帮助团队梳理和理解各角色之间的关系。以软件开发的产品经理、架构师、软件工程师为例，干系人地图如图 3–10 所示。

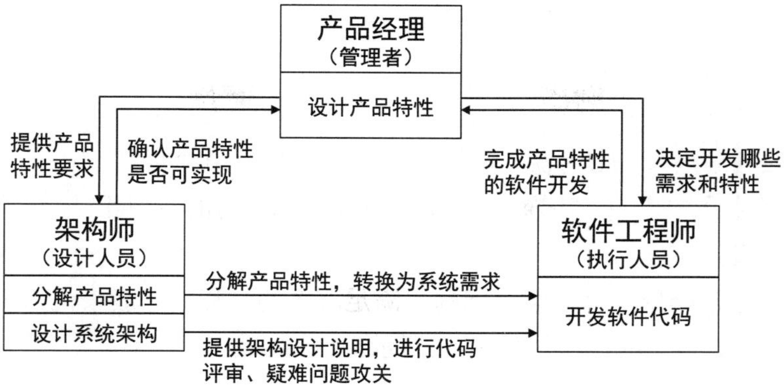

图 3–10 干系人地图示意图

干系人地图的搭建步骤如下。

（1）写出相关的角色，贴在干系人图上，包括角色、名称、主要职责。

（2）在各干系人之间构建联系，例如，彼此为对方做什么。

（3）将干系人按角色进行归类，包括管理层、执行人员、使用者、审核人员等。

（4）输出完整的干系人地图。

3. 同理心地图

基于用户访谈的内容，团队还需要构建同理心地图。同理心地图是从所说、所做、所想、所感四个方面去分析用户，帮助非用户人员建立共情，从用户的角度理解业务的工具，如图 3–11 所示。

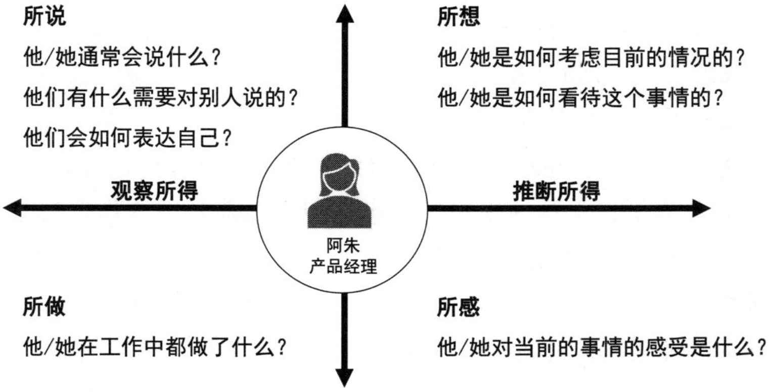

图 3–11 同理心地图示意图

同理心地图的构建通常分两大步六小步。具体操作过程如下。

（1）创造人物画像。

①在白板或白纸的中央，画出团队需要关注的人物的画像。

②以画像为中心分出四个大的区域，分别为所说、所做、所想、所感。

③填写人物的角色，并起一个虚拟的名字。

④使用便利贴描述人物的个人状态，贴在人像旁边，包括工作状态、工作年限、

年龄、背景等。一个便利贴只写一个特点。

（2）丰富人物画像。

⑤使用便利贴分别从所说、所做、所想、所感四个方面分析人物。以用户的语言描述，一个便利贴只写一个内容，通常一个象限不超过 10 个点。

⑥全部完成后，团队一起查看，并聆听彼此是如何写的，相互交流、补充。

4. 场景梳理

用户场景通常指用户解决某个问题、满足需求的过程。一般来说，用户场景可以采用六要素的方式进行描述，如图 3–12 所示。

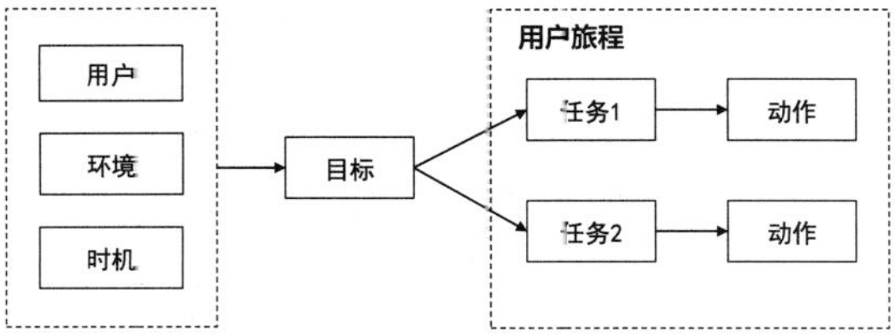

图 3–12　用户场景梳理示意图

用户场景描述的六要素具体如下。

- 用户：某一特定的用户，例如，一个人、一个组织等。
- 环境：某一特定的环境，例如，空间、时间、工具、预算等。
- 时机：某一特定的时机，例如，触发用户产生目标的事件或影响用户行为改变的环境变化。
- 目标：带着一个具体的目标。
- 动作：采取了一系列的动作。
- 任务：完成了一个特定的任务。

基于用户访谈的内容，并对用户所处的行业进行充分分析，可以梳理出多个用户场景。以电商业务为例，常见的用户场景包括用户注册、用户信息修改、账户充值、商品收藏、购买商品、售后服务等。

5. 用户旅程

在用户场景梳理完后，针对每一个用户场景，可以使用用户旅程工具梳理用户当前的详细工作环节。用户旅程工具可以帮助团队理解用户当下的使用场景，理解用户的体验、感受和想法。

使用用户旅程工具需要完成的任务主要包括以下方面。

- **梳理用户完成任务的步骤**：他们的工作是怎么做的？详细步骤是怎么样的？
- **梳理用户做什么（Doing）**：有哪些场景？遇到了哪些问题？一般会花费多长时间？
- **梳理用户想什么（Thinking）**：在每个步骤中，用户有什么想法？
- **梳理用户感觉如何（Felling）**：在每个步骤中，用户感觉如何、体验如何？

例如，对于电商业务“购买商品”场景，使用用户旅程工具分析的结论如表 3-5 所示。

表 3-5 “购买商品”用户旅程

用户场景	详细步骤		
	第一步	第二步	第三步
购买商品	登录	查找商品	下单购买
做什么（Doing）	输入用户名和密码登录账户	通过关键字寻找商品，通过图片识别商品	将商品加入购物车，完成订单支付
想什么（Thinking）	信息会不会泄露，能否简便一点	产品质量如何，价格是否合理	有没有优惠，是不是再等等
感觉如何（Felling）	麻烦、担忧	好奇、激动	冷静、犹豫
其他信息，如用户痛点	……	……	……

另外，在梳理用户旅程时，除了梳理用户做什么（Doing）、想什么（Thinking）、感觉如何（Felling）以外，根据产品形态的不同，很多产品经理还会考虑用户痛点、与用户的接触点、产品销售机会、预期结果等方面的信息，确保能够更好、更全面地理解用户。

6. 用户画像

在完成干系人地图、同理心地图和梳理用户旅程之后，团队成员可以将同类型的角色总结提炼成一个虚拟人物形象。这个虚拟的用户形象就是用户画像。用户画像一般包含用户基本信息、工作目标和内容、问题和挑战等，如图 3-13 所示。

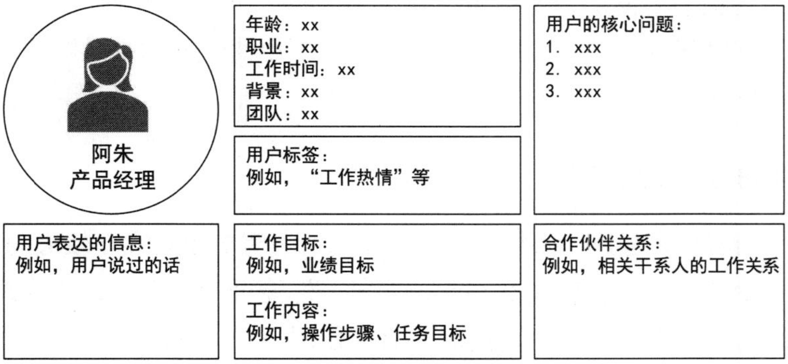

图 3-13 用户画像示意图

用户画像的主要内容包括以下方面。

（1）基本信息。包括姓名、照片、年龄、工作技能、知识背景等。

（2）用户标签。通过对用户的理解，提炼出的用户行为、感情、想法等的特点。例如，对工作有热情、自信大方、善于多任务处理、善于沟通等。

（3）用户的核心问题。包括有代表性的问题、痛点、挫折等。

（4）工作目标和内容。如工作内容、操作步骤、任务目标等。

（5）用户表达的信息。引用最能代表用户角色特点或问题的 2~3 句话。

7. 场景选择

基于用户调研、市场、战略等层面输入的信息，产品团队成员可以通过投票，选择最核心的场景，作为未来需求分析的范围。以电商用户场景选择为例，具体如图 3–14 所示。

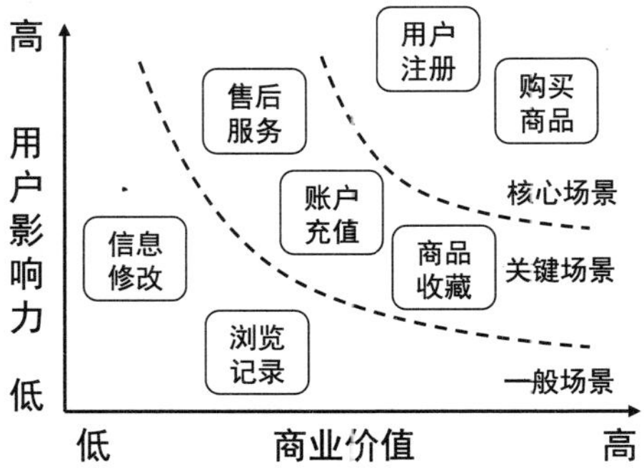

图 3–14　电商用户场景选择示意图

具体的场景选择方法如下。

（1）从“用户影响力”和“商业价值”两个维度对场景进行投票。

（2）针对用户场景进行投票，每个人票数相等。

（3）统计每个场景的票数，并将其放入场景选择图的恰当位置。

（4）优选核心场景，进行后续的需求陈述的撰写。

（5）进一步分析是否有某些场景更有影响力或商业价值。

8. 需求陈述

针对用户场景选择的结果，通过需求陈述来梳理该场景下用户旅程各阶段用户的真实需求。通过需求陈述可以避免直接接纳用户的浅层次需求，而忽略用户背后的真实需求。在需求陈述前，还可以通过竞品分析、5Why 等方法，进一步帮助团队理解用户的需求。

需求陈述可以使用固定的句式，常见的句式为：特定的用户角色需要一种方法，做一些事情满足他们的需求，然后用户直接地受益。例如，对老年人“购买商品”场景中的登录需求陈述为：老年人需要一种方法，更便捷快速地登录账户，然后才能够搜索和购买商品。

3.4.2　如何提取系统特性

对于同一个需求，客户、市场、研发、交付所看待的视角存在较大的差异，例如，市场关注客户价值、研发关注产品实现、交付关注能否验收通过，这导致需求沟通时缺乏共同的语言，出现沟通困难。此时，需要使用特性方法来帮助相关干系人统一语言，加强沟通。

特性是产品和系统的可销售“系统能力”的抽取，是客户可感知的“系统能力”，是产品的卖点，是满足客户业务需求的固有属性（能力）集合，是客户问题的解决方案。

特性为客户、市场、研发、交付提供了标准统一的描述语言，其作用体现在以下方面。

- 拉通市场与客户：按照产品特性与客户沟通，按照特性进行销售。
- 拉通市场和研发：梳理全量特性，按照特性进行版本规划。
- 拉通研发内部的设计、开发和测试：以特性为主线，将研发碎片化任务串起来，确保按特性交付。
- 拉通交付服务与研发：按特性进行市场导入，按特性向客户交付和验收。

由于在客户界面需要按特性销售和交付，所以，所有的特性都应该具有商业价值。对特性的判断遵循四个基本原则，具体如下。

- **客户认可价值**：具有客户价值，能够满足客户的业务需求。
- **客户可感知**：是客户可感知的系统外部表现形式。
- **可完整应用**：是可以解决客户问题的完整“解决方案”。
- **市场可销售**：可以支持销售报价。

特性是从客户需求中提取出来的，需求、特性、功能之间的关系如图 3–15 所示。

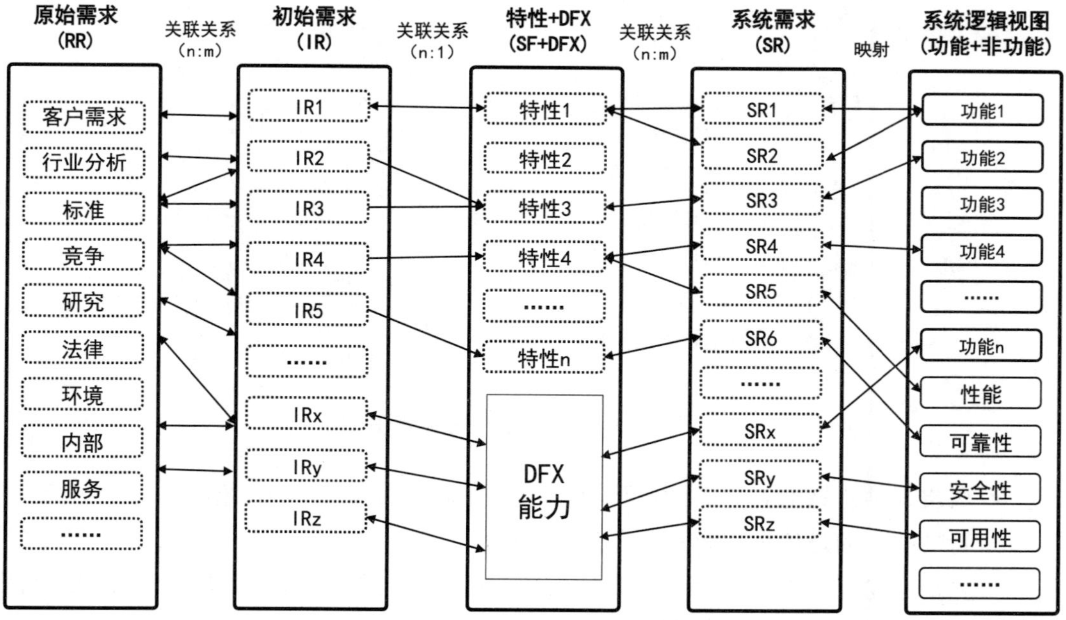

图 3–15 需求 – 特性 – 功能关系图

- 通过对原始需求（RR）的分解，形成多个初始需求（IR），多对多。
- 通过对初始需求（IR）的提炼，形成系统特性（SF），通常为多对一。
- 基于系统特性（SF），使用用例方法（Use Case）识别系统需求（SR），通常一个用例（Use Case）对应一个系统需求（SR）。
- 针对新的初始需求（IR），需要先挂特性树（SF），再基于价值识别系统需求（SR）。

在实际工作中，提炼系统特性（SF）并进行分解的过程如下。

（1）需求管理团队收集原始需求（RR），分析整理初始需求（IR）。

（2）产品管理团队分析初始需求（IR）对应的系统特性（SF），将需求挂入特性树。

（3）系统工程师根据系统特性（SF），识别系统需求（SR）。

（4）系统工程师根据系统需求（SR），设计产品组件，并予以实现。

（5）测试工程师根据系统需求（SR），设计测试用例。

（6）资料开发工程师根据系统特性（SF），开发产品资料，包括产品概述、产品特性描述、用户手册等。

其中，资料开发工程师在开发产品资料时，也可以根据客户的采购阶段，分阶段描述特性内容，主要包括三个阶段，如图 3–16 所示。

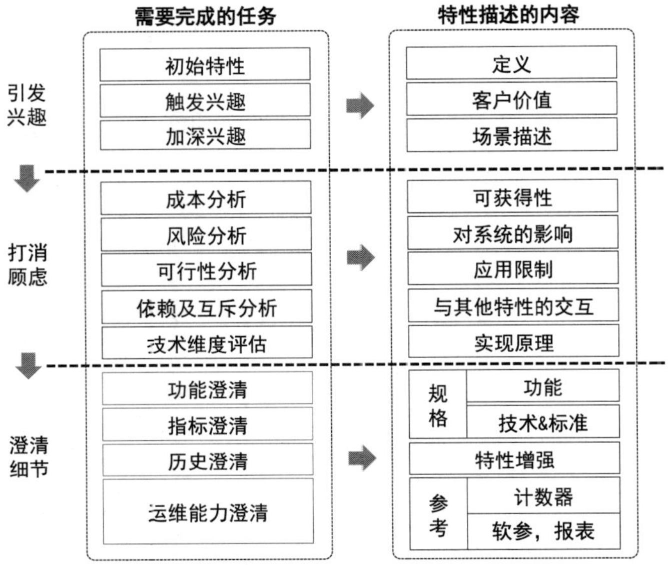

图 3–16　特性描述方法示意图

- **引发兴趣**：针对客户的商业环境（痛点 & 需求 & 期望），介绍产品有哪些特性，特性的目的是什么、能做什么、有何好处等。
- **打消顾虑**：针对客户环境，评估应用的限制、可能的风险以及代价。需要打消客户的疑虑，推动客户购买。
- **澄清细节**：当客户有了购买意向后，通常需要介绍特性更详细的功能及能力，确认是否符合客户的要求。此时需要对特性的细节进行澄清。

使用特性方法能够给企业带来很多好处，包括以下方面。

- 通过具有业务价值的特性引导客户需求，匹配客户业务发展模式，与客户共赢。
- 可以推动基于特性的销售和交付，清晰呈现客户购买产品包的“大小”，初次销售与后续升级扩容管理范围清晰。
- 瞄准目标客户群，针对目标细分市场规划价值特性，匹配客户需求，产品复用性好。

- 从特性分解、特性设计、用户故事设计到特性验证一路贯通，可以看到自上而下的整体分解，有章可循，确保目标正确。
- 用系统特性主线将团队所有角色进行对齐，市场、研发等共同完成特性的识别和用例的分析，确保客户需求、规划、开发和交付一致。

3.4.3 如何编写系统需求

什么是高质量的系统需求?

高质量的系统需求至少需要满足四个方面的要求，即客户导向、完整性、可实现性、可测试性。通常可以使用检查清单来检查需求的质量。

为了编写高质量的系统需求，推荐采用系统需求编写七步法，具体步骤如下。

1. 理解用户需求

充分理解用户需求，以便顺利完成系统需求的编写。在理解用户需求的过程中，可以使用用户需求思维导图或者设计思维等方法，梳理主要用户场景及详细的工作过程，避免需求遗漏，参见本章 3.4.1 节。另外，还可以参考“用户体验要素模型”，在理解用户需求的时候，主要理解产品目标、客户场景、客户效果和收益。

2. 确定功能实现方案

与架构师确认项目总体技术方案，确认需求是否可以实现，包括技术准备度、技术风险、实现难度、备选方案等。确认需求实现所依赖的技术方案都已经确定后，输出需求的总体设计。

3. 确定产品需求矩阵初稿

根据对用户需求的理解，以及与研发沟通的实现方案，输出大致的需求规格（需求矩阵），用于与交互设计师沟通设计方案，以及整理系统需求编写思路。需求矩阵实例如表 3–6 所示。

表 3–6 产品需求矩阵表

团队	模块	标题	用户故事	验收条件（系统需求）
示例团队	业务功能模块	用户故事名称	作为一个 < 角色 >，我想要 < 功能 >，以便实现 < 商业价值 >	团队成员一起定义需求验收条件，实例化验收条件，定义验收场景、数据规格、实现效果和关键点约束，附带场景原型链接

在描述需求的时候，可以通过用户故事来描述，用户故事是从用户角度对系统行为的简短描述。用户故事格式为：作为一个 < 角色 >，我想要 < 功能 >，以便实现 < 商业价值 >。例如，作为一个球员，我想要查看赛程安排，以便知道我下一场比赛的时间和地点。

4. 确定产品交互方案

基于产品需求矩阵，与交互设计师一起确定产品的交互方案，输出交互方案和视觉稿。其中，交互设计原则如下。

- **少即是多**：不要一次性将所有的内容都呈现在一个界面。一个界面具体展示多少信息比较合适，没有一个绝对的标准。通常来说，越专业的决策需要的信息越多。对于 ToB 业务，需要尽量将关键信息一次性展现，避免用户在各页面反复跳转。但是，对于 ToC 业务来说，由于业务简单，可以尽量简化页面，推荐使用“向导”等方式展示信息。
- **主次分明**：关键信息一目了然。可以通过加强对比、突出重点、消除干扰等方法达到主次分明。例如，通过颜色对比、字体加粗等方式突出重点；通过减少颜色和字体的使用，如所有非关键信息都采用灰色、普通字体，从而消除干扰。
- **及时有效地反馈**：实现反馈的方式包括颜色变化、形状变化、文字变化、图标变化、背景虚化、声音提醒、信息提醒等。例如，信息提交后，“提交”按钮的名字变更为“已提交”。
- **采用标准化的组件**：建立产品标准组件库，确保相同的任务使用相同的组件，提高设计和开发效率。同时还可以保证整个产品线的交互风格一致，降低用户学习难度，提升用户体验。
- **保持一致**：对于文字描述、视觉效果、组件使用、交互方式等，需要确保在整个产品线内保持一致。避免同一个图标在不同页面或不同需求上代表不同的含义，给用户带来困扰。

5. 编写系统需求文档

梳理系统需求框架和使用场景，细化系统需求，定义需求规格，并完成系统需求文档的编写。具体内容及注意点如下。

- 在用户需求场景下，产品如何使用。
- 在该场景下，分析当前产品存在的问题。
- 给出详细的交互及操作步骤。
- 定义详细的约束和限制条件。
- 除了定义正常场景外，异常和例外场景也非常重要，需要进行描述。
- 描述的时候要重点突出，便于阅读，用不同的颜色标记关键点。

6. 更新需求矩阵

根据系统需求阶段的要求进行需求细化，将系统需求更新到需求矩阵，后续的跟踪和检视工作主要借助需求矩阵来完成。

为方便读者理解“系统需求文档”和“系统需求矩阵”的关系，这里做一个对比，如表 3–7 所示。

7. 组织评审并更新系统需求

进行需求内外部评审。在进行系统需求外部评审之前，需要在项目组内部进行评审。建议至少完成一轮内部评审后，再组织外部评审。根据评审意见，更新相关文档，并确认评审意见可以闭环。

表 3-7 系统需求文档与系统需求矩阵对比表

对比项	系统需求文档	系统需求矩阵
目标	帮助用户理解产品的实现原理、使用方法、约束条件、遗留问题等	帮助项目组在项目过程中开展需求管理、检视、验收等工作，避免需求遗漏
用途	一般用于外部评审	一般用于项目组内部交流
描述方式	以文字、图片等多种方式进行描述，方便传递需求内容	以用户场景和功能点罗列为主，方便记录需求状态
特点	需求描述准确，方便理解	需求点完整，避免需求遗漏

3.5 需求管理相关角色

在需求管理的各阶段，需要不同的团队和角色对需求进行处理，其中关键的角色包括 RMT、RAT、PMT、PDT 和 TDT，如表 3-8 所示。

表 3-8 需求管理相关角色表

需求收集	需求分析	需求分发	需求实现	需求验证
市场人员 销售工程师 技术服务人员 研发人员 ……	RAT/RMT	IRB IPMT PMT PMT/RAT	PDT TDT	需求收集者 需求分析者 需求实现者

这些团队在需求管理过程中的任务主要如下。

1. 需求分析团队（RAT）

需求分析团队（Requirement Analysis Team，RAT）负责本领域的需求分析工作，对需求进行专业分析，包括解释、过滤、分类、排序等。必要时进行市场调研，最终给出需求的评估建议，包括需求收益、工作量大小、实现难度等，并依据需求价值优先级进行排序，形成市场需求包或待定的需求列表。需求分析团队（RAT）的主要成员如图 3-17 所示。

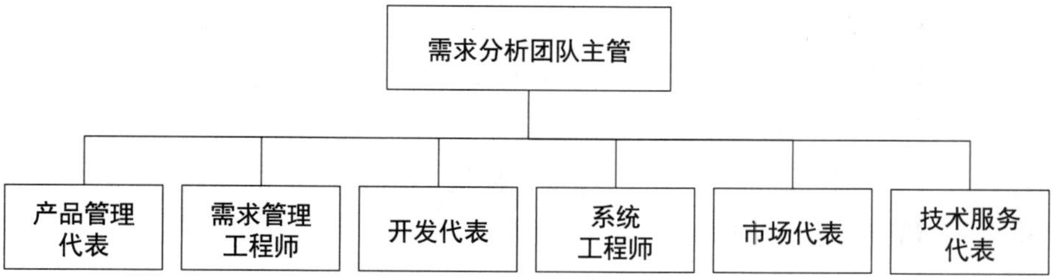

图 3-17 需求分析团队示意图

需求分析团队（RAT）的主要业务活动如下。

- 例行召开需求分析例会，如周例会或双周例会等。
- 根据例会的结论，将市场需求包传递到 PDT/TDT 等相关部门进行后续处理。
- 根据例会的结论，将待定的需求列表提交 RMT 处理。
- 进行任务跟踪监控，对产品包需求进行内容验证、评审以及最终结果的确认。
- 负责监控客户需求早期确认工作。

2. 需求管理团队（RMT）

需求管理团队（Requirement Management Team，RMT）负责管理产品线的需求。需求管理团队（RMT）的主要成员如图 3–18 所示。

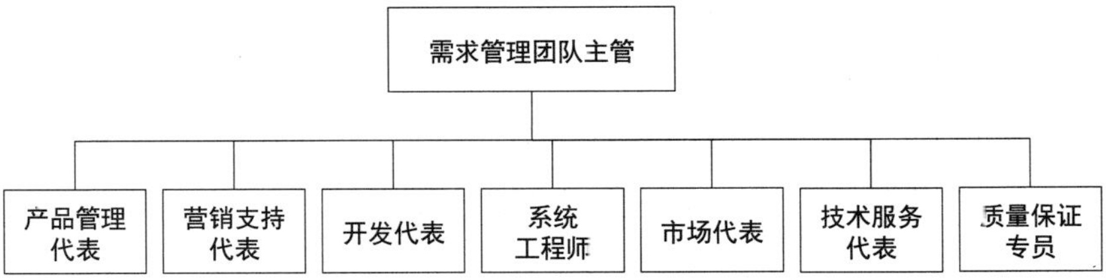

图 3–18 需求管理团队示意图

需求管理团队（RMT）的主要业务活动如下。

- 代表所属产品线，与相关产品线和部门沟通，对跨产品线的需求进行协调。
- 负责对需求进行动态排序与决策、管理需求的实现承诺、跟踪和管理重要需求的实现进展及风险、沟通需求的变更等。
- 为市场管理流程提供相关输入材料，如产品包定价、细分市场 $APPEALS 分析等。
- 每年初根据产品线发展战略及业务计划，确定年度需求关注重点，输出需求收集年度规划，并按照季度更新。
- 组织开展需求收集活动，完成本产品线需求信息的受理、预审工作。

3. 产品管理团队（PMT）

- 决定是否接纳需求，对于接纳的需求纳入路标规划或 PDT 的任务书。
- 支持跨产品线需求的解决方案实现。
- 将需求状态反馈给 RMT。

4. 产品开发团队（PDT）

- 决定是否接纳需求，并负责实现接纳的需求。
- 支持跨产品、跨产品族、跨产品线需求的解决方案实现。
- 对 PDCP（项目正式立项）后的需求，使用 PCR 流程进行变更。
- 将需求状态反馈给 RMT。

5. 技术开发团队（TDT）

- 与 PDT 类似，但是只针对技术和平台需求。

3.6 需求管理实践案例

本节将通过智能手机厂商的案例，探讨需求管理工作。在案例中，通过收集需求、进行需求分析和排序，实现客户需求的全面管理。在实际业务中，推荐使用需求管理IT系统进行需求管理，方便需求的录入、分析、分发和实现跟踪，避免需求的遗漏。

案例中所有内容均为虚构，主要目的是方便读者理解集成产品开发（IPD）方法，并不代表案例内容为智能手机研发的最佳实践，企业需要根据实际的运作模式进行选择。

1. 需求收集

为了更好地设计智能手机，团队主要通过五个方面的工作进行需求收集。

- 使用基于“设计思维”的客户洞察模式，挖掘客户的需求。即通过寻找行业用户，走到用户现场，了解用户的业务，倾听用户在业务上遇到的问题、挑战和期望，进行市场研究，挖掘用户对智能手机的需求。
- 参与一些企业的智能手机采购项目，如运营商手机集采，了解客户需求。
- 采购一批主流的智能手机，并对这些智能手机进行竞品分析，提炼关键特性。
- 聘请一些智能手机行业专家，交流智能手机市场趋势和技术发展趋势。
- 对行业标准、规范、供应链技术进行研究，分析整理出相关需求。

通过上述动作，共收集用户需求200多条，包括通讯录、通话、短信、拍照、录音、时钟、日历、SIM卡管理、文件管理、应用市场、Web浏览器、音乐播放器、视频播放器、照片管理器、天气查询、备忘录、记事本、在线地图、输入法、语音输入、语音报警、一键报警、电子围栏、跌倒检测、尖叫检测、健康检测、诈骗检测、环境监测、信息加密、通话加密、语音播报、语音助手、远程协助等。由于篇幅限制，本书将挑选部分需求作为案例进行进一步分析。

2. 需求分析

对收集到的需求，经过解释、过滤、分类、排序，得出一张需求列表，纳入需求池，等待进一步分发。需求列表的字段包括以下内容。

- 需求编号：需求管理系统的编号，便于统一管理。
- 需求提出者：需求的提出人，便于进行需求的沟通和确认。
- 需求名称：简短的需求名称。
- 需求描述：可以通过用户故事的形式进行描述。例如，作为一个 < 角色 >，想要 < 功能 >，以便实现 < 商业价值 >。
- 需求提出时间：需求提出日期。
- 希望完成时间：期望的需求实现日期。
- 需求处理团队：建议由哪个产品线或团队来处理此需求。
- 需求分类：功能需求、非功能需求（易用性、可靠性、安全性等）。
- 价值分类：按Basic-Satisfier-Attractor规则对需求进行分类。

- 价值描述：描述需求的客户价值，即为什么要开发此需求。
- 需求优先级：可以是 0~10 分，也可以按高中低排序。
- 需求重要性：可以是 0~10 分，也可以按高中低排序。
- 工作量评估：与研发 SE 进行沟通，初步确定需求开发工作量，单位通常使用人天。
- 预计上线时间：研发承诺预计上线的时间。
- 需求相关项目：此需求关联的销售项目及金额，可以关联多个项目。

3. 需求分发

为了避免需求实现过于片面，不具备通用性，同时也为了更好地分发和管理需求，在需求分发前，先提炼“特性”，然后基于特性进行分发，形成产品线的全量特性树。智能手机全量特性树如表 3–9 所示。

表 3–9 智能手机全量特性树示意表

特性	优先级	责任人	上市资料	销售策略	预计实现版本		
					V1.0	V2.0	V3.0
基本特性							
语音通话	高	张三	是	可销售	支持	加密通话	
收发短信	高	李四	是	可销售	支持	加密短信	
拍照、录像	高	王五	是	可销售	支持	AI 增强	
……	……	……	……	……	……	……	……
物理安全特性							
一键报警	高	赵六	是	禁止销售		支持	
电子围栏	高	赵六	是	禁止销售		支持	
环境监测	高	赵六	是	禁止销售	支持		
……	……	……	……	……	……	……	……
信息安全特性							
加密	中	张三	否	授控销售	支持		
杀毒	中	张三	否	禁止销售		支持	
诈骗监测	中	张三	否	禁止销售			支持
……	……	……	……	……	……	……	……

4. 需求实现

针对分发的特性，编写系统需求，进行特性的设计、开发，如图 3–19 所示。

5. 需求验证

在需求管理的整个过程中，随时联系需求提出人，进行需求的验证。验证方式包括文档评审、设计稿评审、原型评审、产品试用等。

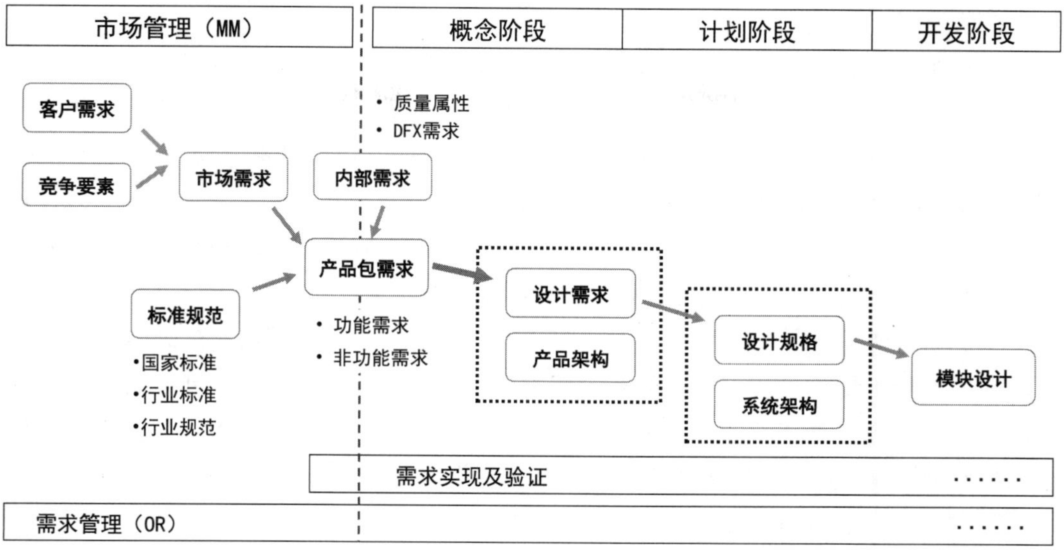

图 3-19 需求实现示意图

3.7 常见问题探讨

1. 需求是不是越多越好?

通常情况下，需求并不是越多越好，过多的需求，特别是过多的低质量的需求，会浪费大量的人力去分析和讨论。同时，产品实现的需求也不是越多越好，主要原因如下。

- 产品实现过多的需求会增加系统的复杂度，降低系统的稳定性、可维护性，导致研发成本的上升，最终可能进一步导致客户满意度降低。
- 产品实现过多的需求可能导致产品没有特色，定位不清晰，感觉什么功能都有，但所有的功能都做得不够完美，没有让客户眼前一亮，不能给客户留下深刻的印象，也就不能打动客户。

因此，在进行需求管理时，需要有所为、有所不为。

当然，事情也不是绝对的。在有些场景下，产品支持的需求越多，客户越喜欢。例如，对于厨房电器，很多消费者更喜欢多功能的产品，市面上的微波炉也是功能越多卖得越好、价格也越贵。这背后涉及很多领域的知识，本书不做详细探讨，读者需要视具体情况而定。

2. 客户访谈时是否需要整理访谈大纲?

答案是肯定的，访谈大纲可以帮助访谈人梳理访谈内容，明确访谈目标，从而更容易达成访谈目的。但是，需要注意以下四点。

（1）客户访谈时需要放下预设，以倾听为主，多问多听。不建议按访谈大纲一问一答，特别是封闭式的问答。同时，访谈人还需要根据被访谈人的回答，识别问题，并决定对哪些问题需要进行澄清，确保理解一致，哪些问题需要深度挖掘，甚至重新优化访谈内容。

（2）在访谈的过程中，尽量访谈客户的业务问题。例如，业务的流程、遇到的问题、问题背后的根因、当前的解决办法、期望的目标等。不建议推销自己的设想，一开场就直接询问客户："我有个好想法、好产品，您看看有没有意见，要不要试一试？"这样容易误导客户，同时，难以挖掘客户的真实需求。

（3）访谈结束后，尽量原汁原味地整理访谈内容，避免选择性地记录，以方便后续进一步的分析。如果客户允许，可以进行访谈录像或录音。

（4）需要访谈不同的客户，确保获得全面的信息。由于不同的岗位或角色对同一个问题的看法不尽相同，因此，只有与相关角色都进行了充分沟通，才能充分理解客户的需求。例如，客户希望采购 OA 系统，使用者更希望符合原有习惯、更智能，运维人员希望操作简单、稳定无故障，企业高层希望提升工作效率、增加企业价值等。

3. 需求分析会议多久进行一次？

需求分析会议一般 1 周、2 周或者 1 个月召开一次，具体需要根据企业的业务形态和要求来确定。通常传统企业版本发布慢，不需要太频繁地召开需求分析会议。互联网企业需求变化快，通常会比较频繁地召开需求分析会议。

需求分析工作不建议太频繁，因为研发工程师在产品开发时，需要保持一定的稳定性，方便有效地产出结果。如果需求变更过于频繁，那么，研发工程师可能就会疲于奔命，工作效率和质量都会大打折扣。

但是，需求分析工作要及时，建议需求分析团队尽快响应需求提出者，给出初步的结论，比如，48 小时内给出初步分析建议。

4. 需求的评估是否需要研发工程师参与？

需要，专业的人做专业的事情。

研发工程师可以通过使用一套相对可靠的方法，在考虑研发的能力基线和研发资源使用情况的基础上，对需求做出比较合理的估计，这是产品经理没办法做到的。需求评估的内容包括需求实现的工作量、实现复杂度、技术准备度、风险等。

5. 在产品开发过程中，若客户需求发生了变化，该如何处理？

需要根据项目的进展和需求变化的范围，视情况进行处理，主要情况如表 3-10 所示。

表 3-10 需求变化处理意见表

需求变化的范围	项目进展情况	
	项目启动不久	项目进入验证阶段
仅仅是小范围的调整或增强	进行项目变更	按原需求描述完成开发，新需求在下一个项目中实现
需求变化很大，几乎完全发生变化	放弃原有需求，重新挑选新需求	放弃该需求，不新增需求，确保项目或冲刺完成

主要情况分析如下。

- **客户需求只是进行了调整或增强**。如果产品开发项目刚刚启动，可以进行变更。如果产品开发已经进入了验证阶段，则不建议调整产品开发进度，应继续按原有计划进行，完成原定的需求。新的需求调整或增强，可以在下一个版本或冲刺中实现。
- **客户需求完全发生了变化**。在这种情况下，原有的需求就没有存在的价值了。如果产品开发刚刚启动，可以重新挑选新的需求进行开发。如果产品开发已经进入验证阶段，建议直接放弃该需求，不新增需求，全力完成本轮冲刺。

6. 在敏捷产品开发模式下，是否需要进行需求管理?

对于比较小的互联网 App 来说，由于开发规模较小，通常不需要设立 RAT、RMT 等团队，需求由产品 Owner 决定。同时，团队还可以通过不断调整产品，进行灰度发布、A/B 对比测试，测试用户对产品的接受程度，确保产品满足客户的需求。

对于开发规模较大的产品来说，通常会有多个团队一起完成产品开发。虽然也可以采用敏捷产品开发方法，但是由于涉及多个团队的协同，而且企业的资源是有限的，不可能无限制地满足客户所有的需求，因此，就必须建设需求管理机制，确保所有团队节奏一致，按时给客户交付完整的需求。

4 产品规划管理

本章主要探讨产品规划和组合管理相关的内容，包括产品规划和组合管理过程中使用的市场管理方法、产品路标管理流程、产品任务书开发流程等。

本章核心内容

- 市场管理方法：首先对市场趋势、竞争态势、客户需求进行综合分析，利用一套合理的市场细分规则，对目标市场进行细分；然后对细分市场进行优先级排序和选择，并选择希望取得领先地位的细分市场准备投资；最后制订可盈利、可执行的业务计划，定义市场成功所需要执行的营销、开发、上市销售等活动。
- 产品路标规划：通过将短期和长期业务目标与特定产品的解决方案进行匹配，制订实现这些目标的产品发布计划。
- 产品任务书开发：通过对市场的分析，完成具体产品或版本的商业计划设计，输出任务书（Charter）。任务书（Charter）描述了产品开发的商业目标和计划，是产品开发的投资评审决策依据。

本章内容在集成产品开发（IPD）体系中的位置如图 4-1 所示。

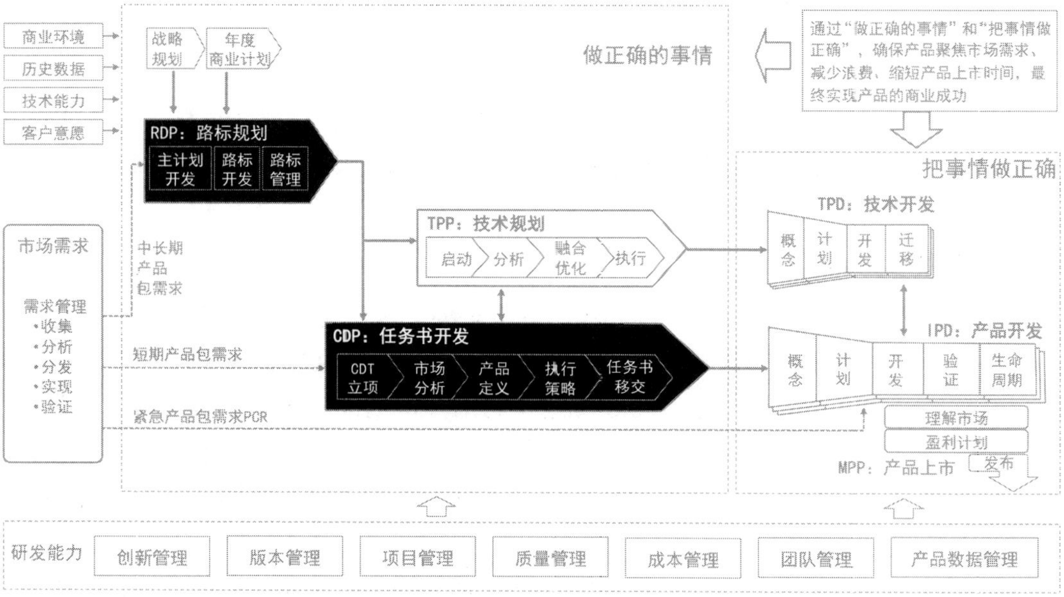

图 4-1　产品规划管理在 IPD 中的位置

4.1 市场管理方法：寻找有价值的目标细分市场

在集成产品开发（IPD）中，通常使用市场管理（Marketing Management，MM）方法来进行产品路标和版本规划。市场管理方法是一套系统的方法，即通过对广泛的机会多次反复进行排序和选择，从而制定出一套以市场为中心的、能够带来最佳业务成果的战略与计划。

市场管理（MM）的核心思想与著名营销学大师菲利浦·科特勒（Philip Kotler）提出的 STP 战略思想非常类似。市场管理（MM）方法是在 STP 战略思想的基础上，通过丰富相关工具、方法而形成的，可以帮助企业进行产品的路标和版本规划。STP 战略如图 4–2 所示。

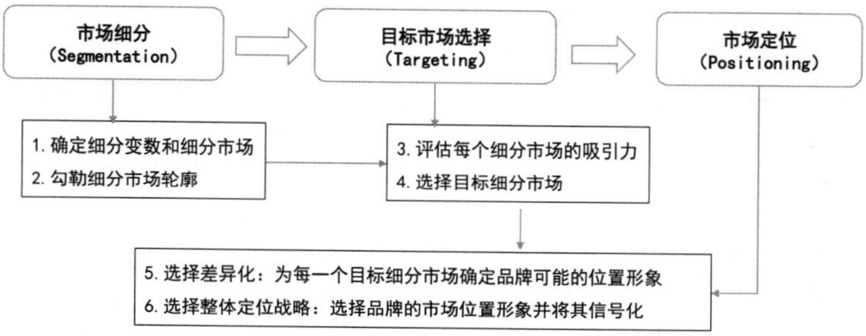

图 4–2　STP 战略示意图

市场管理（MM）方法的内容：首先对市场趋势、竞争态势、客户需求进行综合分析，利用一套合理的市场细分规则，对目标市场进行细分；然后对细分市场进行优先级排序和选择，并选择希望取得领先地位的细分市场准备投资；最后制订可盈利、可执行的商业计划，定义市场成功所需要执行的营销、开发、上市销售等活动。

市场管理（MM）方法的核心思想是“细分、排序、选择、定位”。这一思想在日常工作和生活中也经常被使用，例如，我们希望在深圳市买一套商品房安家，就可以使用这种方法。

首先，我们将深圳市的商品房按区县进行划分，如南山区、福田区、龙华区等。类似市场细分。

其次，对每个区县进行打分、排序、选择，主要考虑因素包括平均价格、交通状况、教育质量、医疗条件等。例如，经过排序，我们优选福田区，因为价格合适、交通便利、教育质量高、医疗条件好、公园众多等。

随后，对自己的购房诉求进行定位，即我们更倾向于哪类楼盘。主要考虑因素包括年代、价格、学区、产权属性等。

接下来，我们对福田区的楼盘进行细分，如国城花园、百花公寓、莲花村等。接着对这些楼盘进行打分、排序、选择，例如，经过打分、排序，选择了莲花村。

然后，对楼盘内的可售房源进行打分、排序、选择，主要考虑因素包括楼层、户型、朝向等。如果楼盘内的房源不能满足要求，我们需要回到上一步，重新选择楼盘。依次进行下去，直到选择到合适的房子。

另外，对比 BLM 方法，市场管理（MM）方法结合了更多的产品管理相关的工具，更适合于分析和制定产品的战略、路标和版本规划，而 BLM 方法则更适合于企业战略的分析和制定。具体对比分析如表 4–1 所示。

表 4–1　BLM 方法与 MM 方法对比表

对比维度	BLM 方法	MM 方法
适用场景	企业所有的职能部门	产品线的市场管理
适用方向	企业战略分析和制定 企业战略的有效执行	产品线的战略规划 产品的路标和版本规划
基本思想	通过差距分析，利用市场洞察，分析企业的优劣势，确定企业的战略意图，分析企业的创新焦点，设计新的业务计划	通过市场细分、打分、排序，挑选目标细分市场，设计目标细分市场业务计划，最后拉通所有细分市场，输出项目清单
起始点	差距分析	理解市场、市场细分
结束点	企业的战略规划（SP） 企业的年度商业计划（BP）	产品线的业务计划 产品路标（Roadmap） 产品任务书（Charter）

4.1.1　市场管理简介

市场管理（MM）是产品规划的核心方法，使用市场管理（MM）方法可以帮助产品线输出产品线的业务设计、产品路标（Roadmap）和产品任务书（Charter），如图 4–3 所示。

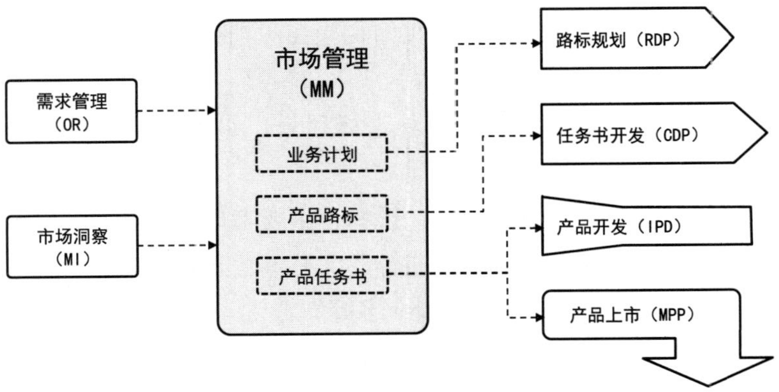

图 4–3　市场管理（MM）方法与周边流程的关系

市场管理（MM）方法包括理解市场、市场细分、组合分析、制订业务计划、融合和优化业务计划、管理业务计划并评估绩效六个主要步骤，如表 4–2 所示。

表 4–2 市场管理（MM）方法的关键步骤

关键步骤	主要活动	主要工具	关键输出
1. 理解市场	市场洞察 优劣势分析 市场地图分析 业务设计评估	PESTEL SWOT、波特五力 产品生命周期理论 技术采用生命周期	SWOT 分析 市场地图 初步的业务设计
2. 市场细分	确定市场细分框架 初步选择细分市场 验证细分市场	市场细分框架 $APPEALS	选定的细分市场 细分市场描述
3. 组合分析	利用组合工具（SPAN、FAN）分析细分市场，更新细分市场描述	SPAN、FAN $APPEALS 客户关键成功要素	目标细分市场列表 更新的细分市场描述
4. 制订业务计划	设定产品线目标 分析产品线目标差距 挑选细分市场弥补差距 制订细分市场业务计划	安索夫矩阵 SPAN、FAN SWOT 技术采用生命周期	细分市场业务计划
5. 融合和优化业务计划	挖掘潜在项目 拉通所有细分市场项目 确定业务计划	SPAN、FAN PDC 组合分析	产品线业务计划 产品开发路标 项目清单
6. 管理业务计划并评估绩效	制定项目任务书 设定考核 KPI 执行业务计划 监控及改进绩效	—	项目任务书 KPI 考核表 业务结果

1. 理解市场：进行市场洞察，设计初步的业务计划

理解市场指通过全面的市场洞察，深入理解自身所处的环境及其变化，分析企业的优劣势，识别企业的机会和威胁，进一步描绘企业的市场地图。在此基础上制定出初步的总体业务设计，用于指导后续工作，如图 4–4 所示。理解市场为后续活动提供了必需的基础信息。

- **战略目标**：战略目标可以通过 BLM 方法制定，参见本书 2.4 章节。
- **市场洞察**：利用“五看”方法对战略目标进行进一步的市场洞察，分析企业的

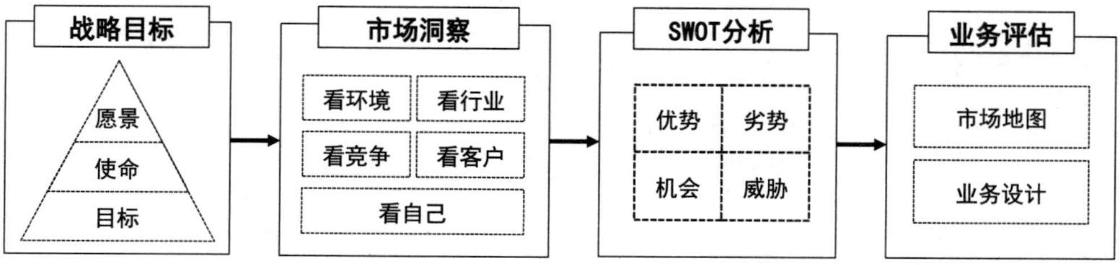

图 4–4 理解市场流程示意图

内外部环境，挖掘市场机会，参见本书 2.3 章节的描述。

- **市场地图**：以地图的形式，描绘客户通过何种渠道购买企业的产品和服务，让企业清晰地认识到产品的市场和渠道分布。例如，客户购买了什么？通过什么渠道购买？谁购买？谁决定购买？
- **业务设计**：是业务商业模式的初步设计。主要包括客户选择和价值定位、利润模型和价值捕捉、差异化优劣势和战略控制、经营范围、组织体系五个部分。与 BLM 方法中的业务设计类似，其是产品线的战略落脚点，可以相互参考，参见本书 2.4 章节。制定初步的总体业务设计是市场管理工作的起点，后续各步骤将持续分析、论证、修订这个业务设计，寻找实现业务设计的方法和策略。

2. 市场细分：制定细分框架标准，进行市场细分，并初步挑选目标细分市场

基于对市场的理解，找到合适的细分市场的维度，建立市场细分框架标准。然后在市场细分框架标准下，进行市场细分，并初步挑选目标细分市场，为下一步组合分析做好准备。市场细分的步骤分为三大步七小步，具体如下。

第一步：识别市场

（1）构建市场细分框架标准，如客户维度和产品维度。

（2）确定谁会购买：从客户维度进行市场细分。

（3）确定购买的是什么：从产品维度进行市场细分。

第二步：定义细分市场

（4）确定谁购买什么：通过细分维度的组合，进一步对市场进行细分。当然，企业可以选取更多的维度进行组合和细分。

（5）确定为什么要购买：分析细分市场追求的利益，从价值维度细分。

第三步：挑选细分市场，并测试细分市场的价值和可行性

（6）确定主要的细分市场：初步挑选最具潜力的细分市场，通常为 6~8 个。

（7）验证细分市场的可行性：判断细分市场是否有效。通常细分市场是否有效的判断标准为“独特性、重要性、可衡量性、持久性、可识别性”。

如图 4–5 所示，通过区域、产品、行业三个维度，对市场进行细分，最后初步挑

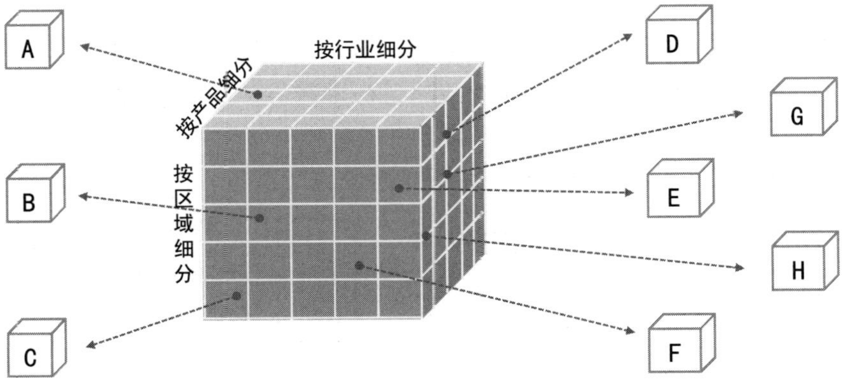

图 4–5 市场细分示意图

选出 A、B、C、D、E、F、G、H 一共 8 个细分市场。

对于市场细分过程中涉及的几个关键概念，简单介绍如下。

- **市场细分维度**

市场细分维度是进行市场细分的角度。市场细分维度没有统一的标准，企业需要根据所在行业的具体情况进行确定。对于 ToB 业务，通常采用的细分维度为行业、客户、产品、区域、价值等。对于 ToC 业务，可以从客户价值和人口统计信息等维度对市场进行细分。市场细分维度的确定方式一般可以分为以下两种。

- √ 基于购买者的特征来确定市场细分维度，例如，行业、产品、区域、人口统计信息等。
- √ 基于给客户的价值来确定市场细分维度，例如，娱乐、提升工作效率、扩大收入等。

- **市场细分框架标准**

市场细分框架标准是细分市场的规则和标准。基于市场细分维度，建立市场细分框架标准，例如，从区域、产品、客户价值维度对市场进行细分。根据市场细分框架标准，将市场进行细分，然后挑选 6~8 个最具吸引力的潜在细分市场。细分市场的筛选标准通常是非量化的，例如，战略匹配、市场空间、技术可行性、风险水平、法律法规、核心能力等。具体的细分市场的划分标准和数量可以根据企业的规模和资源投入等情况确定。

- **验证细分市场的可行性**

验证细分市场的可行性是指确认细分市场是否真实有效，从而确保在后续的分析过程中，能够设计出明确的业务计划。细分市场是否有效的判断标准主要为“独特性、重要性、可衡量性、持久性、可识别性”，具体如下。

- √ **独特的**：具有足够的独特性，如在成本、资金、客户购买准则、购买行为等方面具有独特性。这些特性能够保证细分市场有足够的壁垒，阻止竞争对手进入细分市场。
- √ **重要的**：足够重要，刚需，能够为客户和企业带来巨大价值。
- √ **可衡量的**：在市场份额、销售收入及增长率等方面都是可衡量的。
- √ **持久的**：足够持久，不会在实现潜在的利润前就消失，值得投入。
- √ **可识别的**：能够直接找到客户群体，可以通过明确的营销手段进行营销。

3. 组合分析：利用组合工具（SPAN、FAN、$APPEALS 等）对细分市场进行量化分析

对初步挑选的细分市场，使用战略地位分析（SPAN）、财务分析（FAN）、$APPEALS 等方法进行量化分析，并对最有吸引力的目标细分市场进行排序，支撑下一步面向细分市场的投资机会选择和业务设计。

以图 4-5 所示的市场细分为例，针对初步选择的每一个细分市场（A、B、C、D、E、F、G、H），分别使用 SPAN、FAN 等方法进行量化分析和排序，如图 4-6 所示。

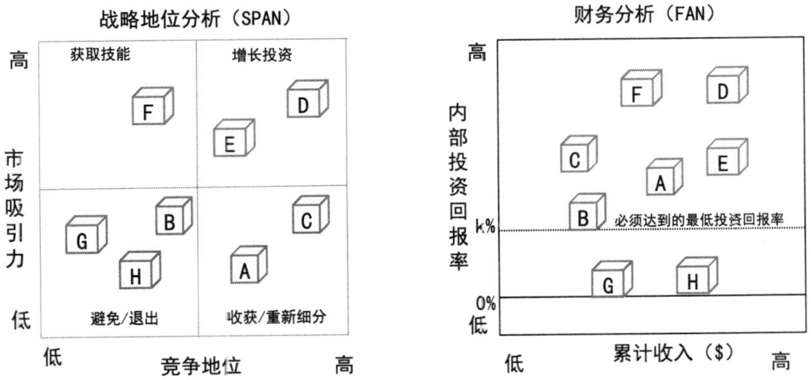

图 4-6 SPAN 和 FAN 分析示意图

对于所有初步选定的细分市场，根据组合工具分析的结果进行汇总和排序，并分析每一个细分市场的投资机会，如表 4-3 所示。

表 4-3 组合分析汇总表

所选的细分市场	战略方向	所需投资	财务定位 FAN	战略地位 SPAN	竞争地位 $APPEALS	市场份额目标
细分市场 A	保持市场份额	100 万元	降本增效	保持	保持	30%
细分市场 B	扩大销售渠道	200 万元	提升销量	改进	保持	20%~30%
细分市场 C	开发新产品	500 万元	减少亏损	改进	业界最佳	15%~30%
细分市场 D	开发新产品	300 万元	收支平衡	改进	业界最佳	15%~30%
细分市场 E	开发新市场	100 万元	增加收入	改进	弥补差距	15%~20%
细分市场 F	开发新市场	200 万元	增加收入	改进	弥补差距	10%~20%
细分市场 G	尝试新领域	500 万元	避免亏损	保持	保持	0%~5%
细分市场 H	尝试新领域	400 万元	避免亏损	保持	保持	0%~5%

另外，对分析过程中用到的 SPAN、FAN、$APPEALS、CSF 工具，简单介绍如下。

- **战略地位分析（SPAN）**：主要是从“竞争地位”和“市场吸引力”两个维度对细分市场进行分析，确保寻找到“竞争地位高”“有吸引力”的市场，如图 4-6 所示。
- **财务分析（FAN）**：主要是从“累计收入”和“内部投资回报率”两个维度对细分市场进行分析，确保寻找到“累计收入高”“内部投资回报率大”的市场，避免收入很多但不赚钱，或者回报率很高但总体规模不大等尴尬局面，如图 4-6 所示。
- **客户 $APPEALS 分析**：竞争地位分析方法之一。从 $APPEALS 的维度，分析本企业的产品与竞争对手的差距，输出竞争地图，确认产品的竞争地位，寻找企业擅长的领域。

- **客户关键成功要素（CSF）分析**：竞争地位分析方法之一。通过对产品进行分析，确定并列出关键成功要素，然后将本企业的产品与竞争对手进行对比，分析本企业产品的竞争力，输出竞争地图，确认产品的竞争地位，寻找企业擅长的领域。

4. 制订业务计划：选定细分市场，弥补目标缺口，确定市场组合，制订细分市场业务计划

通过对比企业或产品线当前的收入和财务目标，确认目标差距。基于细分市场收入预测，选择目标细分市场，弥补企业或产品线的收入缺口，从而明确实现收入目标的细分市场和产品包组合。具体步骤如下。

（1）根据“组合分析”的结论，预测细分市场收入，帮助确定候选行动。

（2）确定产品线目标和差距，包括关键的业务目标、时间要求、目标差距等。

（3）挑选细分市场，弥补差距，并针对每个细分市场，确定和描述价值定位。

（4）按照业务计划的组成要素，制订整体的及细分市场的业务计划。

以图 4-7 为例，企业当前总收入为 300 万元，主要来自细分市场 A、B、C。企业总体财务目标是 700 万元，当前总收入距离财务目标还存在 400 万元的差距。通过选择和组合细分市场 D、E、F（预测收入总计 400 万元），填补了财务目标的缺口，那么细分市场 D、E、F 就是目标细分市场，暂时放弃细分市场 G、H。

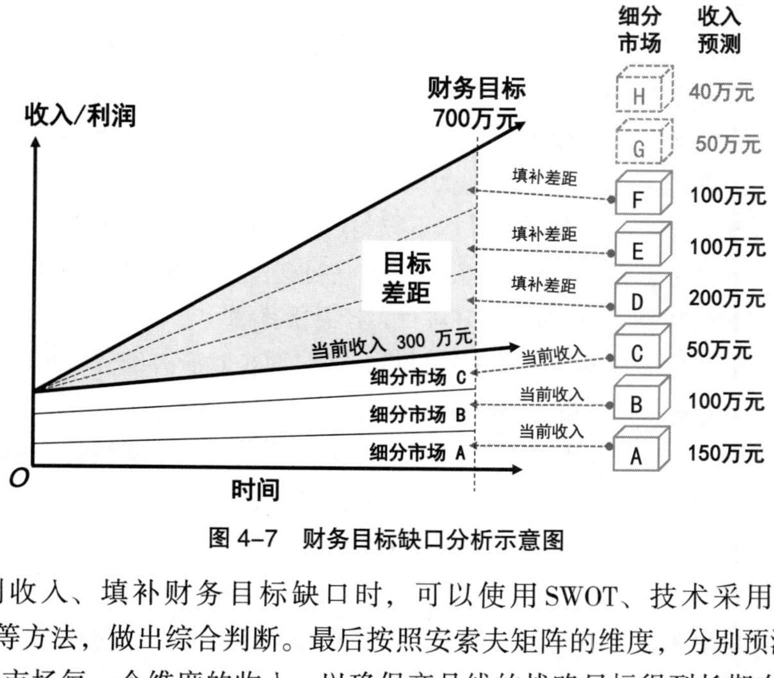

图 4-7 财务目标缺口分析示意图

在预测收入、填补财务目标缺口时，可以使用SWOT、技术采用生命周期、$APPEALS 等方法，做出综合判断。最后按照安索夫矩阵的维度，分别预测未来三年每一个细分市场每一个维度的收入，以确保产品线的战略目标得到长期有效的支撑，如图 4-8 所示。

第3年 在安索夫矩阵中

第2年 在安索夫矩阵中

第1年

在安索夫矩阵中所处的位置							
细分市场名称	市场渗透	生产率	市场开发	产品开发	多样化	总收入	填补缺口的关键行动总结
细分市场A	100	50				150	保持份额
细分市场B			100			100	扩大销售
细分市场C				50		50	开发新产品
细分市场D				200		200	开发新产品
细分市场E			100			100	开发新市场
细分市场F			100			100	开发新市场
从目标细分市场之外获得的收入	50					50	
总计	150	50	300	250		750	
						收入总计：	750

图 4–8　采用安索夫矩阵预测未来三年收入（单位：万元）

确定目标细分市场后，需要进一步制订和刷新每一个目标细分市场的业务计划。每一个目标细分市场的业务计划都包括所有的规划要素，包括产品定义、商业设计、供应制造、营销策略、交付策略、人力资源和执行计划等。

另外，关于细分市场业务计划制订过程中用到的安索夫矩阵和技术采用生命周期方法，读者可以查阅相关资料了解，本书简单介绍如下。

- **安索夫矩阵**：安索夫博士 1957 年提出的营销策略模型，该模型主要从“产品”和“市场”两个维度进行分析。简单来说，企业可以通过“市场渗透：深挖现有市场潜力”“产品开发：向现有市场销售新产品”“市场开发：向新市场推广现有产品”“多元化：向全新的市场销售全新的产品”四个策略来进行营销。
- **技术采用生命周期**：又称为“新摩尔定律”，是著名营销学家杰弗里・摩尔在其著作《跨越鸿沟》中提出的，是指新技术被客户接受的五个阶段，即创新者、早期使用者、早期大众、晚期大众、落后者，也是客户对新技术的五种态度。针对这五个阶段，企业需要采取不同的产品研发和市场营销策略。因此，通过分析新技术当前所处的阶段，有助于企业制定合适的研发和市场策略。

5. 融合和优化业务计划：寻找潜在项目，拉通所有细分市场，形成企业级项目清单

完成每一个细分市场的业务计划制订后，通过两步对所有细分市场的业务计划进行拉通和对齐，避免各细分市场的业务计划之间存在冲突或重复。

大致过程为：首先，寻找每一个细分市场的潜在项目，并进行打分和排序，挑选细分市场需要完成的重点项目；其次，拉通产品族和所有细分市场，融合和优化所有细分市场的业务计划和潜在项目，输出企业级的项目清单。

具体步骤如下。

（1）**寻找单个细分市场的潜在项目，并排序和选择。**首先，寻找细分市场内所有的潜在项目。其次，根据项目评分框架，对所有项目进行打分、排序。最后，根据项目间的依赖关系和排序，输出单个细分市场的项目清单。如图 4–9 所示，在细分市场

A 中寻找到六个潜在项目，并对潜在项目进行依赖关系分析和排序，制定项目策略。

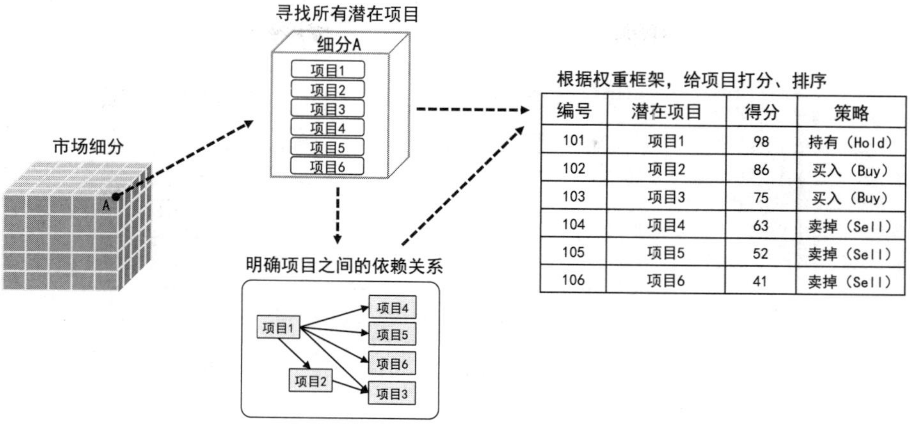

图 4–9　寻找细分市场潜在项目示意图

详细的操作过程包括六个步骤，具体如下。

①**定义权重框架**：推荐使用市场吸引力、竞争地位、财务能力作为评估维度。

②**确定所有潜在项目**：包括产品项目、版本项目、特性项目等。

③**将所有项目分成不同的组**：推荐按照安索夫矩阵进行分组。

④**根据权重框架给项目打分**：分组打分，标准为第一步确定的权重框架。

⑤**明确项目之间的依赖关系**：推荐使用依赖关系图。

⑥将同一个细分市场（同一个路标）内的项目进行**排序**，并做出**选择**。

注意：这六个步骤在每个细分市场都要执行一遍，从而获得每个细分市场所有潜在项目的清单。同时根据细分市场的资源投入，初步确定每一个项目的策略，即持有、买入、观望、卖掉，形成细分市场的产品路标规划。当所有的细分市场都确定了潜在项目清单后，就可以进行下一步的融合分析。

（2）**融合全部细分市场的所有项目，进行排序和选择，形成企业级项目清单。**当所有的细分市场都确定了潜在项目清单后，就可以融合全部细分市场的所有项目，形成企业级项目清单。同时，还需要根据企业总体资源的投入，调整项目策略。

融合和优化业务计划的主要目的是在企业层面和产品线内进行拉通、对齐、调配和优化，从而实现内部对齐、协同和整合，提高企业的效率，减少企业资源的浪费。如图 4–10 所示，对细分市场 A、B、C 所有的潜在项目拉通排序，形成企业级项目清单。

6. 管理业务计划并评估绩效

利用市场评估方法来管理和评估已批准的业务计划和产品组合的执行结果，包括以下方面。

- 将企业的业务计划落实到各产品线进行执行。
- 开发产品 / 版本 / 项目的任务书（Charter），并根据任务书进行产品和版本开发。
- 对业务计划实施的市场表现和绩效进行衡量和评估。

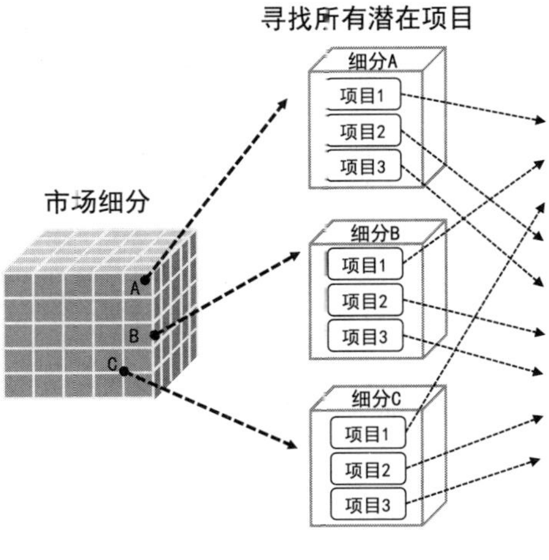

融合所有细分市场项目，形成企业级项目清单

编号	潜在项目名称	得分	策略
101	细分市场A － 项目1	98	持有（Hold）
201	细分市场B － 项目1	96	持有（Hold）
301	细分市场C － 项目1	95	持有（Hold）
102	细分市场A － 项目2	93	买入（Buy）
103	细分市场A － 项目3	88	买入（Buy）
202	细分市场B － 项目2	88	买入（Buy）
203	细分市场B － 项目3	73	观望（Watch）
302	细分市场C － 项目2	67	观望（Watch）
303	细分市场C － 项目3	45	卖掉（Sell）
……	……	……	……

图 4–10　融合和优化业务计划示意图

- 及时制定任何需要的应对措施。

在评估市场表现和绩效时，通常根据市场吸引力和竞争地位将业务计划分成四类，并设定业务目标、关键财务指标和运营指标，然后根据相关指标对业务计划进行评价，如表 4–4 所示。

表 4–4　业务计划评价指标表

业务类别	竞争地位	市场吸引力	业务目标	关键财务指标	运营指标（流程和顾客）
第一类	低	高	持续发展	营业收入 税前利润	资金周转率 盈利项目比例
第二类	高	高	重点开发	营业收入	客户获取量 业务地区覆盖
第三类	高	低	利润供应	税前利润	资金周转率 成本费用率
第四类	低	低	不做投资	净现金	业务出售价格 内部三角债清理

4.1.2　市场管理实践案例

本节将通过智能手机厂商的案例，探讨市场管理（MM）方法的使用。在案例中，企业利用市场管理（MM）方法，将企业的战略进行进一步的细分，输出产品的路标和业务计划。

案例中所有内容均为虚构，主要目的是方便读者理解集成产品开发（IPD）方法，并不代表案例内容为智能手机研发的最佳实践，企业需要根据实际的运作模式进行选择。

1. 理解市场

根据第 2 章的战略制定过程，初步制定企业的战略，这一步就不再重复了，如表 4–5 所示。

表 4–5 智能手机市场理解表

战略愿景	理解市场关键结论
愿景	聚焦行业客户，为客户提供定制化智能手机，成为行业定制化智能手机领导者
战略目标	3 年内，在公安、能源和运营商行业形成突破，实现盈利； 3 年内，完成三款智能手机的研发，第三年形成 30 亿元的总销售收入； 构建完整的智能手机研发、制造、营销能力
近期目标	1 年内，完成一款智能手机的研发，形成 3 亿元的总销售收入

同时，团队继续使用“五看”方法，进行内外部环境分析，参见本书 2.3.3 章节。然后利用 SWOT 工具进行优劣势分析，输出市场地图和业务计划。

（1）**优劣势分析**。通过 SWOT 分析工具，输出企业的优劣势，结论如表 4–6 所示。

表 4–6 手机企业优劣势分析表

外部条件	内部条件	
	优势（S）	劣势（W）
	丰富的非智能手机研发和生产经验； 非智能手机市场份额位居第一	缺乏智能手机品牌影响力
机会（O）	SO	WO
在行业智能手机市场上，存在未被满足的需求	利用在手机研发和生产上的经验，为客户定制智能手机	加大研发投入，通过引进人才，深耕客户，满足客户的需求
威胁（T）	ST	WT
普通消费级智能手机厂商有可能进入该市场	利用强大的生产能力，降低产品成本，提高产品成本竞争力	聚焦客户，通过差异化特性，形成产品竞争力

（2）**市场地图**。通过梳理企业的产品和客户的需求，输出企业的市场地图。通过梳理市场地图，得出的结论为：除了现有的全国代理商和全国直营门店以外，还需要增加大客户直销团队和线上渠道，形成新的市场地图，具体如图 4–11 所示。

（3）**初步的总体业务设计**。参考 2.4.3 章节战略意图的分析结果，制定企业初步的业务设计，如表 4–7 所示。

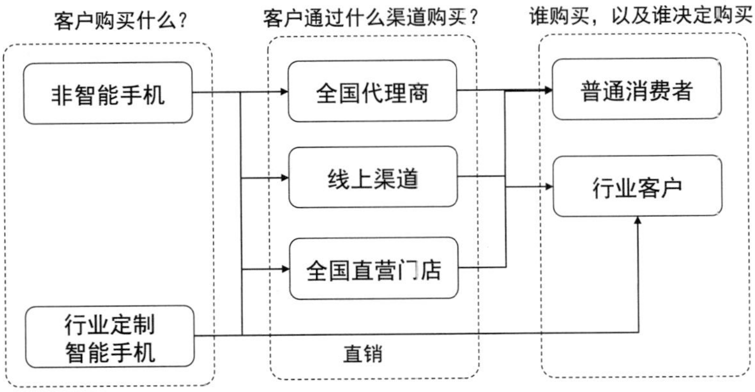

图 4–11 市场地图示意图

表 4–7 手机企业当前和未来业务设计对比

业务设计	当前的业务设计	未来的业务设计
客户选择和价值定位	提供高性价比的非智能手机	聚焦行业客户，为行业客户提供定制化智能手机，满足客户差异化的需求，从而获取利润
价值捕捉和利润模式设计	低研发成本 低定价、较低的毛利	高研发成本 高定价、高毛利
战略控制设计	低成本、高性价比	深入理解客户，满足客户特殊需求，高度定制，细分市场品牌领先
经营范围设计	自主产品设计，自主生产，渠道代理销售为主	自主产品设计，自主生产，直销和代理相结合

2. 市场细分

参考本书 2.3.3 章节的市场洞察分析，针对智能手机市场，可采用的细分维度包括地域、性别、年龄、偏好、价格、行业、价值等。

出于对企业当前战略的考虑，本章将继续沿用“行业维度”进行市场细分，并初步挑选**非智能手机市场、能源行业市场、公安行业市场、运营商行业市场**作为初步的目标细分市场，初步的细分市场策略如下。

- **保持**传统非智能手机业务，维持国内市场份额，积极拓展海外市场。
- **主攻**特殊行业智能手机，包括公安、能源行业，研发三防、保密、防爆类智能手机。
- **尝试**提供运营商定制化智能手机，即根据运营商的要求研发智能手机。
- **跟踪**老年人和中小学生智能设备，包括智能手机、智能手表、智能学生卡等。

然后，对初步挑选的细分市场逐个进行细分市场描述。以非智能手机市场为例，其细分市场描述如表 4–8 所示。

表 4–8 非智能手机细分市场描述

细分市场描述项	细分市场描述内容
细分市场名称	非智能手机市场
当前收入机会	1 亿元
未来 3 年的收入增长率	未来 3 年维持现有市场份额，保持不变
当前的市场份额	30%
关键的购买者	老年人、偏远农村居民、海外不发达地区消费者
如何在本细分市场赚钱	• 通过持续降低成本，获取利润 • 通过进一步扩大海外市场，获取收入
业务驱动因素	高性价比、超长待机、信号稳定、坚固耐用
客户的主要业务问题	消费水平不高，智能手机操作太复杂
竞争对手的产品包	基本的通话和短信功能
关键购买标准	价格低、性价比高
竞争对手的市场份额	其他竞争对手的市场份额都不超过 20%

对于其他几个细分市场，本书就不再描述了，读者自行练习。

3. 组合分析

利用组合分析工具（SPAN、FAN、$APPEALS），对选择的细分市场逐个进行量化分析，包括非智能手机市场、能源行业市场、公安行业市场、运营商行业市场。

（1）**市场吸引力分析**。通过市场空间、市场增长、获利潜力、战略价值四个维度，对每个细分市场进行分析。分析结论如表 4–9 所示。

表 4–9 细分市场吸引力分析表

要素名称	要素描述	要素权重	细分市场价值等级			
			非智能手机	能源行业	公安行业	运营商行业
市场空间	细分市场机会的相对空间	30%	3	5	5	3
市场增长	细分市场机会的相对增长率	20%	3	5	3	5
获利潜力	子要素 1：直接 / 间接竞争	15%	3	3	3	3
	子要素 2：进入威胁	10%	3	5	5	3
	子要素 3：客户 / 供应商压力	10%	3	5	5	5
战略价值	参与该细分市场的战略价值	15%	3	5	5	3
细分市场吸引力得分		100%	3	4.7	4.3	3.6

得出的结论是：能源和公安行业细分市场最具吸引力。

（2）**竞争地位分析**。通过 $APPEALS 方法，针对每一个细分市场，进行竞争地位分析。以非智能手机市场竞争地位分析为例，分析结论如表 4-10 所示。

表 4-10　非智能手机市场竞争地位分析表

$APPEALS 因素	权重	本公司	H 公司	X 公司	O 公司
价格	10%	5	3	3	1
可获得性	10%	3	5	5	1
包装	10%	3	3	3	5
性能	30%	3	5	3	3
易用性	15%	3	3	3	3
保证	10%	1	5	3	3
生命周期成本	5%	3	5	3	3
社会接受程度	10%	3	5	1	5
小计	100%	3	4.3	3	3

关于其他细分市场的竞争地位分析，读者可以自行练习。

（3）**组合工具分析汇总**。汇总所有细分市场的组合工具分析结果，并分析每一个细分市场的投资机会，汇总结果如表 4-11 所示。

表 4-11　细分市场组合工具分析结果汇总表

所选的细分市场	战略方向	所需投资	财务定位 FAN	战略地位 SPAN	竞争地位 $APPEALS	市场份额目标
非智能手机	扩大海外市场	100 万元	降本增效	保持	保持	20%~40%
能源行业	开发新产品	500 万元	盈亏平衡	改进	业界最佳	0%~30%
公安行业	开发新产品	500 万元	盈亏平衡	改进	业界最佳	0%~30%
运营商行业	开发新产品	500 万元	盈亏平衡	改进	业界最佳	0%~30%

4. 制订业务计划

根据战略规划，对各细分市场每年的收入进行预测，填补目标收入差距。

（1）第一年：目标收入 3 亿元。具体如表 4-12 所示。

表 4–12 手机企业第一年目标收入预测表

细分市场名称	市场渗透	市场开发	产品开发	多样化	总收入	填补缺口的关键行动总结
非智能手机	1 亿元				1 亿元	保持现有市场份额
能源行业			1 亿元		1 亿元	开发能源行业定制化智能手机
公安行业			1 亿元		1 亿元	开发公安行业定制化智能手机
运营商行业						—
总计	1 亿元		2 亿元		3 亿元	

（2）第二年：目标收入 10 亿元。具体如表 4–13 所示。

表 4–13 手机企业第二年目标收入预测表

细分市场名称	市场渗透	市场开发	产品开发	多样化	总收入	填补缺口的关键行动总结
非智能手机	1 亿元	2 亿元			3 亿元	保持现有市场份额，寻求海外突破
能源行业	3 亿元				3 亿元	深耕能源行业
公安行业	3 亿元				3 亿元	深耕公安行业
运营商行业			1 亿元		1 亿元	开发运营商定制手机
总计	7 亿元	2 亿元	1 亿元		10 亿元	

（3）第三年：目标收入 30 亿元。具体如表 4–14 所示。

表 4–14 手机企业第三年目标收入预测表

细分市场名称	市场渗透	市场开发	产品开发	多样化	总收入	填补缺口的关键行动总结
非智能手机	1 亿元	4 亿元			5 亿元	保持现有市场份额，寻求海外突破
能源行业	10 亿元				10 亿元	深耕能源行业
公安行业	10 亿元				10 亿元	深耕公安行业
运营商行业	5 亿元				5 亿元	深耕运营商行业
总计	26 亿元	4 亿元			30 亿元	

根据三年的目标计划，接下来需要为每一个选定的目标细分市场制订明确的业务计划。以能源行业市场为例，其业务计划描述如表 4–15 所示。

表 4–15 能源行业市场业务计划描述

业务计划	细分市场业务计划描述
细分市场名称	能源行业市场
战略目标	提升企业行业定制化智能手机品牌形象 为企业提供持续的利润来源，成为企业的第二曲线
价值定位	服务能源行业客户，提供满足客户需求的定制化手机
具体目标	财务目标：3 年内累计实现 14 亿元销售收入 市场目标：突破市场，实现 30% 的市场份额 销售渠道：采用直销 + 渠道配合的销售渠道 业务设计：深入理解客户需求，开发满足客户需求的产品
针对业务计划各要素优选的策略	产品包：建设产品平台，基于平台开发能源行业智能手机 定价 / 条款：采用价值定价方法，维持高价 综合营销：参加行业展会，进行客户拜访 销售渠道：建设直销团队，并进行销售培训 订单履行：建设智能手机供应链，为客户生产智能手机 技术支持：提供本地化服务、热线电话支持
风险评估	竞争对手接受产品定制，从而进入能源行业市场

关于其他几个细分市场的业务计划描述，读者可以自行练习，本书就不再过多描述了。未被选定的（放弃的）细分市场不需要描述。

5. 融合和优化业务计划

融合和优化业务计划的主要工作分两大步：首先，分析细分市场的潜在项目；其次，拉通所有细分市场的项目，形成企业级项目清单。具体操作过程如下。

（1）**寻找每一个目标细分市场的潜在项目，具体分为六小步。**

在本案例中，以智能手机细分市场为例，对于非智能手机市场，读者自行练习。

①定义权重框架。根据市场管理（MM）方法的建议，推荐采用安索夫矩阵对潜在项目进行分组；同时，通过市场吸引力、竞争地位、财务能力三个维度对潜在项目进行打分，如表 4–16 所示。若读者认为此权重框架过于复杂，可选用合适的评价框架，示例采用的是推荐的方法，仅供参考。

表 4–16 项目评价维度分组权重表

评价维度	第一组 市场渗透	第二组 产品开发	第三组 市场开发	第四组 多元化
市场吸引力	20%	30%	50%	50%
竞争地位	30%	50%	30%	20%
财务能力	50%	20%	20%	30%
合计	100%	100%	100%	100%

针对每个评价维度，细分评价权重如表 4–17 所示。

表 4–17 项目评估要素权重表

市场吸引力		竞争地位		财务能力	
评估要素	权重	评估要素	权重	评估要素	权重
市场规模	30%	市场份额	30%	开发费用	40%
竞争激烈程度	15%	产品优势	20%	税前收益率	60%
市场增长率	30%	品牌优势	30%		
战略价值	25%	成本结构	20%		
合计	100%	合计	100%	合计	100%

②**确定所有潜在项目**。针对每一个细分市场分析潜在项目，并进行汇总。以智能手机细分市场为例，潜在项目如表 4–18 所示。

表 4–18 智能手机细分市场潜在项目表

细分市场名称	销售目标	现有项目	新项目
能源行业	14 亿元	操作系统平台项目	环境监测手机开发项目 防爆手机开发项目
公安行业	14 亿元	加密特性开发项目	安全加密手机开发项目
运营商行业	8 亿元	英语界面开发项目	定制手机开发项目

汇总细分市场的潜在项目。以智能手机细分市场为例，汇总结果如表 4–19 所示。

表 4–19 智能手机细分市场潜在项目汇总表

编号	项目	产品线	简要描述	开发阶段	目标 GA 日期	预期收益	平均税前收益率	开发费用
010201	操作系统平台项目	智能手机	……	开发	5 月 1 日	—	—	500 万元
010202	加密特性开发项目	智能手机	……	开发	7 月 1 日	—	—	100 万元
010203	环境监测手机开发项目	智能手机	……	立项	11 月 1 日	3 亿元	20%	500 万元
010204	防爆手机开发项目	智能手机	……	立项	12 月 1 日	5 亿元	20%	500 万元
010205	安全加密手机开发项目	智能手机	……	立项	12 月 1 日	4 亿元	20%	500 万元
010301	英语界面开发项目	智能手机	……	开发	12 月 1 日	2 亿元	10%	50 万元

③**将潜在项目进行分组**。将所有项目根据业务计划分成不同的组，如表 4–20 所示。

表 4–20 智能手机细分市场潜在项目分组表

分组	商业模式	项目编码	项目
第一组	市场渗透	—	无
第二组	产品开发	010201	操作系统平台项目
		010202	加密特性开发项目
		010203	环境监测手机开发项目
		010204	防爆手机开发项目
		010205	安全加密手机开发项目
第三组	市场开发	010301	英语界面开发项目
第四组	多样化	—	无

④**按分组对项目进行打分**。按分组对所有的项目打分、排序。以第二组产品开发为例，根据步骤①设定的打分权重，给本组内所有项目打分，如表 4–21 所示。

表 4–21 智能手机细分市场潜在项目组内打分表

		市场吸引力				竞争地位				财务能力	
编号	项目	市场规模	竞争激烈程度	市场增长率	战略价值	市场份额	产品优势	品牌优势	成本结构	开发费用	税前收益率
010201	操作系统平台项目	L	L	L	L	H	L	L	M	H	L
010202	加密特性开发项目	M	L	H	H	M	H	M	M	M	H
010203	环境监测手机开发项目	H	L	M	H	L	M	L	M	H	H
010204	防爆手机开发项目	L	M	L	H	M	L	M	L	L	L
010205	安全加密手机开发项目	L	M	M	L	H	L	M	M	M	M

其中，H/L/M 的评分标准如下。

- 市场规模：H（大于 70%），M（30%~70% 之间），L（小于 30%）。
- 竞争激烈程度：H（恶性竞争），M（一般性竞争），L（弱竞争）。

- 市场增长率：H（大于 80%），M（30%~80% 之间），L（小于 30%）。
- 市场份额：H（大于 50%），M（20%~50% 之间），L（小于 20%）。

对于第三组（市场开发）就不再描述了，请读者自行分析。

⑤**明确项目之间的依赖关系。**分析项目之间的依赖关系，输出项目依赖关系图，如图 4–12 所示。

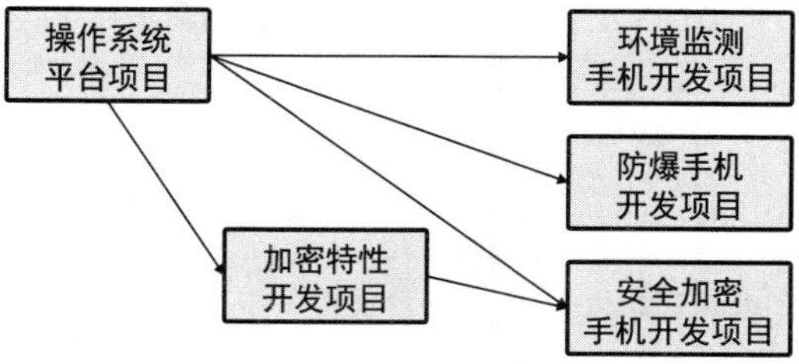

图 4–12 项目依赖关系示意图

⑥**对同一个路标内的项目进行排序。**对组内项目进行排序，然后根据得分，选择相应的策略，项目策略可以分为以下四类。

- 买进（Buy）：对这些产品包进行投资，并将它们作为重点产品。
- 持有（Hold）：对这些产品包继续进行投资，并监控进展情况。
- 观望（Watch）：暂时不考虑这些产品包，但需要继续跟踪这些产品包，在下一阶段评估时考虑。随着资源的释放，可以将这些产品包重新加入组合之中。
- 卖掉（Sell）：不考虑这些产品包。

具体的项目排序和策略如表 4–22 所示。

表 4–22 智能手机细分市场潜在项目策略表

编号	项目	得分	策略
010201	操作系统平台项目	88	持有（Hold）
010301	英语界面开发项目	88	持有（Hold）
010202	加密特性开发项目	87	持有（Hold）
010203	环境监测手机开发项目	85	买入（Buy）
010204	防爆手机开发项目	81	买入（Buy）
010205	安全加密手机开发项目	78	观望（Watch）

（2）**融合全部细分市场的所有项目，进行排序和选择，形成企业级项目清单。**在确定每个细分市场的所有潜在项目后，需要对全部细分市场的所有项目进行汇总、排序，重新确定项目策略。本案例中，融合智能手机项目清单和非智能手机项目清单，最终形成企业级项目清单，如表 4–23 所示。

6. 管理业务计划并评估绩效

根据上一步的结论，通过 RDP 流程输出产品路标（Roadmap），通过 CDP 流程开发产品 / 版本 / 项目的任务书（Charter），并设定相关运营指标，监控业务计划的执行。

表 4-23　细分市场企业级项目清单

编号	项目	细分市场	得分	策略
010201	操作系统平台项目	智能手机	88	持有（Hold）
010301	**英语界面开发项目**	智能手机 **非智能手机**	**88**	**持有（Hold）**
010202	加密特性开发项目	公安行业	87	持有（Hold）
020301	**法语界面开发项目**	**非智能手机**	**86**	**买入（Buy）**
010203	环境监测手机开发项目	能源行业	85	买入（Buy）
020302	**阿拉伯语界面开发项目**	**非智能手机**	**84**	**买入（Buy）**
010204	防爆手机开发项目	能源行业	81	买入（Buy）
010205	安全加密手机开发项目	公安行业	78	观望（Watch）

说明：在企业级项目清单中，在智能手机项目清单上增加了2个非智能手机项目：法语界面开发项目（020301）、阿拉伯语界面开发项目（020302）。另外，智能手机和非智能手机市场都需要英语界面开发项目（010301），需要拉通整合，统一开发。

4.2　产品路标管理：制定产品线中长期发展方向

4.2.1　产品路标简介

产品路标，又称为产品路线图，通常指产品或解决方案的发展方向和中长期规划，是将短期和长期业务目标与特定产品的解决方案进行匹配，以实现这些目标的一份计划，如图 4-13 所示。

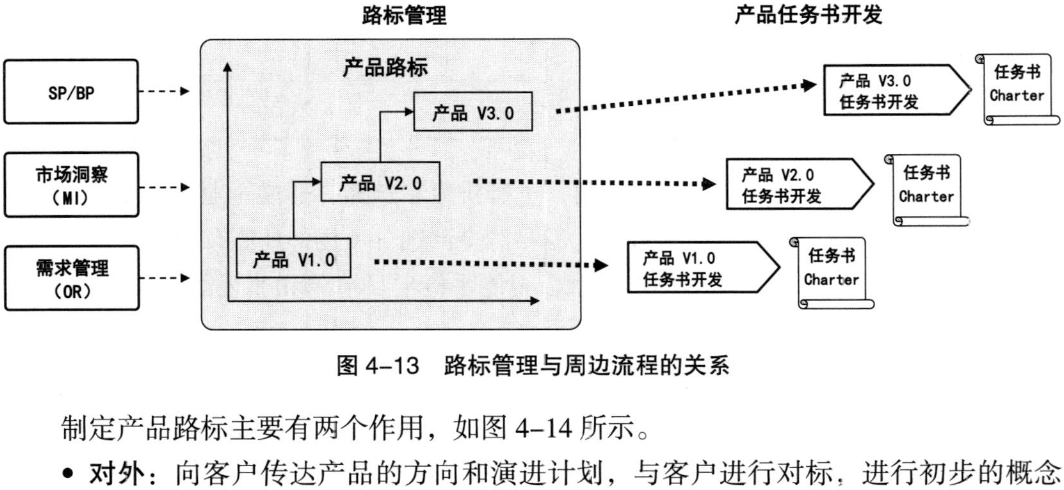

图 4-13　路标管理与周边流程的关系

制定产品路标主要有两个作用，如图 4-14 所示。

- **对外**：向客户传达产品的方向和演进计划，与客户进行对标，进行初步的概念验证。如果客户对产品的方向和演进计划有不同的观点，可以及时调整，避免闭门造车。同时，还可以支撑销售获取线索和机会。

- **对内**：指导研发进行相应的技术储备和产品研发，确保研发的产品满足客户的需求，确保研发资源被最有效地利用。

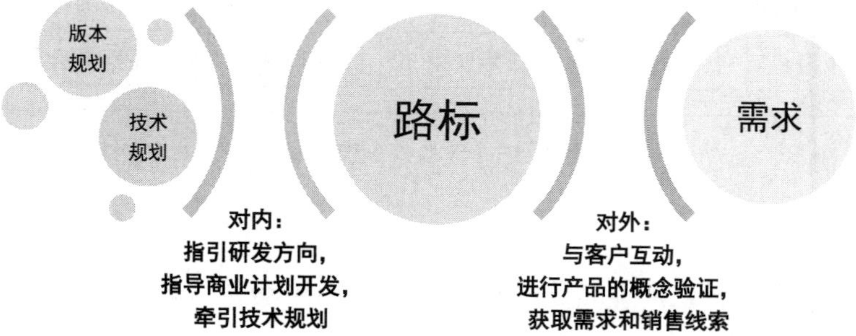

图 4–14 路标价值示意图

路标规划主要由客户需求和技术创新驱动，即以客户需求为牵引，以技术创新为驱动力，围绕客户的需求提供解决方案，形成产品解决方案路标。

- 产品开发的目的就是满足客户的需求，只有深刻理解客户的需求，理解客户需求背后的痛点和问题，真正抓住客户的痛点，帮助客户解决问题，才能开发出优秀的产品。针对不同的客户，可以分场景进行路标规划。针对每一个场景，通过分析客户成功关键要素，确定产品的长远目标；通过持续规划版本，持续积累产品能力，逐步构建核心竞争力，达成产品目标。
- 技术创新是驱动力，技术的不断升级带来更好的体验、更低的成本，从而驱动产业的不断发展。同时，技术创新也要用需求来验证和评判其价值，要通过需求落地来体现其价值。针对关键技术，可以规划产品平台，持续积累技术能力，实现技术驱动业务进步。
- 客户需求驱动力和技术创新驱动力相辅相成，缺一不可。但是，客户需求是检验产品规划是否有效的最终标准。技术创新是实现客户需求的一个重要手段，但不是唯一手段。

4.2.2 路标规划和管理

路标规划主要采用市场管理（MM）方法作为指导，即通过对市场的细分和选择，确定产品的目标细分市场，然后通过分析细分市场的潜在项目，确定细分市场和产品的路标。

路标规划（Roadmap Planning，RDP）流程包含三部分内容，分别为路标主计划开发、路标开发和推广、路标管理，如图 4–15 所示。

具体的路标规划过程如下。

1. 路标主计划开发

路标主计划开发主要是通过 3W2H 来回答产品的方向问题，主要内容包括以下

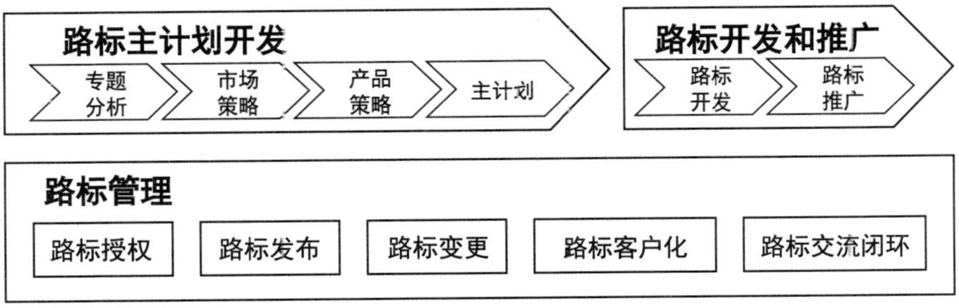

图 4-15　路标规划流程图

方面。

- **为什么（Why）**：从商业角度分析路标规划的驱动力，确认产品成功的目标和策略。主要关注企业的战略愿景、市场驱动力（客户、技术、竞争）、新商业模式的启示、产品成功的策略和目标。
- **是什么（What & When）**：实现产品商业成功的产品和解决方案中长期规划，包括产品版本、关键特性、竞争力等。重点关注目标市场定位和应用场景、特性规划和特性的价值以及各版本的竞争力。
- **如何做（How & How Much）**：支撑中长期规划落地的资源、成本、能力和技术规划要求，重点关注产品盈利估计和版本火车计划。

2. 路标开发和推广

路标开发和推广指的是具体的路标文件编写和推广工作，主要包括以下两部分内容。

- **路标开发**：答标路标开发、客户交流路标开发、路标指导书编写。
- **路标推广**：路标评审和发布、路标宣传和培训、路标客户交流。

具体的路标开发和推广流程如图 4-16 所示。

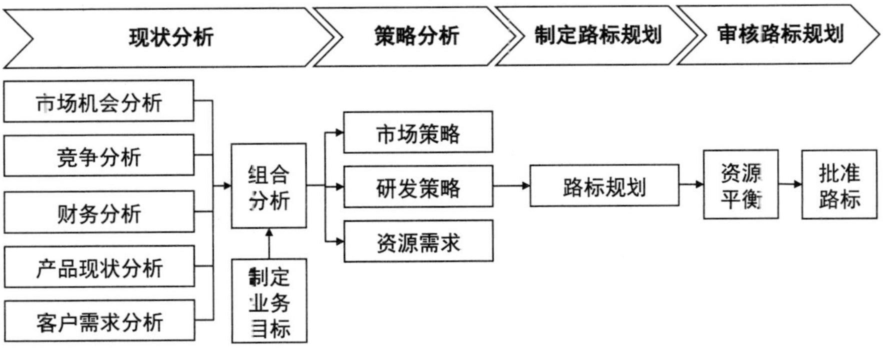

图 4-16　路标开发和推广流程图

3. 路标管理

路标开发完成后，还需要对路标进行日常管理和定期刷新，以保证路标的有效性。路标管理的主要工作如表 4-24 所示。

表 4-24 路标管理主要工作清单

路标管理	重点关注的内容
路标授权	• 由于路标主计划涉及过多商业秘密，属于产品线内部资料，通常不适合对外发布，所以需要注意授权范围 • 路标开发完成后，对不同类型的路标文件需要设定不同的访问权限，如客户交流路标和路标指导书可全员访问
路标发布	• 定期例行刷新路标，例如，每三个月刷新一次路标 • 路标管理团队和市场部门一起制订路标交流和培训计划
路标变更	• 产品规划人员负责路标的变更管理，除产品规划部门外，不建议其他部门进行路标变更，并向客户承诺，确保口径统一 • 路标变更建议按需求管理的方式统一管理，确保变更有记录，避免需求管理混乱
路标客户化	• 客户化路标开发建议由售前支持负责，产品线参与评审
路标交流闭环	• 制订路标交流计划，需要覆盖重点客户 • 监控执行，确保交流信息回馈闭环，避免空头承诺

4.2.3 路标规划团队

路标规划团队（Roadmap Developing Team，RDT）负责产品路标的开发和管理工作，其主要职责如下。

- 支撑产品线 SP/BP，完成路标规划，完成路标端到端的管理。
- 输出路标规划（主计划）和通用的路标营销材料（答标路标、客户交流路标等）。

路标规划团队（RDT）的主要成员如下。

- 团队负责人：负责路标开发和管理过程的项目组织和管理。
- 产品规划代表：路标开发和管理的主要责任人，主导路标开发，负责路标管理。
- 研发代表：从技术、标准和产业发展角度参与路标规划。
- 营销代表：从营销目标和策略角度参与路标开发。
- 需求代表：负责专项需求的特性路标规划。
- 合作代表：从合作产品角度参与路标开发和管理。
- 质量保证专员：负责路标开发和管理过程的质量管理。

4.2.4 路标规划实践案例

本节将通过智能手机厂商的案例，探讨路标管理工作。在案例中，路标规划团队（RDT）将根据路标规划的指导，完成路标的开发，包括答标路标、客户交流路标、路标指导书。

案例中所有内容均为虚构，主要目的是方便读者理解集成产品开发（IPD）方法，并不代表案例内容为智能手机研发的最佳实践，企业需要根据实际的运作模式进行选择。

1. 答标路标

答标路标是用来支持和指导投标答复的路标文件，可以采用 Excel 表格呈现，内容会比较翔实，涉及每一个功能特性是否有规划，在什么时间点交付等，需要严格保密。为了简化工作量，便于内部交流，推荐使用全量特性树作为答标路标材料。

以智能手机为例，形成的全量特性树如表 4-25 所示。

表 4-25 智能手机全量特性树

特性	优先级	责任人	上市资料	销售策略	预计实现版本		
					V1.0	V2.0	V3.0
基本特性							
语音通话	高	张三	是	可销售	支持	加密通话	
收发短信	高	李四	是	可销售	支持	加密短信	
拍照、录像	高	王五	是	可销售	支持	AI 增强	
……	……	……	……	……	……	……	……
物理安全特性							
一键报警	高	赵六	是	禁止销售		支持	
电子围栏	高	赵六	是	禁止销售		支持	
环境监测	高	赵六	是	禁止销售	支持		
……	……	……	……	……	……	……	……
信息安全特性							
加密	中	张三	否	授控销售	支持		
杀毒	中	张三	否	禁止销售		支持	
诈骗监测	中	张三	否	禁止销售			支持
……	……	……	……	……	……	……	……

2. 客户交流路标

客户交流路标是用来与客户交流的路标文件，通常采用 PPT 格式。其主要描述产品的目标方向、总体架构、版本和特性的交付时间点，以及重大功能特性的设计思路和价值。客户交流路标的作用是方便与客户进行交流和对标，确保产品方向满足客户需求，并推动销售线索生成。

以智能手机为例，根据路标规划流程生成的路标规划如图 4-17 所示。

同时，针对每一个版本，给出具体的产品重大特性清单，如表 4-26 所示。

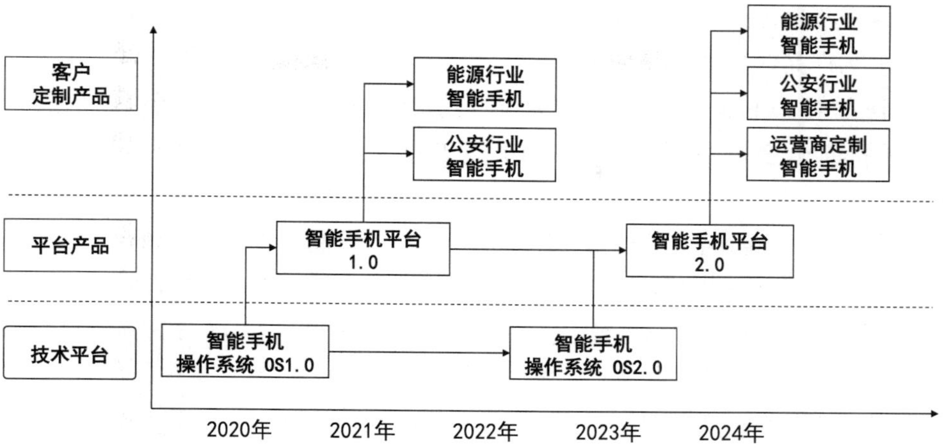

图 4-17 智能手机路标示意图

表 4-26 智能手机版本特性清单

版本	V1.0 版本	V1.1 版本	V2.0 版本
基本特性	语音通话 收发短信 拍照、录像 ……	应用市场 系统加密 AI 拍照 ……	加密通话 加密短信 AI 录像 ……
物理安全特性	环境监测 ……	一键报警 电子围栏 ……	跌倒监测 尖叫监测 ……
信息安全特性	基础加密能力 ……	增强加密能力 ……	杀毒功能 ……
支持的手机型号	能源行业手机	能源行业手机 公安行业手机	能源行业手机 公安行业手机 运营商定制手机 ……

3. 路标指导书

路标指导书是指导路标的更新、使用、管理的文件。例如，在路标指导书中规定，产品管理部作为路标唯一的责任部门，有路标解释权。规定路标每三个月刷新一次，明确路标刷新流程，明确各模块路标负责人等。

4.3 产品任务书管理：明确产品的商业计划，指导产品开发

4.3.1 产品任务书简介

产品任务书（Charter），又称为产品的商业计划书、产品开发项目的立项书等。为

了区别于企业年度商业计划（BP），同时满足项目管理的要求，在本书中将产品商业计划书统一称为产品任务书（Charter）。

产品任务书（Charter）是产品规划过程的最终交付物，描述产品开发的商业目标和计划，是对产品开发进行投资评审的决策依据，是挑选产品开发团队进行产品开发的招标书。

产品任务书（Charter）是产品开发的指导文件。产品开发团队（PDT）启动产品开发项目后，首先需要分析任务书（Charter），根据任务书（Charter）的内容，给出合理的包需求分析结论、架构设计方案和开发计划等，并最终与IPMT签订开发合同，正式启动产品开发项目，参见本书5.1章节。

产品任务书开发流程（Charter Development Process，CDP）为承接路标规划，在路标规划的基础上，分析和设计产品的短期商业目标（路标中的当前产品或版本），输出任务书（Charter），如图4–18所示。

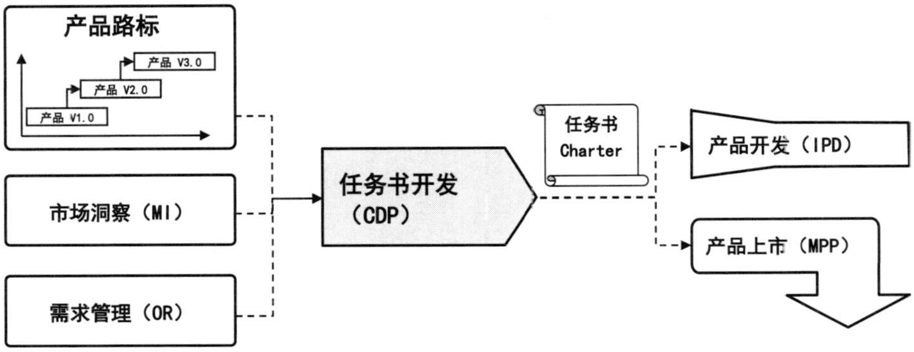

图4–18 任务书（Charter）开发与周边流程的关系

在产品任务书（Charter）开发的过程中，追求的目标包括以下几个。

- **方向和节奏准确，踏准市场节拍**。例如，在2G网络到来的时候，摩托罗拉公司认为2G网络推广还需要很长一段时间，因此并没有及时推出2G手机；而诺基亚认为时机已到，及时推出2G手机，抢占了市场的先机，最终超越摩托罗拉，引领2G手机市场十几年。
- **满足客户需求，解决客户的问题和挑战**。很多产品在规划的时候，只考虑技术先进性，不考虑客户需求，容易导致“叫好不叫座”的结果。例如，日本马自达公司一直潜心研究转子发动机，耗费了大量的人力和物力，但是基于转子发动机的量产车却很少。
- **与竞争对手相比有竞争力**。这里的竞争力是多方面的，包括功能、性能、价格、服务、体验等。在规划过程中，需要针对目标细分市场规划出合理的竞争力，例如，在中低端市场需要追求高性价比，在高端市场需要追求高端品质和细致入微的服务。
- **能够为企业带来现金流和利润**。例如著名的铱星计划，通过向太空发射66颗通信卫星，满足偏远地区用户的通话需求。虽然该产品符合客户需求、能够解决客户问题、技术先进、门槛高，但是用户规模较小，再加上蜂窝网络的发展，导致铱星公司一直无法实现盈利，最终破产倒闭。

产品任务书（Charter）的核心内容是回答产品是否有价值，是否值得投入。通常可以通过 4W+2H 来分析，具体如下。

- **为什么（Why）**：产品为什么要立项。通过市场宏观和微观分析，围绕客户的痛点和商业价值，明确目标市场和市场机会点，以及商业变现手段，即如何获取利润，并说明如果不进入这个市场、不做这个产品，损失有多大。
- **是什么（What）**：市场需要的产品包是什么样的？针对客户的商业痛点场景，描述独特价值和关键竞争力要点，以及如何构建核心竞争力。
- **里程碑计划（When）**：说明最佳市场时间窗在什么时候，预计产品推出的时间和对客户的承诺的符合度，以及版本相关里程碑。
- **如何做（How）**：产品开发实现策略、商业计划盈利策略、上市营销策略、服务策略、存量市场替换和更新策略等。
- **投入产出（How Much）**：从资源、财务、设备等多维度说明开发产品需要投入的成本。
- **谁来做（Who）**：完成此产品开发需要的项目组团队、角色和能力要求。

4.3.2 产品任务书开发流程

任务书开发流程（Charter Development Process，CDP）分为五个阶段，逐步回答 4W+2H 的问题。具体步骤包括立项准备、市场分析、产品定义、执行策略和任务书移交，如图 4–19 所示。

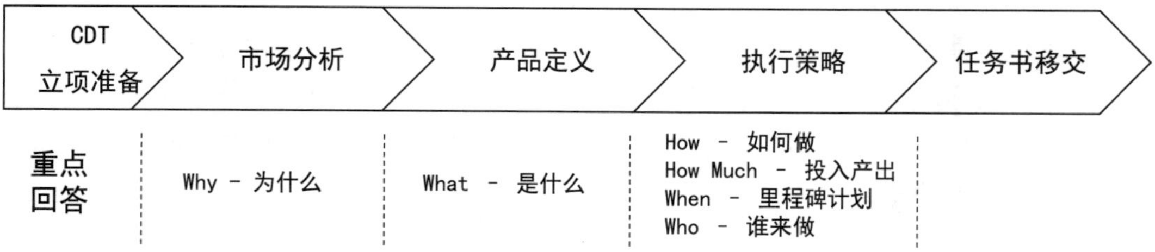

图 4–19 任务书（Charter）开发流程图

具体过程如下。

1. 市场分析

主要是回答“Why”的问题。任务书开发团队（Charter Development Team，CDT）拿着产品构想，与潜在客户进行反复交流，验证产品构想和概念，从而挖掘市场上的商业机会，了解客户的应用场景和需求，并从客户角度了解产品的竞争情况。

此阶段的关键活动主要包括客户互动、市场分析、行业技术分析、竞争分析、合作分析、商业模式分析等，最终形成对新产品的价值判断，确认新产品能否为客户和企业带来新的价值。通常具体要回答的问题如下。

- 宏观环境是否带来了新的机会？例如，政策带来的红利。
- 目标细分市场和客户是谁？例如，细分的行业客户。
- 目标细分市场的特征、应用场景以及客户的问题和期望是什么？
- 新产品带来什么价值？包括对用户、客户、客户的客户，以及企业本身。
- 技术、标准和产业发展支撑产品市场交付的能力如何？是否有合适的技术和标准支撑产品开发？
- 新产品的竞争力如何？主要分析在目标细分市场的竞争力。
- 新产品的盈利能力如何？包括市场空间、市场增长、客户期望的价格、产品收入和价值预测等。
- 新产品实现的关键路径是什么？是否能够形成壁垒？
- 是否可以通过合作产品开发满足客户需求？

2. 产品定义

主要回答“What”的问题，主要是在市场分析阶段验证的产品构想基础上，归纳总结产品关键特性，形成产品包需求，并描述什么样的产品才能够满足客户需求，帮助客户实现商业价值。例如，如何帮助客户提升用户体验等。通常具体要回答的问题如下。

- 产品做成什么样？主要指黑箱 / 灰箱的产品构想，例如，软件、硬件、云服务、系统解决方案、硬件的外观、尺寸等。
- 产品的应用场景是什么？例如，家用场景、办公场景、工业场景、特殊极端环境等。
- 产品在产品系列中的定位是什么？例如，高端、中端、低端等。
- 版本初始需求包有哪些需求和特性？主要包括端到端的需求，明确需求规格的定义、需求的排序，确认哪些是重点需求或价值特性。
- 价值特性如何销售？例如，整体打包销售、按版本销售、按特性销售。
- 整体目标成本是多少？包括研发、生产、交付、服务、物料等成本。
- 产品关键竞争力如何？竞争力需要与产品定位保持一致，例如，低端产品通常追求高性价比。

3. 执行策略

主要回答 How/How Much/When/Who 的问题，也就是明确开发这个产品或版本需要用到的资源、成本、团队及具体执行计划和措施。通常具体要回答的问题如下。

- How：如何确保产品被正确地实现？具体包括开发策略（自主研发、研发外包等）、上市策略、营销策略、交付策略、服务策略、市场切换策略等。
- How Much：需要投入多少资源，是否会盈利？包括人、财、物等。
- When：明确产品生命周期关键里程碑。这里需要确定产品开发的“概念、计划、开发、验证、发布”里程碑节点以及 EOX 的时间。
- Who：谁负责产品开发？包括项目组关键成员及角色，例如，PDT 经理、架构师等。

4. 任务书移交

任务书（Charter）经 IPMT 评审通过后，进入任务书移交收尾期。在这个时期，任务书开发团队（CDT）完成项目总结和文档归档，成立产品开发团队（PDT），并正式移交任务书给 PDT，然后 CDT 可以解散。

4.3.3 产品任务书开发团队

任务书（Charter）由任务书开发团队（Charter Development Team，CDT）负责开发，CDT 对产品和解决方案的市场竞争力负责，其主要成员如下。

- 项目经理：对任务书（Charter）的整体质量和竞争力负责，负责项目的过程和质量管理、信息安全管理。
- 产品管理负责人：主导任务书（Charter）的开发，对任务书（Charter）需求包的质量负责。完成产品的市场分析、概念设计、竞争分析、实现策略制定。
- 营销代表：组织营销策略和版本切换策略的制定。
- 商业模式代表：分析客户交易需求和竞争对手的盈利模式，设计企业自身的盈利模式。
- 研发代表：负责分析实现产品的关键技术、知识产权、研发资源投入需求等，负责分析竞争对手的产品架构、目标成本和关键技术等。
- 技术服务代表：分析工程交付和维护的需求及成本。
- 供应链代表：分析供应制造的需求及成本。
- 合作代表：分析合作资源，给出合作建议。
- 需求工程师：分析市场客户需求和竞争需求，预测收入和价格。
- 市场代表：从市场洞察、细分市场、解决方案销售角度参与项目。
- 财务代表：分解目标成本，进行财务评估，确保产品利润。
- 配置经理：理解产品和解决方案需求包，转化为配置需求。
- 质量保证专员：负责任务书（Charter）开发项目的过程监控和质量保障。

4.3.4 产品任务书开发实践案例

本节将通过智能手机厂商的案例，探讨产品任务书开发工作。在案例中，任务书开发团队（CDT）将根据路标规划的输出，完成能源行业智能手机的任务书（Charter）开发。

案例中所有内容均为虚构，主要目的是方便读者理解集成产品开发（IPD）方法，并不代表案例内容为智能手机研发的最佳实践，企业需要根据实际的运作模式进行选择。

1. 任务书开发团队（CDT）立项

在任务书（Charter）开发前，需要整理一份立项申请材料，向 IPMT 申请立项，立项申请通过以后，就可以成立任务书开发团队（CDT），启动任务书（Charter）开发。根据前期的分析，编写项目立项申请材料，立项申请材料的关键内容如下。

- 产品构想：针对能源行业，开发一款能够进行有毒气体监测的三防智能手机，保证员工安全。
- 客户期望：能源行业工作场所可能会存在有毒气体泄露，危及员工安全，需要随时检测、随时报警。同时，为了便于工作协同，需要确保员工通信畅通。另外，由于普通手机可能引发安全问题，因此生产环境中不能使用普通智能手机。
- 市场机会：全球能源行业从业人数达到 1200 万人，预计市场空间达 500 亿元，产品主要面向石油、化工等企业员工。
- 竞争分析：当前没有针对能源行业的定制化智能手机设备，属于空白市场。
- 行业分析：对智能手机行业，目前管制政策不完善，产业链成熟。
- 关键需求：基本通信需求、防爆需求、危险有毒气体监测需求、自动报警需求等。
- 产品里程碑：计划 6 月推出产品。
- 项目任务和计划：2 月完成任务书（Charter）开发，3 月启动产品开发。
- 资源与费用预算：CDT 工作量为 5 人月，费用为 25 万元。
- 决策申请：决策是否启动立项（No Go、Redirect、Go）。

2. 任务书（Charter）开发

任务书开发团队（CDT）的立项申请通过后，就可以开发能源行业智能手机的任务书（Charter）。在任务书（Charter）开发中，主要回答 4W+2H 的问题，最后通过任务书（Charter）材料包的形式进行汇报。任务书材料包的主要内容如下。

（1）**产品概要。**

- 产品描述。产品的应用场景，影响产品商业成功的最关键的包需求。例如，给能源工人定制的智能手机。
- 对客户的价值。例如，降本增效、保障员工安全等。
- 对企业的价值。例如，完善企业的产品线、提升企业竞争力、提高企业收入。
- 产品族路标。在路标中展示该产品的位置和演进关系，参见产品路标。
- 产品关键里程碑进度。说明产品 DCP 和 EOX 的时间点，如表 4-27 所示。

表 4-27　任务书（Charter）产品关键里程碑进度表

里程碑	目标日期	里程碑	目标日期
任务书	2 月 28 日	外部发布	6 月 20 日
TR1	3 月 15 日	GA（一般可获得性）	6 月 30 日
CDCP	3 月 20 日	承诺客户时间	7 月 15 日
PDCP	4 月 2 日	停止销售（EOM）	2 年后
内部发布	5 月 30 日	停止生产（EOP）	2.5 年后
ADCP	6 月 15 日	停止服务与支持（EOS）	3 年后

（2）**市场分析（Why）**。

- 行业发展分析：描述行业和产业链的发展对产品的影响，包括政策管制、标准、产业链、经济、技术、商业模式转变等对产品的影响。
- 宏观市场分析：描述整体市场的空间、成长性、市场机会等，进行总体判断。
- 目标市场分析：描述每一个目标细分市场，包括市场空间、成长性、竞争状况、市场机会、市场特征、市场典型需求等。
- 典型客户分析：描述典型客户面临的问题、挑战、偏好、投资模式、商业模式、满意度、忠诚度、如何做出购买决策、对产品的期望等，描述产品对客户的价值。
- 典型客户需求：描述典型客户对新产品的关键需求，如应用场景。
- 竞争情况：根据波特五力分析等方法，寻找竞争对手，并描述竞争对手的市场份额、地位、竞争力、市场战略、战略控制点、客户关系等情况，以及竞争对手的产品和解决方案的竞争情况。需要说明的是，必须在相似的时间背景下分析竞争对手及竞争产品。例如，若预计企业的产品包将于 18 个月后上市，则应对 18 个月后可获得的竞争产品及其定价和策略进行分析，将企业未来的产品与目前的竞争产品相比较是不合适的。
- 商业模式要求：描述客户和竞争对手通常采用的商业模式、定价策略。
- 优劣势分析：通过 SWOT 方法，描述企业的优劣势，并给出策略建议。

（3）**产品定义（What）**。

- 产品构想：描述产品的形态，例如，终端盒子、软件服务等。
- 成本结构：描述产品端到端的成本结构，包括 BOM 成本目标、生产成本目标、配套件成本目标、运输成本目标、安装成本目标、调测成本目标、升级成本目标、维护成本目标等，同时给出降低成本的建议，例如，通过预安装降低安装成本。
- 物理形态：描述产品的物理形态，例如，盒子、光盘、软件包、许可证等，对于物理设备还需要包括尺寸、体积、重量、工作环境等。
- 产品功能：从应用的角度，描述产品应该具备的功能、对应的市场需求、竞争力情况。产品功能可以从客户需求中提取。
- 产品性能：描述产品的性能、对应的市场需求和竞争力情况。
- 可服务性：描述为提高安装效率、维护效率需要支持的需求，例如，升级工具。
- 可制造性：描述为提高制造效率、降低制造成本需要支持的需求，例如，单板尺寸、加工工艺等。
- 产品包需求：描述初始包需求，主要包括重大需求，并以客户价值、市场价值、竞争价值为度量标准，对产品包需求进行排序。
- 竞争力：综合描述最终交付的产品版本的竞争力，并描述主要影响竞争力的需求和应对策略。

- 知识产权：需要申请哪些产品专利，如何规避别人已有的专利。
- 产品的演进关系：考虑到新老产品前后向兼容以及新产品自身未来发展，新产品需要满足演进的需求，包括物理尺寸、软件共享、特性继承性等方面的需求。
- 发展策略：产品的升级和迭代策略，可以使用路标进行描述。

（4）**执行策略（How/How Much/When/Who）**。

- 产品的逻辑架构：描述产品逻辑架构的多种可选方案，以及各逻辑架构的优缺点，给出优选建议，并进行说明。
- 产品的实现路径：描述如何实现该产品。主要实现路径包括自主研发、研发外包、联合开发、购买等，如表 4–28 所示。

表 4–28　任务书（Charter）产品实现路径清单

关键能力	获取方式	交付时间	是否满足进度要求	费用预算	其他要求
平台	自研	3 月 30 日	是	200 万元	基于 Linux 系统
芯片	采购	3 月 15 日	是	500 万元	优选 M 公司芯片
关键技术	自研	4 月 30 日	是	300 万元	
配套产品	采购	5 月 15 日	是	50 万元	电源、外包装
……	……	……	……	……	……

- 商业模式策略：描述产品的盈利方式、定价策略、价位考虑，可以借用商业模式画布进行描述。
- 上市策略：描述产品的营销策略、推广策略、发布策略等。
- 生命周期策略：描述产品的销售周期和生命周期管理策略。
- 服务策略：描述产品的服务策略，例如，交付服务策略、集成服务策略、定制服务策略、培训策略、售后服务策略等。
- 产品质量策略：描述产品的质量目标、质量要求和质量活动。
- 资源需求预测：按人员技能和等级，描述产品对人力资源的需求。
- 财务预测：从乐观和悲观两个角度，采用利润表的模式，对产品进行财务预测。
- 风险评估：描述产品潜在的风险以及规避活动，进行风险管理。风险范围包括但不限于市场、技术、资源、跨产品线协调与支持、供应商能力，如表 4–29 所示。

（5）**决策申请**。在评审过程中，需要每一位评审人员作为一个风险投资者，确认任务书（Charter）的内容是否合理，是否会为这个项目投资，是否同意任务书（Charter）汇报通过。如果投票通过，则成立 PDT，启动产品开发。

3. 任务书（Charter）开发交付件

在任务书（Charter）开发过程中，需要逐步完善一系列的文档，企业可以根据需要制定合适的文档清单、模板和开发进度要求，如表 4–30 所示。

表 4–29 任务书（Charter）风险管理清单

风险类型	描述	概率	影响程度	风险级别	影响描述	相应计划	责任人
市场 / 客户							
技术 / 专利							
财务							
销售渠道							
采购							
技术支援							
项目管理							

表 4–30 任务书（Charter）交付件开发阶段样例

交付件	立项准备	市场分析	需求定义	执行策略
市场评估报告		交付	刷新	
竞争评估报告		交付	刷新	
技术分析报告		交付	刷新	刷新
初始产品包需求	初稿	刷新	交付	刷新
重大需求描述	初稿	交付	刷新	
产品构想报告	初稿	交付	刷新	刷新
执行策略				交付
营销策略		初稿	刷新	交付
合作分析报告		交付	刷新	刷新
服务策略				交付
任务书材料包		初稿	刷新	交付
投入产出分析报告			刷新	交付

4.4 常见问题探讨

1. 市场管理（MM）和从战略制定到执行（DSTE）的区别在哪里？

从战略制定到执行（DSTE）是企业级别的从战略制定到执行的过程，涉及范围包括研发、财务、供应链、销售、人力资源等职能部门，从战略制定到执行（DSTE）可以有效地帮助这些职能部门进行战略制定、战略执行和监控。但是对于产品的规划来说，从战略制定到执行（DSTE）提供的工具和方法还不够具体，并不能很好地指导产品路标规划和任务书的开发。

市场管理（MM）方法是针对产品的战略规划到执行。简单来说就是：通过理解市场，确认产品线的战略方向；通过市场细分、排序和选择确定细分市场；通过分析潜在项目导出产品的路标和版本，最后输出产品和版本的任务书。市场管理（MM）方法在产品规划任务上更具体、更实用。

2. 市场、细分市场、产品线、产品、版本之间的关系是什么?

市场、细分市场、产品线、产品、版本之间的关系如图 4–20 所示。

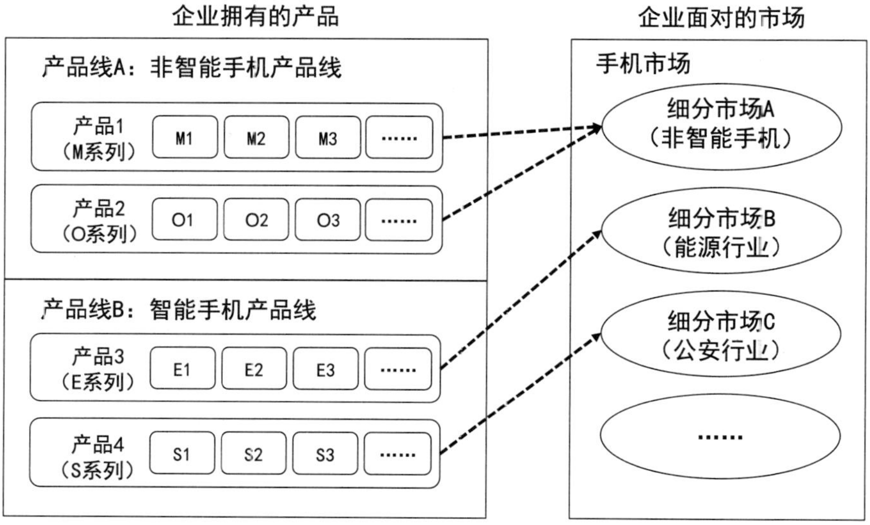

图 4–20 市场和产品之间的关系图

首先，市场通常指商品交换的领域，例如，手机市场。产品可以认为是满足市场交换要求的商品，例如，M 系列手机、O 系列手机等。

其次，市场的领域可大可小，对一个大的市场领域进行分解（细分），形成的小领域就认为是一个细分市场。例如，手机市场可细分为非智能手机市场、智能手机市场。

再次，根据产品功能规格的不同，可以划分为不同的产品线，不同的产品线又可以划分出不同的产品，不同的产品又可以提供不同的版本。以图 4–20 为例，企业有两条手机产品线，分别是产品线 A 和产品线 B。产品线 A 有两款产品，分别为 M 系列和 O 系列。每个系列有不同的版本型号（或版本），如 M1、M2、M3 等。

最后，细分市场和产品线不一定是完全对应的关系。企业可能需要将多个产品组合起来才能满足一个细分市场的客户需求。

3. 市场管理（MM）和 RDP、CDP 有什么关联?

市场管理（MM）是一个方法论，即通过对市场进行细分、排序，选择希望取得领先地位的细分市场，明确和制订可盈利、可执行的业务计划。市场管理（MM）方法可以用于产品线的战略规划、路标规划和产品任务书开发等工作。

路标规划流程（RDP）是基于市场管理（MM）的产品路标规划和管理流程，即通过市场管理（MM）方法，找到产品线要完成的项目（产品、版本、特性等），制定产品路标。在 RDP 流程中，除了需要制定产品线路标外，还需要对路标进行管理和维护。

任务书开发流程（CDP）是基于市场管理（MM）的输出，完成具体产品型号（或版本）商业计划的流程。在流程中，明确了任务书（Charter）开发时需要进行的市场分析、产品定义等工作。

4. 对产品规划相关业务活动的开展频率有什么建议?

对于一般企业而言，产品规划相关业务活动的开展频率如表 4–31 所示。

表 4–31 产品规划相关业务活动的频率、范围及内容

业务活动	开展频率	时间范围	主要内容
战略规划（SP）	年度	3~5 年	制定企业的战略、确定组织 KPI
年度商业计划（BP）	年度	12 个月	确定年度重点工作、确定主管 PBC
产品路标（Roadmap）	3 个月	3~5 年	开发答标路标 开发客户交流路标 编写路标指导书
产品任务书（Charter）	按项目操作	按项目计划	管理路标文件 开发任务书材料包 开发产品初始包需求
需求管理（RM）	1~2 周	18 个月	收集、分析、分发需求 梳理全量特性树

5. 任务书（Charter）开发是不是不够敏捷?

通常来说，任务书（Charter）不是针对单个的需求特性，而通常是针对一个较大的版本或产品，持续时间会比较长，因此不建议过于追求敏捷。企业做产品还是需要有一定的判断力和定力，不能一天一个想法，但是每个想法都没落实。

当然，换一个角度，为了保证产品的敏捷，拥抱变化，在任务书（Charter）开发的时候，也可以只分析产品的商业目标，不确定详细的产品包需求。产品包需求可以在产品开发阶段根据市场的变化实时调整。要保证在战略的持续性和需求的敏捷性之间达到平衡。

6. 不同的产品形态在产品规划和开发流程上有什么区别?

鉴于各种产品形态下，产品的发布频率和对需求变化的响应速度存在一定的差异，因此，在产品规划和开发流程上可以存在一些差别，推荐的产品规划和开发方法如表 4–32 所示。

表 4-32 不同产品形态的产品规划和开发常见流程

产品形态	发布周期	规划流程	开发方法	交付件
硬件产品	长（月）	CDP	瀑布方法	某型号硬件产品
软件产品	中（周）	CDP	敏捷方法	软件 R 版本
云服务	短（天）	OBP	DevOps	通常是 Build
技术	长（季度）	TPP	技术开发	平台 V 版本
服务	长（季度）	CDP	服务开发	服务方案
变革项目	长（年度）	变革 CDP	变革流程	变革实施项目

7. 产品任务书（Charter）的需求从哪里来？

从流程上看，建议任务书（Charter）的重点需求从需求管理系统（需求池）中挑选。即针对需求池中的需求，提取特性后生成特性树，再根据特性树形成完整的需求包。因此，要求所有需求都纳入需求池进行统一管理。

从业务上看，需求主要来源于以下这些方面。

- 客户交流，例如，客户调研、对标、投标等。
- 竞争分析，例如，竞品分析。
- 行业分析，例如，行业标准、环境分析、技术分析、行业专家等。
- 内部专家，包括架构师、售后服务人员、销售专家等。

8. 任务书开发流程（CDP）的关键活动有哪些？

在任务书开发流程（CDP）中，需要特别关注客户互动、竞争分析、专题研讨、任务书评审，这四个关键动作的具体要求如下。

- **客户互动**：客户互动是任务书开发的首要活动。开发过程中需要与重要、典型客户进行反复的沟通交流和确认，以保证正确理解客户需求和问题，使产品和解决方案符合客户的期望、解决客户关心的问题、给客户带来价值。
- **竞争分析**：竞争分析是任务书开发的基本活动。通过剖析竞争对手的产品、分析竞争对手产品的战略控制点、预测竞争对手的未来动向、评估产品组合的竞争力，并将分析结论体现到产品和解决方案中，以保证产品和解决方案的竞争力。
- **专题研讨**：对于重要专题和重大问题，可以由专题的负责人召集 CDT 团队成员进行专题讨论、达成共识，从而有助于团队后续工作的开展和不同角色间的配合，提升 CDT 团队的输出质量。
- **任务书评审**：通过调动内部和外部的高级别专家资源，对重点活动和输出的质量进行把关，尤其是审视客户互动和竞争分析活动的质量。如有必要，建议邀请关键客户参与任务书（Charter）的评审。

5　产品设计与实现

本章主要探讨产品设计与实现的相关内容，将分别介绍产品开发的流程体系、产品开发过程中使用的各种开发方法、各功能领域的流程等。

本章核心内容

- 产品开发流程：采用结构化流程方法，产品开发流程主要包括五个阶段、七个TR点、五个DCP点。
- 产品开发方法：主要包括瀑布模型、敏捷产品开发、规模化敏捷、持续集成与交付、解决方案开发、产品DFX设计。
- 功能领域流程：采购、制造、服务、合作领域的开发和管理方法。

本章内容在集成产品开发（IPD）体系中的位置如图 5–1 所示。

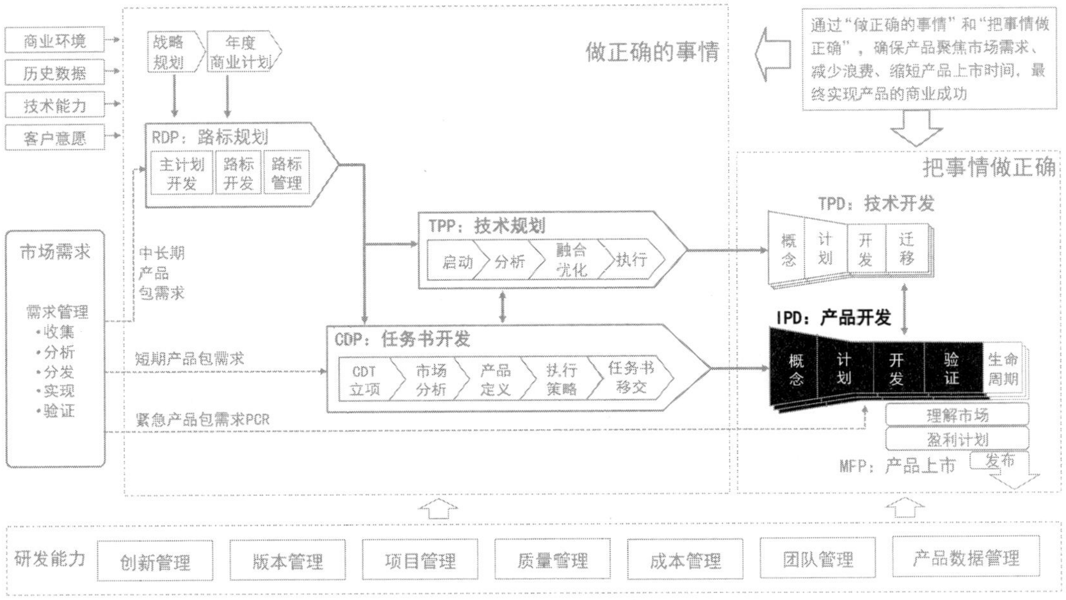

图 5–1　产品设计与实现在 IPD 中的位置

5.1 产品开发流程体系：结构化的产品开发流程

为了保证产品开发过程有序、可控，在集成产品开发（IPD）中采用结构化的流程方法对产品开发进行管理。结构化流程，指的是自上而下逐层将开发工作按阶段进行分解，并且清晰定义每一个层级、每一个阶段的工作内容、方法和要求。在分解过程中，上层结构要比较简单，便于团队沟通；下层结构要详细和具体，便于工作有效开展。例如，将产品开发流程分成五个阶段，然后对每个阶段进一步展开，逐层分解到每一个任务都能够被一个团队或个人高质量地完成，如图 5-2 所示。

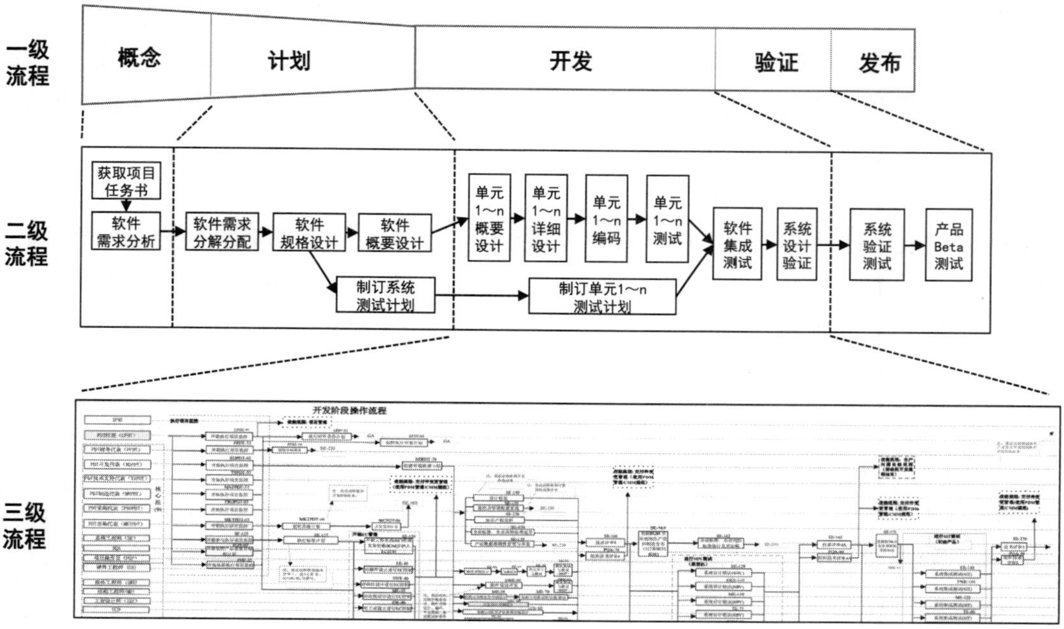

图 5-2 结构化开发流程示意图

通过结构化的流程，可以有效管理产品开发的进度和质量，保证能够按阶段进行产品开发的投资管理。接下来介绍集成产品开发（IPD）的主要结构。

1. 产品开发流程阶段

在集成产品开发（IPD）中，采用类似“阶段 - 关口”模型的方法，整个开发过程一共分为五个阶段，即概念、计划、开发、验证、发布，如图 5-3 所示。

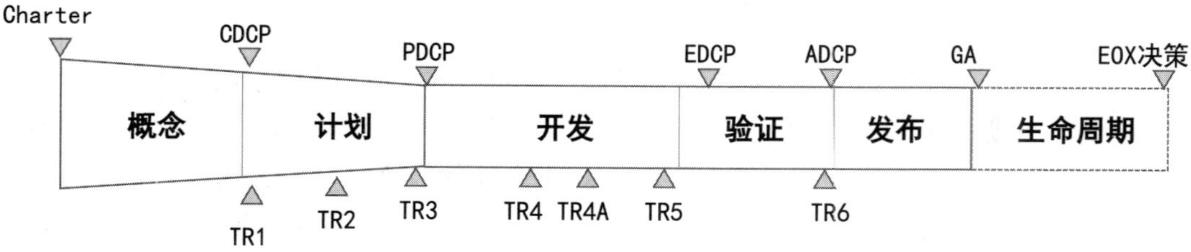

图 5-3 产品开发流程阶段

各阶段的主要目的、活动和输出件如下。

概念阶段：分析和理解任务书（Charter），确定产品的总体包需求和备选概念，进行系统需求的分析，对产品机会的总体吸引力以及各功能领域的策略做出快速评估，形成初步项目计划（1~2 级）。主要输出件为初步的商业计划、端到端概要项目计划、产品包需求和产品概念、概念决策评审材料。

计划阶段：清晰地定义产品方案，进行系统架构设计，制订详细的项目计划（3~4 级）和资源计划，确认最终的商业计划和合同式协议。如果采用项目级敏捷模式，还需要进行迭代准备。主要输出件为最终商业计划、项目合同、架构与系统设计文档、端到端的详细项目计划、敏捷迭代准备、生命周期计划、早期客户清单、计划决策评审材料。

开发阶段：产品开发阶段的主要任务是设计、开发、集成、测试符合设计规格的产品包，并构建产品原型，完成市场、制造、服务等领域的准备工作。在此阶段，可以使用不同的开发方法管理产品开发，如瀑布模型、敏捷产品开发、规模化敏捷等。开发阶段的主要输出件为可供 Beta 验证的产品包、详细的产品发布计划、确定的 Beta 测试地点和客户、产品数据包。

验证阶段：进行批量生产验证和客户验证测试，确认产品功能满足要求，确认各功能领域的上市准备已经就绪，发布最终的产品规格及相关文档，为产品最终上市做好准备工作。主要输出件为最终上市的产品、制造能力及产量计划、产品发布计划、生命周期计划、一般可获得性决策评审材料。

发布阶段：发布产品，制造足够数量的高质量的产品，以便在一般可获得性决策评审（GA）后能及时销售发货。主要输出件为量产准备就绪、产品上市。

2. 技术评审

为了保证产品开发的质量，在集成产品开发（IPD）每一个阶段结束之前，都需要对本阶段交付件的质量进行技术评审（Technical Review，TR）。技术评审（TR）用于检查 IPD 实施到一定阶段以后产品的技术成熟度，评估存在的技术风险，发现遗留的技术问题，从技术的角度给出决策建议。

技术评审（TR）通常是强制要求的。技术评审（TR）是为了尽量避免质量问题和技术风险流到下一阶段，从而减少返工带来的资源浪费和进度损失，降低研发成本，加快产品上市速度。

本节将提供一个技术评审（TR）的样例，企业需要根据实际情况确认具体的 TR 评审点。主要的技术评审点、评审内容及评审通过的意义如表 5-1 所示。

3. 业务决策评审

对于产品的商业风险，集成产品开发（IPD）使用业务决策评审点（Decision Check Point，DCP）进行评审并做出决策。在部分阶段，通过技术评审确认产品无技术风险以后，就可以向 IPMT 申请业务决策评审，由 IPMT 来评审 PDT 团队的业务计划，对 PDT 团队给予指导，并进行决策。如果业务决策评审通过，IPMT 需要承诺提供相应的资金和资源给 PDT 团队，同时 PDT 团队需要向 IPMT 汇报业务计划、方案，并执行业务计划。

表 5–1 技术评审（TR）样例

TR	评审内容	评审通过的意义
TR1	评审产品需求和概念，包括技术实现可行性、测试可行性、制造可行性、售后服务可行性等	产品需求和概念清晰
TR2	评审产品的业务架构与系统设计，包括总体方案、系统设计规格、工程特性等	产品架构明确可实现
TR3	评审概要设计，包括硬件、软件、工艺、结构等	产品设计明确
TR4	评审详细设计和 BBFV 测试结果，确定产品总体的设计风险和成熟度	可采购物料
TR4A	评审原型机的质量和初始产品准备情况	可试制样机
TR5	评审初始产品（样机）的质量（SIT 结果），确定产品制造的风险和成熟度	可少量早期发货
TR6	评审 Beta 测试结果、制造系统验证结果、认证和标杆测试结果	可小批量试制

在业务决策评审中，采用少数服从多数投票表决的方式进行决策，表决顺序为：先统计多少成员投票“终止（No Go）”，再统计多少成员投票“重新确定方向（Redirect）”，最后统计多少成员投票“继续（Go）”。具体解释如下。

- 终止（No Go）：项目被有序地终止，归档项目产出物，释放项目的资源。
- 重新确定方向（Redirect）：将项目重新定位到一个具体的业务方向上，或者重新收集和整理信息后再提交评审。
- 继续（Go）：项目获得批准进入下一阶段，并获得相应的资源和资金承诺。

本节将提供一个业务决策评审的样例，企业需要根据实际情况确认具体的业务决策评审点（DCP）和评审内容。主要的决策评审点、评审内容及评审通过的意义如表 5–2 所示。

表 5–2 业务决策评审样例

决策评审点	评审内容	评审通过的意义
概念决策评审（CDCP）	在供应链、服务、营销和研发之间达成一致的稳定的产品包定义	同意计划阶段的资源投入
计划决策评审（PDCP）	清晰的产品包开发计划； 对范围 / 功能、成本、销量、收入和发布日期的承诺	同意开发验证阶段的资源投入，PDT 团队将按照签署的合同的要求开发并交付产品包
早期发货决策评审（EDCP）	明确的早期发货销量，明确的技术服务交付资源已经就绪	同意为获得市场进行针对少量客户的早期销售
可获得性决策评审（ADCP）	产品包达到足够的质量要求	同意针对某一特定的机会提前销售该产品包
一般可获得性决策评审（GA）	在制造、服务和营销领域，已为大批量交付做好准备	同意发布阶段的资源投入，确定产品可以大批量上市的时间

为了确保业务决策评审能够有效执行，需要建立一套业务决策评审会议流程，如图 5–4 所示。

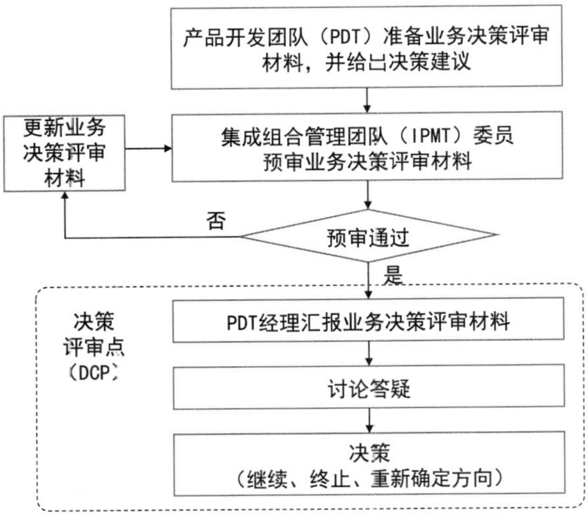

图 5–4　业务决策评审会议流程图

业务决策评审会议的主要流程具体如下。

（1）业务决策评审会议前，产品开发团队（PDT）需要提前准备业务决策评审材料。同时，PDT 需要综合审视产品包及商业计划的完成情况，给出决策建议。

（2）会议之前 PDT 将业务决策评审材料提交给集成组合管理团队（IPMT）预审，对问题提前沟通。

（3）PDT 根据预审沟通的意见更新业务决策评审材料。

（4）IPMT 主任主持业务决策评审会议，PDT 经理根据议程进行汇报，并回答问题。

（5）IPMT 提问，以收集更多的信息来做决策。

（6）IPMT 对业务决策评审材料做出决策，包括继续、终止、重新确定方向。PDT 将决策归档，并确保进行适当的传达和沟通。执行秘书分发传达决定和会议纪要。

另外，关于产品开发流程体系的详细解读，可以阅读周辉的著作《产品研发管理——构建世界一流的产品研发管理体系》，其中第 5、6 章有非常详细的描述，本书不再赘述。

5.2　产品开发方法：根据产品形态选择合适的开发方法

在产品开发模型和方法方面，目前使用得比较多的开发模型和方法包括瀑布模型、原型法、精益产品开发、敏捷产品开发、规模化敏捷、门径管理等，这些开发方法都有自己适用的场景，满足不同企业的研发管理需求。例如，门径管理方法在硬件开发、传统制造业中使用得比较广泛。接下来对这些方法做一个简单对比，如表 5–3 所示。

表 5–3　产品开发方法对比表

方法	核心思想	应用主流行业
瀑布模型（含 V 模型）	结构化的线性模型	全行业（软件为主）
精益产品开发	减少浪费，提高运营效率	全行业
敏捷产品开发	频繁互动，响应变化	软件行业为主
规模化敏捷	多项目和团队敏捷合作	软件行业为主
门径管理	过五关斩六将，强调有质量的决策	硬件行业、传统制造业

在集成产品开发（IPD）中，可以针对不同的场景，采用不同的开发方法。例如，当前集成产品开发（IPD）在ICT行业非常流行，因此在企业的实践过程中，瀑布模型（含V模型）和敏捷产品开发使用得比较广泛。

本节将对瀑布模型、敏捷产品开发、规模化敏捷等方法做简单介绍，关于其他流程方法和更详细的内容，读者可以查阅相关资料。

5.2.1 瀑布模型

对于大型软件系统或者有强制标准规范的系统而言，由于其涉及大量模块间的协同，因此，采用瀑布模型（含V模型）开发方法会是一个比较好的选择。以网络交换机的操作系统为例，该系统涉及各种网络协议，由这些网络协议一起构成了一个强大的网络交换机。在产品研发过程中，如果某些基础协议不能及时完成，或者与其他协议没有很好地配合，整个系统将无法运行。为了解决这些问题，系统开发过程中需要统一计划、统一协调各模块的开发，因此，使用瀑布模型开发方法将是一个不错的选择。瀑布模型主要用于软件开发，也可用于硬件开发。

瀑布模型（含V模型）大体可以划分为以下几个不同的步骤：需求分析，概要设计，详细设计，软件编码、硬件结构和PCB设计，单元测试，集成测试，系统测试。具体如图5-5所示。

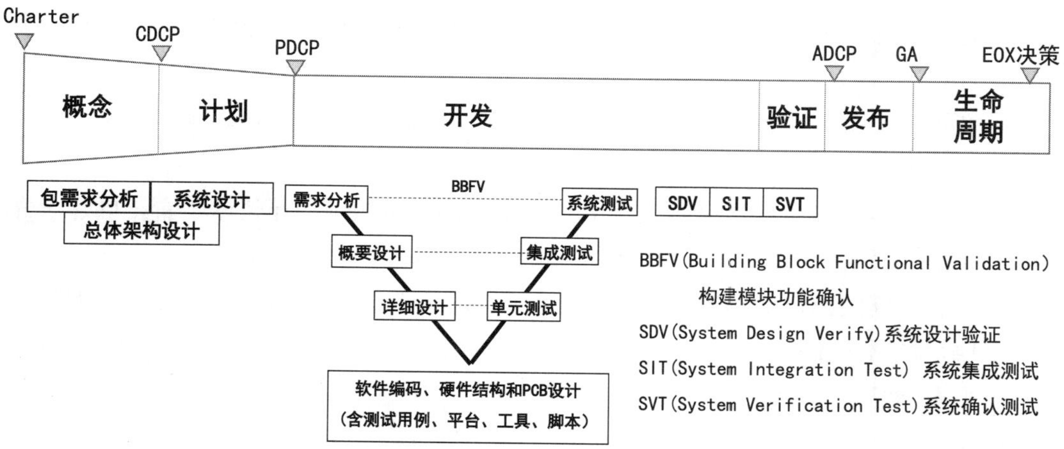

图5-5 瀑布模型（含V模型）开发流程图

在瀑布模型（含V模型）中，每个阶段的主要工作如下。

1. 需求分析

- 在需求分析方面，分解产品包需求，输出产品需求描述文档和需求跟踪矩阵。
- 在测试准备方面，设计系统测试计划和测试用例，确保后期系统测试有据可依。
- 该阶段主要是通过需求跟踪矩阵进行需求的分解，以保证功能覆盖客户需求，方便工程师的进一步开发。

2. 概要设计

- 在软件设计方面，主要进行软件架构的设计，包括逻辑架构、物理架构、数据架构、运行时（Runtime）、安全性、可靠性等，输出软件概要设计文档。
- 在硬件设计方面，需要将需求转化为硬件规格，进行硬件总体设计，包括硬件架构设计、硬件逻辑框图绘制、关键器件选型、硬件成本测算、硬件 DFX 设计等，输出硬件总体设计文档。
- 在测试准备方面，需要根据概要设计文档，设计集成测试计划和测试用例，用于支撑测试阶段的集成测试。

3. 详细设计

- 在软件设计方面，软件工程师需要对概要设计中描述的各模块进行深入分析，然后输出伪代码，将软件需要具体实现的功能和现象等都描述出来。
- 在硬件设计方面，硬件工程师需要根据硬件总体设计，完成硬件详细设计，包括原理图绘制、元器件归一化分析、DFX 设计等，输出硬件详细设计文档、原理图、软硬件接口文档等。
- 在测试准备方面，需要根据详细设计的内容，设计单元测试计划和测试用例，以支撑测试阶段的单元测试。

4. 软件编码 、硬件结构和 PCB 设计

- 在软件开发方面，软件工程师根据模块功能和伪代码，编写出实际的代码。
- 在硬件设计方面，硬件工程师根据硬件原理图，进行硬件结构设计、PCB 设计等。
- 在测试方面，需要编写测试用例、测试脚本等，确保单元测试可以被执行。

5. 单元测试

- 按照设定的最小测试单元进行单元测试，主要是测试程序代码是否正确、硬件单板是否正常，该阶段通常为白盒测试。
- 在软件模块测试过程中，为了确保各单元模块被正确地编译，可能需要编写一些桩函数。不同的软件模块的单元测试会有一定差别，例如，有模块的测试，也有类和函数的测试等。

6. 集成测试

- 经过了单元测试后，将各单元组合成完整的体系，进行黑盒测试。
- 在集成测试的时候，需要根据集成测试计划，逐步将各模块组合成系统，同时逐步测试系统，分析所组成的系统是否正确。测试内容包括组合后的功能是否能够正确实现、各组成部分的接口是否能够被正确调用、数据传递是否正确、各组成部分是否能够良好协作等，从而确保组合后的系统能够正常运行。

7. 系统测试

- 经过了单元测试和集成测试以后，就需要将系统搭建起来，按照规格说明书中的要求，测试系统性能和功能等是否符合产品包需求的描述、系统运行是否存

在漏洞等。

- 在系统测试通过以后，就可以提交测试工程师进行验收测试。测试工程师根据验收测试要求，确认项目达到了预期的效果后，项目就可以关闭，代码合入主线。项目关闭以后，模块需要合入整个系统进行系统设计验证、系统集成测试和系统确认测试，测试通过以后，就可以纳入版本发布流程。

5.2.2 敏捷产品开发

对于需求变化非常频繁或者没有明确标准规范的系统，为了提高开发效率，拥抱变化，确保系统持续满足客户的需求，使用敏捷产品开发方法是一个非常好的选择。

敏捷产品开发带来的好处如下。

- 基于价值流，构建完整交付团队。团队成员在技能上一专多能，在决策上适度自治，拥有部分决策权，能够针对部分需求在团队内自主决策并快速闭环。
- 支持内建质量，把质量内建到开发过程的每个活动中，强化架构解耦和自动化测试。通过自动化的测试工具，对开发活动各环节的质量进行可视化管理，最终支撑按节奏开发、按需发布的敏捷交付模式。

在集成产品开发（IPD）中，可以将敏捷开发方法以多种不同的方式进行融合，包括项目级敏捷、版本级敏捷、产品级敏捷、方案级敏捷和企业级敏捷，如图 5-6 所示。

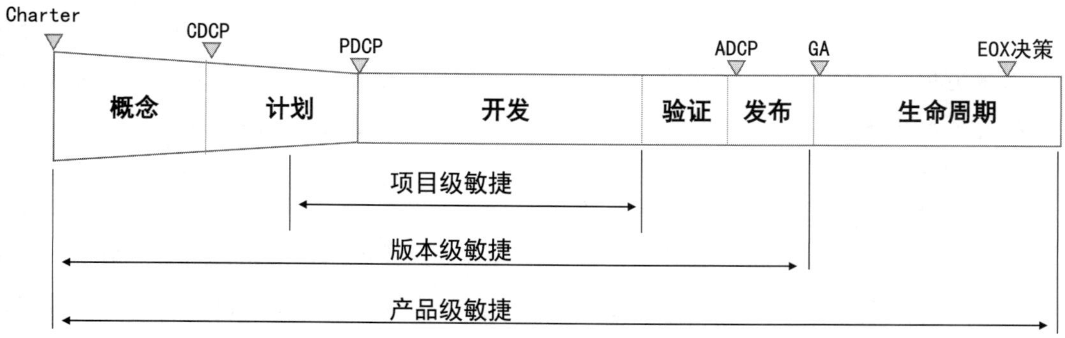

图 5-6 敏捷开发敏捷级别示意图

1. 项目级敏捷

项目级敏捷是在项目的开发阶段，借鉴敏捷产品开发的思想，通过多轮敏捷冲刺，达成项目的需求，如图 5-7 所示。

项目级敏捷适合于客户需求非常明确的软件开发项目，例如，客户需求明确的软件模块外包项目。在这类项目中，为了提高团队的开发效率，确保团队成员对客户需求的理解一致，更好地进行内部协同，可以采用敏捷开发方法。同时，通过减小开发工作的批次规模，降低了开发风险，提高了项目成功的概率。项目级敏捷的主要特点如下。

- 项目组内实现迭代；两端仍然采用瀑布模型，是改良的瀑布模型。

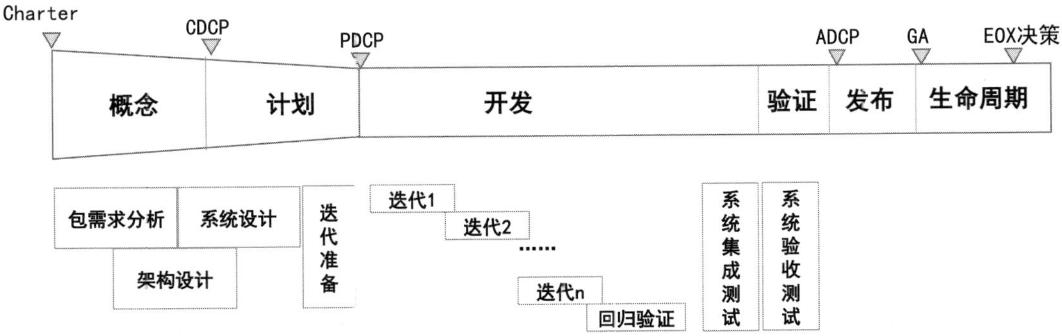

图 5-7 敏捷开发流程图

- 仅开发组内协同，系统工程师和测试工程师部分参与迭代。

采用项目级敏捷带来的业务价值如下。

- 及早发现问题，降低项目的技术风险，提高开发质量。
- 实现初步的团队协同，系统工程师、测试工程师、开发工程师沟通更顺畅。
- 测试前移，有利于测试工程师掌握需求规格，更好地进行测试。

2. 版本级敏捷

版本级敏捷是将敏捷开发方法实施的范围扩展到整个 R 版本（特性版本），使得在同一个 R 版本中，具备按特性向最终客户分批交付的能力，加快对用户响应的速度（版本相关内容参见本书 8.2 章节）。

版本级敏捷适合于客户界面需求不太明确的项目，例如，客户只提供了一个大致的需求方向，具体的需求还需要逐步细化。在这类项目中，可以通过敏捷开发方法，逐步为客户提供版本、交付价值，让客户感受到价值，避免需求与实现偏差过大，提高客户满意度。

版本级敏捷的主要特点如下。

- 从任务书（Charter）到一般可获得性（GA）都在迭代，是完整的迭代模型。
- 一个版本团队中，各角色都参与迭代，包括架构、开发、测试、市场、服务等，团队成员高度协同。
- 一次 R 版本立项，多次版本发布，每次发布都可以交付新特性。

采用版本级敏捷带来的业务价值如下。

- 聚焦客户价值，按客户价值对特性进行排序，按特性迭代和交付。
- 研发从过程导向转变为业务导向，围绕向客户交付价值进行产品研发。
- 市场和研发高度协同。

3. 产品级敏捷

产品级敏捷是将敏捷开发方法的实施范围扩展到产品的整个生命周期（含所有版本），以更小的需求包接纳客户需求，以更快的速度响应客户的变化。

产品级敏捷适合于只确定了产品的商业目标、没有明确需求的项目，例如，互联网 App 或者云服务产品。此时，团队可以采用产品级敏捷，以客户为中心，快速响应客户的需求，开发满足客户需求的产品，达成产品的商业目标。

产品级敏捷的主要特点如下。

- 一个产品团队中，各部门高度协同，包括研发、市场、供应链、财务、商务等。
- 按特性决策，按特性开发，按固定时间箱节奏进行版本发布。

采用产品级敏捷带来的业务价值如下。

- 进一步聚焦价值，提高特性的决策质量。
- 没有废弃特性、废弃版本，极大地减少浪费。
- 快速响应客户需求。

在实践过程中，敏捷产品开发主要是采用 Scrum 方法。当然，除了 Scrum 方法外，其他的敏捷方法和敏捷实践，如 XP、Kanban、Lean、结对编程、用户故事、测试驱动开发等，都可以因地制宜地进行选择，以确保产品的商业成功，避免流程和管理僵化。关于具体的敏捷开发方法，读者可以查阅其他相关资料。

另外，在硬件领域也有企业尝试使用敏捷开发方法，有兴趣的读者可以关注相关内容，本书不做介绍。

5.2.3 规模化敏捷

通常来说，敏捷产品开发（如 Scrum）主要是面向小团队运作。对于大规模软件开发，例如，对项目集、项目组合进行管理，则缺乏一定的指导建议。因此，业界一些企业开始尝试规模化敏捷，并已经形成了一些规模化敏捷的技术和框架，主要包括规模化敏捷框架（SAFe）、大规模 Scrum（LeSS）、规范敏捷交付（DAD）以及简单的 Scrum of Scrums（SoS）会议等，如图 5-8 所示。

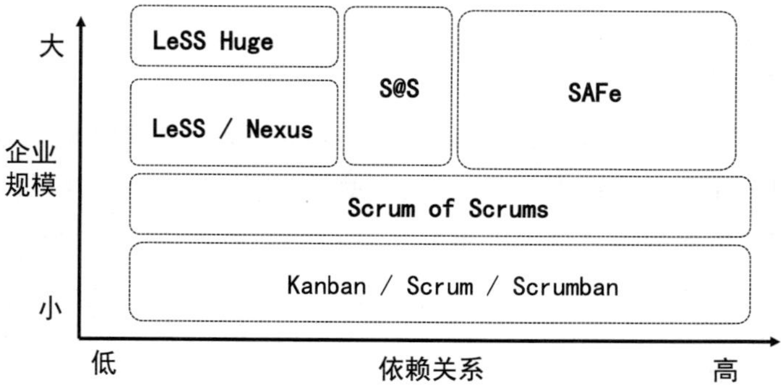

图 5-8 规模化敏捷方法关系示意图

在集成产品开发（IPD）中，也可以借用规模化敏捷的思想，进行产品开发。例如，在构建解决方案的时候，需要协调所有产品的开发节奏，确保解决方案的所有产品都能够在规定的时间内按质按量完成开发，此时，就可以使用规模化敏捷的思想和方法进行指导，保证整个解决方案及时交付。同时，还可以优化集成产品开发（IPD）的框架，例如，在商业计划开发的时候，主要设定产品的商业目标和主要特性，而不指定具体的产品包需求，在开发阶段，再逐步完成产品需求的定义和开发，从而确保产品能够快速响应客户的需求。

接下来简单介绍各种规模化敏捷方法，读者可以查阅相关资料了解每种方法的详细介绍，本书中不做过多描述。

1. 规模化敏捷框架

规模化敏捷框架（Scaled Agile Framework，SAFe）是经过验证的大规模敏捷的基础理论框架。SAFe 将价值（需求和待办事项）、团队（从开发团队到项目组合）和时间盒（迭代、项目增量、预算周期）等敏捷元素进行规模化，从而使得从不到百人的项目到数千人的企业都有成功应用 SAFe 的案例。

2. 大规模 Scrum

大规模 Scrum（Large Scale Scrum，LeSS）是应用于共同开发同一产品的多个团队的 Scrum。LeSS 致力于在大规模环境下尽可能简单地应用 Scrum 的原则、目的、要素等。LeSS 的重点在于引导所有团队成员在开发过程中关注整个产品，而非团队所负责的小模块。

3. S@S

S@S（Scrum @ Scale）也是一种规模化的 Scrum 框架，通过扩展 Scrum Master 和产品负责人的职责范围，有效协调多团队生态系统。S@S 通过一个可以不限规模增长的"最小可行的行政架构"来实现这一目标。它可以将单个 Scrum 团队的工作方式自然地扩展到整个组织中。

4. 规模化 Scrum（Nexus）

规模化 Scrum（Nexus）是开发和维护规模化产品和软件的框架。它使用 Scrum 作为其构造的基础，通过一系列的规则，使大约 3~9 个 Scrum 团队围绕同一份产品待办列表进行产品开发活动，以构建满足目标的集成增量。

5. 规范敏捷交付

规范敏捷交付（Disciplined Agile Delivery，DAD）是 PMI 和 IBM 联合开发的敏捷方法，由美国项目管理协会（PMI）负责完善。规范敏捷交付是指将敏捷实践用于组织级的管理中时，进行更多的规范化，以便更大规模地应用，而不像敏捷小团队那样简单粗暴、没有太多章法。规范敏捷交付的主要思想类似于"Think Big, Start Small, Learn Fast"。

5.2.4 持续集成与交付

为了更好地支持软件开发，保证随时拥有可工作的软件，持续向客户交付价值，并让客户满意，在产品研发上，需要建设持续集成（CI）和持续交付（CD）的能力。

1. 持续集成

持续集成（Continuous Integration，CI）：指的是团队成员经常集成他们的工作，通常每人每天至少集成一次，每次集成都通过自动化构建完成。

持续集成的好处如下。

- 大幅缩短反馈周期，实时反映产品真实质量状态。
- 缺陷在引入的当天就能够被发现并修复，降低缺陷修复成本。
- 将集成工作分散在平时，通过每天生成可部署的软件，避免产品最终集成时爆发大量问题。

2. 持续交付

持续交付（Continuous Delivery，CD）：指的是通过自动化流水线快速反馈，实现软件从开发到发布的频繁验证、问题快速闭环，保证研发过程的高效、可靠、可重复性。

持续交付的目标：产品团队通过重复、可靠的自动化过程，采取小批量频繁部署或发布的方式，尽早获取有关产品质量的反馈，尽早修复产品的问题和缺陷，使版本快速达到随时可交付的状态，如图 5–9 所示。

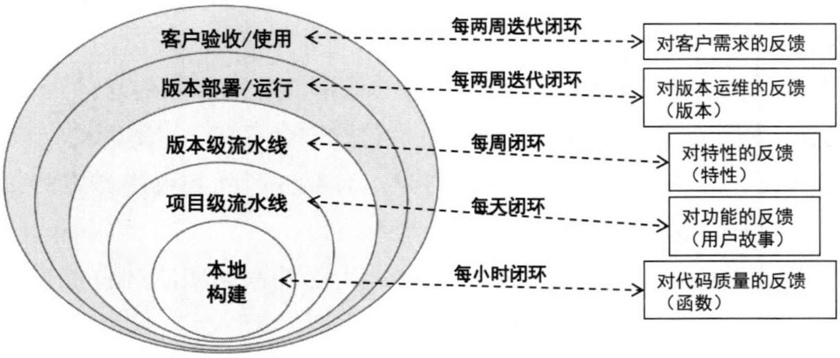

图 5–9　持续交付示意图

持续交付的主要措施如下。

- 小批量、小粒度频繁地部署或发布。
- 为软件的开发到发布创建一个可重复且可靠的自动化过程。
- 每次修改都能经过一次包括构建、测试、部署、发布的完整高效的自动化验证过程，实现高速频繁验证、问题快速闭环。

持续交付的核心能力如下。

- **分层快速闭环**：从个人到解决方案，分层实现快速闭环交付。例如，个人级闭环 10 分钟，组件级闭环 2 小时，版本级闭环 4 小时；每天提供端到端的可测试版本。
- **自动化流水线**：分层构建自动化流水线；一键式脚本实现自动化；在流水线各监测点进行自动化度量，实现各层交付的质量、效率、闭环周期可视化。
- **短周期迭代**：分特性按周迭代；迭代交付质量接近发布水平，最后一轮集成验证测试回归后达到发布质量；每轮迭代结束，就可以提供版本给解决方案验证。
- **自动化验证**：高度自动化测试，自动化测试代码覆盖率高；测试用例分层解耦。例如，组件级验证 1 小时内，版本级验证 1 小时内，组件故事测试自动化用例当天完成，集成验证测试自动化验证用例迭代内完成。

- **自动化部署**：安装和升级包一键式自动化部署，分钟级内完成部署；全流程脚本化，环境配置自动化；自动化部署支撑 SDV、SIT、客户环境验证等。
- **标准化环境**：构建标准化环境，提供标准化环境调用，环境快速获取；业务环境自动组网，环境搭建自动化、无人工干预；高效支撑开发、测试和验证，实现环境零等待。

5.2.5 解决方案开发

什么是解决方案？解决方案是以客户需求为中心，为客户提供“一站式”的业务和服务，解决客户的问题和痛点的方案。

从产品开发的角度来看，解决方案通常包含两个或以上的部件产品，部件产品之间相互依赖、相互配合，共同实现特定的功能和特性，满足客户特定的需求，整体对外销售和交付。

由于解决方案涉及多个产品和部件，需要各部件开发团队对总体需求的理解一致、开发的进度保持同步，否则，在解决方案开发过程中会存在一定的问题，典型问题如下。

- 制订解决方案和部件产品开发计划时，对部件产品和解决方案的依赖关系管理不足，带来等待、延迟甚至返工等情况。
- 解决方案缺乏联调计划，联调工作基本由部件产品团队独自进行，往往到测试阶段甚至到客户现场才发现很多低级问题。
- 解决方案测试比较弱化，没有解决方案集成测试相关组织，没有部门对解决方案的发布质量把关和负责，导致很多问题遗留到客户现场。
- 解决方案的配套关系管理比较混乱。在测试过程中，甚至是客户现场，经常会出现用错部件产品版本的情况，导致系统不能正常运行。
- 解决方案开发中，项目经理没有实权，在各部件产品之间协调比较困难。

为了更好地进行解决方案开发，避免上述解决方案开发的问题，需要保证解决方案与各部件产品的开发过程协调一致、同步进行。具体的开发流程如图 5-10 所示。

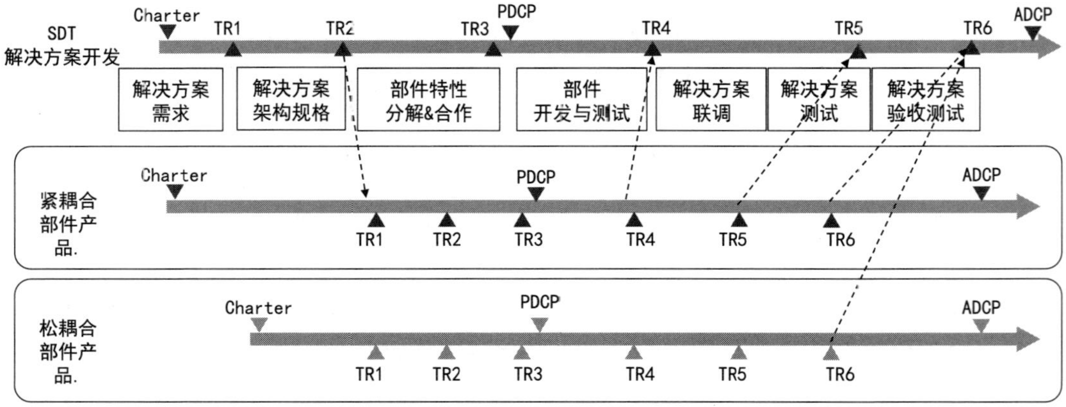

图 5-10 解决方案开发流程图

首先，在解决方案与各部件产品同步开发过程中，可以根据部件产品耦合度的不同，将部件产品分为紧耦合部件产品和松耦合部件产品，并采用不同的管理方式。

- **紧耦合部件产品**：为了严格保证紧耦合部件产品的开发进度满足解决方案的开发进度要求，紧耦合部件产品和解决方案需要同步任务书（Charter）和各决策评审点（DCP）。具体要求包括：紧耦合部件产品的 TR1（包需求分析）时间点需要在解决方案的 TR2（架构设计）时间点之后，紧耦合部件产品的 TR5（少量早期发货）时间点和 TR6（小批量试制）时间点需要在解决方案对应的 TR 时间点之前。
- **松耦合部件产品**：松耦合部件产品的里程碑点设置相对灵活，但原则上产品的 TR5（少量早期发货）时间点和 TR6（小批量试制）时间点需要在解决方案对应的 TR 时间点之前，可获得性决策（ADCP）时间点不晚于解决方案对应的时间点，从而确保解决方案发布时松耦合部件产品已经准备就绪。

其次，为了避免解决方案各部件产品的配套混乱，在解决方案开发过程中，需要特别注意对解决方案配套的管理。通常使用"解决方案配套表"来管理解决方案配套。"解决方案配套表"是描述解决方案配套的各个部件产品的名称、型号的表单，是解决方案联调、验证、发布、维护的配套依据。在使用"解决方案配套表"时，需要避免配套关系描述不全、配套关系描述不准确、配套关系发生变化时没有及时变更配套表等问题。

再次，在集成产品开发（IPD）中，解决方案开发由解决方案开发团队（Solution Development Team，SDT）承接，具体职责与产品开发团队存在一定的差异。解决方案开发团队（SDT）与产品开发团队（PDT）主要职责对比如表 5-4 所示。

表 5-4 解决方案开发团队与产品开发团队主要职责对比表

对比项	解决方案开发团队（SDT）	产品开发团队（PDT）
设计	负责解决方案总体需求规格设计、整体架构设计，并分解落实到部件产品	负责设计满足解决方案要求的部件，负责部件产品的规格和架构设计
开发	管理解决方案整体特性的开发和交付	负责部件产品的开发和交付
测试	负责解决方案级的测试策划和分解，包括解决方案集成测试、实验局测试、认证测试和准入测试等	负责部件的测试和验证工作
配套	负责整个解决方案配套的交付，保证配套的正确性和完整性	对部件产品数据的正确性负责
资料	负责解决方案级资料的开发	开发满足要求的部件级资料

最后，简单总结一下解决方案开发的主要特点，具体如下。

- 解决方案的部件产品配套关系复杂，通常使用"解决方案配套表"进行配套关系管理。

- 解决方案各部件产品的研发进度存在高度协同和依赖；需要同步解决方案和部件产品的里程碑时间点，协同解决方案整体开发进度。
- 对不同耦合度的部件产品，采用不同的管理方式，对紧耦合部件产品进行精细化管理，对松耦合部件产品进行粗放管理。
- 解决方案开发前期高质量的计划、设计、架构工作，会大幅降低整个解决方案开发过程的风险，提高开发效率和质量。

5.2.6 产品 DFX 设计

DFX 是 Design for X，即面向产品生命周期各环节的设计，其中 X 代表产品生命周期的某一环节或特性。DFX 诞生于 20 世纪 70 年代，旨在简化产品结构、减少加工成本。截至目前，DFX 涉及的方向包括可靠性、节能减排、归一化、可服务性、可安装性、可制造性、可维修性、可采购性、可供应性、可测试性、可修改性、可扩展性、成本、性能、安全性等。DFX 是并行工程的一个重要实现工具，是并行工程的很好体现。

- **DFX 体现了并行工程**：在产品需求分析和设计阶段，尽早考虑各阶段和各领域的各种要求，尽早发现并解决相关技术问题，优化产品设计，从而提高产品竞争力。
- **DFX 体现了团队合作**：由于技术复杂，产品工程师无法在每一个领域都成为专家，因此需要与团队中其他领域的专业人员协同设计。在产品需求分析和设计阶段，各领域的专业人员需要充分沟通与交流，确保产品满足 DFX 的各种要求。

1. DFX 带来的价值

在产品开发的过程中，通过及早地进行 DFX 设计，充分考虑产品生产、制造、销售时可能存在的问题，可以减少产品返工，降低产品成本，加快产品上市速度。通过充分分析客户的需求，可以设计出更简单、更可靠的产品，一次性把事情做正确。简单来说，DFX 带来的主要价值如下。

- 产品设计更改次数少。
- 缩短产品开发周期。
- 提升产品质量。
- 降低产品成本。

2. DFX 开发流程

在集成产品开发（IPD）中也采用 DFX 方法，并将 DFX 方法充分吸收并融入集成产品开发（IPD）的流程中，其主要流程如图 5-11 所示。

（1）**产品任务书（Charter）开发阶段**。在产品任务书（Charter）开发阶段，需要充分识别关键 DFX 需求，输出 DFX 需求清单，如表 5-5 所示。

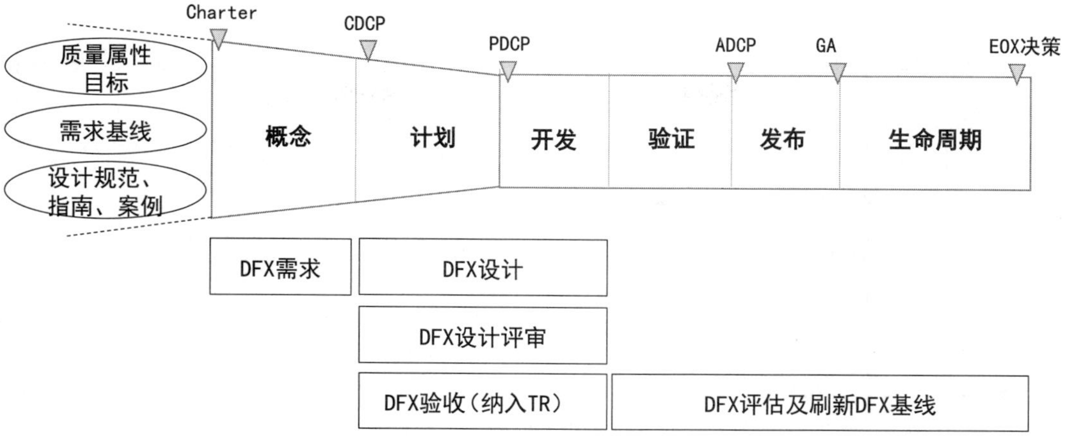

图 5-11 DFX 开发流程图

表 5-5 关键 DFX 需求清单

领域	分类	DFX 描述	价值描述	优先级	工作量
服务	DFS	远程升级	提高升级效率	高	30 人天
测试	DFT	自动化测试	提高测试效率	高	50 人天
采购	DFP	BOM 归一化	降低采购成本	高	20 人天
……	……	……	……	……	……

DFX 是产品包的重要组成部分，一般从质量属性目标、需求基线、设计规范 / 指南 / 案例等方面进行考虑。

①质量属性目标。质量属性目标指基于客户视角，聚焦重要目标，定量和定性描述的具体要求。质量属性目标是各领域 DFX 能力的关键衡量标准，是定量或定性的要求，例如，升级中断时间不超过 1 分钟、设备测试时间低于 1 分钟、年故障率低于 0.01%、故障修复时间小于 5 分钟、故障远程定位率达到 90%、告警误报率小于 1%、器件复用率大于 70% 等。

质量属性目标体现为内外部客户的期望，各 DFX 质量属性标准必须纳入各产品、平台开发的基本要求中，每个产品都需要落地关键的 DFX 质量目标，评估 DFX 竞争力。质量属性目标管理的主要要求如下。

- 详细定义（内外部）客户可感知、可验收的 DFX 要求。例如，设备测试时间小于 5 分钟。
- 树立基准和标杆，确定当前差距和改进效果。例如，当前完成设备测试需要的时间为 30 分钟，与目标的差距为 25 分钟，需要设计和优化测试工具，提升测试效率，从而提升生产效率。
- 定义标准分级，牵引产品逐步改进。例如，故障修复时间可定义为三个级别：5 分钟、10 分钟和 20 分钟。产品线可首先达成 20 分钟修复故障的目标，然后，持续改进，逐步实现 5 分钟内修复故障。

②**需求基线**。需求基线是从设计的角度，描述支撑质量目标达成的设计需求。将质量属性目标逐个转换，形成 DFX 需求。需求基线管理的主要工作如下。

- 对各领域 DFX 需求进行综合管理。
- 通过对各领域 DFX 需求进行整理，输出 DFX 基线需求。
- 对基线需求进行分级，通常建议划分为必须支持和建议支持两类，其中，必须支持的 DFX 需求基线必须纳入各产品包需求。

③**设计规范、指南和案例**。主要内容如下。

- **设计规范**：设计规范是各领域在设计时必须遵守的设计原则，是从历史实际工作中提炼和总结出来的设计原则和要求。一般有对应的检查表，在设计完成后进行自检，并在评审时再次检查。设计规范要明确各种设计工作应该如何开展，明确设计要求。各领域应该根据对应的质量标准和需求基线，特别是经验总结，制定各自的设计规范。例如，XXX 结构件设计规范、XXX 硬件设计规范、XXX PCB 设计规范、XXX 架构设计规范、XXX 接口设计规范等。
- **设计指南**：设计指南是对具体设计方法的说明。具体来说，设计指南要明确每种设计方法的详细步骤和工具，明确各设计方法的约束和限制条件，针对不同的情形推荐合适的设计，并说明为什么要这样设计，使设计人员明白设计原理，并选择合适的设计。不同于设计规范，设计指南不是强制要求。各领域可以根据实际情况整理设计指南，供员工在设计过程中学习。例如，XXX 结构件设计指导书、XXX 产品通用设计指导书、XXX 架构设计指导书等。
- **设计案例**：也可以是设计经验总结，是在每个产品交付后，组织各部门人员进行的总结，总结在开发过程中碰到的关键问题、问题分析思路、解决办法等，提供给其他产品和设计人员参考。每个案例总结大致包含如下内容：问题单号和问题描述、问题具体表现、问题分析过程、问题是如何解决的、解决方案验证的结果、经验总结（后续如何避免该类问题）等。根据经验总结，要定期组织刷新各设计规范、检查表，并进行案例评比。

（2）**概念阶段**。在概念阶段，需要正式地、完整地进行各领域的 DFX 需求收集，包括：分析 DFX 需求基线库，寻找合适的 DFX 需求，通过与各领域进行沟通寻找新 DFX 需求，DFX 需求经过需求评审后纳入开发需求中。同时，还需要对 DFX 需求进行充分分解，确保 DFX 需求能够落地。

对 DFX 需求的收集和分解要求如下。

- DFX 需求要分解到各个领域，确保每一个 DFX 需求都能够落地。
- 各 DFX 的质量目标需要责任到人，即在产品层面需要有唯一责任人。
- 原则上在 TR4（采购物料）前，所有的 DFX 需求都要完成开发，并转测试；在 TR4A（试制样机）、TR5（少量早期发货）、TR6（小批量试制）阶段确定 DFX 需求完成情况，原则上都要求 100% 完成；对于例外情况，需要通过 PDT 决策。

（3）**计划和开发阶段**。在计划和开发阶段，基于细分市场评估 DFX 竞争力，需要定义关键 DFX 的质量目标，并对 DFX 需求进行详细设计，整理输出关键 DFX 设计说明。完成设计后，还需要组织各领域进行评审，确保产品在关键 DFX 领域有足够的竞争力，如图 5-12 所示。

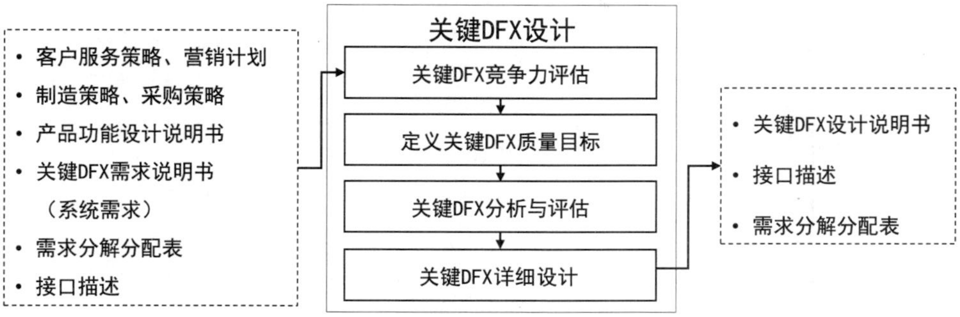

图 5-12　DFX 开发阶段流程图

最后，还可以设立 DFX 专项开发小组，专门进行 DFX 的优化和设计，并基线化 DFX 能力，确保 DFX 工作能够顺利展开。

5.3　功能领域流程：并行地开展职能领域的工作

在集成产品开发（IPD）的实践过程中，充分借鉴和发挥了并行工程的思想。

并行工程指的是集成地、并行地设计产品及其相关过程的系统方法，包括采购过程、制造过程、服务过程等。并行工程要求产品设计和开发工程师在产品设计之初就综合考虑产品整个生命周期中的所有因素，包括质量、成本、进度计划和用户的要求，目标是提高产品质量、降低成本、缩短产品开发周期和产品上市时间。

并行工程产生于 20 世纪 70 年代，当时由于日本的崛起，世界制造业发生了根本性转变，包括：全球竞争越来越激烈，长期的卖方市场变成了买方市场，产品生命周期越来越短。在这种环境下，美国为了确保自身的竞争地位，提升自身产品开发的能力，通过不断努力寻求产品开发的新思路、新方法，于是提出了并行工程，并将其应用于有竞争力的产品的开发。在 20 世纪 80 年代，并行工程对美国的振兴产生了重要的促进作用。

在集成产品开发（IPD）中，充分实践了并行工程的思想。当研发启动产品的概念和设计工作时，各功能领域也需要同步启动相关的设计和开发工作，如图 5-13 所示。

本节将针对各功能领域，逐个简单介绍功能领域的流程阶段、评审点、常用策略等相关内容，以供读者参考。

备注：

- 在产品开发过程中，财务领域的流程主要是“概算、预算、核算、决算”四算。由于财务领域有大量资料可以参考，本书不做介绍。

图 5-13 功能领域流程总图

- 市场领域的相关流程将在第 7 章产品上市模块进行描述。

5.3.1 采购领域流程

在集成产品开发（IPD）中，采购是非常重要的一个领域。通过建设分层分级的供应商体系，能够确保企业在合理的成本下，实现物料高质量安全供应，降低供应风险。

例如，2000 年飞利浦设在美国新墨西哥州的芯片厂发生火灾，引起芯片供应不足。该芯片工厂 40% 的芯片被诺基亚和爱立信订购。火灾发生后，诺基亚立即努力寻找替代方案，并重新设计了芯片，避免火灾带来的损失。而爱立信则认为火灾不会带来太大的影响，结果导致爱立信迟迟无法推出新手机，最终损失了 3% 的市场份额，当年总亏损 16.8 亿美元，并于 2001 年宣布退出手机市场。类似的案例还有很多，例如，2021 年的芯片短缺、硬盘短缺等。

除此之外，采购人员还需要及早参与产品研发，帮助研发工程师进行物料选型、物料归一化审核、物料替换评估等工作。总之，采购领域的工作对产品的研发有至关重要的影响。

基于集成产品开发（IPD）的开发模型，采购领域的主要流程如图 5-14 所示。

采购领域各阶段的主要活动如下。

- **概念阶段**：提出可采购性需求，确保需求被完整转换为系统需求，制定关键物料采购策略，启动新物料寻源和供应商认证。为了保证采购物料的质量，降低采购风险，通常会建立一个供应商标准，包括企业的规模、企业的资质、产品的性能和质量、生产能力、服务能力等。
- **计划阶段**：确保可采购性需求被准确地转化为分配需求和概要设计，跟踪关键物料风险，完成主要新物料的选型，关注原型机物料、初始产品物料等的申购。

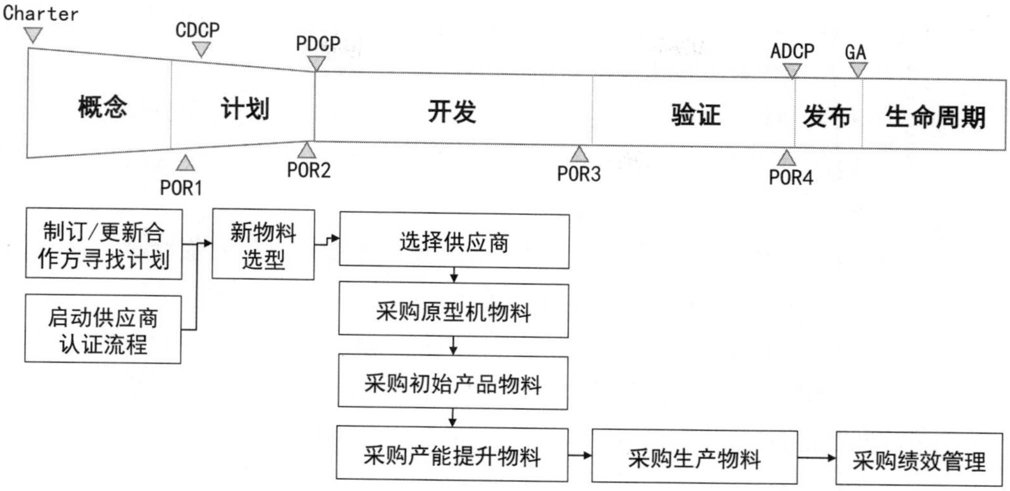

图 5–14　采购领域流程示意图

- **开发阶段**：进行供应商选择，建立供应商短名单。确保物料的可采购性，重点关注新物料认证进度和量产准备。进行研发物料的采购工作，包括原型机物料、初始产品物料等。
- **验证阶段**：解决验证阶段出现的来料供应和质量问题，解决历史遗留问题。启动生产物料采购。
- **发布阶段**：确保物料风险和问题已经解决，物料供应达到量产水平；成本目标和可采购性目标达成。
- **生命周期阶段**：保证持续供应，进行物料生命周期管理，持续降低物料成本。

为了保证采购领域交付的质量，在采购领域流程中设置了四个采购质量评审点（Procurement Review，POR），重点关注物料的选型认证、可采购性、成本目标、需求供应和风险等问题，每个评审点主要的评审内容如下。

- POR1：重点关注关键物料的需求、成本目标和采购策略的一致性。
- POR2：重点关注寻源的结果和风险对产品的影响。
- POR3：重点关注可采购性、成本目标是否达成，以及量产准备情况。
- POR4：重点关注可采购性需求是否实现，遗留问题是否解决，产能是否匹配。

另外，在采购领域中，为了保证物料供应安全、质量可靠、成本合适，通常会采用一系列的采购策略，主要的方法和策略如下。

- 物料集中认证、分散采购：通过集中认证物料，寻求企业整体利益最优；通过分散采购物料，达到快速响应市场要求，满足局部需求，减少库存成本，缩短物料采购周期。
- 建立分层分级的供应商体系，确保供应安全，避免供应风险。供应商的层级主要分为战略供应商、核心供应商、合格供应商、潜在供应商。与最核心的供应商建立战略合作伙伴关系，确保持续、稳定、高质量的供应，实现与供应商共赢。

- 采购人员尽早介入研发工作，实现物料归一化，减少零星物料采购，减少独家供应商，识别物料可替代性，确保整体最优，而不是局部最优。
- 持续关注和监控物料生命周期和生产周期，确保物料生命周期能够满足产品的需求，避免生产周期波动导致物料短缺。发现问题和风险需要及时预警，并协助做好解决方案，如物料替代。
- 建设采购管理系统，对供应商、物料、订单、库存等进行全面管理，从而改善采购模式，提高采购运营效率，提高企业收入。
- 建立采购管理委员会，从技术、质量、响应、交货速度、成本和合同履行等方面对供应商进行全面绩效评估，确保挑选出最合适的供应商，对供应商做出公平合理的价值评价。

5.3.2　制造领域流程

制造领域是实现大批量、高质量、低成本地向客户交付价值的关键。制造工程师需要在产品开发早期积极介入产品研发，帮助研发工程师设计出标准化的、高效的制造流程和工艺，开发高效的制造装备，如自动化装配工具、自动化测试工具等，从而提高产品的生产效率，降低产品的生产成本，提升产品的生产质量，提高产品的竞争力。

举个例子，国内曾经有一款智能手机，整机中用于固定的螺丝钉达到 5 种型号 43 颗，被称为最难拆装的智能手机。同期小米公司推出的一款智能手机，总共只有 3 种型号 20 颗螺丝钉。型号多样、数量繁多的螺丝钉，极大地提升了产品制造和维修的复杂度，导致生产产能一直无法提升，产品一直处于缺货状态，同时还提高了产品的制造成本。因此，在制造领域，制造工程师非常有必要积极介入产品的研发，协助研发人员优化制造方案。

基于集成产品开发（IPD）的开发模型，制造领域的主要流程如图 5–15 所示。

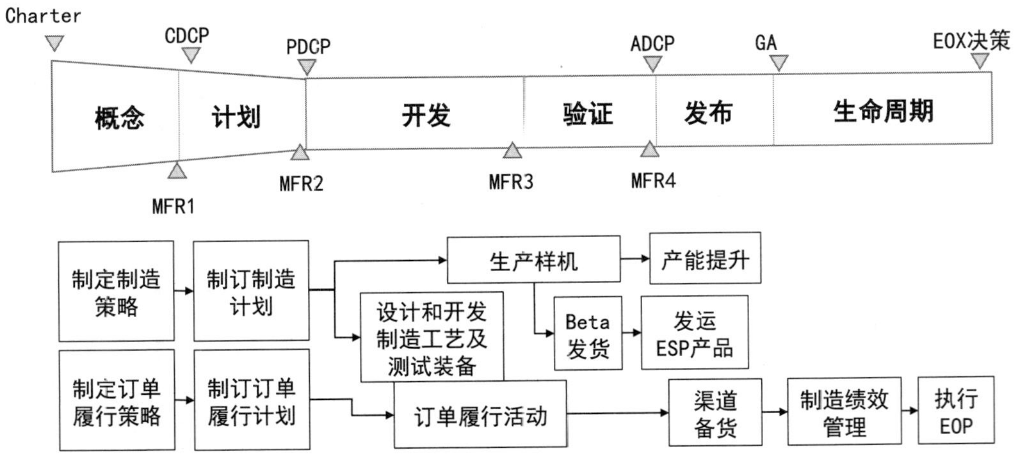

图 5–15　制造领域流程示意图

制造领域各阶段的主要活动如下。

- **概念阶段**：提出可供应和可制造需求，确保需求被完整转换为系统需求，制定供应、制造和订单履行策略。
- **计划阶段**：确保供应和制造需求被准确地转化为分配需求和概要设计，制订供应计划、制造计划、订单履行计划、工艺方案、物料需求计划。
- **开发阶段**：确保供应和制造需求被正确完整地实现；设计和开发制造工艺；设计和开发生产测试设备；完成产品试制准备；下达物料计划；生产样机。
- **验证阶段**：开展制造系统验证，确保制造系统能够正常运行，产品可供应、可制造，关注产品质量，解决遗留问题，完成制造和订单履行准备。
- **发布阶段**：确保产品所有的制造和订单履行准备都已完成，向生产操作切换，启动量产爬坡，实现产品大规模量产。
- **生命周期阶段**：启动制造绩效管理，评估供应和制造状态，根据产品的销量和竞争力制定终止制造（EOP）方案，并在合适的时机执行 EOP 决议。

为了保证制造领域交付的质量，在制造领域流程中设置了四个制造质量评审点（Manufacturing Review，MFR），重点关注可供应性、可制造性、是否能够支撑研发、是否能够支撑产品交付等相关问题，每个评审点的具体评审内容如下。

- MFR1：重点关注制造需求的合理性，确保能够支撑目标达成。
- MFR2：重点关注制造需求的落实程度，包括实现方案的合理性和可行性。
- MFR3：重点关注制造需求是否实现，如制造准备和订单交付能力能否支撑系统验证活动和产品加工要求。
- MFR4：重点关注制造需求是否实现，遗留问题是否解决，相关资源是否准备完毕，能否支撑产品加工和订单要求。

另外，在制造领域中，为了提高制造效率、降低总体成本、提升产品质量，通常采用的策略如下。

- 采购、研发和使用自动化制造装备，例如：使用自动化生产设备，减少人力投入；使用自动化测试工具，避免人工检查，提升产品质量。
- 对于客户现场交付比较复杂的系统，可以在生产制造的时候进行预装配，从而减少客户现场施工的难度，减少对交付工程师的依赖，避免施工错误。
- 针对批量化生产的产品或部件，建立生产计划委员会，对产品的销售和发货进行预测，进行产品或部件的预生产，缩短产品交货周期，降低生产成本。
- 根据产品的销售情况，有效控制库存结构，确保原材料、在制品、成品的库存合理，加强库存控制，提高库存收益。

5.3.3 服务领域流程

企业存在的价值是服务客户，因此，规范化的主动服务能够有效提升客户体验，帮助企业赢得客户，提升企业的竞争力。

在 ToB 业务中，常见的服务包括咨询服务、集成服务、实施交付服务、培训服务、技术支持服务、定制服务等。以技术支持服务为例，当客户的系统不能正常运行时，如果系统提供了一键故障检测、一键故障信息收集、一键故障修复等功能，将极大地提高服务质量和服务效率，提升客户满意度，而这些功能都需要在产品研发的过程中设计和实现。因此，在产品开发中，服务领域相关人员也需要及早介入产品研发，制定服务策略，提出可服务性需求，并跟踪落实可服务性。

基于集成产品开发（IPD）的开发模型，服务领域的主要流程如图 5-16 所示。

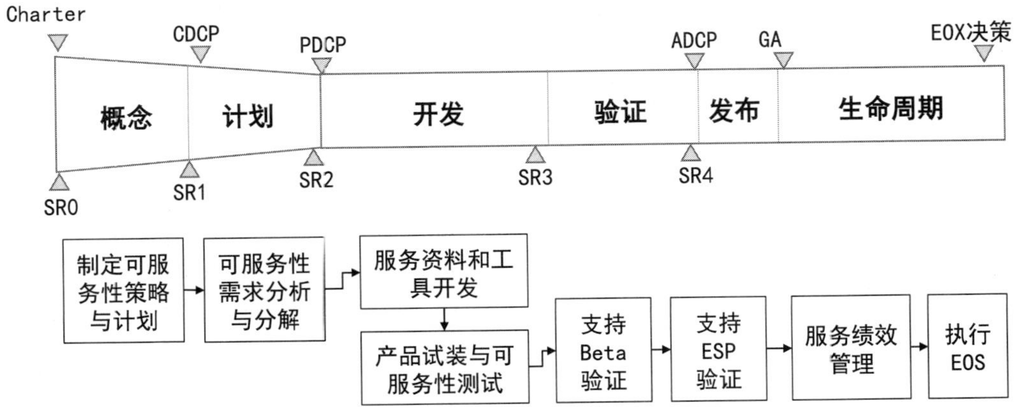

图 5-16　服务领域流程示意图

服务领域各阶段的主要活动如下。

- **概念阶段**：规划服务需求，制定可服务性策略与计划。
- **计划阶段**：按照服务成本构成要素分析和分解可服务性需求并落实。
- **开发阶段**：实施服务准备工作，如服务资料和工具开发、产品试装、可服务性测试、知识库建设等。
- **验证阶段**：验证产品的可服务性，支持产品 Beta 验证和 ESP 验证。
- **发布阶段**：发布服务交付件，组织服务导入，组织技能培训。
- **生命周期阶段**：启动服务绩效管理，根据产品的销量和竞争力，制定产品服务终止（EOS）方案，并在适当的时机执行 EOS 决议。

为了保证服务领域交付的质量，在服务领域流程中设置了五个服务质量评审点（Service Review，SR），具体评审内容如下。

- SR0：重点关注服务需求的合理性，确保服务需求和服务的商业目标一致。
- SR1：重点关注服务需求的完整性，明确服务策略能够支持服务的商业目标。
- SR2：重点关注服务策略的可落地性，确保能够落地、有具体的工作计划。
- SR3：重点关注关键服务准备活动的完成情况，确保能够支持服务产品交付。
- SR4：重点关注服务的商业目标是否达成。

另外，在服务领域中，为了保证服务质量，提升客户满意度，通常采用的策略和方法如下。

- 研发可服务性功能和特性，提升服务效率和客户满意度，例如，故障自动检测、自动修复、一键收集故障信息等。
- 建立分级服务响应机制，实现简单问题快速解决，复杂问题专家支持。需要特别注意的是，在解决客户问题时，首先需要帮助客户恢复业务，避免给客户带来损失，然后再排查问题根因，不要把客户业务系统当成研发实验室。
- 对于高可靠性场景，主动向客户提供例行巡检服务，预防系统故障，避免系统故障给客户带来经济损失。
- 通过大数据分析客户系统运行状况，主动预测系统风险和问题，进行预测性维护。
- 利用人工智能机器人，辅助客户服务人员，为客户提供精准的个性化服务，提升客户满意度和服务效率。
- 利用大数据分析客户服务数据，寻找产品的主要问题，提出有针对性的解决方案，例如，产品质量缺陷分析、客户体验问题分析等。
- 利用大数据和人工智能技术分析和解决客户的问题，提升客户满意度，降低流失率。

5.3.4 产品合作管理

在产品实现的时候，对于一些技术成熟、可大量采购、可替换的部件，可以采用产品合作模式实现。产品与解决方案合作指的是围绕企业向客户提供的“产品与解决方案”进行的合作，非技术合作。例如，监控摄像头厂商可以与服务器、交换机、存储厂商合作，共同为客户提供完整的视频监控解决方案。

通过合作方式进行产品实现可以带来很多的价值，具体如下。

- 补充和配套产品线，完善解决方案，缩短解决方案上市时间，同时提高解决方案质量，提升客户的满意度。
- 减少企业在非主营产品上的研发投入，确保企业可以专注于更擅长的领域，提高核心竞争力。
- 通过充分合作，企业可以聚焦自身能力范围内的业务，实现在资源投入有限的情况下，产出的价值最大化，投入产出比最高。
- 借助伙伴的力量，快速实现区域或特殊市场的突破与扩大。
- 利用合作伙伴的生产服务能力，实现企业局部产品转移和剥离。

在产品合作上，一般有五种主要的合作模式，分别是 OEM、ODM、转售、定制、推荐销售。在通常情况下，每种合作模式的具体区别如表 5-6 所示。

- OEM：指生产商按订单要求量身定做产品，产品生产完成后，转卖方向生产商采购生产的产品，并贴上转卖方的品牌进行销售。
- ODM：指转卖方采购供应商自行研发制造的产品，贴上转卖方的品牌进行销售，从而减少转卖方研制产品的时间。

表 5-6 OEM、ODM、转售、定制、推荐销售对比表

模式	产品设计	生产	品牌	知识产权	合同界面
OEM	转卖方	生产商	转卖方	转卖方	转卖方
ODM	生产商	生产商	转卖方	生产商	转卖方
转售	生产商	生产商	生产商	生产商	转卖方
定制	转卖方	合作方	转卖方	转卖方	转卖方
推荐销售	生产商	生产商	生产商	生产商	生产商

- **转售**：指转卖方采购制造商的产品，并采用原厂商品牌，将其销售给客户。
- **定制**：指合作方在本企业生产的产品平台的基础上，进行相关功能的定制开发，原则上所有品牌和知识产权等均归本企业。
- **推荐销售**：指向客户销售产品时，推荐客户联合使用合作伙伴的产品，这些产品通常都是经过集成验证测试的，确保产品能够稳定兼容。

在产品任务书（Charter）开发的时候，就需要对合作计划进行规划和设计。具体的合作计划内容包括哪些产品需要自主研发、哪些产品需要合作开发、采用什么样的合作模式、有哪些潜在合作厂商、这些合作厂商的情况如何等。然后，在产品研发的过程中，逐步落实。

合作流程对合作产品开发提供了端到端的支撑，能够保证合作产品开发质量，增强产品与解决方案的竞争力。具体到每个阶段，详细的任务如图 5-17 所示。

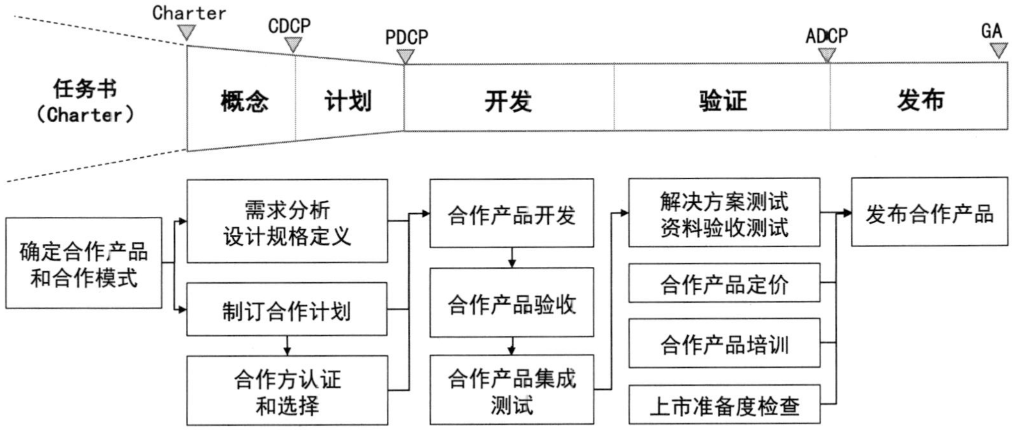

图 5-17 合作产品开发流程图

合作产品开发流程各阶段的工作如下。

- **概念和计划阶段**：分析需求、定义设计规格、启动合作方认证（包括合作方考察、合作方选型测试等）、启动合作方选择、制订合作产品的合作计划。在合作方认证和选择之前，部分企业为了保证合作产品的质量，通常都会制定一定的合作方标准，例如，合作方需要通过 ISO9001 认证等。

- **开发阶段**：完成合作方认证和选择（合作谈判与合同签署）、开发合作产品，并对合作产品进行验收和集成测试。
- **验证阶段**：进行解决方案验证测试、Beta 测试，完成合作产品定价，完成合作产品资料验收测试，并进行合作产品培训，检查合作产品上市准备就绪度。
- **发布阶段**：发布合作产品。

另外，除了产品合作以外，通常还有技术合作和工程服务合作。为了方便读者理解这些概念，这里将产品合作、技术合作和工程服务合作做一个简单对比，如表 5–7 所示。

表 5–7 产品合作、技术合作与工程服务合作对比表

合作方式	主导部门	技术研究	产品设计	知识产权	销售采购次数
产品合作	市场	供应商	供应商	供应商	多次采购
技术合作	研发	供应商	本企业	视情况定	一次采购
工程服务合作	服务	供应商	不涉及	不涉及	多次采购

- **产品合作**：与市场销售直接相关，向供应商下单的条件是签订了销售合同，并在采购系统里录入了生产采购需求。针对某一产品进行合作时，一般都有产品雏形，合作产品一般是独立形态，供应商一般可以独立销售。知识产权一般归供应商所有，多次使用同一产品需要多次下单采购、付款。例如，企业通过采购合作伙伴的服务器，形成完整的视频监控解决方案，当企业与客户签订视频监控解决方案销售合同时，对于每个合同都需要向合作伙伴下单采购服务器。
- **技术合作**：与市场部门是否签署销售合同无关，通常由研发部门主导，具体的技术合作内容对市场部门可以不透明。研发部门在获得相关技术后，基于获得的技术开发出相关的产品，然后进行销售。市场部门销售基于技术的产品，通常不需要多次为该技术付款。对于委托开发的技术项目，一般没有产品雏形，需要全新开发。知识产权一般归本企业所有（具体规则根据技术合作合同确定）。例如，企业委托某大学研究一套加密算法，只需要向该学校支付一次技术研发费用，企业在获得该技术后，可以根据合同规定，将该算法应用于不同的产品，而无须再次付费，同时，该产品的知识产权归企业所有。
- **工程服务合作**：在工程项目中，通过分包方式为企业提供现场设备安装服务，例如，现场勘测、硬件安装、软件调测、工程设计、项目管理等服务。

5.4 产品开发团队：负责产品的开发过程管理

产品开发团队（Product Development Team，PDT）是一个跨职能部门的团队，负责对产品开发的整个过程进行管理，包括产品立项、开发、将产品推向市场、产品量产、规模化销售。PDT 的主要目标是完成产品线 IPMT 项目任务书中的要求，保证产品包在

财务和市场上取得成功。

PDT 通常包括核心组和扩展组。

PDT 核心组由来自研发、市场、财务、制造、采购、质量和技术支援的代表组成，各成员代表自己的职能部门，承诺在 PDT 经理的领导下共同工作，完成业务目标。核心组主要成员如表 5-8 所示。

表 5-8 产品开发团队核心组主要成员清单

成员	职责
PDT 经理	按照合同中的成功标准做出承诺，对项目的成功负责
质量保证专员	根据企业或业务领域的质量政策，实现产品质量目标
项目操作员	代表 PDT 经理，协调开发工作，对业务计划进行跟踪等
各领域代表 • 财务 • 采购 • 制造 • 开发 • 营销	• 对本领域与项目相关的全部活动进行管理 • 从本部门领域的专家获得输入，制订本领域详细的项目计划 • 根据项目计划以及 IPMT 的承诺，从本部门获得资源，并进行管理 • 针对决策评审点，提出与本领域相关的建议 • 组织扩展组成员周例会，对项目状态进行审视 • 牵头解决扩展组成员提出的与本领域相关的问题 • 在 PDT 中提出与本领域相关的风险和问题，以得到合理解决 • 对扩展组成员的活动进行跟踪，保证及时完成项目计划中的活动

PDT 扩展组由各职能部门的成员分组组成。PDT 扩展组向 PDT 核心组提供输入，包括技术建议、PDT 级别的项目进度和设计评审。扩展组管理他们自己的项目进度，并开展产品开发中涉及本职能部门的活动。

5.5 产品开发实践案例

本节将通过智能手机厂商的案例，简单介绍在产品设计与实现阶段需要开展的一些实践。

案例中所有内容均为虚构，主要目的是方便读者理解集成产品开发（IPD）方法，并不代表案例内容为智能手机研发的最佳实践，企业需要根据实际的运作模式进行选择。

在智能手机的产品开发阶段，可以从团队建设、投资管理决策、产品开发流程、流程赋能、研发能力建设、跨领域合作、质量管理、知识管理等角度进行一些实践，具体如下。

1. 团队建设方面

为了更好地开发智能手机，企业成立了三个 PDT，PDT 成员的角色按集成产品开发（IPD）的定义进行设置，三个 PDT 分别如下。

- 平台软件 PDT：负责开发智能手机系统平台。该平台向能源和公安行业智能手机开发团队提供基础的软件能力，能源和公安行业智能手机开发团队在软件平台的基础上进行二次开发。关于平台方面的内容，读者可参考第 6 章的内容。

- 能源行业智能手机 PDT：负责能源行业定制化智能手机的开发和上市工作，对手机的商业成功负责。
- 公安行业智能手机 PDT：负责公安行业定制化智能手机的开发和上市工作，对手机的商业成功负责。

2. 投资管理决策方面

采用集成产品开发（IPD）的研发投资管理决策机制，具体如下。

PDT 对产品的商业成功负责，通过向 IPMT 进行立项汇报，阐述产品的商业计划，申请项目预算，预算范围包括销售收入、销售费用、研发成本、人力需求等。

PDT 申请到预算后，将预算分配给资源部门，例如，与研发部门沟通，向研发团队提供研发成本预算，同时要求研发团队承诺产品开发的进度和质量。

需要说明的是，不建议职能部门独立预算，职能部门需要与各 PDT 进行沟通，获得各 PDT 的投资，并向 PDT 提供相关资源和承诺。例如，在产品研发方面，研发部门主要负责产品的研发进度和质量，同时提升研发工程师的能力，建设专业化的研发团队。

3. 产品开发流程方面

由于智能手机同时涉及硬件和软件的开发，因此同时选择了敏捷开发方法和瀑布模型。

- 智能手机平台开发采用的是敏捷开发方法，同时构建了持续集成、持续交付的能力，每两周发布一个平台版本。
- 定制化手机采用瀑布模型进行开发，主要任务是设计和开发手机硬件，并选择合适的智能手机平台版本，进行集成和适配。在开发过程中，所有价值特性都由平台软件 PDT 进行开发，定制化手机 PDT 使用智能手机平台进行二次定制。

考虑到产品是面向行业用户进行销售，在销售投标的时候需要向客户提交清晰的文档，包括性能规格参数、特性清单、使用手册等。因此，不管采用哪种开发模型，文档的开发必不可少，同时还必须保证文档和产品一致，避免给用户带来困扰。

4. 流程赋能方面

为了让员工更好地理解开发流程，可以针对不同岗位的员工，建设以下两套培训课程。

（1）IPD Dry Run。通过授课的形式，对 IPD 知识体系进行整体讲解，帮助员工理解集成产品开发管理体系，内容包括路标规划、产品规划、需求管理、开发流程、上市流程等。

（2）IPD 产品设计与实现 Mini Project 培训课程。该课程通过产品开发案例展示产品设计与实现的所有过程，包括流程步骤、工程方法、工具和模板等，帮助员工快速了解产品设计与实现的过程。Mini Project 培训所使用的案例来自手机软件平台的一个最常用的基础模块，不仅可以帮助员工了解产品开发的流程，还可以帮助员工快速了解企业的产品结构。

5. 研发能力建设方面

为了提高研发能力和效率，需要进行一系列的准备，具体如下。

- 在研发工具上，建立代码库、DevOps 平台以及自动化编译、自动化测试等工具体系，实现持续集成和持续交付。
- 在设计和开发规范上，建设需求管理规范、产品设计规范、架构设计规范、代码设计规范、硬件设计规范、代码检查规范等一系列规范，帮助设计和开发工程师统一语言，提高沟通效率，提高产品的设计和实现质量。
- 建设研发案例库，收集整理优秀案例，包括但不限于成功的经验、失败的教训、项目管理方法等，同时例行评选优秀案例，做到研发内互通有无，相互进步。
- 建立研发度量体系，收集研发过程数据，进行研发能力度量，建立研发能力基线，分析当前研发的问题，帮助提高研发能力。

6. 跨领域合作方面

为了提高质量、降低成本、缩短产品开发周期和产品上市时间，在产品开发的时候，尽早地将各功能领域都卷入进来，组成跨部门团队，每月召开一次 PDT 例会，拉通项目计划，确保各领域对齐。

各领域内部成立 PDT 扩展组，例行召开扩展组会议，跟踪功能领域的工作进展，解决功能领域内相关的风险和问题。

7. 质量管理方面

为了提高产品的质量，开发过程中严格遵循 xR 评审规则，包括 TR、MR、MFR、POR 和 SR，确保每一个阶段输出的都是高质量的交付件。

建设质量文化，收集整理研发质量事故案例，宣传“质量免费”，帮助提高员工的质量意识，营造追求高质量的文化氛围。进行质量相关的技能培训，并组织质量方面的考试，帮助员工提升相关技能。开展 QCC 活动，全员参与质量改进活动。

8. 知识管理方面

使用 Git 工具建立一个资料库，按项目组分别建立文件夹，保存工作中产生的过程文档，并给不同的员工设置相应的权限，便于项目组成员相互分享和交流知识。

资料库内部分类如下。

- 需求管理：收集和整理需求，包括需求相关分析过程文件。
- 研发项目：按项目和开发阶段存放研发过程文档，即每一个项目一个文件夹，每个文件夹下存放开发各阶段的产出物、评审记录、会议纪要等。
- 流程规范：存放流程相关的参考文档。
  - √ IPD 基础：存放 IPD 的培训材料。
  - √ 编码规范：存放编码规范，如 Java 编码规范。
  - √ 架构规范：存放架构设计规范。
  - √ 版本规范：存放版本发布规范，如版本命名规则、质量要求等。
- 参考资料：存放外部参考资料。

6 技术规划与实现

本章主要介绍技术规划与技术开发相关的知识。

本章核心内容

- 技术洞察：通过技术洞察，了解所处行业内有哪些新的技术、技术的发展趋势、每项技术的成熟度等信息，从而更好地制定技术和产品的研发策略，帮助企业设计和研发出高竞争力的产品，确保企业在行业内的领先地位。
- 平台规划：通过建设产品平台，确保各产品线可以基于成熟的平台开发产品，无须一切从零开始，降低产品的研发成本，加快产品上市速度，提高产品质量。
- 技术规划：通过对市场、产品、技术的分析，确保有合适的技术支撑产品和特性的开发，最终满足客户的关键需求。
- 技术开发：成立技术开发团队，遵照技术开发流程，开发关键技术。
- 技术管理：对技术进行管理，包括管理组织、知识产权、技术合作等。

本章内容在集成产品开发（IPD）体系中的位置如图 6-1 所示。

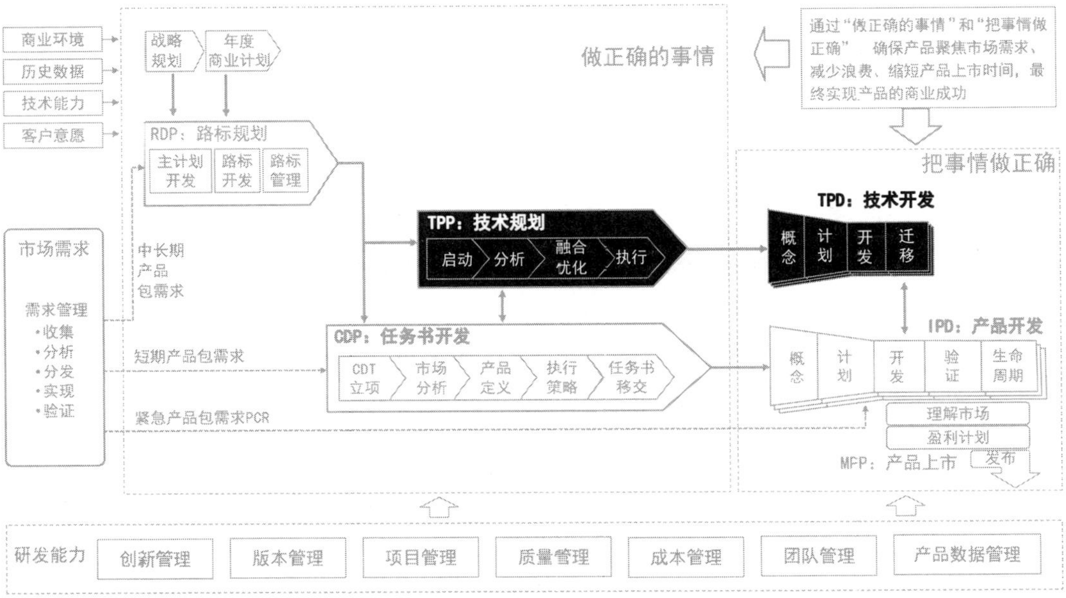

图 6-1　技术规划与实现在 IPD 中的位置

6.1 技术管理简介：掌握核心技术才能引领未来

6.1.1 什么是技术

根据世界知识产权组织的定义，技术是制造一种产品的系统知识。缺乏这些知识，将无法制造出产品或提供服务。因此，技术管理是产品开发的基础。

例如，制造液晶显示屏的知识是一种技术，利用这种知识，可以设计和制造出各种形状和尺寸的液晶显示屏，并用于各种设备。如果不具备制造液晶显示屏的知识，即使有充足的资金，也不能设计和制造出液晶显示屏。

根据技术的价值，通常可以将技术分为四类，即核心技术、关键技术、通用技术和一般技术，具体定义如表 6–1 所示。

表 6–1　常见技术类别定义

技术分类	技术的定义	常见开发策略
核心技术	企业在一段时间内领先于竞争对手的独有技术，并且是在开发中占据重要地位的关键技术	基于知识产权的自主开发，进行技术创新
关键技术	在产品开发中占据关键地位或位于关键路径上的技术，是不可缺少的技术，但不一定是独有的，甚至不一定是领先的技术	战略合作或者自主开发
通用技术	形成了使用标准的一般技术，可以相对容易地实现该技术	可外包
一般技术	普通技术，有多种替换路径，可以比较容易地取得和替换该技术	可外包

6.1.2 什么是共用构建模块

共用构建模块（Common Building Block，CBB）是指那些可以在不同产品、系统之间共用的零部件、模块、技术及其相关设计成果。例如，显示屏、扬声器、键盘、麦克风等，都可以是共用构建模块（CBB）。通常来说，共用构建模块（CBB）有以下特征。

- 通常代表某一类共同需求，适合重用。
- 具有明确的接口，可以通过接口与其他构件装配在一起。
- 高内聚，低耦合，模块内部紧密结合，外部接口简洁明确。

在产品开发中，共享和重用共用构建模块（CBB）可以带来诸多好处，具体如下。

- **在研发领域**，重复使用共用构建模块（CBB）能减少重复开发，节约开发资源，缩短开发周期和上市时间，减少模块种类，提高产品质量，降低维护成本，避免重复造轮子。例如，企业决定为所有型号的手机配备相同的电源模块，那么，各型号手机研发团队就无须再重新研发电源模块，从而减少人力投入，降低成本。

- **在制造领域**，通过批量制造共用构建模块（CBB），能够降低半成品的库存，减少废料，降低制造成本，同时还能够降低对产品销售和交付预测的依赖，改进供应连续性。例如，由于所有型号的手机配备的电源模块都相同，那么制造的时候，制订生产计划也相对容易，多生产一点也没关系，多出的电源模块可以用到其他型号的手机上。
- **在采购领域**，由于共用构建模块（CBB）的大规模使用，可以扩大单一物料的采购规模，降低采购成本，提高采购效率，降低采购风险，确保供应安全。例如，由于所有产品都只使用一种电源模块，所以，物料比较集中，采购的规模得到保证，采购价格也有谈判空间。
- **在服务领域**，通过为共用构建模块（CBB）统一备件，能够减少备件库存，提高产品的可维修性，降低服务成本。例如，在进行服务备件的时候，不需要为每款手机都准备电源模块的备件，只需少量备件，即可满足服务所有手机型号的要求。

6.1.3 什么是产品平台

产品平台是整个系列产品所采用的共同要素的集合，包括共用的系统架构、子系统、模块 / 组件、关键零件、核心技术、基本技术。

以手机制造为例，手机生产商可以开发一个手机软件平台，该平台包含很多常见的功能模块，例如，通讯录、通话、短信、拍照、录像等模块。基于该手机软件平台，手机厂商可以快速生产出不同型号的手机，例如，E 系列能源行业手机、S 系列公安行业手机等，如图 6–2 所示。

通过建设产品平台，可以给企业带来非常大的优势，这些优势包括以下方面。

- 利用产品平台，可以快速、连续地推出系列产品，从而降低单个产品的研发费用，加快产品的上市速度，提升产品质量。
- 由于产品系列都是基于同一产品平台开发的，因此，在用户界面上可以保持比较好的一致性，降低用户升级和切换产品时的学习难度，提升用户体验。
- 由于产品平台开发周期比较长，因此，可以帮助企业从长远的视角来制定企业的战略，推动企业开发系列化的产品，满足不同细分市场的需求。
- 由于产品平台能够大幅减少研发重复投入，因此可以大幅提升企业的运营效率。

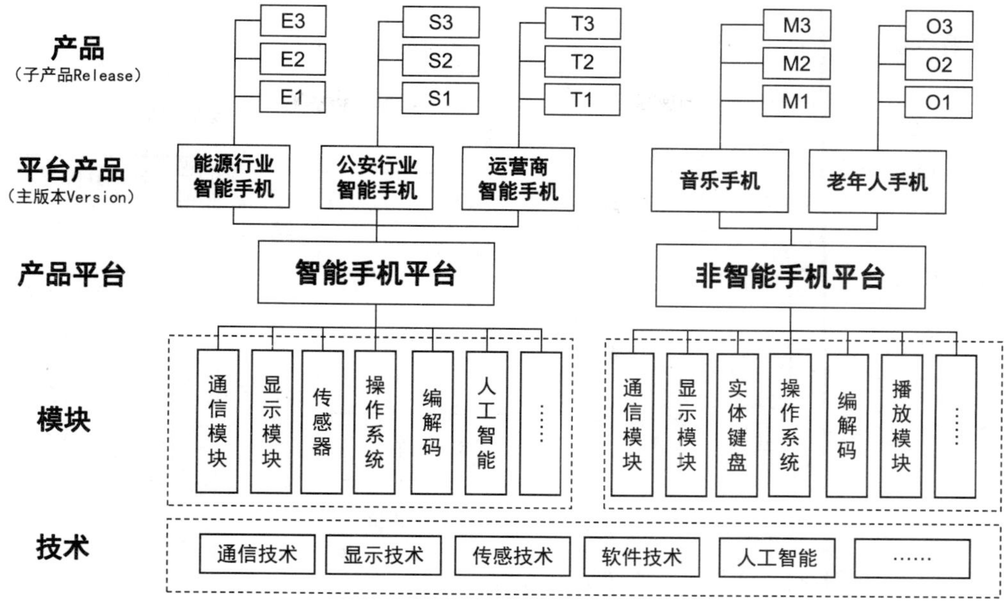

图 6-2 手机技术树和产品树

6.1.4 技术、模块、平台的关联和区别

关于技术、模块、平台的关联和区别，可以认为是：利用技术生产各种模块，通过整合系列产品的公共模块形成平台，最后，在平台的基础上开发出系列产品，如图 6-2 所示。

以手机为例，技术、模块、平台的关联和区别如表 6-2 所示。

表 6-2 技术、模块、平台的关联和区别表

分类	定义	举例
产品	为了满足市场需要而创建的用于运营的功能及服务	高端手机、中端手机、老年人手机、拍照手机、音乐手机、行业定制手机
平台	整个系列产品所采用的共同要素的集合	智能手机软件平台 非智能手机软件平台
模块	在不同产品、系统之间共用的零部件、模块、技术及其相关设计成果	通讯录、通话、短信、拍照、录音、时钟、日历、文件管理、应用市场等
技术	制造一种产品的系统知识	设计技术、工艺技术、材料技术、安全技术、易用性技术、通信技术、软件技术、芯片技术等

6.1.5 技术管理流程简介

与产品的管理方式类似，在集成产品开发（IPD）中，对技术的管理也需要进行技术洞察、技术规划、技术开发等工作，如图 6-3 所示。

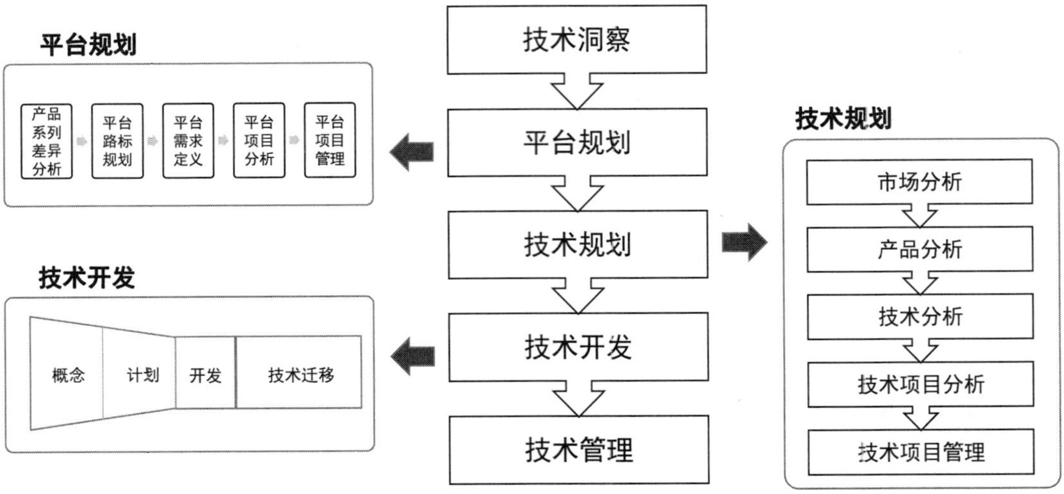

图 6–3 技术管理流程图

技术管理流程每个阶段的任务如表 6–3 所示。

表 6–3 技术管理流程各阶段任务清单

阶段	任务说明
技术洞察	通过跟踪分析技术，确定技术的发展趋势和方向，确保在关键核心技术上能够提前储备，让企业持久保持竞争力
平台规划	通过对产品公共需求的分析，形成产品平台的规划，包括平台路标规划、平台版本规划、平台项目规划等
技术规划	根据产品平台的规划，选择需要研发的技术项目，确定技术开发项目计划，从而支撑产品规划和产品开发
技术开发	通过研发活动完成技术开发，将技术规划变成技术产品。 技术开发完成后，需要将技术移交给产品团队，产品团队将基于这些新技术开发新的产品
技术管理	对技术开发过程中的组织、人员、知识、产权、标准等进行统一管理

6.2 技术洞察：通过技术洞察，发现技术趋势

6.2.1 技术洞察简介

“知己知彼，百战不殆。”为了更好地进行技术管理，首先需要开展技术洞察。通过技术洞察，企业可以了解所处行业内有哪些新的技术、技术的发展趋势、每项技术的成熟度等信息，从而更好地制定技术和产品的研发策略，帮助企业设计和研发出高竞争力的产品，确保企业在行业内的领先地位。例如，在 2000 年左右，移动通信主要有三大技术，即小灵通、GSM、CDMA。位于杭州的 UT 斯达康公司通过生产和销售小

灵通手机获得巨额利润，一时风光无限。但是，小灵通在技术上存在一定的缺陷，如不能漫游、不支持高速移动、缺乏技术演进等，2009年开始逐步退网，最终于2014年全部关闭。在小灵通产品上收益颇丰的UT斯达康公司却一直没有找到自己的新方向，多年连续亏损。

通常来说，技术洞察可以从技术趋势、竞争能力、目标差距等方面展开，具体的洞察方法如表6–4所示。

表6–4 技术洞察方法列表

洞察方法	方法说明	举例
趋势跟踪	通过与高校、科研院所、咨询机构等单位合作，实时追踪最新的技术动向，发现新技术	与咨询机构Gartner合作，通过分析Gartner的技术成熟度曲线，分析技术趋势
竞争分析	通过分析友商的研究方向，特别是头部厂商和初创企业，从而发现新的技术思路和方案	通过竞争分析发现一些创业企业利用人工智能技术进行销售线索挖掘，这项技术可以应用于CRM系统，提升企业销售效率
差距分析	通过目标差距分析、竞争差距分析，找到技术研究方向，投入资源，进行技术攻关，弥补差距	空调企业的目标是每晚一度电，但是当前的技术仅能实现每晚两度电，那么要考虑从技术上需要做哪些研究

6.2.2 技术洞察实践案例

本节将通过智能手机厂商的案例，简单介绍技术洞察的一些实践和结论。

案例中所有内容均为虚构，主要目的是方便读者理解集成产品开发（IPD）方法，并不代表案例内容为智能手机研发的最佳实践，企业需要根据实际的运作模式进行选择。

通过一系列的技术洞察活动，企业识别到一些智能手机关键技术。这些技术洞察活动包括与高校和科研机构进行技术合作、分析咨询报告、与咨询机构交流、与合作伙伴进行技术研讨、对头部友商和初创企业的产品进行分析等。

识别到的智能手机关键技术如表6–5所示。

其中，技术成熟度可以参照技术S曲线进行定义。在技术S曲线中，技术的发展主要分三个阶段：引入期、成长期、成熟期。每个阶段的大致特点如下。

- **引入期**：通常指业界新技术，涉及的技术领域待开发或者尚处于开发过程中，还未得到验证。例如，在2022年，6G通信技术标准未完善，关键实现方法未确定，处于引入期。需要指出的是，有些技术虽然在业界属于成熟技术，但是产品线并未掌握此技术，对于产品线来讲也属“新”技术。
- **成长期**：通常指部分成熟的技术。技术已经得到显著改进，基于该技术开发的产品竞争激烈。涉及的技术领域部分完成开发和验证，还需要持续开发、完善，

表 6–5 智能手机关键技术表

技术分类	技术说明	技术成熟度	技术管理策略
通信技术	4G 技术	成熟期	商用
	5G 技术	成长期	预研
	6G 技术	引入期	保持跟进
	Wi-Fi6 技术	成长期	商用
	Wi-Fi7 技术	引入期	预研
	蓝牙 6.0	引入期	预研
显示技术	OLED 显示屏	成熟期	商用
	彩色墨水屏	成长期	预研
	高对比显示屏	引入期	保持跟进
视频编解码技术	H.264	成熟期	商用
	H.265	成长期	预研
	H.266	引入期	保持跟进
其他	加密技术	成熟期	商用
	AI 技术	成长期	商用
	……	……	……

并固化成 CBB 和平台的技术领域。例如，在 2022 年，5G 通信技术标准已经制定，基于 5G 技术的智能手机已经普及，但是该技术在系统效率、能耗、成本等方面还有巨大的改善空间，处于成长期。

- **成熟期**：通常指成熟的技术。技术无法发展，趋于稳定。涉及的技术领域都已经完成开发，并且已经多次在工程中得到验证，能够重复应用。例如，在 2022 年，2G、3G、4G 通信技术都已经非常成熟，系统性能已经发展到极限，不会再有大的改进。

读者可以查阅相关资料，详细了解技术 S 曲线的使用方法。

6.3 平台规划：提取共同需求，形成产品平台

6.3.1 平台规划简介

由于建设产品平台能够给企业带来巨大的优势，因此，当企业的产品线达到一定规模后，一般都需要建设产品平台。通过产品平台的建设，确保各产品线可以基于成熟的平台开发产品，无须一切从零开始，降低产品的研发成本，加快产品上市速度，提高产品质量。

产品平台的建设思路主要如下。

- 通过寻找各产品线之间的差异，提取相同的需求。例如，所有的手机都能支持拨打电话、收发短信，这是相同的需求。但是手机的屏幕大小不同、按键不同，这是差异化需求。
- 平台规划团队与产品线充分沟通和对齐，根据产品线的路标和技术洞察的结论，形成产品平台路标。换句话说，平台最终还是要能够支持产品的开发，如果平台不能满足产品的需求，产品开发团队也不会选择以此平台作为基础，可能会另起炉灶。
- 根据产品平台规划，分析平台需要支持的需求，包括公共需求和可变需求。
- 对平台支持的需求进行排期，确定需要开发的平台项目，启动产品平台开发。产品平台开发过程中，需要反复与产品线沟通、交流、确认需求。产品平台开发完成后，需要推动和支持产品线切换到新平台进行产品开发。

具体的建设过程如图 6-4 所示。

图 6-4　产品平台规划流程图

1. 分析产品系列差异

通过对产品系列的分析，找出系列中各产品之间的共性和差异。这些共性和差异可以包括功能、性能、DFX 等方面。例如，基于客户 $APPEALS 维度，寻找产品之间的共同点和差异。

2. 规划平台路标

根据产品系列差异分析结果，提取产品之间的共同点和差异点，进一步提取影响差异的因素，最终确定产品平台战略和产品平台路标规划，包括：

（1）确定产品平台（版本）的数量和优先级；

（2）确定每个产品平台（版本）所支撑的产品型号；

（3）初步定义每个产品平台（版本）需要实现的主要功能；

（4）确定产品平台之间的演进过程。

3. 定义平台需求

根据产品平台路标规划，分析和罗列产品平台需要支持的需求，并进一步对需求进行分类和详细定义。具体活动如下。

（1）确定所需要支持的公共需求和可变需求，确定其关键规格、功能、性能范围。

（2）确定需要提供的二次开发能力、功能性能范围，确定产品平台提供的开发接口及集成方案。

（3）明确产品平台需要的核心技术和关键技术，并说明其获取途径。

（4）明确新平台对老平台的兼容性和继承性。

4. 分析平台项目

根据产品平台的需求清单和产品线的规划，确定平台项目类型和优先级，并分配相关资源，编制项目任务书。具体活动如下。

（1）根据产品线的需要确定项目类型，包括技术预研项目、技术开发项目、产品平台开发项目等。

（2）分析平台项目的优先级，确定具体项目的实现途径，包括自主研发、合作开发、外包等。

（3）在平台项目的基础上，进行资源匹配，以确保这些项目可以获得必要的资源，包括资金、设备、人力等。

（4）编制平台项目开发任务书，并在适当的时候启动平台项目。

6.3.2 平台规划实践案例

本节将通过智能手机厂商的案例，探讨平台规划的过程。在案例中，团队根据产品平台规划流程，分析智能手机的差异，提取各款智能手机的共同点，形成产品平台的规划，并进一步规划平台开发项目。

案例中所有内容均为虚构，主要目的是方便读者理解集成产品开发（IPD）方法，并不代表案例内容为智能手机研发的最佳实践，企业需要根据实际的运作模式进行选择。

1. 分析产品系列差异

对于智能手机软件产品，可以从功能和性能上寻找各产品之间的差异。然后利用产品系列差异分析表，提取影响产品平台的差异因素，为后续产品平台规划做准备。

对于本案例的智能手机产品系列，差异分析的结果如表 6-6 所示。

表 6-6 智能手机产品系列差异分析表

功能	共同点	可能的差异点			影响平台的差异因素
		能源行业手机	公安行业手机	老年手机	
通话	拨打电话 接听电话 通话记录	集群通话	加密通话	来电人自动语音播报	通话功能需要支持扩展，与加密、语音播报等模块对接
短信	接收短信 发送短信 编辑短信	广播短信	加密短信	短信自动语音播报	短信功能需要支持扩展，与加密、语音播报等模块对接
……	……	……	……	……	……
环境监测	监测是否存在有毒气体	甲烷、氯气等	无	煤气、天然气等	对软件无影响，主要是硬件传感器支持
一键报警	紧急情况下一键报警	广播群呼	广播群呼	呼叫预定号码	需要配置报警方式和报警对象
……	……	……	……	……	……

2. 规划平台路标

分析完产品系列之间的差异，寻找到关键差异后，需要进一步与产品线对齐。根据产品系列的路标规划、平台技术难度等，确定产品平台开发工作的启动时间、开发周期等，确保产品平台版本的规划能够逐步满足产品线的规划需求。

在本案例中，计划在四年内完成四个产品平台的开发，第一个产品平台重点支持能源行业的需求，并在第一年内开发完成，如表 6–7 所示。

表 6–7　智能手机产品平台规划表

产品平台版本	Y1	Y2	Y3	Y4	平台支持的产品型号	优先级
产品平台 V1.0					能源行业手机	高
产品平台 V2.0					能源行业手机、公安行业手机	高
产品平台 V3.0					老年手机	中
产品平台 V4.0					能源行业手机、公安行业手机、老年手机	低
……					……	

3. 定义平台需求

根据产品平台路标规划，定义每一个产品平台的关键需求（包括公共需求和可变需求），然后分析关键组件及其关键接口、兼容性、关键技术等。

在本案例中，产品平台关键需求分析如表 6–8 所示。

表 6–8　智能手机产品平台关键需求表

<table>
<tr><th colspan="2">需求</th><th>关键组件 / 关键接口</th><th>跨平台的兼容 / 共享</th><th>核心技术和关键技术</th></tr>
<tr><td rowspan="4">公共需求</td><td>通话功能</td><td>通信模块</td><td rowspan="4">全新平台，无兼容 / 继承性</td><td rowspan="4">通信技术
拍照技术
……</td></tr>
<tr><td>短信功能</td><td>短信模块</td></tr>
<tr><td>拍照功能</td><td>拍照模块</td></tr>
<tr><td>……</td><td>……</td></tr>
<tr><td rowspan="4">可变需求</td><td>加密功能</td><td>加密接口</td><td rowspan="4">全新平台，无兼容 / 继承性</td><td rowspan="4">加密技术
环境监测技术
……</td></tr>
<tr><td>报警配置</td><td>报警配置接口</td></tr>
<tr><td>环境监测</td><td>数据获取接口</td></tr>
<tr><td>……</td><td>……</td></tr>
</table>

4. 分析平台项目

根据产品平台关键需求表，确定每一个需求的实现方式（自研、合作、外包等），然后确定需要完成的平台项目。

在本案例中，通过分析讨论，得出需要开发的平台项目如表 6–9 所示。

表 6–9 智能手机产品平台关键项目表

平台需求	项目名称	项目类型	项目周期	项目途径	优先级
基础功能（通话等）	平台基础功能开发项目	平台开发项目	5 ~12 个月	自研	高
加密功能	加密功能预研项目	预研项目	5 ~7 个月	合作	高
环境监测	环境监测项目	平台开发项目	8 ~12 个月	外包	中
……	……	……	……	……	……

经过上述步骤，企业完成了产品平台的规划，并得出了需要开发的平台项目。随后，企业可以根据平台项目规划，立项并启动平台和技术开发。

6.4 技术规划：分析客户需求，寻找关键技术

6.4.1 技术规划简介

技术是制造一种产品的系统知识，可以帮助企业制造出产品或提供服务。

面对客户的需求，企业可以使用不同的技术，生产不同的产品或提供不同的服务来满足。但是不同的技术带来的效果和效率可能不尽相同，包括生产成本、生产效率、用户体验、用户使用成本、维护成本等。例如，智能手机的触摸屏主要有两种，即电阻触摸屏和电容触摸屏，虽然这两种触摸屏功能相同，但是电容触摸屏明显比电阻触摸屏反应更灵敏、交互更流畅、用户体验更好、更受客户欢迎。

同时，行业内不断有新技术产生，导致使用老旧技术生产的产品竞争力逐步下降，最终可能无法满足客户的需求。例如，随着 5G 通信技术的普及、3G 通信技术的退网，用户不再购买仅支持 3G 和 4G 的智能手机。

对于新技术，在技术引入阶段可能存在技术不成熟、不稳定、成本过高、技术演进方向不确定等问题，参见“技术成熟度曲线”模型，因此过于追求新技术也可能会给企业带来风险。例如，对于智能手机厂商，如果在 5G 技术还未普及、6G 标准还未确定、6G 应用场景不明确的情况下，急于推出 6G 智能手机，会存在不被客户广泛接受的巨大风险。

因此，怎么管理和使用技术是企业必须面对的问题，既需要确保企业通过合适的技术，给客户提供最好的服务，又要让企业持续保持竞争力。

技术规划的思路是：通过对市场、产品、技术的分析，确保有合适的技术能够支撑产品和特性的开发，最终满足客户的关键需求。换句话说，企业所拥有的技术能够在特定的产品和特性上得到应用，特定的产品和特性能够为特定的客户提供服务，如图 6–5 所示。

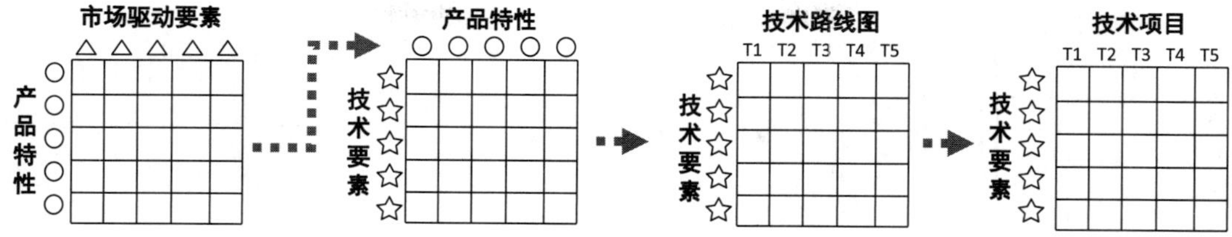

图 6–5 技术规划示意图

技术规划的最终产出物是“技术路线图”和“技术项目”。在技术规划的整个过程中，可以使用五步法，实现从“市场驱动要素”到“技术项目”的转换，具体如图 6–6 所示。

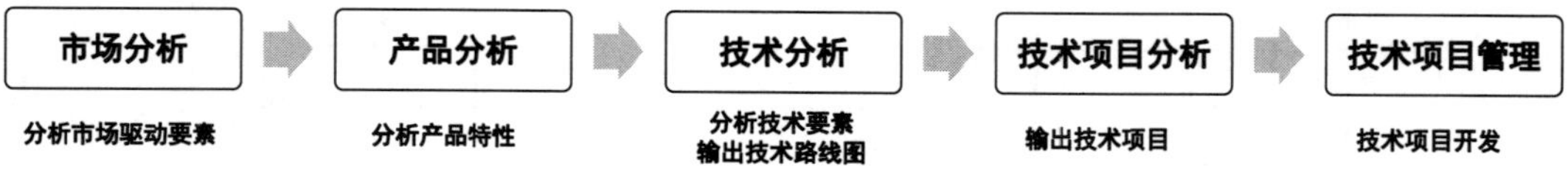

图 6–6 技术规划流程图

1. 市场分析（市场层）

利用 PESTEL、波特五力、竞争地图、技术发展趋势等市场分析方法，分析市场驱动要素，确定主要的市场驱动要素和市场路线，主要步骤如下。

（1）从客户需求的角度，分析客户的痛点和市场的需求。例如，用户体验不足（性能跟不上、系统不流畅）、续航能力不足（电池焦虑）、拍照效果差（不清晰、色彩还原度低）。

（2）从竞争的角度，分析影响产品竞争力的因素，寻找市场驱动要素。例如，网络速度比友商的慢、续航时间比友商的短、拍照效果比友商的差等。

（3）从技术的角度，分析相关技术发展趋势，寻找市场驱动要素。例如，3G/4G/5G 的演进让网络速度更快、CPU 技术的发展使得计算能力更强等。

综合上述分析，汇总所有的市场驱动要素，并进行优先级排序，寻找最重要的市场驱动要素。例如，通过综合客户、竞争、技术分析的结论，排序选择出最重要的市场驱动要素为用户体验、续航能力、网络速度。

2. 产品特性分析与规划（产品层）

通过分析产品线的路标规划，确定产品特性，并将产品特性与市场驱动要素进行关联，如图 6–7 所示。

主要步骤如下。

（1）针对当前的产品，确定一组产品特性，如大容量电池、移动导航、环境监测、信息安全（通话加密、短信加密）等。

（2）针对每一个产品特性，分析产品特性所对应的市场驱动要素，确认市场驱动要素和产品特性之间的关系，确保这些产品特性都是市场所需要的。换句话说，如果不支持这些特性，产品将不被市场广泛接受。例如，“大容量电池”的市场驱动要素是

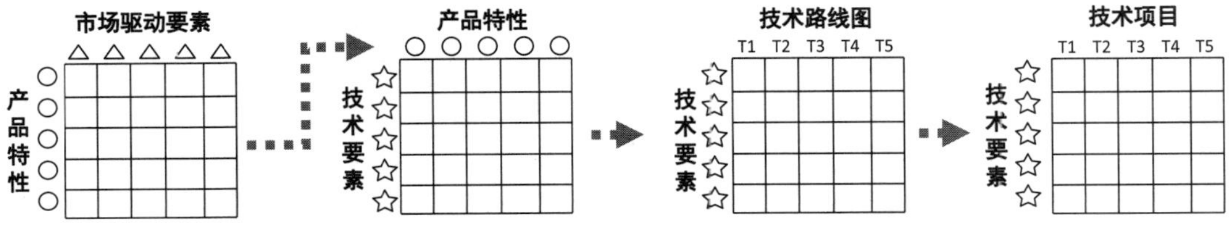

产品特性	市场驱动要素					产品特性重要度 L	M	H
	驱动要素1	驱动要素2	驱动要素3	······	驱动要素n			
	10分	8分	8分	······	6分			
特性1	√√		×		√			F
特性2		√√						F
特性3	×		×		×	C		F
······	√							
特性n		×			√	C		F

√：正相关　×：负相关　C：当前　F：未来　L：重要度低　M：重要度中　H：重要度高

图 6–7　产品特性与市场驱动要素的关系

“续航能力不足”带来的电池焦虑，如果智能手机电池容量不足，不能提供基本的续航能力，客户随时都得带个充电宝，那么选择这款手机的客户将变得越来越少。

（3）根据市场驱动要素的分析结果，确定每一个产品特性的优先级，确保市场驱动强的产品特性优先得到支持。

3. 技术分析与规划（技术层）

在确定好产品特性后，就需要进一步分析和寻找可行的技术方案，确保预期的产品特性能够得到良好的实现，即寻找技术与产品特性之间的关系，如图 6–8 所示。

例如，智能手机要支持移动导航功能，就必须支持移动定位技术，同时，还需要在手机上安装地图软件，并且下载对应的地图。

完成技术要素分析和寻找后，基于技术洞察的结论，需要进一步分析这些技术要素当前的技术进展，例如，移动通信技术有 GSM、CDMA、WCDMA、FDD–LTE、TDD–LTE 等。然后，确定这些技术的计划开发时间，形成技术路线图，并与产品特性一起形成技术规划报告，如图 6–9 所示。

4. 技术项目分析（项目层）

通过技术路线图确定一系列技术项目，以获得所需要的技术，具体如图 6–10 所示。

同时，还需要对技术项目进行资源匹配，以确保这些项目可以获得必要的资金、人力等资源，使技术项目按时、按质、按量完成。

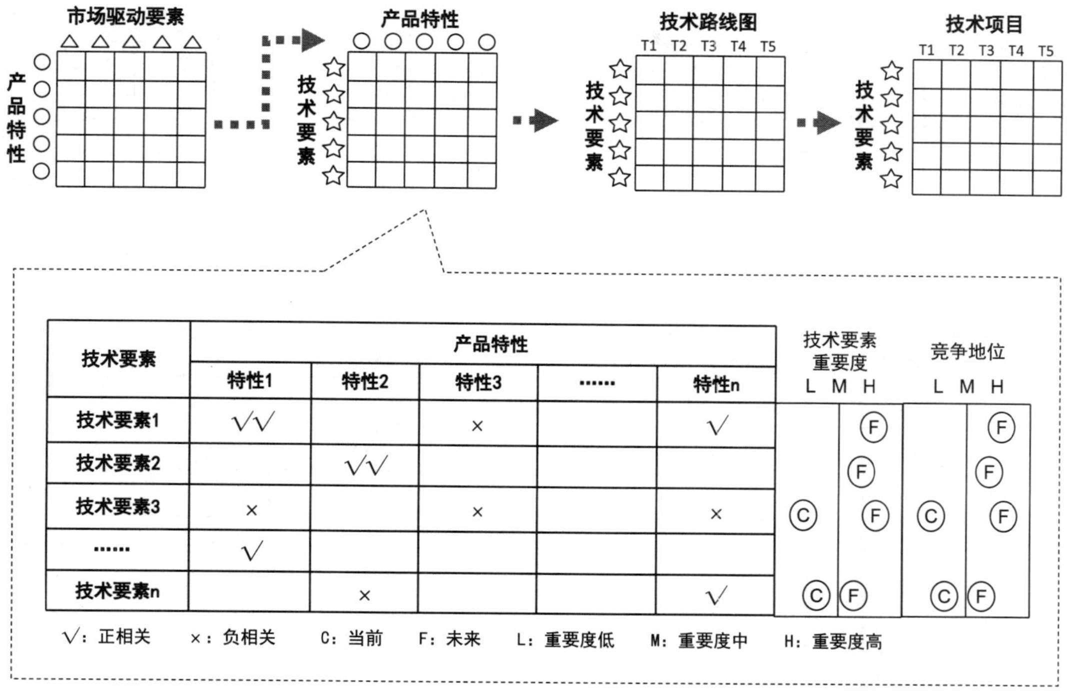

图 6–8 产品特性与技术要素的关系

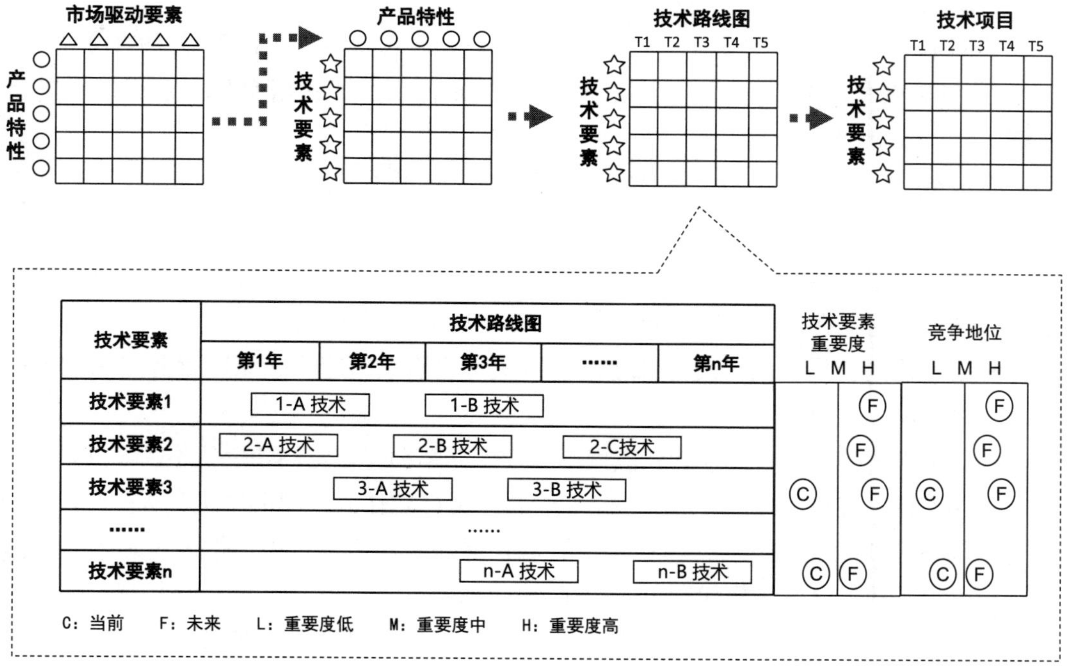

图 6–9 技术要素与技术路线图的关系

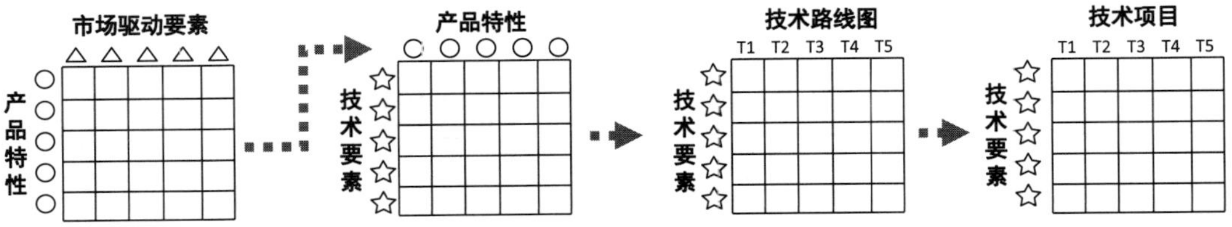

技术要素	项目名称	项目类型	项目周期	项目途径	优先级
技术要素1	1-A技术开发项目	技术开发项目	5~6个月	购买	高
技术要素1	1-B技术预研项目	预研项目	6~7个月	购买	高
技术要素2	2-B技术预研项目	预研项目	6~12个月	自研	高
技术要素2	2-C技术开发项目	技术开发项目	5~7个月	合作	高
……	……	……	……	……	……

图 6-10 技术要素与技术项目清单

6.4.2 技术规划实践案例

本节将通过智能手机厂商的案例，探讨技术规划工作。在案例中，团队将根据技术规划流程，分析智能手机关键技术，形成技术路线图，并进一步规划技术项目。

案例中所有内容均为虚构，主要目的是方便读者理解集成产品开发（IPD）方法，并不代表案例内容为智能手机研发的最佳实践，企业需要根据实际的运作模式进行选择。

在本小节，将通过技术规划的步骤，对智能手机的技术进行分析和规划。

1. 市场分析

首先，通过对客户需求、竞争产品和技术演进的分析，确定智能手机的市场驱动要素。经过讨论，在行业定制智能手机上，市场驱动要素如下。

- 定制化的应用：满足行业需求的、解决客户痛点的应用，驱动行业定制化手机发展。
- 系统可拓展性：新需求和新应用不断产生，驱动行业定制化手机不断发展。
- 移动技术进步：移动技术进步给用户带来更好的体验，驱动手机升级换代。
- 软硬件技术发展：软硬件技术发展带来更好的性能，给用户带来更好的使用体验，驱动手机升级换代。

然后，根据市场驱动要素，分析市场路线。得出的结论为：在未来一年内，公安行业定制化手机将有新的机会。

说明：市场驱动要素分析方法也可以作为市场管理（MM）和 BLM 方法的有效补充，帮助制定产品路标。

2. 产品特性分析与规划

分析完市场驱动要素后，可以使用市场驱动要素来评价产品特性的重要程度，从而确定哪些特性是重要的特性，哪些市场驱动要素驱动了这些特性的变化。产品特性分析与规划的步骤大致如下。

首先，分析符合市场路线的产品特性。例如，针对公安行业，必须具备通话加密、移动导航、支持公安无线专有网络等特性。

其次，将产品特性与市场驱动要素进行关联。例如，通话加密和移动导航是公安行业定制化需求驱动的，支持公安无线专有网络是移动技术进步驱动的。

最后，确定每一个产品特性的优先级。

针对本案例的行业定制化智能手机，产品特性分析与规划的结论具体如表 6-10 所示。

表 6-10 智能手机产品特性与市场驱动要素表

产品特性	市场驱动要素				产品特性重要度	
	定制化的应用	系统可拓展性	移动技术进步	软硬件技术发展		
	10 分	8 分	8 分	6 分	C	F
高速网络	√		√√	√	低	高
专网支持	√√		√√	√	低	高
环境监测	√	√√		√√		中
移动导航	√√	√			低	中
通话加密	√√	×		√	低	中
短信加密	√√	×		√	低	低
一键报警	√√	√			低	中
电子围栏	√√	√			低	中
……						

注：√表示正相关；× 表示负相关；C 表示当前；F 表示未来。

需要注意的是：产品特性的市场驱动要素越少，产品特性的优先级越低，意味着该特性不是市场迫切需要的。

3. 技术分析与规划

针对每一个关键特性，确定可行的技术方案，从而实现预期的产品特性需求，即寻找技术与产品特性之间的关系。例如，要支持 1Gbps 的下载速度，必须保证智能手机支持 5G 及以上的通信技术，同时，还需要有足够快的 CPU、足够大的内存和存储空间。

针对本案例的行业定制化智能手机，技术分析与规划的结论如表 6–11 所示。

表 6–11 智能手机产品特性与技术要素表

技术要素	产品特性					技术要素重要度		竞争地位	
	高速网络	专网支持	环境监测	移动寻航	通话加密	C	F	C	F
输入与显示技术				√	√	低	中	中	中
移动定位技术	√		√	√√	√√		高	中	高
节能设计技术	√√					中	高	低	中
高密度电路设计	√√	√√			√		中	中	高
4G/5G 技术	√√	√√			√√		高		中
加密技术		√√			√√		高		高
环境监测技术			√√				高		高
人工智能技术			√√		√		高		高
测试技术	√	√	√√	√	√		高	中	中
制造技术	√	√	√		√		低	中	中

注：√表示正相关；× 表示负相关；C 表示当前；F 表示未来。

需要注意以下两点。

- 如果某项“产品特性”没有“技术要素”支持，那么该“产品特性”将无法实现。
- 如果某项“技术要素”没有“产品特性”应用，那么该“技术要素”也是无用的。

根据上面的分析，就可以获得一张关键技术清单。根据关键技术清单，寻找关键技术实现要求，输出行业定制化智能手机的技术路线图，如表 6–12 所示。

4. 技术项目分析

根据技术路线图，完成关键技术项目规划。

首先，确定每一种技术的获取方式，如自研、合作、外包等。

其次，根据技术获取方式确定需要完成的技术项目。

最后，确定每一个技术项目的开发计划。

在本案例中，通过分析讨论，得出需要开发的技术项目如表 6–13 所示。

表 6-12 智能手机技术路线图

技术要素	第一年	第二年	第三年	第四年	重要度		竞争力	
					C	F	C	F
输入与显示技术	不重要				低	中	中	中
移动定位技术	GPS 技术	北斗技术		伽利略		高	中	高
节能设计技术	石墨烯电池		快速充电技术		中	高	低	中
高密度电路设计	多层电路板设计		BGA 封装			中	中	高
4G/5G 技术	4G	5G				高		中
加密技术		文件加密	语音加密	短信加密		高		高
环境监测技术		气体监测	噪声监测			高		高
人工智能技术		图像识别	语音识别	声纹识别		高		高
测试技术	可靠性测试	安全性测试				高	中	中
制造技术	多层电路板设计		BGA 封装			低	中	中

注：C 表示现在；F 表示未来。

表 6-13 智能手机关键技术项目表

技术需求	项目名称	项目类型	项目周期	项目途径	优先级
GPS 技术	GPS 技术开发项目	技术开发项目	5~6 个月	购买	高
北斗技术	北斗技术预研项目	预研项目	6~7 个月	购买	高
人工智能技术	人脸识别技术预研项目	预研项目	6~12 个月	自研	高
加密技术	加密技术预研项目	预研项目	5~7 个月	合作	高
环境监测技术	环境监测项目	技术开发项目	8~12 个月	外包	中
……	……	……	……	……	……

经过上述步骤，企业完成了技术规划，并得出了需要开发的技术项目。随后，企业可以根据技术项目规划，立项并启动技术开发。

6.5 技术开发：结构化的技术项目开发流程

技术产品开发（Technology Product Development，TPD）与产品开发类似，也是采用统一的、可重复的结构化流程方法。在流程的输入、处理、输出上与产品开发也非常类似，这样做的好处是帮助技术开发和产品开发统一语言，便于产品开发团队（PDT）和技术开发团队（TDT）进行有效的沟通和协同。

随着技术开发项目的持续推进，当技术达到成熟度要求后，技术成果就需要迁移给产品开发团队。在产品开发中，产品开发团队将技术作为构建模块，按异步开发的模式，逐步增量构建到产品（或平台）中，继续完成产品的开发、验证、发布和产品商用后的维护，最终实现技术成果快速转换，并缩短产品开发周期。具体如图 6–11 所示。

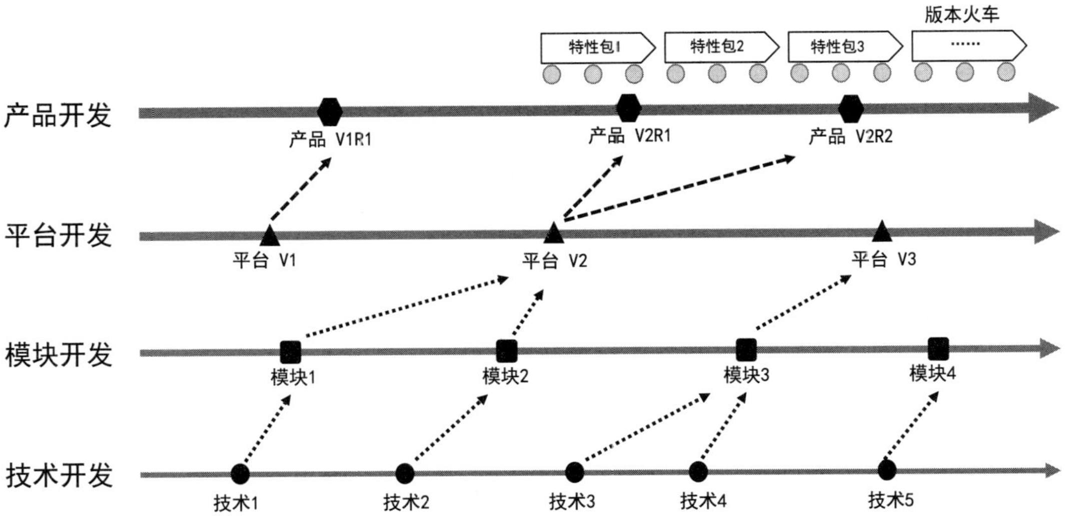

图 6–11　产品异步开发示意图

在技术评审和决策评审上，技术开发流程的结构与产品开发也非常相似，除了包括一系列的流程阶段外，还包括一系列技术开发评审（Technical Development Review，TDR）和决策评审点（Decision Check Point，DCP），用来管理技术开发活动。

集成技术管理团队（ITMT）收到技术开发计划（Charter）后，对技术开发计划进行评审，评审通过后组建技术开发团队（TDT）进行技术开发。技术开发的流程包括概念、计划、开发和迁移阶段，以及技术迁移后的生命周期技术维护阶段。但是，在技术开发中，不需要产品验证和发布阶段，如图 6–12 所示。

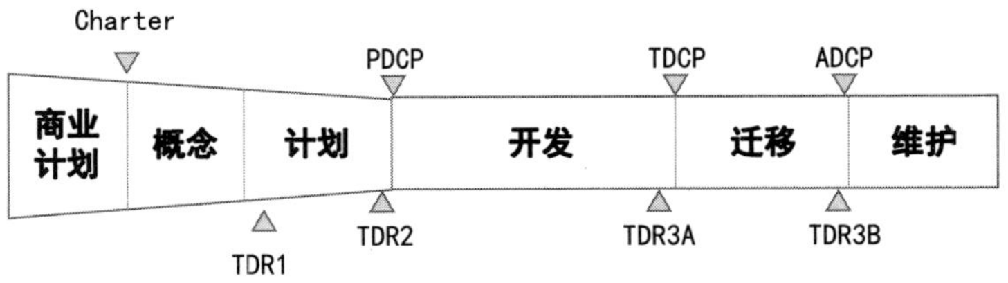

图 6–12　技术开发流程图

流程中各阶段的主要任务如下。

- **商业计划**：重点关注技术对产品战略的支持，确保技术开发完成后，能够快速实现技术成果转换，达成企业的商业目标。
- **概念阶段**：技术开发团队（TDT）需要清晰地定义技术开发需求，确定一个最优的备选概念，制订初步商业计划和开发计划，确保技术风险可以被有效地管理。

- **计划阶段**：技术开发团队（TDT）要完成技术方案设计，包括系统设计、软件设计、硬件设计、整机设计等。同时确定开发计划，提交集成技术管理团队（ITMT）进行 PDCP 决策，批准后才可以投入大量的资源进行技术开发和验证。如果风险太大或方案不可行，集成技术管理团队（ITMT）可以终止项目或重新确定技术方向，避免浪费开发经费。
- **开发阶段**：技术开发团队（TDT）要完成技术开发活动，解决出现的技术问题。技术一旦验证可行，就可以准备迁移；技术不可行可提请暂停或终止。开发过程如有产出，可提交标准或专利。
- **迁移阶段**：技术开发团队（TDT）正式将技术成果及相关文档迁移给用户 PDT，并支持产品的商业计划开发、产品设计、产品开发、系统联调、生产验证等活动，解决出现的相关技术问题，直到应用此技术的产品成功上市。迁移是否顺利，是技术能否快速转化、能否缩短产品开发周期的关键之一。技术成功商用后进行技术迁移，开展技术项目结束评审（EDCP），评审通过后技术成果货架化，技术开发项目关闭。
- **技术维护阶段**：技术开发团队（TDT）保留的技术工程师支持配套产品上市后问题的解决，建立技术成果共享渠道，为用户的产品提供技术成果运用支持和升级维护等。

为了保证流程的灵活性，根据技术的范围、复杂度、要求不同，技术开发流程也需要进行裁剪。例如，如果是纯软件模块开发项目（即不包含硬件相关的活动或工作），那么硬件相关的工作就需要取消。技术开发流程适用于硬件、软件、算法、逻辑、共用构建模块、整机、产品工程工艺、测试工具等企业各技术开发项目，也适用于工程样机（包括原预研样机）的开发。

6.6 技术管理：组织、人才、合作、知识产权

在技术规划与开发过程中，需要进行技术管理。相关管理内容包括以下方面。

- **成立技术管理组织**：成立技术规划团队（TPT）、技术开发团队（TDT）、技术管理团队（TMT）等相关技术管理组织，进行技术规划、技术开发、技术评审、技术管理、技术合作等工作。
- **知识管理**：构建统一的知识库，对技术规划与开发过程中的产出物进行统一归档、统一授权、统一管理。
- **人员培养**：通过人员赋能，提升员工在技术洞察、技术规划和技术开发上的能力，确保员工能够胜任技术管理方面的工作。
- **知识产权管理**：确定技术开发方向，设立知识产权管理目标，如申请专利数、专利的级别等，并监控执行，确保知识产权管理目标有效落地。
- **技术合作管理**：根据技术合作的需要，设立技术合作标准、规范、方法和流程，

建设合作资源池，进行对外合作管理。

- **技术标准管理**：分析标准规范，确认技术开发方向，参与标准规范的制定，为构建企业竞争力打下基础。

技术管理组织主要包括两个团队，即技术规划团队和技术开发团队。

技术规划团队（Technology Planning Team，TPT）负责技术洞察、平台规划、技术规划和技术管理工作。其职责与产品管理团队类似。技术规划团队同样也分为核心组和扩展组。

- 技术规划团队核心组成员包括架构师、平台专家、专项技术专家、可靠性专家、可服务性专家、可制造性专家、测试技术专家、内部规范专家、CBB 专家、领域内产品系统工程师、预研代表、标准代表、质量保证专员等。
- 技术规划团队扩展组成员包括采购代表、制造代表、财务代表、成本代表、市场代表、需求管理工程师、跨领域产品系统工程师等。

技术开发团队（Technology Developing Team，TDT）负责技术开发工作，团队组成与 PDT 类似，可参考 PDT。

6.7 常见问题探讨

1. 平台是如何建立起来的？

通常情况下，企业并不是一开始就构建产品平台，而是有一个循序渐进的过程，一般而言有三个阶段。

第一阶段：企业以项目开发为主，根据客户的需求，为客户定制产品或服务。

第二阶段：随着项目的增多，企业开始考虑构建基础产品，通过可复制的产品来满足细分市场的需求，从而获取利润。

第三阶段：随着企业产品越来越丰富，企业就考虑分离产品和技术，将公共的技术、模块组合起来，形成产品平台，帮助企业快速开发更多更好的产品。

2. 是先有架构，还是先有平台？

通常来说是先有产品的架构，然后通过优化，形成平台的架构。

企业在进行产品或项目开发时，就已经形成了产品的架构，只不过这个产品架构可能不够开放、扩展性不足，不能满足平台的要求。此时，企业需要基于现有的产品架构进行优化、调整，形成新的平台架构，支撑产品平台的开发。

3. 平台开发项目与产品开发项目有什么区别？

平台也是一种产品，只不过这种产品主要为内部使用，目的是帮助其他产品线快速构建产品，具体的区别如表 6-14 所示。

4. 平台规划与产品规划有什么关系？

平台与产品关系密切，平台规划支撑产品规划，产品规划牵引平台规划。

在进行平台规划时，需要充分考虑产品规划，与产品管理部门紧密配合完成平台

表 6–14　平台开发项目与产品开发项目对比表

类别	平台开发项目	产品开发项目
开发目的	重点在于对产品战略的支撑，关注中长期战略目标的达成	侧重于业务计划的实现，关注短期业务目标的达成
预算来源	预算主要来自企业的战略预算。 从财务角度关注其成本的竞争能力	预算主要来自各产品线的业务规划。 从财务角度关注其收入和盈利能力
需求来源	平台的需求是在综合多个产品需求的基础上，基于架构和技术的要求转换而来的	产品需求主要直接来自外部客户
功能差异	平台主要侧重于为多个产品提供通用的核心能力，具有高可靠性，性能高、易扩展	产品在平台的基础上通过快速二次开发形成，重在满足个性化的功能特性要求
交付对象	用户 PDT	外部客户
交付形态	产品部件，需要进一步集成实现个性化需求的产品部件来形成产品。只有集成到产品并进行充分验证后，才能和产品一起达到量产质量要求	最终的产品，通过运行服务终端用户，实现用户价值
客户服务	支持用户 PDT 二次开发，保证产品快速推出	服务外部客户，保证持续运营和不间断的服务

规划，确保平台能够满足产品线的需求，支持产品的开发。

5. 技术开发与产品开发在开发流程上有什么区别?

由于平台也是一种产品，因此，在开发流程上基本上都是相同的，主要区别在于产品平台一般不会直接面向最终客户，所以在市场运作方面的工作会少很多。技术开发与产品开发在开发流程上的区别如表 6–15 所示。

表 6–15　技术开发与产品开发对比表

阶段	技术开发	产品开发
商业计划	重点关注对产品战略的支持	重点关注对业务计划的支持
概念阶段	产品包需求关注为所支撑的多个产品系列提供核心能力的通用需求。 侧重于评估平台的技术竞争力及目标成本的可达性	产品包需求关注来自特定客户群的，可提供差异化竞争能力的市场需求。 侧重于评估市场竞争及盈利能力
计划阶段	关注从 PDCP 到 TDCP 的项目计划。 关注平台向产品迁移及如何向用户 PDT 提供技术支持的迁移计划	关注从 PDCP 到 GA 的项目计划。 关注盈利计划、订单履行计划、转产及生命周期管理计划

续表

<table>
<tr><th>阶段</th><th>技术开发</th><th>产品开发</th></tr>
<tr><td>开发阶段</td><td>完成初始技术 / 平台的开发。
关注技术的迁移准备和发布</td><td>完成初始产品的开发。
开发集成产品配置工具，开始营销宣传，向定价、预测提供支持，逐步为上量做准备</td></tr>
<tr><td>验证阶段</td><td rowspan="2">无，取而代之的是“迁移阶段”。
将平台迁移给用户 PDT，根据迁移计划支持各个用户 PDT 从 TR4 到 GA 的所有活动，保证技术有效地集成到产品中</td><td>验证产品（Beta/SVT/ 标杆等），开展 ESP 验证，发布最终的产品规格及相关文档</td></tr>
<tr><td>发布阶段</td><td>发布产品，制造足够数量的满足客户需求的产品</td></tr>
<tr><td>生命周期</td><td>无，取而代之的是“技术维护阶段”，确保技术持续可用</td><td>监控生产、营销和销售、客户服务和支持等方面的绩效，直到 EOX</td></tr>
</table>

7　产品上市与生命周期管理

本章主要介绍产品上市相关的内容，包括产品上市材料的准备、产品的定价方法、产品上市后面向客户的营销体系的建设，以及生命周期的管理。

本章核心内容

- 面向产品的上市：基于 4Ps 营销理论，确定产品的营销计划，同时依据产品的开发计划和进度，逐步开发和完善营销工具，为产品上市做好准备。
- 面向客户的上市：基于 4Cs 营销理论和 STP 营销理论，构建面向客户的营销体系和方法，从而更好地面向客户，赢得客户的信赖，获得有效的销售线索。
- 产品定价：根据企业的产品形态，选择合适的定价策略，完成产品定价，确保产品的定价既能满足客户对价格的心理预期，又可以保持一定的竞争优势，还能够使企业获得足够的利益。
- 生命周期管理：通过持续地销售和运营产品，帮助客户解决问题，获取收入和利润，达成企业的战略目标，实现产品的商业成功。

本章内容在集成产品开发（IPD）体系中的位置如图 7-1 所示。

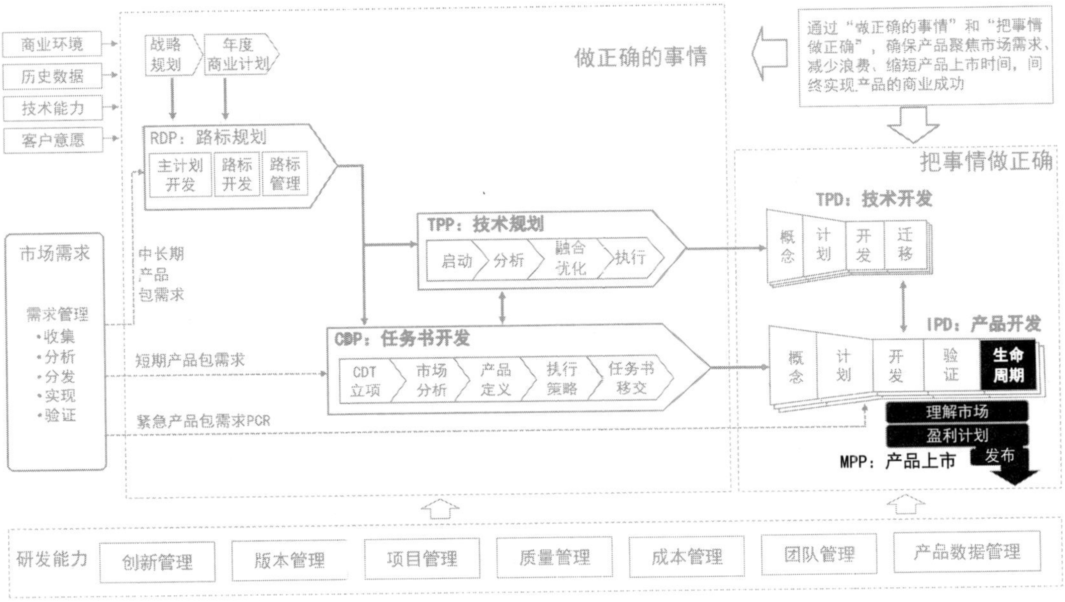

图 7-1　产品上市与生命周期管理在 IPD 中的位置

7.1 产品上市简介：将产品推向市场，上量销售

现代社会信息大爆炸，生活中每天都充满着各种信息，人们没有时间和精力去接收和分析每一条信息。因此，如果企业不重视产品的上市营销工作，那么可能导致产品虽然做得很好，但是市场上却没有多少客户知道。

举个例子，使用传统工艺打造的章丘铁锅，其质量非常好，有“锻打三万六千锤，勺底铮明颜色白”的美誉。但是大部分中国老百姓都没听说过章丘铁锅，直到2018年2月中央电视台《舌尖上的中国》第三季热播后，章丘铁锅才突然爆红，甚至出现“洛阳纸贵，章丘无锅”的现象。由此可见营销工作至关重要。

在产品上市营销的过程中会遇到很多问题，总结起来主要包括三个方面，即产品方面的问题、营销工具方面的问题和营销工程师的能力问题。

1. 产品方面的问题

- **产品质量问题**：产品上市后质量问题频发，客户不满意，品牌声誉受损。而且频发的售后服务问题，导致研发不断抽调人力进行问题的定位和修复，反过来冲击了正常的研发工作计划，进一步导致新产品、新版本推迟发布。
- **产品供应问题**：产品上市后，由于相关职能领域的上市准备不足，产能无法提升，无法及时满足客户的需求，错失良机。正可谓“起了个大早，赶了个晚集”。同时，还可能会影响企业的口碑和品牌形象。例如：ToC类的产品备货不足，被消费者认定为虚假宣传、饥饿营销等；ToB类方案没有足够的服务交付工程师进行交付，无法及时向客户交付产品，影响了客户的业务计划；等等。
- **产品升级换代问题**：没有定位好新老产品的关系，导致产品线内部竞争。例如：客户更喜欢老产品而不是新产品；新产品定价过低引发老客户的不满；老产品升级到新产品却不能满足客户的需求；等等。

2. 营销工具方面的问题

- **营销工具缺乏**：营销工具不完善，只有一套通用的PPT材料。这套PPT既不能打动客户，满足客户的需求，为销售创造机会，也不能指导内部员工进行能力提升。
- **工具质量不足**：营销工具质量不高，营销材料内容千篇一律；既没有从客户痛点出发，也没有挖掘出产品的关键亮点信息；既没有Power，也没有Point；缺乏有效的营销手段。
- **缺乏客户场景**：营销材料仅仅是对产品参数的描述，缺乏对客户使用场景的理解。没有从客户的角度去分析客户面临的问题和挑战，缺乏帮助客户解决问题的思路。没有向客户有效传递产品对客户的价值，很难引起客户的认同和共鸣。

3. 营销工程师的能力问题

- **没有面向客户进行营销**：营销工程师没办法准确识别产品给客户带来的价值，不能做到“用客户的语言，说客户的话，解决客户的问题”。面对所有的客户，说的都是产品的参数和卖点，无法打动客户。
- **产品赋能不足**：产品培训不足，营销工程师无法准确传递产品的价值和关键信息，没有理解产品背后的原理，不能清晰理解产品的定位。例如，针对同一类型的客户，不同的营销工程师传递的信息千差万别，非常不利于产品营销。
- **IT 系统不完善**：没有合适的营销管理系统，甚至连营销资料库都不存在，信息都保存在员工的个人电脑里。所有的信息都依靠人工收集和处理，效率非常低。同时，一旦人员流动，一切将从头开始。

针对上述这些产品上市营销过程中的问题，企业需要构建一套完整的营销体系，提升产品的上市营销能力，让产品上市即上量。根据 4Ps 营销理论、4Cs 营销理论和 STP 营销理论，企业可以将产品上市工作分成两大部分，即武器准备和目标选择，如图 7–2 所示。

图 7–2 产品与上市的关系

- **武器准备**：基于 4Ps 营销理论的 MPP 流程，面向产品，建设产品营销工具（武器），做好产品上市准备。具体包括以下工作。
  - √ 制订产品营销计划。
  - √ 开发产品的营销工具。
  - √ 进行营销工程师赋能培训。
  - √ 做好供应链、服务、渠道等建设工作。
  - √ 完成产品上架。
- **目标选择**：基于 4Cs 营销理论和 STP 营销理论的 MTL 流程，面向客户，选择细分市场（目标），进行市场经营。具体包括以下工作。
  - √ 进行市场洞察，完成市场细分和目标细分市场选择。
  - √ 根据选择的目标细分市场，制订营销计划。
  - √ 开发面向客户细分市场的解决方案。
  - √ 进行市场营销活动，获得有价值的销售线索。
  - √ 用客户的语言，分析客户的挑战，解决客户的问题，获得销售机会。

面向产品的上市与面向客户的上市的区别如表 7–1 所示。

表 7-1 面向产品的上市与面向客户的上市的区别

分类	面向产品的上市	面向客户的上市
对象	产品	客户
理论	4Ps 营销理论	4Cs 营销理论、STP 营销理论
目标	完成产品上市材料的编写	经营细分市场
重点工作	开发营销材料 完成产品定价 进行产品验证 打造灯塔项目	进行市场洞察 市场细分和选择 开展营销活动 激发潜在客户的需求
结果	完整的上市资料包	有价值的线索

本章将从“面向产品的上市（MPP）”“面向客户的上市（MTL）”“产品定价方法”“产品生命周期管理（LCM）”四个方面，分析产品上市工作。

除 4Ps、4Cs、STP 等营销理论之外，在营销领域目前还有很多其他的营销理论，如 4Rs、4Vs、4Is 等，这些营销理论对营销从业人员都有非常大的帮助，读者可以查阅相关资料进行了解，本书不做详细介绍。这些理论的简单介绍如下。

- 产品营销 4Ps：产品（Product）、价格（Price）、渠道（Place）、促销（Promotion）。
- 整合营销 4Cs：消费者（Consumer）、成本（Cost）、便利（Convenience）、沟通（Communication）。
- 服务营销 4Ss：满意（Satisfaction）、服务（Service）、速度（Speed）、诚意（Sincerity）。
- 关系营销 4Rs：关联（Relevance）、反应（Reaction）、关系（Relationship）、回报（Reward）。
- 差异化营销 4Vs：差异化（Variation）、功能化（Versatility）、附加价值（Value）、共鸣（Vibration）。
- 互动营销 4Is：趣味（Interesting）、利益（Interests）、互动（Interaction）、个性（Individuality）。

7.2 面向产品的上市：建设产品营销工具，让产品好卖

7.2.1 4Ps 营销理论

4Ps 营销理论产生于 20 世纪 60 年代的美国，是在营销组合理论的基础上提出的。

1953 年，尼尔·博登（Neil Borden）在美国市场营销学会的就职演说中提出了“市场营销组合”（Marketing Mix），认为市场需求在某种程度上受到“营销变量”或“营销要素”的影响。

1960 年，美国密歇根州立大学的杰罗姆·麦卡锡教授在其《基础营销》一书中将这些要素概括为四类，即产品（Product）、价格（Price）、渠道（Place）、促销（Promotion）。

1967 年，菲利普·科特勒在其畅销书《营销管理：分析、规划与控制》中进一步确认了以 4Ps 为核心的营销组合方法，如表 7–2 所示。

表 7–2　营销组合 4Ps 内容举例

产品（Product）	价格（Price）	渠道（Place）	促销（Promotion）
外观 功能 特色 质量 包装 支持	目标价格 折扣 捆绑销售 信用条款 渗透 撇脂定价	渠道 库存 物流 实体分销	主题、信息 社交媒体 公关 销售团体 商品展会

- **产品（Product）**：注重产品的功能，要求产品有独特的卖点，把产品的功能诉求放在第一位。关注点包括与产品有关的品种、规格、样式、质量、包装、特色、商标、品牌以及各种服务。
- **价格（Price）**：根据不同的市场定位，制定不同的价格策略，依据企业的品牌战略确定产品的价格，注重品牌的含金量。关注点包括与价格有关的基本价格、折扣价格、补贴、付款条款、商业信用以及各种定价方法和定价技巧等。
- **渠道（Place）**：如果企业并不直接面对消费者，而是通过经销商的销售网络进行销售，那么企业与消费者的联系是通过分销商来实现的。关注点包括与分销有关的渠道覆盖面、商品流转环节、中间商、网点设置以及储存运输等。
- **促销（Promotion）**：指的是品牌宣传（广告）、公关、促销等一系列的营销行为。关注点包括与促销有关的广告、人员推销、营业推广、公共关系等。

7.2.2　产品上市流程简介

基于 4Ps 营销理论，在集成产品开发（IPD）管理体系中，构建了产品营销计划流程（Marketing Plan Process，MPP）。在产品营销计划流程中，营销计划的制订和营销工具的开发与产品研发同步进行，并且跟随产品的开发进度，逐步修正营销计划，逐步开发和完善营销工具，逐步调整产品定价。

如图 7–3 所示，产品营销计划流程（MPP）主要包括四个阶段和三个市场评审点（Marketing Review，MR）。其中，四个阶段具体如下。

- **概念和计划阶段**：市场营销团队在收到任务书（Charter）后，再次对市场进行分析和洞察，确认市场环境的变化。然后根据最新的市场洞察结果，制订业务盈利计划和产品上市计划，开发早期资料。接下来进行 MR1 评审。MR1 评审通

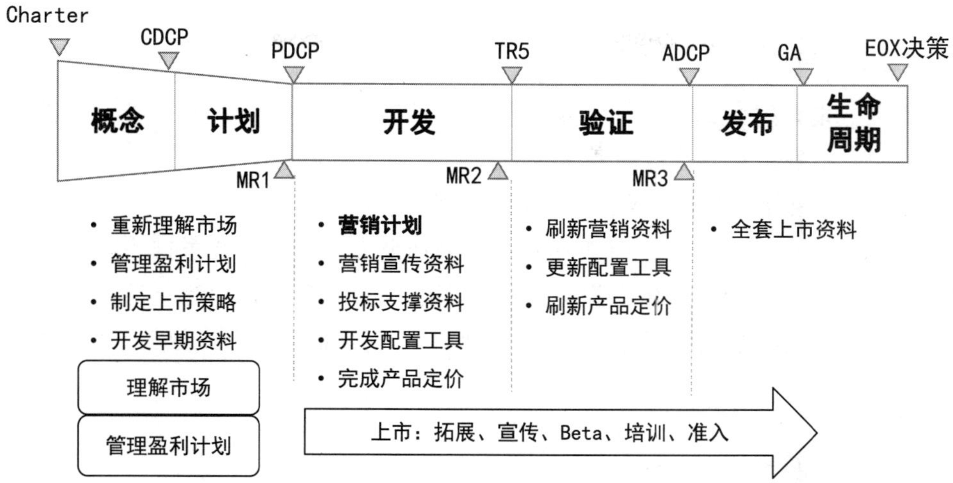

图 7–3 产品营销计划流程图

过后，提交计划决策评审（PDCP）材料，进行 PDCP 评审，并执行 PDCP 决议。

- **开发阶段**：通过 PDCP 评审以后，市场营销团队就可以开发营销计划、营销宣传材料、投标支撑材料和产品配置工具，并完成产品的初步定价。在 TR5（少量早期发货）之前，进行 MR2 评审。同步启动产品的早期宣传和培训赋能工作。
- **验证阶段**：产品通过 MR2 评审以后，意味着产品相关参数基本已经确定，如特性、规格、成本等。此时，需要根据 MR2 的评审结论，更新营销材料，包括营销计划、投标材料、产品配置工具等，并根据产品最新成本和市场计划更新产品定价。在进行可获得性决策（ADCP）前，需要进行 MR3 评审，确保营销工具基本正确可用。当然，此时市场营销和宣传工作也在同步进行。
- **发布阶段**：当产品达到发布条件时，市场营销团队要形成完整的营销资料包，支撑产品的上市销售。

为了保证营销领域交付的质量，在营销领域流程中设置了三个市场评审点（Marketing Review，MR），主要评审要素如下。

（1）MR1：重点关注细分市场的营销策略，包括总体策略、需求确认、竞争分析、盈利分析、上市策略和计划、营销资料和计划等，确认营销策略是否与目标细分市场匹配。

（2）MR2：重点关注上市计划的执行进展，包括目标细分市场衔接、培训进展、营销资料写作进展、定价、产品配置工具、准入、品牌宣传进展等，确认营销活动是否按计划有序进行。

（3）MR3：重点关注全套营销活动的完成情况，包括上市活动质量评估、目标市场培训、产品定价、产品配置工具开发、准入认证、品牌宣传等活动的完成情况，确认是否为产品上市做好了准备。

7.2.3 营销工具分类

为了更好地开发营销工具，需要对营销工具进行分类，然后根据不同的类别，选择合适的团队，确定合适的营销内容，进行营销工具开发。

首先，根据营销工具应用场景的不同进行分类。

由于不同的应用场景对营销工具的要求差别很大，因此需要根据不同的场景输出不同的营销工具，例如，宣传海报与投标技术建议书不管是在内容上还是在形式上都存在着巨大差别。简单总结起来，营销工具按照应用场景大致可以分成五类，如图 7–4 所示。

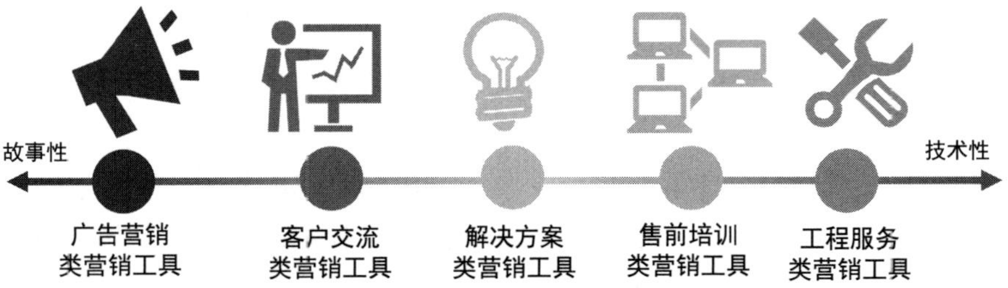

图 7–4 营销工具按应用场景分类示意图

每一类营销工具面向的对象、特点和主要的内容，总结如表 7–3 所示。

表 7–3 营销工具区别表

类别	面向的对象	特点	主要的内容	常用工具
广告营销	广告营销工程师	吸睛、震撼	精美大方的图片 精雕细琢的文案 引人入胜的故事	Photoshop Premiere PowerPoint
客户交流（宣讲）	售前支持和 MO	关键的信息	客户痛点和诉求 产品价值、亮点	PowerPoint
解决方案（投标）	售前支持和 SA	完整解决问题的方法、价值、收益	解决问题的方案 产品特性、功能 产品价值、亮点	PowerPoint Word Excel
售前培训（内部）	售前支持和 SA	技术实现的原理、架构设计、产品的功能、性能规格、限制与约束条件等	应用架构 数据架构 技术架构	PowerPoint Word Excel
工程服务（交付）	工程交付人员和客户	具体的使用方法、操作步骤	使用手册 操作手册	PowerPoint Word Excel

注：市场运营（Market Operator，MO）；解决方案架构师（Solution Architect，SA）。

其次，可以根据营销对象的不同，对营销工具进行分类。

不同的客户对产品的关注点存在较大的差异，例如，高层决策者更关注产品给客户带来的利益和好处，而工程师则更关注产品的功能特性，确保产品有足够的兼容性，能够稳定地运行。因此，针对不同的营销对象和不同级别的客户，需要有不同的营销工具进行支撑，不能千篇一律。

在营销资料编写上可以采用 FFAB 法则，向不同的客户提供不同的信息。FFAB 指的是功能（Function）、特性（Feature）、优点（Advantage）和好处（Benefit），如图 7-5 所示。

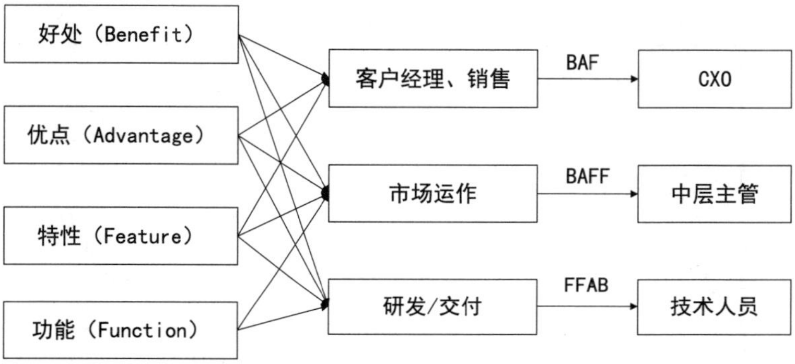

图 7-5　营销资料 FFAB 分类示意图

- **功能（Function）**：产品的详细功能，包括产品的功能参数、规格和原理等。例如，智能手机通过增加气体监测传感器，支持甲烷、煤气、氯气、甲醛等有毒气体监测，并支持危险报警。
- **特性（Feature）**：产品的特征和属性。例如，一款针对能源行业定制的智能手机具有防爆、有害气体监测、加密通话等特性。
- **优点（Advantage）**：产品的优势和作用。例如，这款针对能源行业定制的智能手机可以帮助用户实时监测环境中的有毒有害气体，避免人员中毒，还可以进行加密通话。同时，手机采用三防设计，防水、防摔、防爆。这是普通消费级智能手机做不到的。
- **好处（Benefit）**：产品给客户带来的利益。对于决策者来说，这是最关心和最重要的，即满足客户需求，解决客户的痛点。例如，使用这款针对能源行业定制的智能手机可以有效防范工伤事故、降低信息泄露的风险，从而降低企业的经营风险，提高企业的声誉。

最后，还可以根据载体类型对营销工具进行分类。

根据营销工具的载体不同，可以分为文档类工具、宣传视频类工具、演示工具、印刷材料工具、配置报价工具、客户信息收集工具、解决方案设计工具等。不同类型的工具可以寻找不同的专业人士进行开发，具体如下。

- 文档类营销工具可以由资料工程师或营销工程师开发。

- 演示工具，如演示版本或模拟器，需要由研发部门开发。
- 宣传海报和宣传视频可以请第三方广告公司帮忙制作。
- 客户证言、客户访谈、开箱体验之类的软文，需要营销工程师配合客户完成。

7.2.4 营销工具清单

对于具体的营销工具清单，由于不同行业、不同企业、不同发展阶段需要的营销工具不尽相同，因此没办法给出一个标准答案。本书根据过往实践经验，提供一个营销工具清单样例，供读者参考使用。具体如表 7–4 所示。

表 7–4 营销工具清单样例

类别	营销工具名称	责任人	类型	准备情况	公开范围
售前培训	销售指导书	营销	Word	必选	内部
	路标规划	产品	PPT	必选	内部
	招标引导	营销	Word	必选	内部
	友商产品对比	营销	Excel	必选	内部
	竞争分析	营销	PPT	必选	内部
	需求调研表	营销	Excel	必选	内部
	立项申请表	营销	PPT	必选	内部
	售前 FAQs（内部）	营销	Word	必选	内部
客户交流	高层主打胶片	营销	PPT	必选	客户
	技术主打胶片	营销	PPT	必选	客户
	案例集	营销	PPT	必选	客户
	成功案例	营销	PPT	必选	客户
	产品目录	营销	PPT	可选	客户
	宣传彩页	营销	PPT	必选	客户
	一纸禅	营销	Word	必选	客户
	演示工具	研发	Web	必选	客户
	产品视频	营销 / 研发	视频	必选	客户
解决方案	配置报价模板	配置经理	Excel	必选	内部
	配置报价指导手册	配置经理	Word	必选	内部
	技术建议书	营销	Word	必选	内部
	服务建议书	交付 / 营销	Word	必选	内部

续表

类别	营销工具名称	责任人	类型	准备情况	公开范围
解决方案	产品概述	研发	Word	必选	客户
	特性清单	研发	Excel	必选	客户
	特性描述	研发	Word	必选	客户
	全量特性树	产品	Excel	可选	内部
	服务说明书	研发	Word	可选	客户
	点对点答复集	售前	Word	可选	内部
	企业资质	营销	Word	必选	客户
	行业资质	营销	Word	必选	客户
	产品荣誉证明	营销	Word	必选	客户
	市场应用证明	营销	Word	必选	客户
	合作伙伴清单	研发	Word	必选	客户
	互联互通与兼容性证明	研发	Word	必选	客户
	产品认证与测试报告	研发	Word	必选	客户
广告营销	电子邮件营销（EDM）	营销	Word	可选	公开
	展会演讲材料	营销	Word	可选	公开
	广告与海报	营销	Word	可选	公开
	新闻稿	营销	Word	可选	公开
	软文	营销	Word	可选	公开
	社交媒体图文套件	营销	Word	可选	公开
	铭牌 & 胸卡	营销	Word	可选	公开
	展台设计	营销	Word	可选	公开
	参会指南	营销	Word	可选	内部
	事件策划报告	营销	Word	可选	内部
	展览展示材料	营销	Word	可选	公开
	产品图片	营销	Word	可选	公开
	主题形象视频	营销	视频	可选	公开
	业界声音	营销	Word	可选	公开
	印刷版彩页	营销	Word	可选	公开

续表

类别	营销工具名称	责任人	类型	准备情况	公开范围
工程服务	设计与实施指南	研发 / 交付	Word	必选	客户
	安装升级手册	研发 / 交付	Word	必选	客户
	操作维护手册	研发 / 交付	Word	可选	客户
	故障处理指南	研发 / 交付	Word	必选	客户
	二次开发指南	研发 / 交付	Word	可选	客户
	常见问题 FAQs	研发 / 交付	Word	可选	客户

基于上述营销工具清单，企业可以建立相关营销工具模板和指导书，指导相关人员开发营销工具。例如，产品主打胶片包含的内容通常包括趋势、痛点、方法论、总体方案、方案亮点、场景描述、亮点特性、成功案例等，如表 7–5 所示。

表 7–5　产品主打胶片内容样例

资料内容	高层主打胶片	技术主打胶片
趋势	行业和政策趋势	行业相关技术的趋势
痛点	业务痛点（偏向商业）	技术痛点（技术挑战）
方法论	运营模式、流程方法、架构设计方法等	客户需求分析方法、客户方案设计方法、实施交付方法等
总体方案	产品目录、解决方案架构等	逻辑架构、物理架构、数据架构、核心工艺等
方案亮点	从业务角度看到的亮点，如降本增效、提高收益等	从技术角度看到的亮点，如新技术、智能化等
场景描述	场景化描述客户收益	描述场景的技术实现方法
亮点特性	商业模式、业务创新等	关键技术、新方法等
成功案例	重点介绍给客户带来的收益	重点介绍方案和技术

其他资料内容的编写技巧，本书不再逐一列举和详细展开。企业可以通过以下方式学习相关的方法和技巧。

- 组织相关的营销理论和方法的学习和培训，例如，市场营销原理、金字塔原理、FFAB 法则等。
- 调研优秀企业的营销工具，例如，苹果、可口可乐、华为、思科、小米等。
- 建设资料模板，用于指导员工开发资料，统一资料内容。
- 聘请专业人士进行指导，例如，业内营销专家。
- 与外部专业企业合作开发资料，例如，委托给广告公司。

7.2.5　产品上市团队

产品上市工作由 PDT 的市场代表团队负责执行。

市场代表团队成员主要包括市场分析工程师（MAE）、需求管理工程师（RME）、营销支持工程师（MSE）、业务规划工程师（BP）、整合营销宣传工程师（IMC）、定价工程师（PXE）等。其活动主要包括与产品包相关的市场计划、营销策略（含定价）的制定，以及细分市场客户群的拓展。根据产品包的具体需要，相关部门会派合适的人员参加这些活动。在行政关系上，市场代表团队成员仍隶属于市场部门，但在业务上向市场代表进行汇报。

市场代表团队需要制订市场计划，将与市场相关的各部分组合起来，制定市场策略及目标，对市场环境进行评估，确定产品在目标市场及细分市场的定位，分析产品竞争情况，制定定价策略及进行收入和销量预测，确定将客户迁移到新产品的计划，将销售渠道计划归档，并准备市场计划的汇报。

7.2.6　产品上市实践案例

本节将以智能手机产品上市为例，介绍产品上市的准备工作，帮助读者理解产品上市准备过程。

案例中所有内容均为虚构，主要目的是方便读者理解集成产品开发（IPD）方法，并不代表案例内容为智能手机研发的最佳实践，企业需要根据实际的运作模式进行选择。

为了高质量地开发上市资料，PDT 市场代表团队进行了以下工作。

1. 项目化运作产品营销工具开发工作

针对具体的产品研发项目，参照 MPP 流程，在产品研发的同时，同步进行营销资料开发和市场早期宣传工作，从而确保产品上市资料完整，产品上市即上量。营销资料开发工作由市场营销工程师主导，研发工程师配合提供相关素材和设计资料。

2. 确定上市营销工具包范围和开发计划

首先，通过与企业品牌部、销售团队、交付团队沟通，明确营销工具的应用场景，如展会、投标、广告营销、交付指导等，确定产品总体营销资料包的范围、优先级、内容要求、质量要求等。

其次，与企业品牌部、销售团队、交付团队、定价团队、研发团队进行沟通，明确营销工具开发的责任部门和支持部门。营销工具开发常见的分工规则如下。

- 产品手册、操作手册：由研发工程师开发。
- 产品描述、投标材料模板：由市场代表团队开发，研发负责提供相关素材。
- 售前交流材料模板、报价模板：由市场代表团队开发，研发负责提供相关素材。
- 品牌宣传材料：由品牌部开发，市场代表团队提供素材。

- 客户化定制交流材料：由售前工程师基于材料模板开发，市场代表团队提供支持。
- 交付指导书、手册：由交付代表团队负责开发，研发负责提供素材支持。
- 系统验证工具：由研发部门开发，包括 POC 验证系统、MVP 演示系统、模拟器等。

最后，根据沟通结果，制订营销工具包开发计划，启动营销工具包开发，例行跟踪开发进展。对于需要委托第三方机构开发的营销工具，如宣传视频等，可以由企业品牌部统一牵头，委托第三方广告公司开发，费用核算到产品线。

3. 建设营销工具共享网站，帮助推送营销工具

建立企业内部资料网站，方便营销资料的收集和共享，网站主要分四大块内容。

- **面向市场营销的工具库**。主要包括市场代表团队组织开发的营销工具，如销售指导书、报价工具、产品概述、宣传材料、解决方案模板等，帮助销售工程师挖掘市场机会，激发客户兴趣，最终签订合同。
- **面向交付工程师的工具库**。例如，交付指导书、安装指导书、产品使用手册等，帮助交付工程师向客户高质量地交付产品，帮助营销工程师更深入地理解产品的原理、功能和具体的操作。
- **经验案例库**。收集一线销售和交付工程师编写的项目文档、案例总结等，在产品线内部分享，互通有无，提升团队能力。
- **客户演示系统**。客户现场演示是非常好的营销方法。对于简单的产品或解决方案，可以打造一个便携式移动演示环境，随时给客户演示，例如，拉杆箱式演示环境。对于复杂系统，可以建设一个在线演示平台，远程给客户演示系统的功能。当然，在线演示系统需要注意网络质量差、安全性不足等带来的演示效果不佳的问题，还需要注意避免向多个客户同时演示时产生的冲突。

4. 建设市场支撑机制

针对市场运作过程中遇到的问题，建设市场支撑机制，例如，资料培训、技术方案解答、专家现场支持、营销展台讲解支持等，确保在合适的场景下，有合适的专家，使用合适的工具，高效地完成目标任务。

5. 建设营销工具评价机制

对于市场部统一组织开发的营销工具，需要进行评审，评审通过后才可以发布。营销工具发布后需要对其使用情况和发现的问题进行跟踪和修正，并持续优化工具内容、表现形式和适用范围等。

对于收集的项目案例、经验总结等，例行进行优秀案例评选。挖掘优秀资料，并将其融入营销材料体系，提升产品线的营销工具水平，实现案例经验和方法的复制。同时，对于非常优秀的案例，进行复盘、优化，整理成组织级案例，在整个企业内部推广。

7.3 面向客户的上市：以客户为中心，做好客户细分和选择

7.3.1 4Cs 营销理论

4Cs 营销理论于 1990 年由美国学者罗伯特·劳特朋（Robert Lauterborn）教授提出。4Cs 营销理论以消费者为导向，重新设定了市场营销组合的四个基本要素，瞄准消费者的需求和期望。

在 4Cs 营销理论中，4Cs 分别指顾客（Customer）、成本（Cost）、便利（Convenience）和沟通（Communication），具体如下。

- 顾客（Customer）：主要指顾客的需求。企业必须首先了解和研究顾客，根据顾客的需求提供产品和解决方案。同时，企业提供的不仅仅是产品和服务，更重要的是由此产生的客户价值。
- 成本（Cost）：不单是企业的生产成本，还包括顾客的购买成本，这也意味着产品定价的理想情况应该是既低于顾客的心理价格，还能够让企业有所盈利。此外，顾客购买成本不仅包括其货币支出，还包括其为此耗费的时间、体力和精力，以及购买风险。
- 便利（Convenience）：为顾客提供最大的购买和使用便利。4Cs 营销理论强调企业在制定销售策略时，要更多地考虑顾客的方便，而不是企业自己的方便。要通过好的售前、售中和售后服务来让顾客在购买的同时，也享受到便利。便利是客户价值不可或缺的一部分。
- 沟通（Communication）：4Cs 营销理论认为，企业应通过同顾客进行积极有效的双向沟通，建立基于共同利益的新型企业和顾客关系。这意味着不再是企业单向的促销，而是在双方的沟通中找到能同时实现各自目标的通途。

需要说明的是，虽然罗伯特·劳特朋教授表达的是“4Ps 退休，4Cs 登场”，但是在笔者看来，4Cs 和 4Ps 营销理论并不冲突，它们是一个硬币的两面，可以相互配合，帮助企业更高效地完成营销工作。

- 4Ps 是营销的基础。如果一个企业连自己的产品都说不清楚，也不知道需要从哪些渠道进行分销，那就谈不上解决客户的问题，为客户创造价值了。因此，产品要上市，首先要完成 4Ps 的工作。
- 4Cs 是营销的目标方向和手段。企业是为了满足客户需求而存在的，因此，必须以客户为中心，分析客户的痛点，为客户设计合适的解决方案，解决客户的问题，这样才能打造出优秀的产品。如果只是闭门造车，围绕着自己那点技术开展工作，则很难做出让客户尖叫的产品。因此，4Cs 营销理论也是必需的。

同样道理，4Ps、4Cs 营销理论与其他的营销理论也不冲突，如 4Rs、4Is、4Vs、IMC 等。这些营销理论分别从某一个角度、某一个领域或某一类场景去分析营销工作，它们之间可以相互补充、互通有无。

7.3.2　市场到线索简介

基于 4Cs 营销理论，企业需要构建面向客户的营销体系和方法，从而更好地面向客户，赢得客户的信赖，获得有效线索。

基于 4Cs 营销理论，结合 STP 营销战略，构建市场到线索（Market to Lead，MTL）流程。在 MTL 流程中，把客户放在市场选择的最前端，通过深入的市场洞察，进行市场细分，选择合适的细分市场；规划产品、服务和解决方案；规划并执行营销项目以及端到端的营销活动；与客户联合创新、培育市场、生成线索，并促进商机转换，从而推动增长。具体如图 7-6 所示。

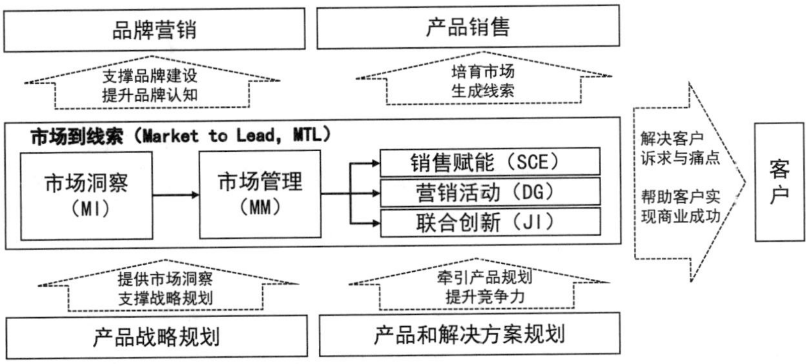

图 7-6　市场到线索流程示意图

接下来简单介绍一下面向客户的上市流程的主要活动。

1. 市场洞察

市场洞察（Market Insight，MI）的目的是分析市场环境和客户需求，支撑市场管理，如图 7-7 所示。该活动的方法与本书 2.3 章节基本类似，可以相互参考，只不过洞察的重点是市场和客户维度，目的是指导和支撑营销工作的开展，本章不再做详细探讨。

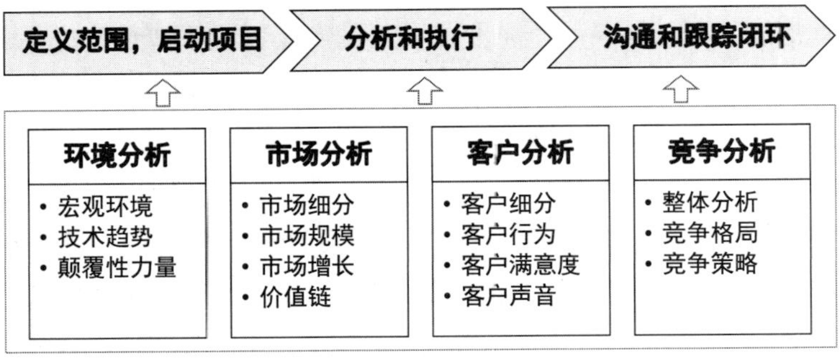

图 7-7　市场洞察流程图

2. 市场管理

市场管理（Market Management，MM）指的是基于细分市场的吸引力和企业自身的能力，进行细分市场的组合排序，确保能够在优选的细分市场更好地开展市场营销活动，达成营销目标。

在产品规划中也使用了市场管理方法，其思路与MTL流程的市场管理方法基本一致，主要思路都是细分、排序、选择、定位（参见本书4.1章节）。主要区别如下。

- 产品规划中的市场管理主要面向产品，即通过细分和选择市场，寻找产品研发方向，输出产品路标和产品任务书，最终指导研发进行项目开发。
- 市场到线索（MTL）流程中的市场管理主要面向客户，即通过细分和选择市场，寻找营销方向，进行营销活动，获取销售线索和机会点。其基本逻辑与STP营销战略一致。

在MTL流程中，市场管理（MM）是整个营销业务的桥梁，连接产品部门和市场营销活动，确保营销活动能够满足产品线的诉求，也保证营销活动能够得到产品线的有效支撑，如图7-8所示。

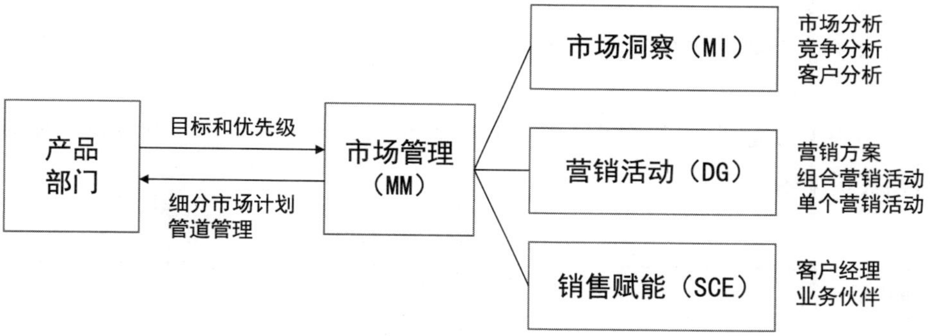

图7-8 市场管理桥梁作用示意图

市场管理总体分五个阶段，如图7-9所示。

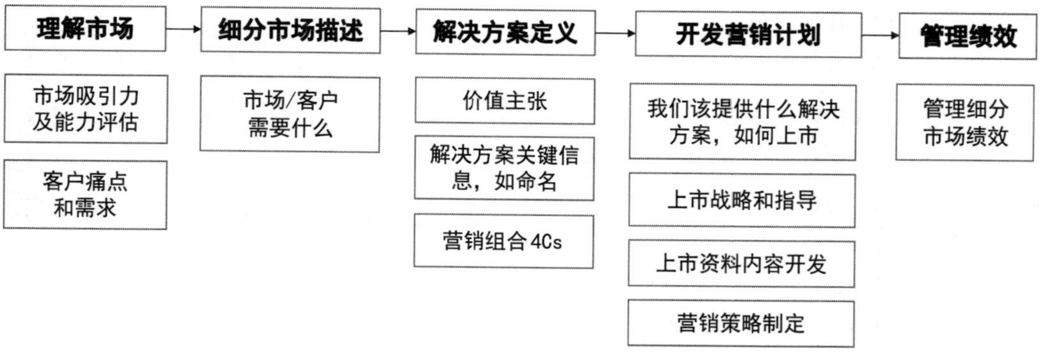

图7-9 市场管理流程图

市场管理每个阶段主要完成的工作如下。

（1）理解市场。根据市场洞察的结论，基于市场吸引力和自身能力，对细分市场进行选择和优先级排序，确定细分市场，完成细分市场的投资组合。其中，针对每一个细分市场的策略可以包括领先市场、维持、审视及退市、试点及获取，具体如表 7–6 所示。

表 7–6 细分市场策略表

商业能力	市场吸引力		
	低	中	高
高	维持	维持	领先市场
中	审视及退市	维持	领先市场
低	审视及退市	试点及获取	试点及获取

（2）细分市场描述。针对每一个细分市场，分析客户需求和痛点，从而更好地制定解决方案。细分市场描述的主要内容包括细分市场名称、当前收入机会、未来三年的收入增长率、当前的市场份额、业务驱动因素、客户主要业务问题、客户的重点需求、关键购买标准、竞争对手信息等。

（3）解决方案定义。根据客户的需求和痛点，定义解决方案，开发营销要素。具体的营销要素如表 7–7 所示。

表 7–7 细分市场营销要素表

营销要素	要素解释	举例
价值主张	在哪些维度上如何向潜在客户传递价值，与竞争对手相比，产品提供的独特优势。价值主张是一个简短且明确的陈述	电梯测试答复
上市通道策略	选择合适的上市通道进行产品上市，主要的上市通道包括面向大客户的直销、渠道分销、线上商城销售、自营门店销售、合作伙伴分销等	电商渠道销售
命名	给产品和解决方案设计一个引人入胜、充满想象的名字	天玑、智胜
营销资料和内容	团队与其他部门沟通，协商营销资料范围和内容，明确开发计划、责任人、时间、质量等要求	参见 7.2 章节
搜索关键字	分析搜索关键字，应用于内外部网站，帮助企业进行数字化营销	手机、定制等

其中，价值主张的开发要重点做好以下四个方面的工作。

- 了解目标受众：明确具体的购买者及购买者的背景。
- 理解真实的业务需求：即客户的痛点和挑战。
- 明确产品的独特性：能够给客户带来什么样的独特收益，与竞争对手有什么不同。

- 提供证明：为什么选择我们，理由是什么，我们关键的成功因素是什么。

价值主张有很多种表达方式，如著名的电梯测试答复。电梯测试答复的模板为：针对（目标客户）的不满意（现有方案能力的不足），我们的产品是（新的类型），提供（关键解决问题能力），而不像（替代产品），我们已经集合了（针对特殊应用的关键全套产品特性）。

举个例子：针对电影胶片后期编辑工程师对传统电影胶片编辑器能力局限的不满意，我们的产品是数字电影编辑器，提供按照想要的任何方式修改电影图像的能力，而不像 SUN、HP 和 IBM 的工作站，我们已经集合了后期电影制作所需的全部能力。

（4）开发营销计划。针对目标细分市场，为解决方案上市制订目标细分市场的营销计划，并根据营销计划制定上市策略，开发上市资料的内容。

同时，还需要识别细分市场的业绩差距，提出改进意见，并落实到相关部门（见表 7–8），确保营销计划顺利执行，具体包括以下内容。

- 与研发沟通，规划和开发产品和解决方案。
- 与销售沟通，提升销售渠道效率。
- 与交付沟通，提升交付满意度。

表 7–8　细分市场差距分析及诉求表

差距分类	相关诉求	责任部门	解决时间	责任人
销售	在存量市场挖掘新的机会点	销售部	2022 年 3 月	张三
	销售能力提升	销售部	2022 年 4 月	李四
解决方案竞争力	提升解决方案竞争力，增强产品特性	研发	2022 年 5 月	王五
营销	加大营销活动的投入	市场部	2022 年 6 月	熊二
交付	提升交付团队的能力	交付	2022 年 7 月	钱六

（5）管理绩效。跟踪细分市场的绩效，包括线索数量、线索转换率、客户满意度等，并及时调整上市策略，确保细分市场目标业绩达成，确保解决方案满足市场需求。

3. 联合创新

联合创新（Joint Innovation，JI）指的是通过深入理解客户的工作场景，充分发挥客户在业务上的专业性和企业在解决方案上的能力，挖掘客户的真实使用场景，共同探索新的解决方案。例如，人工智能解决方案提供商与油田公司进行联合创新，共同探讨如何利用人工智能技术帮助油田公司寻找到新的油田，更好地生产原油。

联合创新（JI）主要面向新业务和探索型市场。通过联合创新，既可以帮助企业充分理解客户真实的痛点和需求，又可以帮助企业挖掘新的商业机会，还可以帮助企业与客户建立战略合作伙伴关系，一举多得，值得投入。

值得注意的是，联合创新项目不宜过多，过多的联合创新项目会导致企业资源不足，业务不聚焦，企业可以挑选有价值的战略客户进行联合创新。

4. 销售赋能

销售赋能（Seller Competence Enablement，SCE），是指基于不同的角色组织赋能活动，提供不同的赋能内容，提升销售工程师的技能。销售赋能帮助销售工程师在客户面前展现统一的企业形象，传递一致的价值主张，并通过与客户对话，将企业的战略转化为销售商机。

销售赋能主要关注的问题如下。

- **给谁赋能？**不同的赋能对象诉求不同，因此，需要基于对象的角色组织赋能活动。常见的赋能对象包括企业管理层、客户经理、售前支持、解决方案经理、一线销售工程师、市场经理、营销活动专员等。
- **赋能什么？**不同的角色需要赋能的内容不同。例如，解决方案经理希望了解产品的原理，营销活动专员需要熟悉产品的亮点特性。
- **谁来赋能？**不同的内容需要由不同的专家来赋能。例如，产品规划经理负责分享产品的路标规划，系统架构师负责分享产品的原理，营销工程师负责分享产品的营销策略，等等。
- **如何赋能？**赋能的方式可以多样化。不同的内容可以通过不同的赋能工具来承载。例如，主打胶片、白皮书、软文、成功案例、视频等。不同的内容还需要采用不同的方式来传播，不能仅限于单一渠道，包括培训网站、移动应用、组织会议、考试等。

5. 营销活动

营销活动（Demand Generation，DG）是指通过规划并执行一系列活动，激发客户购买意愿，从而为企业的产品、服务或解决方案生成销售线索。营销活动的整个逻辑和相关概念可以参考 IBM 的定义，如图 7-10 所示。

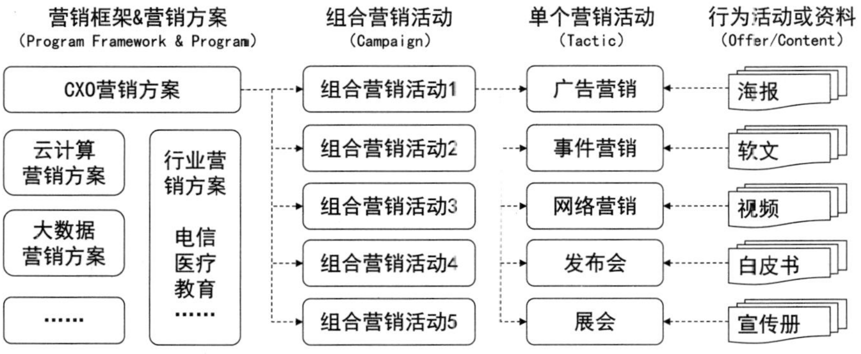

图 7-10 营销活动结构示意图

根据 IBM 的定义，相关概念的具体定义如下。

- **营销框架（Program Framework）**：是协调企业的市场总体策略的框架。通过将企业的产品和解决方案与客户需求匹配，为企业的产品线指明营销工作的方向。营销框架是经过批准的一组营销方案（Program）的集合。

- **营销方案（Program）**：针对特定的客户和潜在的客户群制定的产品及解决方案营销方案。例如，行业智能手机营销方案、CXO营销方案、云计算营销方案。一个营销方案可能包含多个组合营销活动（Campaign），通过营销方案保证关键信息传递的一致性和关联性。
- **组合营销活动（Campaign）**：围绕一个营销主题（或解决方案、产品）制定的一系列整合营销传播方案。例如，秋季巡展、系列广告、数字媒体人等。一个营销活动组合中可能包含不同的营销传播活动（Tactic）。
- **单个营销活动（Tactic）**：具体的营销传播活动，如广告营销、事件营销、网络营销、新产品发布会、现场会、展会、商业咨询、业务咨询等。其中，除了传统的营销活动外，随着互联网的发展，数字化营销变得越来越重要。
- **营销内容（Offer/Content）**：引起客户响应的行为活动或资料，如方案演示、主题演讲、圆桌讨论、宣传海报、宣传视频等。

如果将市场营销和战争进行类比，那么——

- 营销方案（Program）相当于一场战争，例如，解放战争、智能手机品牌营销。
- 组合营销活动（Campaign）相当于一场战役，例如，淮海战役、秋季智能手机品牌巡展。
- 单个营销活动（Tactic）相当于一场战斗。例如，碾庄争夺战、秋季智能手机品牌巡展深圳站活动。
- 营销内容（Offer/Content）是战斗中使用到的武器弹药。例如，巡展中涉及的营销素材、专家、论坛等。

对于具体营销活动策划、筹备、执行等工作的方法和技巧，企业可以通过以下方式获得，本书就不再详细展开。

- 组织相关的营销理论和方法的学习和培训，例如，广告学、整合营销理论、消费者心理学等。
- 调研优秀企业的营销活动开展方法，例如，苹果、小米、华为、可口可乐等。
- 编制相关指导书，规范化营销活动的方法和产出，指导营销工程师开展相关活动。
- 与外部专业企业合作，例如，委托一些企业协助进行营销活动。

7.3.3　与周边流程的关系

市场到线索（MTL）流程并不是孤立存在的，需要与销售和研发充分配合，才能发挥其价值，它是销售和研发的桥梁。

- 通过市场到线索流程，培育市场，生成高价值线索，支撑销售完成业绩目标。
- 通过市场到线索流程，向研发流程输入产品和解决方案的构想，同时与研发沟通，通过研发实现解决方案的交付。

具体如图7–11所示。

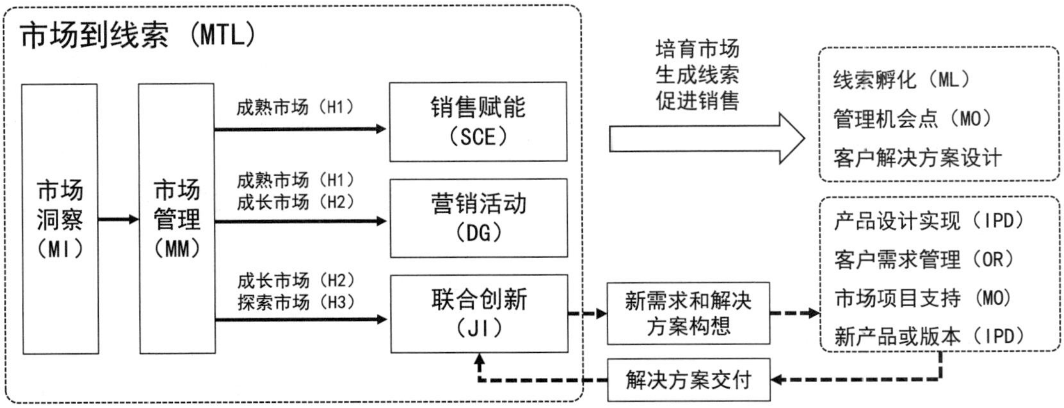

图 7-11 MTL 与周边流程的关系

在市场到线索流程中，将细分市场分成三类，即成熟市场（H1）、成长市场（H2）、探索市场（H3）。针对这三类细分市场，需要采取不同的市场策略，具体如下。

- **成熟市场（H1）**：由于成熟市场的市场格局基本确定，因此营销的重点工作是进行市场的绩效管理。主要营销任务是通过销售赋能，促进产品销售，确保企业获得足够的收入和利润。
- **成长市场（H2）**：由于成长市场当前规模并不大，但是市场在高速增长，因此重点工作是营销，通过开展市场营销活动，扩大产品在细分市场的影响力和市场份额，努力将该市场变成企业的第二主战场。
- **探索市场（H3）**：在探索市场上主要是探索一些新的方向和机会，因此重点工作是确保有一定的持续投入，避免资源被主营业务完全占用。主要营销手段是通过市场洞察、与客户进行联合创新，探索和生成新的解决方案，然后再通过营销活动，对高价值的解决方案进行规模复制，将探索市场变成成长市场。

7.3.4 营销执行团队

在市场到线索（MTL）流程中，按细分市场成立营销执行团队（Marketing Execution Team，MET），负责 MTL 流程的执行。MET 团队整体采用项目化运作方式，负责市场洞察、市场细分、细分市场营销资料和装备的开发、产品和解决方案在细分市场的上市、销售赋能、营销活动策划及实施，以及细分市场的绩效管理。关键结果指标包括线索生成、线索转化等。MET 团队的关键角色及职责如下。

- MET 经理：负责整个细分市场的运作。
- 细分市场经理：制定营销战略，支撑业务增长活动，确定细分市场价值主张、优先级排序、未来行动计划。
- 市场洞察专家：针对细分市场进行洞察，具体工作包括细分市场的情报收集、客户行为分析、市场趋势分析等。
- 营销活动专家：负责开发营销活动框架，并主导营销活动规划，最终交付营销活动。

- 销售赋能专家：向销售进行赋能，具体方式包括培训、考试等，从而提升销售与客户对话的能力，进而挖掘和孵化销售机会。
- 整合营销传播专家：落实细分市场整合营销传播工作。
- 解决方案销售专家：整合和统一客户侧的形象，与客户进行对话，挖掘和孵化潜在销售机会点，向客户传递新的价值。
- 解决方案架构师：向营销活动专家、解决方案销售专家提供专业的解决方案设计能力，帮助完成营销工作。
- 产品管理专家：与营销活动专家、解决方案销售专家协同工作，为解决方案或产品制定产品规划。
- 质量保证专员：管理营销绩效，促进业务目标的达成和组织能力的提升等。

7.3.5 常见的营销工具

随着营销技术的进步，数字化营销越来越受到重视，从而产生了大量数字化营销工具，例如，营销自动化（Marketing Automation，MA）、销售自动化（Sale Automation，SA）、客户 360 系统等。本书简单整理了常见的营销工具，如表 7–9 所示。

表 7–9 常见营销工具清单

常见工具	功能说明	典型厂家
营销自动化（MA）	基于大数据，自动管理、执行和完成营销任务和流程的系统。例如，根据客户的行为向客户发送合适的营销材料等	• 致趣百川 • 火眼云等
销售自动化（SA）	在客户关系管理（CRM）系统基础上，通过技术将销售流程整合起来，实现销售队伍效率的不断提高，同时平衡和最优化每一个销售渠道	• 纷享销客 • ConvertLab
客户 360 系统	通过收集客户信息，对客户进行 360 画像，识别客户问题，发现销售商机，并形成合适的解决方案，帮助销售队伍提升销售效率	• Salesforce 客户 360 数据管理平台 • 神策客景

7.3.6 市场营销实践案例

本节将以智能手机营销为例，介绍面向客户的营销（市场到线索），帮助读者理解相关内容。需要特别说明的是：针对终端类产品有更合适的营销管理方法和手段，本案例的内容不代表是智能手机营销的最佳实践，仅仅是为了帮助理解 MTL 流程和方法。

为了高质量地与客户沟通，激发客户的购买欲望，获得足够多的线索，帮助销售工程师达成目标销售额，市场营销团队完成了以下工作。

1. 市场洞察

在做市场营销工作之前，第一步要做的工作还是“市场洞察”，可以使用本书 2.3 章节提到的“五看”方法。读者可以回顾本书 2.3 章节，这里不再重复。

2. 细分市场的选择与排序

与市场管理（MM）方法类似（参见本书 4.1 章节），经过市场洞察以后，需要对市场进行细分、排序和选择。根据前面的讨论，在产品上市的时候，可以按照产品和区域两个维度进行市场细分；然后对每一个细分市场按照“市场吸引力”和“自身的能力”进行判断，选择合适的细分市场。具体如表 7–10 所示。

表 7–10 智能手机细分市场策略

细分市场	非智能手机	能源行业智能手机	公安行业智能手机	运营商智能手机	老年人智能手机
中国区	维持	领先	领先	维持	试点
欧洲			领先	维持	试点
东南亚				维持	试点
中东		领先		维持	
非洲	维持			维持	
北美				维持	试点
南美				维持	

读者可以参照本书 4.1 章节的细分市场打分方式进行选择。

3. 完善营销要素

针对选定的细分市场，开发营销要素。以能源行业定制化手机为例，营销要素如下。

- **价值主张**：使用电梯测试答复模式，描述能源行业定制化手机的价值主张。

针对能源行业的工程师不满意消费级智能手机会给工作带来潜在风险的问题，我们的产品是为能源行业定制的，提供环境监测、防水、防摔、防爆等功能，而不像普通消费级智能手机，我们已经集合了大部分专用设备的功能，实现了一体化，更轻便、灵活性更高、更方便使用。

- **上市通道策略**：产品主要通过大客户直销、渠道销售、合作伙伴销售三个渠道进行上市销售。
- **命名**：保能智能手机（意思是：保护能源行业员工的安全）。
- **营销资料和内容**：与市场代表团队沟通，协商营销资料范围和内容，明确开发计划、责任人、时间、质量等要求。参见本书 7.2 章节。
- **搜索关键字**：分析搜索关键字，包括行业手机、定制化手机、能源手机等，应用于内外部网站。

4. 分析细分市场差距

分析细分市场的营销要素，与研发、销售、售前、品牌等部门进行沟通，列出所有可能的差距，分析根因，并从需求、品牌形象、营销网络等方面给出建议。举例如下。

- 针对海外市场，需要支持多语言，包括英语、阿拉伯语、俄语等。通过需求管理系统，将相关需求传递到研发部门，与研发部门沟通解决方案和研发计划，并持续跟踪落实。
- 针对海外销售渠道不通畅的问题与渠道部沟通，寻找本地代理商，建立产品销售渠道。
- 针对产品品牌知名度不高的问题与销售部和品牌部沟通，销售部争取在年底前完成一个灯塔项目，品牌部与当地有影响力的媒体沟通，委托进行品牌宣传。

5. 制订营销计划

根据细分市场的目标要求，制订细分市场营销活动计划，如图 7–12 所示。

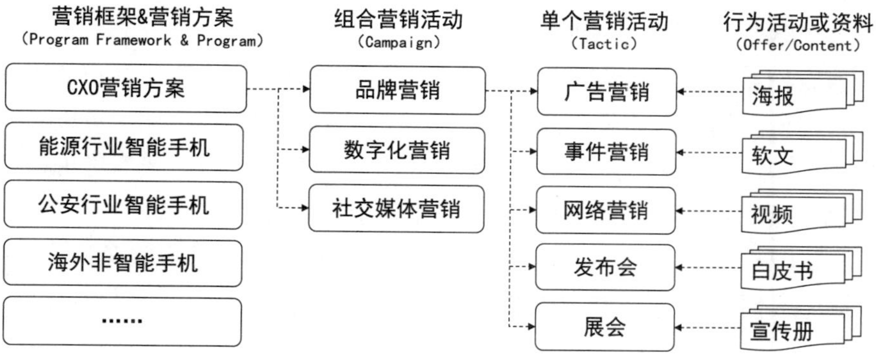

图 7–12 制订营销计划

每一个营销活动都可以按项目来运作，责任到人。同时，可以制作一份“营销日历”，或者建设一个营销管理系统，监控所有营销活动的执行，评估营销活动的绩效。

6. 销售赋能

在营销计划执行之前，需要对销售工程师进行赋能，赋能的工作内容如下。

- 设计销售赋能目标：例如，完成所有直销人员、渠道商、合作伙伴的赋能活动，实现所有渠道都可以独立完成销售。
- 开发销售赋能教材：针对不同的渠道、不同的对象，开发不同的培训材料，并设计不同的培训和验收方式，例如，在线课程、线下课程、认证考试、操作演练、情景模拟演练、答辩等。
- 完成可衡量的培训赋能：确定培训赋能计划，执行培训赋能活动，并评估赋能活动的成果。

7. 执行营销计划

执行营销计划，收集客户需求和线索机会，并监控执行绩效。

7.4　产品定价：客户负担得起、企业有利润、价格有竞争力

7.4.1　常见的定价方法

产品的定价至关重要。好的产品定价既要满足客户对价格的心理预期，又要保持一定的竞争优势，还需要保证企业能够获得足够的利润。

目前，企业采用的定价方法有很多种，最常见的定价方法包括成本定价、竞争定价和价值定价。针对不同的产品、不同的商业模式、不同的竞争优势，需要采用不同的定价方法。上述三种定价方法简单解释如下。

- **成本定价**：指在生产、分销和销售产品的成本上，加上目标回报率来制定价格。即：价格 = 成本 ×（1+ 目标回报率）。通常技术驱动的产品会采用基于成本的定价方法。
- **竞争定价**：指的是根据市场上同类商品的竞争结果来制定价格，例如，通过市场成交价反向计算，从而确定出厂价格。此时，企业的利润 = 价格 – 成本。通常市场驱动的产品会采用基于竞争的定价方法。
- **价值定价**：根据产品给客户带来的价值制定价格，或者基于客户能感知的价值进行定价。例如，如果产品给客户带来 100 万元的价值，那么可以考虑产品定价为 80 万元，这样客户可以获得 20 万元的收益，此时一般不考虑产品成本的问题。通常客户价值驱动的产品会采用基于价值的定价方法。

这三种定价方法各有优缺点，企业可以根据行业的情况和自身的竞争地位，在不同的场景下分别选择不同的定价方法。简单对比三种定价方法的优缺点，如表 7–11 所示。

表 7–11　常见定价方法优缺点分析表

定价方法	优点	不足
成本定价	企业需要清楚产品的成本； 行业内价格相近，可以避免价格竞争； 一分价格一分货，客户感觉公平	忽略了竞争者的价格； 忽略了产品给客户带来的价值
竞争定价	根据产品的竞争情况进行适当定价，确保产品有一定的竞争优势	不能保证产品有利润空间，容易引发价格竞争； 忽略了产品给客户带来的价值
价值定价	客户比较容易接受产品； 可以避免价格竞争	产品价值不容易度量； 忽略了竞争者的价格

另外，针对不同的产品，考虑到产品本身的商业模式、竞争力、生命周期阶段等方面的差异，也可以选择不同的定价方法。例如：对于外购的产品，企业并不具备很高的溢价能力，通常采用成本定价法；对于纯软件类的产品，由于边际成本可以为零，但是给客户带来的价值却是实实在在的，因此推荐使用价值定价法。

常见的产品定价策略如表 7–12 所示。

表 7–12 常见产品定价策略分析表

产品类别	定价策略	定价策略选择说明
硬件产品	成本定价法	由于硬件产品的成本基本上可以通过“拆机”等方式估算，因此，通过成本定价的方法进行定价，客户容易接受。同时可以避免价格竞争，毕竟一分价格一分货
软件产品	价值定价法 竞争定价法	相比于硬件产品，软件产品的成本客户很难估算，但对客户的价值却是实实在在的，因此推荐采用价值定价法进行定价。 同时，由于软件产品可以通过大规模复制，不断降低边际成本，因此，也可以通过竞争定价方式来抢占市场，扩大规模，获得利润。企业可视情况进行选择
服务类产品	成本定价法	通常情况下，服务类产品的成本主要是人力成本，因此，推荐使用成本定价法，客户会比较容易接受
定制类产品	价值定价法 成本定价法	对于软件定制产品，由于定制工作量通常也不容易准确评估，因此，推荐使用价值定价法。 对于硬件定制产品，考虑到硬件本身的成本容易确定，因此推荐使用“硬件成本 + 定制费”的方式组合定价
合作产品	成本定价法	对于企业来说，由于合作产品的成本是确定的，甚至几乎是透明的，客户也可以通过其他渠道获得这些产品，因此，为了确保企业不亏损，同时又有一定的竞争力，通常推荐采用成本定价法

需要重点强调的是，产品的定价策略并不是确定的和一成不变的，上述的定价建议仅仅是常规的做法，企业需要根据产品的情况、自身商业模式进行合理的选择。例如，同样是智能手机产品，iPhone 采用的是价值定价方法，3000 元左右的生产成本，定价高达 8000~10000 元，因为 iPhone 给客户带来的价值不是其他手机能够相比的。而普通的低端智能手机，由于产品同质化非常严重，企业只能通过扩大规模、降低边际成本来获取利润，此时，企业会采取竞争定价策略，薄利多销，尽量提高市场占有率，从而保证企业的正常经营。甚至还可以参照互联网模式，将智能手机硬件按成本价或者亏损销售，通过软件、服务、广告来获取收入和利润。

总的说来，产品的定价需要考虑企业的商业模式和产品能力，并没有一个固定的定价策略。商业运作没有专家，只有输家和赢家。

7.4.2 产品定价流程

在产品定价前，需要先了解产品定价的三要素，即报价项、量纲、定价。

- **报价项**：指的是“销售什么”。例如，产品、版本、特性、许可证（License）、服务等。为了能够持续稳定地经营，也为了降低客户的初始投资，越来越多的企业会将产品拆分到比较细的颗粒度，从而有利于成交，例如，精密车床默认按“设备 + 基本功能”进行销售，客户需要高级功能时，再单独为高级功能付费。

- **量纲**：指的是以“什么单位”进行销售。例如，一整台、一个特性、一个许可证（License）、一个月的服务周期等。量纲需要能够明确地计量，避免使用“一套”这种比较模糊的量纲，因为这种模糊的量纲在产品制造和客户验收时指代的内容都很模糊，容易引起错误和歧义，带来一定的麻烦。
- **定价**：就是针对“报价项”和“量纲”定出产品的价格。产品的价格一般包括基本价、目录价、成本价、成交价等。定价主要确定的是产品的目录价。产品定价常见术语如表 7-13 所示。

表 7-13 产品定价常见术语表

术语	定义
基本价	又称为基准价、出厂价、最低盈利价。 原则上最低报价不能低于基本价
目录价	对外报价，一般销售的成交价是在目录价上打一定折扣
成交价	目录价 × 折扣率，是客户的最终成交价
产品价格包	包含目录价、基本价、授权折扣

在了解了产品定价三要素以后，就可以进行产品定价，产品的定价流程如下。

- **收集产品信息**，包括产品的成本信息、竞争对手的价格信息、目标市场的客户消费能力信息、历史成交价等。
- **选择定价策略**，即根据收集的信息、产品的竞争力、企业的商业模式和营销策略，选择合适的定价策略，如成本定价、价值定价等。
- **完成产品定价**，即确定产品的价格，包括基本价、目录价、授权折扣等。

7.4.3 产品定价实践案例

本节将以智能手机的定价为例，介绍产品定价方法和策略，帮助读者理解产品定价过程。

对于不同的手机产品，采用不同的定价策略，具体如下。

- **非智能手机**：由于非智能手机是过时的产品，产品同质化严重，价格低、利润低，只能通过薄利多销、尽可能地维持现有市场来保证收入，所以采用成本定价法，在确保企业合理利润的前提下，实现价格最优。
- **行业智能手机**：由于行业智能手机是针对行业量身定做的，不存在同类产品，没有直接的竞品，同时给客户带来的价值也是显著的，因此，采用价值定价方法，确保能够给企业带来利润，支持企业持续发展。
- **定制服务**：针对客户提出的其他定制服务，例如，更改智能手机的开机画面等，可以采用成本定价方法，即将定制内容进行分类，按不同类别，根据工作量大小进行定价。

根据产品的定价策略，需要市场工程师收集价格相关信息，包括产品的成本、竞争对手的定价、客户的价格预期等，以帮助企业确定合理的价格。

基于收集的信息，将产品定价分为三部分，即标准设备定价、标准化定制服务定价、非标准化定制服务定价。

1. 标准设备定价

- 报价项：软硬件一体的终端设备（手机）。
- 量纲：台。
- 定价：每一款标准手机的具体价格。例如，1 台非智能手机定价 500 元。

销售工程师报价的时候，将采购数量和设备单价相乘，即可获得总价。

2. 标准化定制服务定价

- 报价项：收集整理常见的定制内容，并进行标准化处理，例如，硬件商标定制、软件商标定制、颜色定制、包装定制、语言定制、主板定制等。
- 量纲：项。
- 定价：每一个定制项目的具体价格。例如，硬件商标定制费 5 万元，软件商标定制费 3 万元。

销售工程师报价的时候，提供给客户可定制清单，客户根据可定制清单进行选择，然后销售工程师将客户选择定制的项目汇总，给客户进行报价。

3. 非标准化定制服务定价

- 报价项：软件特性开发。
- 量纲：工作量。例如，以“人天”衡量开发此特性需要的工作量。
- 定价：工时费率。例如，普通工程师 1 人天定价 1000 元，高级工程师 1 人天定价 2000 元。

销售工程师报价的时候，先由研发工程师估计软件特性开发工作量，然后基于工作量计算定制价格，最后再给客户进行报价。

7.5 生命周期管理：通过产品运营，达成商业目标

7.5.1 生命周期简介

产品经理需要对产品的整个生命周期，即产品的生老病死负责，因此生命周期管理也是需要探讨的内容。在集成产品开发（IPD）中，产品生命周期是指产品上市到产品退出市场的过程。根据产品生命周期理论，这一过程通常包括四个阶段，即引入期、成长期、成熟期和衰退期，如图 7–13 所示。

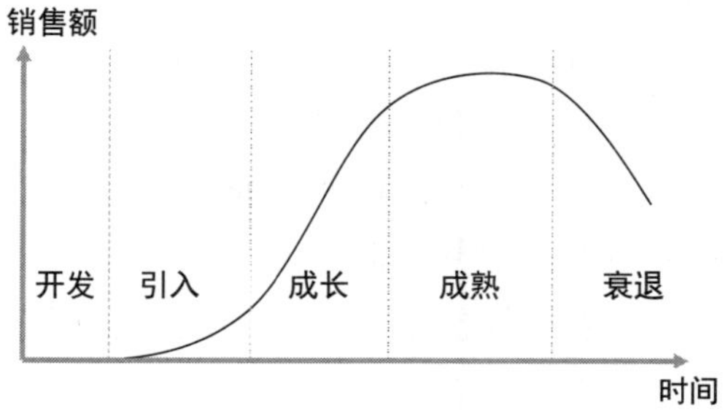

图 7–13 产品生命周期示意图

在产品生命周期阶段中，产品线通过持续地销售和运营产品，帮助客户解决问题，获取收入和利润，从而达成企业的战略目标，实现产品的商业成功。产品生命周期阶段是产品变现、实现商业目标的阶段。如果产品不能实现上市销售，那就不能给企业带来价值，前期所有的付出都将变得没有意义。因此，生命周期阶段对产品至关重要。

在产品生命周期阶段，产品经理需要重点关注与产品密切相关的重大调整和改进，从而帮助达成产品收入和利润目标。主要包括三方面的管理工作，如图 7-14 所示。

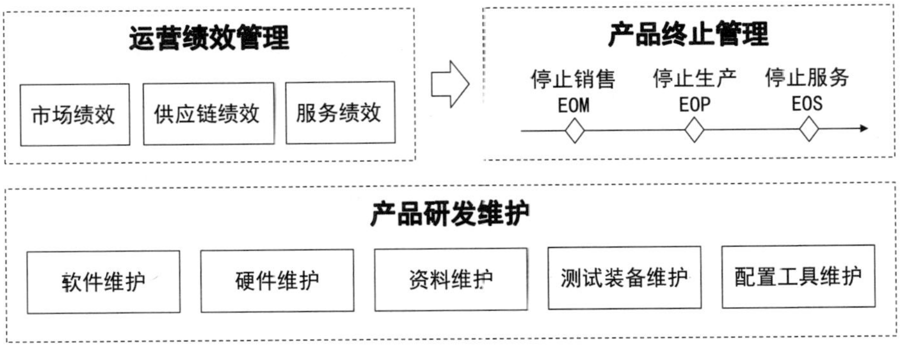

图 7-14 生命周期阶段主要任务示意图

- **运营绩效管理**：关注产品销售情况、供应链状况、售后服务状况等，需要对产品生命周期做定期回顾和总结分析。
- **产品研发维护**：为解决产品问题和缺陷而进行的产品技术更改和调整，例如，产品缺陷的修正、补丁版本的发布、技术支持等。
- **产品终止管理**：产品退市申请、退市方案制定及执行等。

接下来简单介绍这三部分的内容。

7.5.2 运营绩效管理

由于在生命周期各阶段产品所面临的环境和问题各不相同，因此，产品运营的目标和策略也存在很大的差异，产品生命周期管理团队（Lifecycle Management Team，LMT）需要根据市场情况及时调整产品策略，从而达到产品利润的最大化。产品生命周期各阶段的目标和策略简要汇总如表 7-14 所示。

在管理运营绩效时，可以利用产品生命周期检查表，通过月度绩效报告机制，定期审视、检查和监控产品的绩效和与目标的差距，从而制订业务调整计划，积极调整业务策略，实现商业目标。

运营绩效管理主要从市场、供应链和服务三个方面展开。

1. 市场绩效管理

市场绩效管理活动主要为：分析产品的销售情况，并进行产品市场推广、促销、

表 7–14　产品生命周期各阶段目标及策略表

阶段	产品目标	定价策略	分销策略	促销策略
引入阶段	建立品牌和质量标准；申请知识产权保护	渗透定价（获取份额）撇脂定价（快速盈利）	选择合适的渠道，培养种子客户	瞄准早期采用者，教育早期潜在用户
成长阶段	维持产品质量，增加特性和辅助功能	由于竞争少、市场增长快，因此，需要维持定价	随着认可产品的客户数量增加，同步增加渠道	瞄准更为广泛的客户群，开发普通大众客户
成熟阶段	由于竞争者变多，需要通过增加产品特性，实现差异化竞争	由于新的竞争者出现，需要调整价格，保持竞争地位	强化分销渠道，激励分销商，增加客户购买机会	强调独特的价值主张，强调产品差异
衰退阶段	维护产品质量，同时挖掘新用途	减少产品投入，降低成本，视情况调整产品价格	只投放于忠诚的利基细分市场	退出市场，或者将产品卖给别的企业

价格等方面的调整。主要目的如下。

- 评估产品的持续销售能力、盈利能力、库存以及迁移情况。
- 追求整个产品系列的利润最大化，避免杀鸡取卵、透支客户的行为。
- 当产品销量萎缩时，确定合适的时间停止营销，将市场让给下一代产品。
- 在停止营销之日，将各个渠道及企业的成品库存减少到最低水平。

2. 供应链绩效管理

供应链绩效管理活动主要为：分析产品在订单预测、物料采购、产能、库存、配送等方面的重大问题并进行调整。主要目的如下。

- 及时并高效地生产产品，支持营销计划，支撑产品销售。
- 通过管理产品生产绩效，达到业务计划的目标，降低产品的生产成本。
- 管理生产表现，优化生产工艺和产能，提高生产效率和产品质量，降低生产成本。
- 管理采购，优化采购策略，优化供应商组合，优化物料库存，降低供应成本。
- 在产品升级换代过程中，确保有足够的渠道库存，从而最大限度地减少对客户的影响。

3. 服务绩效管理

服务绩效管理的主要活动为：在服务巡检、重大售后问题解决等方面进行重大调整。

服务绩效管理的主要目的是：管理和监控产品的服务和支持，确保实现服务和支持目标，并确保有效地从市场上退出服务和支持。

另外，为了有效开展上述工作，企业和产品经理一定要注意以下事项。

主动运营：在运营过程中，需要主动分析客户的问题和诉求，主动服务客户，提升客户满意度，降低客户流失率。让客户参与到产品的设计、开发和推广中，帮助产品线更好地设计下一个版本或下一代产品。避免被动营销，被动服务客户。

以数据驱动运营：通过建立产品运营指标体系，收集和监控相关运营数据，进一步进行汇总、分析和挖掘，形成相关结论和指示，帮助产品经理做出正确的判断和调整。收集的数据可以来自财务、销售、生产、服务等部门，相关指标一般包括市场份额、市场占有率、销量、价格、利润、成本、重大质量问题数量、投诉率等。

建立 IT 系统：通过 IT 系统帮助收集和分析数据，通过 IT 系统固化流程经验，通过 IT 系统跟踪和闭环运营问题，确保问题能够得到有效解决，从而帮助产品上市后持续创造业绩，实现产品的商业目标。

从全局看问题：要算小账，也要算大账。影响产品运营的因素比较多，包括整个市场的情况、行业和竞争环境、产品系列的规划、客户需求的变化、技术的演进等。因此，在生命周期阶段，不能只局限于产品本身，还要从整个企业的角度考虑。例如，IPTV 解决方案虽然并不能给电信运营商带来直接的收益，但是 IPTV 解决方案帮助电信运营商提高了用户的带宽和流量的消耗，帮助电信运营商降低了用户离网率、增强了用户黏性，进一步帮助企业销售更多的服务器、存储和网络产品给电信运营商，因此，在 IPTV 运营过程中就需要重点关注产品的体验，即给电信运营商带来更多的用户数、更低的离网率，而不是 IPTV 解决方案本身的销售额。

7.5.3 产品研发维护

在生命周期管理阶段，生命周期管理团队对系统进行维护、控制产品缺陷、解决客户的技术问题，从而提升客户的满意度。具体的客户问题解决流程如图 7-15 所示。

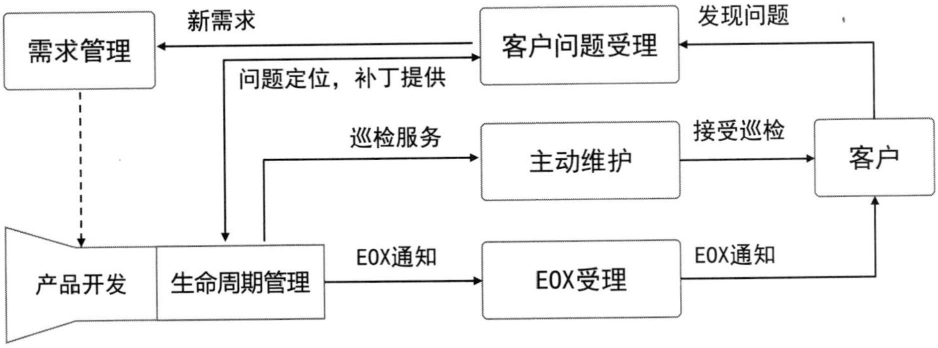

图 7-15 生命周期阶段客户问题解决流程图

- 当客户发现问题时，通过技术支持部门，获得技术支持服务。技术支持部门对问题进行初步的分析和定位。当确定客户问题是新需求时，通过需求管理流程提交新需求，由需求管理团队进行需求的分析和处理。当确定为产品缺陷时，提交给生命周期管理团队的开发扩展组，进行缺陷分析，并修复缺陷，例如，提供软件补丁、更换硬件单板等。
- 为了提高客户系统的稳定性，生命周期管理团队可以主动向客户提供例行巡检等维护服务，检查客户系统的运行状态，及时发现潜在问题，避免客户损失。

- 当产品需要进行 EOX 时，需要与客户进行 EOX 沟通，请客户做好 EOX 准备，例如，采购备件、进行系统升级等。

在生命周期阶段研发的主要关注点是：解决产品质量问题和持续更新，提升客户满意度；同时，监控产品绩效，持续降低产品成本，确保产品持续保持竞争力。产品研发维护流程如图 7–16 所示。

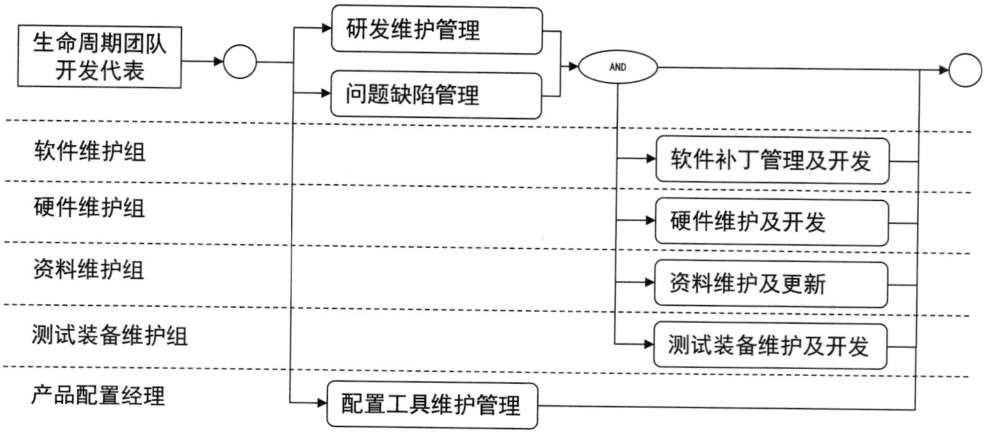

图 7–16　产品研发维护流程图

产品研发维护的主要活动如下。

- 问题和缺陷的修正，包括客户系统问题、生产制造问题、内部发现的问题等。
- 软件补丁的开发，包括功能修复补丁包、安全问题补丁包等。
- 产品资料的维护和更新，主要针对资料描述不清晰、与产品特性不匹配等问题。
- 为市场、销售、生产等各职能部门提供技术支持。

需要说明的是，产品维护阶段不开发新特性，仅仅是对现有特性进行缺陷修正。这样做既可以帮助企业有机会获得未来的收益，也可以降低客户系统环境的复杂度，还可以帮助企业有效规划和管理产品，统一产品版本，减少产品型号，降低版本碎片化程度，减少研发的版本维护成本。如果客户需要新的特性，建议客户采用新的版本，避免产生过多的客户定制版本。

7.5.4　产品终止管理

随着时间的推移和技术的进步，老产品的竞争力会越来越不足，既无法持续满足客户的需求，也不能与采用新技术的新产品正面竞争。因此，当产品的销量不足以支撑其业绩目标时，企业就可以考虑启动产品终止管理。产品终止后，可以使用新的版本或新的产品进行替换。

产品终止管理分四个阶段，分别是 EOM、EOP、EOFS、EOS，如图 7–17 所示。

产品终止管理相关阶段解释如表 7–15 所示。

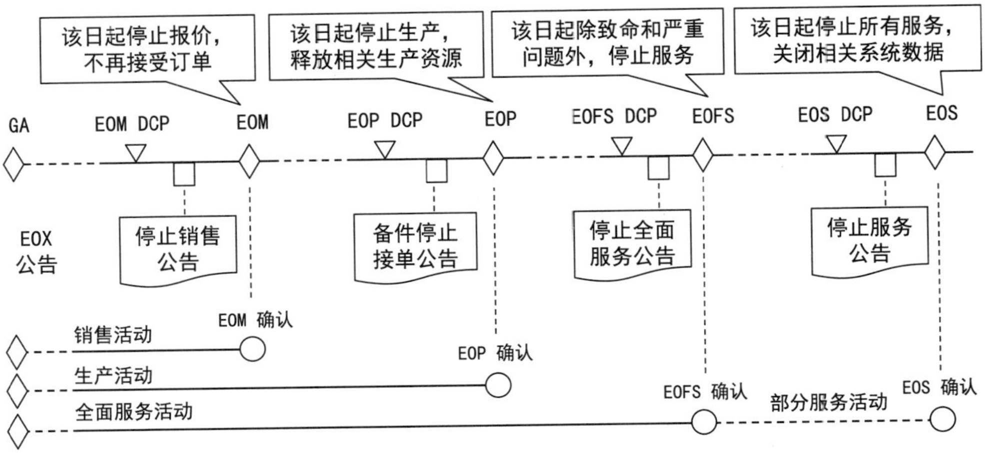

图 7-17 产品终止流程示意图

表 7-15 产品终止管理阶段表

阶段	英文解释	简称	阶段定义
停止销售	End of Marketing	EOM	停止客户下单采购的日期。该时间点后，不再接受客户订单，包括备件订单
停止生产	End of Production	EOP	产品完成最后一次制造，正式停止生产的日期，并正式释放生产资源。该时间点后，备件也停止生产，渠道需要提前备货
停止全面支持	End of Full Support	EOFS	产品停止全面服务的日期。该时间点后，除致命和严重问题外，其他问题不再支持
停止服务和支持	End of Service & Support	EOS	产品全面停止服务的日期。该时间点后，所有服务都不再提供，建议客户在此时间前升级到新版本或新产品

在每一个终止管理阶段，通常有两个步骤，即终止公告和终止确认。

- **终止公告**：通知客户产品 EOX 的时间和计划，请客户做好相关准备。为了提升客户的满意度，发布产品 EOX 公告一般提前至少 6 个月。同时，对于产品线较多的企业，建议采用固定时间统一公告，例如，每年 6 月 30 日和 12 月 30 日，统一公告所有产品的 EOX，避免给客户带来烦扰。发布 EOX 公告后，销售工程师需要与客户进行深度沟通，尽量减少客户损失，同时挖掘升级替换的销售机会。
- **终止确认**：根据销售工程师与客户沟通的反馈，企业内部正式确定产品 EOX 的时间和计划，并正式启动 EOX 项目。

具体的产品终止管理流程如图 7-18 所示。

当生命周期管理团队确定产品运营绩效无法满足目标要求时，就可以启动 EOX 决策评审。EOX 决策评审通过后，根据 EOX 决策评审的决议，制订 EOX 项目计划，并实施 EOX 项目。在产品 EOX 过程中，也需要从市场、供应链和服务三个角度展开，其主要的工作如下。

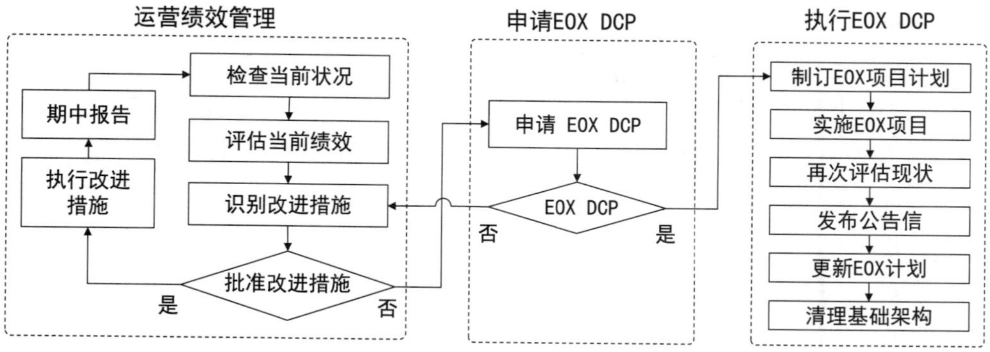

图 7-18 产品终止管理流程图

1. 市场方面

- 启动停止销售（EOM）流程，通知所有相关部门，组织 EOM 汇报材料，并提供决策建议，进行 EOM 决策评审。
- 根据 EOM 决议，调整产品销售策略，及时通知客户正式的产品 EOM 时间，并与客户进行充分沟通，提醒客户进行备件采购或系统升级，减少客户损失。

2. 供应链方面

- 组织输出停止生产（EOP）汇报材料，执行 EOP 决议，拟定停止生产通知，并知会给所有受影响的部门。
- 根据 EOP 决议，正式停止生产，并在产品信息库中更新产品状态信息。
- 消耗多余的物料和原材料，或将多余的物料转交给其他产品或部门使用。
- 整理需要报废的部件的清单，并进行报废处理。

3. 服务方面

- 支持 EOX 决议，落实停止服务和支持（End of Service & Support，EOS）服务策略，落实 EOX 备件需求和备件储备。

另外，对于不同行业、不同产品，生命周期的长度不尽相同，没有一个固定的值。技术更新迭代速度快的产品生命周期会比较短，反之则相对较长，但是一般不会超过 5 年。通常来说，软件类产品生命周期相对较长，一般是 3~5 年；手机和电脑等产品生命周期一般是 1 年左右；生产制造设备生命周期会相对长一些。

7.5.5 生命周期管理团队

生命周期管理由生命周期管理团队（Lifecycle Management Team，LMT）负责。生命周期管理团队（LMT）专注于管理产品的市场表现和终止生命周期活动，包括针对细分市场组合中的硬件、软件和服务产品，及时并有效地进行终止生产、营销、销售支持、客户服务和支持等活动。

生命周期管理团队（LMT）管理并报告细分市场的业务绩效和表现，并与业务部门的业绩目标进行对比分析，分析目标差距，提交合适的改进建议，进行调整和改进，确保取得最优的组合业务绩效，汇报内容包括进度、资源、销量、定价、条款、退出、新产品等。

对于组合中的每个产品包，生命周期管理团队（LMT）同时管理并汇报三项活动：生产制造、营销和销售、客户服务和支持。在这些管理和汇报活动中，生命周期管理团队（LMT）将对比每个产品包的 DCP 承诺、衡量表现、评估变化影响、给出纠正措施建议、执行批准的纠正措施并监控结果。

生命周期管理团队（LMT）的管理活动还包括评审 EOX 计划中的停止生产、停止营销和销售、停止客户服务和支持目标，准备并汇报 EOX 决策评审点评估和建议，以及执行，直到停止生产、停止营销和销售、停止客户服务和支持。

生命周期管理团队（LMT）是一个跨部门团队，负责从全局的角度处理问题和机会，确保有效地将各成员所代表的各功能领域的活动汇总，从整体考虑产品运营问题。相关的角色和职责如下。

- LMT 经理：领导团队完成生命周期阶段的所有活动和交付件。
- 营销代表：营销和销售的接口人。
- 研发代表：产品包所需硬件和软件开发的接口人。
- 制造代表：产品包所需硬件和软件生产和订单履行流程的接口人。
- 采购代表：组合中所有产品包所需所有采购流程的接口人。
- 技术支持代表：所有技术支持部门的接口人，职责包括维护、使用和问题支持。
- 财务代表：细分市场和具体产品包所需所有财务支持流程的接口人。

7.5.6 生命周期管理实践案例

本节将以智能手机生命周期管理为例，介绍产品生命周期管理，帮助读者理解。

在产品任务书开发的时候，需要初步制订产品的生命周期计划，包括手机的上市日期、退市时间、预期销量等。

- EOM 日期：企业每年发布一款新手机，在新手机发布后，及时停止老款手机的销售，因此，EOM 日期确定为产品一般可获得性（GA）评审通过后 1.5 年内。
- EOP 日期：考虑到手机产品可替代性强，可以直接使用新款手机服务客户，因此，在产品 EOM 后，即可停止生产。即 EOP 时间为 EOM 后 1 个月内。
- EOFS 日期：对于一般用户而言，2 年会更换一次手机，因此，EOFS 时间可以设定为 EOM 后 6 个月内。
- EOS 日期：考虑到大部分用户使用手机不会超过 3 年，因此，EOS 时间设定为 EOFS 后 12 个月内。

在产品上市后，每周监控手机销量，及时调整手机的产能和价格。

- 当手机供不应求时，需要及时加大产能。
- 当销售不乐观时，需要及时分析原因，进行相关的营销和推广活动，完成既定的销售任务。

- 如果确实产品设计不合理，可能需要加快新产品的研发节奏，及时推出新产品，避免客户流失，确保市场份额。
- 当新产品发布以后，需要及时调整旧款手机的产能，并根据 EOX 计划，使其逐步退出市场。

7.6 常见问题探讨

1. MPP 流程和 MTL 流程是否都需要?

一般来说都是需要的，MPP 和 MTL 是从两个不同的角度来分析和管理营销工作，二者相辅相成，共同完成营销工作，实现产品的商业目标。

当然，也存在一些特殊情况，需要区别对待。举例如下。

一家有稳定销售渠道的生产制造型企业，其主要业务是为下游几家企业生产一些关键部件。那么，这家企业的重点是落实 MPP 流程，确保向客户提供完整准确的产品资料，确保产品能够及时、准确、高质量地交付，维护好客户关系。

而另一家 IT 系统集成商，其本身没有产品，主要业务为向客户提供系统集成服务。那么，这家企业需要重点落实 MTL 流程。通过市场洞察和市场管理，选择合适的细分市场；通过集成合作伙伴的能力，与合作伙伴一起为客户构建解决方案；同时，进行销售赋能，挖掘线索，向客户交付价值。

2. 市场和销售是否需要分离?

随着企业规模的扩大，大部分企业都会逐步进行专业分工，提升专业能力，从“一人多岗”转变为“一人一岗”，确保每个岗位都能够实现专业能力的积累。同时，逐步让企业从“游击战”转变为“大兵团、多兵种”联合作战，这样作战时能够根据战场实际情况实施快速精准打击，从而确保企业赢得战争的胜利。

因此，对于市场和销售是否需要分离，需要根据企业所处的阶段进行确定。

当企业处于初创期时，由于没有足够的人力，通常会将市场和销售作为一个部门，这不仅可以节约人力，还可以降低沟通成本，提高工作效率。

当企业发展到一定规模时，就需要独立的部门从全局角度思考营销的问题，因此，通常需要将市场和销售分离。市场部通过挖掘产品需求，提升产品竞争力；通过开展品牌营销活动，提升产品形象；通过构建营销武器库，提高销售效率；通过挖掘销售线索，指引销售目标和方向。而销售部则通过与客户的沟通，完成具体的销售任务。

3. 市场部通常有哪些职责?

在大部分企业中，市场、营销、销售主要涉及的职责如下。

- **产品规划**：制定产品的战略、路标和商业计划，进行需求分析等工作。产品规划团队类似于参谋部、智囊团。
- **产品上市**：完成产品上市计划的制订、营销工具的开发、商业解决方案的设计、灯塔项目的拓展等工作。产品上市团队为销售人员提供兵工厂、武器库。

- **品牌营销**：负责产品的品牌营销工作，例如，参加展会、展厅建设、媒体宣传、官方网站建设、数字化营销等。品牌营销团队是产品的外交发言人。
- **产品销售**：开展产品的销售工作，通过销售活动，将商机转换成合同。例如，大客户直销、渠道建设等。产品销售团队是一线作战部队，负责攻克山头，拿下阵地。

市场部工作范围如图 7–19 所示，其中，实线框为市场营销涉及的职责，虚线框为其他相关职能。

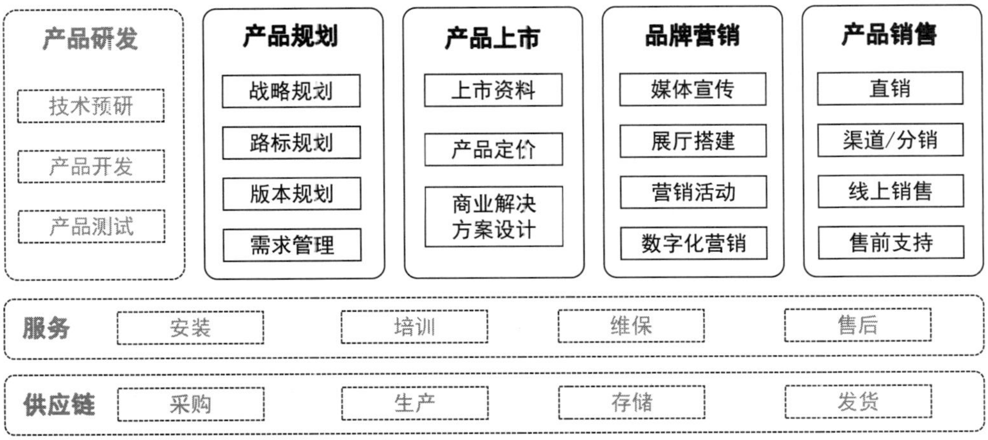

图 7–19　市场部工作范围示意图

根据企业规模大小和商业模式要求，不同的企业将上述职责进行了不同的组合，形成了不同的部门，常见的组合模式有六种，如表 7–16 所示。

表 7–16　市场部分工组合表

模式	产品研发	产品规划	产品上市	品牌营销	产品销售
模式 1	研发部		市场销售部		
模式 2	研发部		市场部		销售部
模式 3	研发部		市场部	销售部	
模式 4	研发部	市场部			销售部
模式 5	研发部	营销工程部		品牌营销部	销售部
模式 6	研发部	规划部	市场部	品牌营销部	销售部

4. 销售团队执行什么流程?

销售团队主要执行线索到回款（Leads to Cash，LTC）流程，即通过销售运作，将线索逐步转变为合同，最后落实交付和回款。主要包括线索管理、机会点管理、合同管理、商务授权管理等几大模块。有兴趣的读者可以阅读基斯 · M. 依迪斯的著作《新解决方案销售》。

5. MTL 流程与 LTC 流程如何协作?

通常意义上，MTL 流程负责挖掘线索，LTC 流程负责合同签订和回款。

- 市场营销团队根据 MTL 流程的指导，通过各种营销活动和营销手段，寻找和激活潜在买家，挖掘销售线索。
- 市场营销团队挖掘到销售线索后，提交给销售团队，由销售团队实现合同签订。
- 销售团队根据 LTC 流程的要求，负责将线索转换成合同，即通过销售工程师的促销活动，完成线索培育、招投标、合同谈判、合同签订，并最终完成价值交付和回款。

6. PDT 与 LMT 是否可以合并?

与“市场和销售是否需要分离”的问题类似，当企业规模扩大时，通常会逐步进行专业分工，建设和积累专业能力。

对于规模较小的初创企业来说，出于对人力成本、产品规模等因素的考虑，可以将 PDT 和 LMT 合并，由一个团队负责所有的活动。

当企业发展到一定规模后，可以将 PDT 和 LMT 进行分离。PDT 和 LMT 分离后，PDT 可以专注于新产品开发，确保产品持续领先；LMT 负责产品运营，负责实现产品的商业目标；再建设一个技术开发团队（TDT），形成“**预研一代（TDT）、开发一代（PDT）、销售一代（LMT）**”三代同堂的产品格局，持续保持企业的竞争力。

7. PDT 与 LMT 是如何配合的?

从规则上来说，SPDT 负责对产品整体经营结果负责，PDT 负责开发出有竞争力的产品，LMT 负责做好产品的经营，例如，问题修复、客户满意度提升等，如图 7-20 所示。

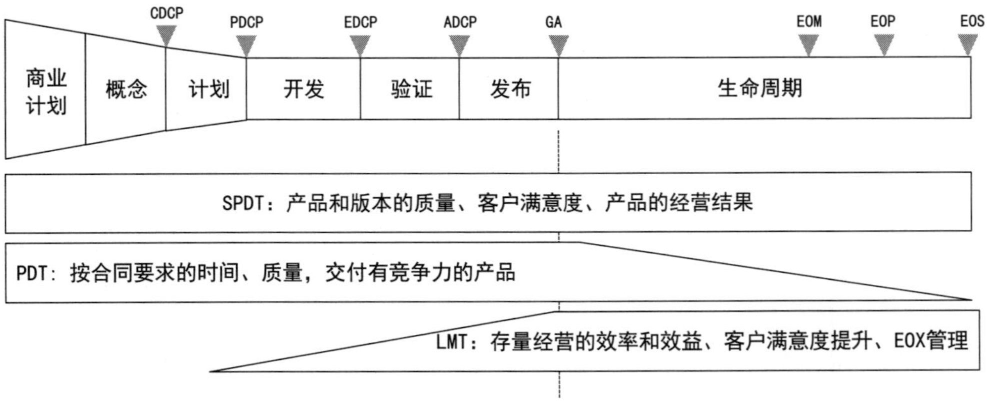

图 7-20　PDT 与 LMT 关系示意图

当 PDT 完成产品开发，产品质量达到上市要求后，就开始向 LMT 团队进行移交，具体工作包括以下方面。

- 移交产品包交付件、运营绩效目标、营销计划、生命周期计划等。
- 进行销售导入、服务导入、制造导入等工作。

8 研发能力管理

本章主要介绍企业研发能力管理，内容包括创新管理、版本管理、产品数据管理、成本管理、质量管理、项目管理等。

本章核心内容

- 创新管理：通过不断挖掘客户的需求，使用创新的方案，为客户提供物美价廉的产品和服务，解决客户的痛点和问题，持续赢得客户的青睐。
- 版本管理：通过版本管理，保证系统的正确运行，避免因各模块版本不配套而导致系统不能正常运行，同时给企业创造额外价值。
- 产品数据管理：通过对产品数据的管理，提升企业的运营效率，降低运营成本，提高产品质量。
- 成本管理：全生命周期设计和优化产品成本，包括设计、采购、生产、运输、交付、售后服务、管理、用户的采购和使用成本等，确保产品成本全局最优。
- 质量管理：通过质量三部曲“策划、控制、改进”，实现研发的全面质量管理。
- 项目管理：通过项目管理机制，提升工作效率、产品质量、目标达成率，降低项目成本。

本章内容在集成产品开发（IPD）体系中的位置如图 8-1 所示。

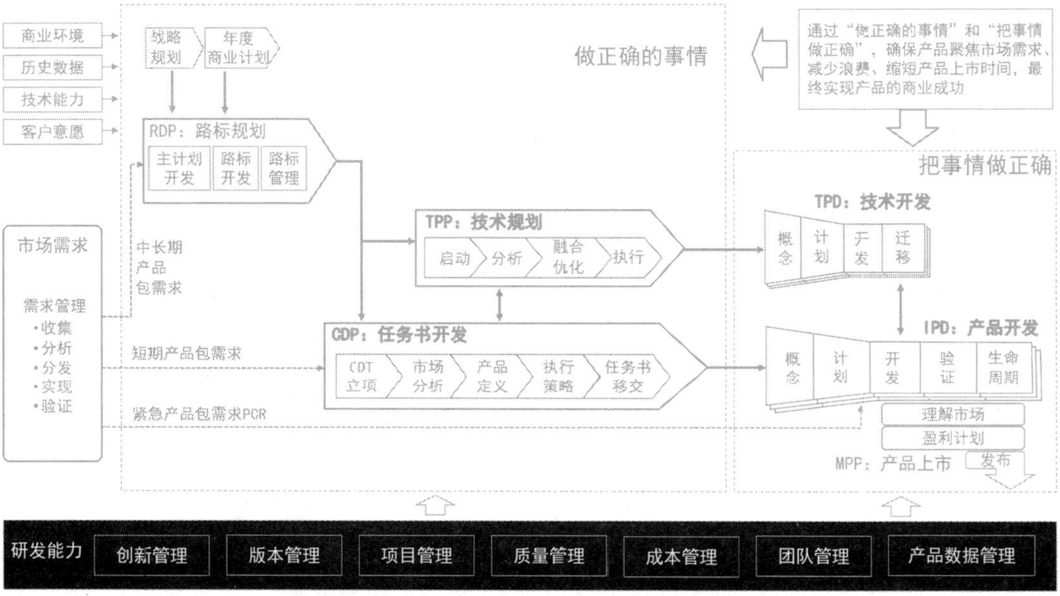

图 8-1　研发能力管理在 IPD 中的位置

8.1 创新管理：挖掘客户的需求，提出创新的方案

8.1.1 创新的定义

学术界公认的创新定义为：创新是一种突破现有环境、创造新事物的行为，指以现有的思维模式为基础，以提出有别于常规思路的见解为导向，利用现有的知识和物质，在特定的环境中，本着满足社会需求的目的而改进或创造事物、方法、元素、路径、环境，并获得一定有益效果的行为。

根据这个定义，笔者认为，创新的价值是满足客户的需求，本质是厚积薄发和容忍失败。例如，爱迪生曾说："我并没有失败了 8000 多次，我只不过是证明了 7600 多种材料不适合做灯丝而已。"如果没有 8000 多次的试验积累，是很难找到合适的灯丝材料的；如果不能容忍 8000 多次的失败，也无法达到最终目标。所以，创新的本质是厚积薄发和容忍失败。

创新对于企业来说至关重要，企业只有持续不断地创新，才能持续不断地保持竞争力，在商业竞争中不被淘汰。企业在经营过程中，可以从理念、管理、产品、技术、商业模式等维度进行创新，具体如下。

理念创新：在企业的管理理念、经营理念、生产理念等方面，探索新思路、新方法、新举措，从而使企业能够跟上时代的发展和环境的变化。例如，企业经营理念从股东价值最大化转变为企业共享价值最大化，可以很好地指导企业积极研发绿色环保产品、提升员工福利待遇、与合作伙伴共赢等，为企业、员工、合作伙伴和整个社会创造新价值。理念创新是企业各项创新的前提。

管理创新：在管理中广泛引入新方法、新技术进行创新。通过管理创新，企业可以重新整合人才、资本、技术、产品等要素，优化企业的业务流程，提高企业的效率，降低企业的管理成本，从而进一步增强企业的竞争力。例如，企业通过流程变革，建设流程型组织，提高企业的研发和生产效率等。管理创新是企业各项创新的基础。

产品创新：通过不断挖掘客户的需求，使用创新的方案，为客户提供物美价廉的产品和服务，解决客户的痛点和问题，持续赢得客户的青睐。例如，在非智能手机时代推出智能手机，同时满足客户通信、办公、娱乐的需求。产品创新是企业创新的落脚点，只有通过产品创新，创造更能满足客户需求的产品和服务，才能为企业带来持续的收入，保证基业长青。

技术创新：通过研发和使用新的技术，确保企业生产的产品能够持续保持竞争力。例如，通过新技术实现空调每晚只需一度电，保证每个客户买得起、用得起空调。技术创新是企业创新的核心，只有掌握最新最先进的技术，才有可能研发和生产出最物美价廉的产品，提供最优质的服务。

商业模式创新：通过对产品、服务、品牌、营销等不断优化和改进，持续优化企业的商业模式，从而达到企业的服务品质最优、企业价值最大化、客户满意度最大化，

进而提高客户忠诚度，提高企业对市场风险的抵抗能力。例如，企业从传统的线下销售扩展到线上线下融合，实现线上引流、线下服务，帮助企业扩大市场范围。

8.1.2 产品创新流程

产品创新流程分四步，分别是收集、立项、评审、概念测试，如表 8–1 所示。

表 8–1 产品创新流程

1. 收集	2. 立项	3. 评审	4. 概念测试
• 客户需求 • 市场和客服 • 竞争对手 • 研发工程师 • 公开资料 • ……	• 目标客户 • 客户关键挑战 • 主要竞争对手 • 解决方案构想 • 客户价值 • 核心关键技术 • 差异化竞争点 • ……	• 需求程度 • 竞争程度 • 战略匹配 • 重要程度 • 壁垒程度 • ……	• 市场验证 • 客户拜访 • 问卷调查 • MVP 验证 • ……

接下来简单介绍各步骤的内容。

1. 创新需求收集

创新需求无处不在，但由于信息交流不够通畅，通常比较难被发掘。例如：一般情况下业务人员懂业务，但对技术的了解不够深入；技术工程师精通技术，但对业务的了解不太全面。因此，只有业务人员和技术工程师进行思维碰撞，才可以发现创新需求和方案。所以，在创新管理实践过程中，可以使用客户需求分析、竞争分析、技术分析、创新方法等工具和方法，帮助企业收集和挖掘创新需求。针对这些常见的创新需求收集方法，简单分析如下。

（1）**通过客户需求分析寻找创新机会。**通过挖掘客户未被满足的需求，分析需求背后的原因，设计出更好的满足客户需求的方案，从而发掘创新机会。例如，从需求的“重要性”和“满意度”两个维度去分析客户需求，重新设计“对客户非常重要但是不满意”的产品，满足客户的需求，如图 8–2 所示。

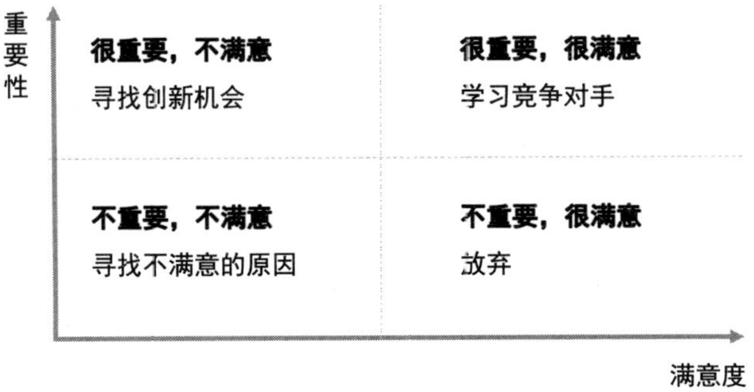

图 8–2 通过客户需求分析寻找创新机会

举个例子：视频会议对企业交流非常重要，可以有效提高企业的沟通效率，降低企业的沟通成本，避免“开会10分钟，交通花3天”的尴尬问题。但是早期的视频会议系统在使用前基本上都需要注册账号、安装客户端或者设备，并且没有办法邀请企业外的人员加入会议，使用起来非常麻烦，体验非常差，对应图8–2的“很重要但不满意”。基于这种情况，Zoom公司打算开发一款新的视频会议产品，在满足客户的视频会议需求的同时，提升客户满意度（无须注册、支持外部会议等），于是Zoom就诞生了，很好地满足了广大企业的需求，成功实现了产品创新。

（2）**通过竞争分析寻找创新机会**。通过对竞争对手的分析，在客户需求程度高的方向上进一步挖掘解决方案，创造出更有竞争力、更好地满足客户需求的产品，实现产品创新，赢得客户。通常可以从“客户需求度”和“竞争优势”两个维度去分析竞争情况，重点关注“客户需求度高但是自己缺乏竞争优势，甚至是能力缺失”的部分，对其进行创新和改进，如图8–3所示。

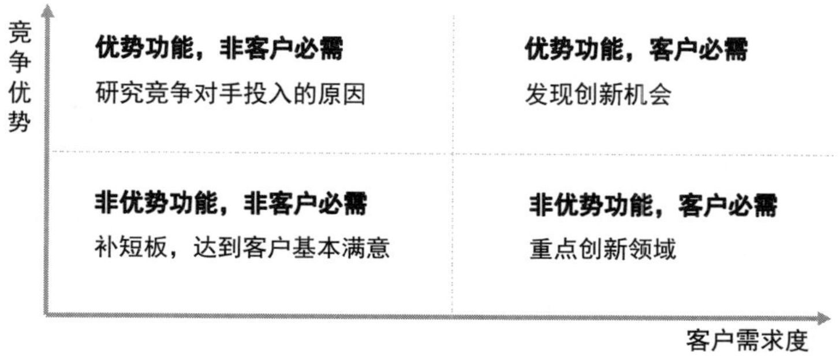

图8–3 通过竞争分析寻找创新机会

举个例子：目前智慧园区的建设需求很旺盛，但是智慧园区建设过程中存在较多的功能定制，大部分厂商都做得不是很好。如果企业能够标准化智慧园区的基础需求，构建智慧园区基础应用平台，并在基础应用平台上利用低代码技术，实现快速、高效、低成本地交付智慧园区个性化需求，那么就能更好地提升智慧园区的客户体验，获得客户的青睐。

（3）**通过技术分析寻找创新机会**。通过持续关注领域内的技术趋势，研发和使用新技术，进行技术创新，从而为客户提供更好的产品和服务，满足客户的需求。例如，通过对“技术成熟度曲线”（技术S曲线）的分析，确认技术的发展潜力，提前布局，进行技术突破，从根本上创造有竞争力的产品。同时，通过选择、开发、积累、利用技术资源和技术能力，持续保持或提高企业核心竞争力，如图8–4所示。

（4）**使用创新方法寻找创新机会**。企业还可以运用一些常见的创新方法，帮助分析现有的产品和技术，挖掘创新需求，主要的创新方法如下。

- **奔驰法（SCAMPER）**：是一系列激发创新的行为的集合，特别适用于修改现有产品或制造新产品的情况，有助于产生创意。SCAMPER是一系列行为的英文首字母的缩写，包括替代（Substitute）、合并（Combine）、调整（Adapt）、

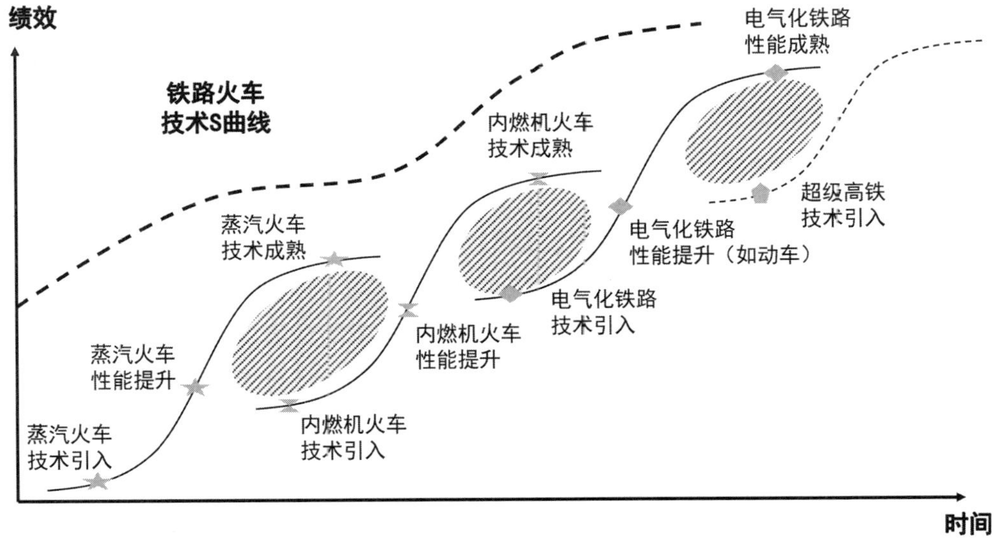

图 8–4 通过技术分析寻找创新机会

改造（Modify）、改变用途（Put to another use）、去除（Eliminate）、逆向操作（Reverse）。例如，通过优化非智能手机创造出智能手机，包括用软键盘替代了实体键盘（S）、合并了显示和输入功能（C）、调整了显示屏的大小（A）、改造了手机应用软件的安装方式（M）、改变了手机的用途（用于学习和娱乐）（P）、去除了实体键盘（E）等，使得新的手机大受欢迎。

- **头脑风暴**：通过一群人自由发表自己的看法，寻找和发现创新机会。在进行头脑风暴的时候，鼓励人们提出创意，拒绝批评。通常会合并、完善多个创意，或创造出另一个好创意。
- **思维导图**：运用图文并重的技巧，将各级主题之间的关系用相互隶属与相关的层级图表现出来，在主题关键词与图像、颜色等之间建立记忆链接。
- **故事板**：通过开发故事，寻找创新机会。故事一般从“用户如何使用产品”开始，以便更好地分析可能的产品设计属性。
- **六顶思考帽**：根据思维模式的不同，划分出六种明确的角色和职能，团队所有成员按一定的规则分别从每种角色和职能出发分析和思考问题，积极寻求问题的答案，避免不必要的争议。每种角色和职能对应一个颜色的“思考帽”，即六顶思考帽。运用六顶思考帽，可以将混乱的思考变得更清晰、有条理，使团体中无意义的争论变成集思广益的创造，使每个人变得富有创造性。六种颜色分别是：白色——关注事实、黄色——关注利益和价值、黑色——关注问题或缺陷、红色——关注情感（喜欢 / 不喜欢）、绿色——负责创意、蓝色——负责控制。
- **优劣势分析（SWOT）**：一种结构化的优劣势分析方法，主要包括优势（Strengths）、劣势（Weaknesses）、机会（Opportunities）和威胁（Threats）。通过对 SWOT 的分析，发挥自身的优势，找出新的机会，同时弥补自身的劣势，规避相关的威胁。

- **大环境分析法（PESTEL）**：一种结构化的宏观环境分析工具，分别从政治（Political）、经济（Economic）、社会（Social）、技术（Technological）、环境（Environmental）和法律（Legal）五个因素分析宏观环境及其变化，找出新的机会，或者识别宏观环境对产品创新的影响。
- **专家调查法（Delphi）**：一种预测未来趋势的方法，通过一组专家对问题进行反复分析和预测，最后达成共识，从而得出对未来情况的最可靠预测。例如，向专家小组发出匿名问卷，然后统计匿名问卷的反馈，并分享给小组专家，如果专家结论不一致，则需要再次发出问卷、统计、分享，直到所有专家都达成共识。
- **创新性解决问题方法（TRIZ）**：TRIZ是苏联科学家阿利赫舒列尔于1946年创立的，是一种不基于直觉而基于逻辑和数据的问题解决方法，该方法能提高项目团队创造性地解决问题的能力，是一种可预期、可重复、可靠的方法。
- **基于问题的思维**：在创意/概念生成阶段使用的一项技术，基于问题来找到解决客户问题的方法。
- **客户价值树**：一种用来了解客户需求和希望的工具，侧重于客户所关注的价值部分。

出于篇幅考虑，本书只是罗列了这些常见的方法，对于每种方法详细的使用技巧和注意事项，读者可以查阅相关资料。

2. 创新方案立项

在收集创新需求后，需要对创新需求进行进一步的分析和评估，以确认创新是否值得投资，需要投入多少资源，以及预计产生什么样的效果。企业可以通过创新立项申请的方式来对创新需求进行管理。即：创新提出人将创新需求形成一个简单的汇报材料，整理创新方案构想，向相关投资部门进行汇报，如果创新立项汇报通过，则创新提出人可以获得相应的资源，启动创新项目。创新汇报材料的内容包括以下方面。

- 目标客户（群）：目标客户是谁？
- 客户关键挑战：客户遇到了什么问题和挑战？
- 主要竞争对手：目前市面上有哪些解决方案提供商？他们都提供了什么？
- 解决方案构想：解决方案大致的构想是怎样的？
- 客户价值：价值主张是什么？给客户带来什么价值？
- 核心关键技术：核心的关键技术在哪里？有没有壁垒？
- 差异化竞争点：与竞争对手相比，差异点在哪里？

3. 创新方案评审

针对创新项目，企业可以成立一个创新需求评审委员会，负责指导员工进行创新，评审创新的内容，确认创新项目的价值。不同的企业可以根据自身的实际情况，设计合适的创新方案评价指标。通常来说，主要评价指标包括以下几个。

- **需求程度**：是否是客户的刚需，需求的频度高不高。在实践过程中，通常优选高频度的刚需进行创新，同时也需要考虑长远的发展。

- **竞争程度：** 竞争是否激烈，是否为垄断竞争，企业是否有能力在竞争中胜出。通常来说，优选竞争强度较低、企业竞争力较强的方向进行创新。
- **战略匹配：** 创新方向与企业战略是否匹配。优选与企业战略匹配的创新项目，确保企业资源能够被最大化利用，不在非战略战场上浪费资源。
- **重要程度：** 创新方向是否重要，能否给企业和客户带来巨大的价值。不要在不重要的事情上浪费时间。
- **壁垒程度：** 创新是否能够产生一些行业或技术壁垒，避免被竞争对手轻易抄袭或超越。同时，还需要考虑在创新方向上是否存在壁垒，阻碍企业创新的实现。

4. 创新方案验证

当创新项目评审通过后，可以成立项目组，启动创新项目孵化。孵化期创新团队主要的工作内容如下。

（1）完成创新项目客户交流材料的编写。

（2）寻找种子客户，进行需求和方案验证。

（3）开发最小化可行产品（Minimum Viable Product，MVP），验证产品可行性。

创新方案验证可行后，可以成立产品团队，启动正式的产品开发和运营，进行商业化运作。

8.1.3　构建创新文化

创新文化是企业创新的基础，只有构建创新型的组织，发展创新文化，才能真正落实产品和业务创新，如图 8-5 所示。

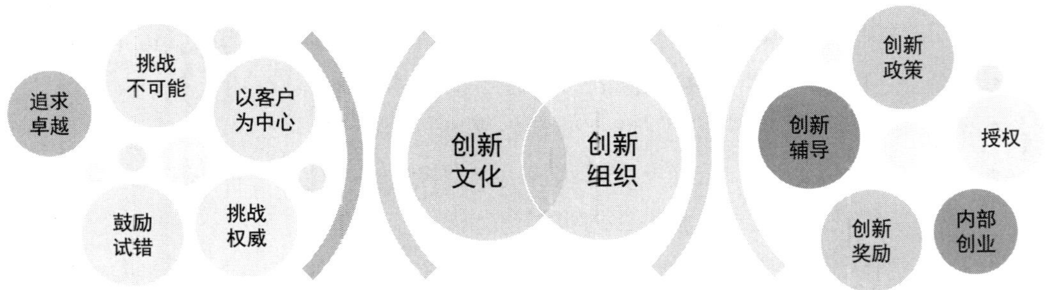

图 8-5　创新文化建设

创新文化建设可以从组织层面和文化层面进行考虑。

- 在组织层面，可以颁布创新政策、提供创新奖励、进行创新辅导、充分授权创新团队进行创新探索，这样才可以更好地进行创新。
- 在文化层面，需要宣传以客户为中心、鼓励试错、挑战权威、挑战不可能、追求卓越的创新文化，让每个员工都参与创新，形成整体创新氛围。

8.2 版本管理：确定版本规则，确保持续有序演进

8.2.1 版本管理简介

在现实生活中，版本管理无处不在，软件有版本、硬件有版本、纸币有版本、文档也有版本，甚至连书籍和电影都有版本。究其原因，主要是由于产品在设计和开发过程中，需要不断进行优化和修正，这样才能确保产品更好地满足客户不断变化的需求。所以，需要通过版本来管理这些优化和修正。除此之外，版本管理还可以保证系统的正确运行，避免因各模块版本不配套而导致系统不能正常运行。另外，企业还可以按版本销售产品，给企业创造额外价值。

在产品开发过程中，版本管理的价值如表 8–2 所示。

表 8–2 版本管理的价值

目标对象	版本管理的价值
最终用户	• 可以根据版本判断产品的功能和性能，确认购买和使用正确的产品 • 可以按版本采购，减少采购支出，更容易获得采购预算
市场营销	• 可以将产品按版本销售，而不是要求一次买断，有利于产品成交 • 可以按版本不断推出新特性，持续与客户保持沟通
研发交付	• 产品研发的时候，可以根据版本判断功能模块的架构、外部接口、特性等，从而保证产品能够正确实现 • 解决方案交付的时候，可以根据版本选择正确的配套部件，确保系统能够正确运行 • 产品升级的时候，可以通过版本号选择正确的升级规则和流程

版本管理非常重要，但是很多企业在版本管理上却做得不尽如人意，有的企业甚至连有效的版本命名规则都没有，版本的发布也非常随意。常见的版本管理问题如下。

1. 版本规则中常见的版本问题

- 版本命名规则混乱，不能见名知义，不利于业务系统识别各个版本之间的兼容性、配套关系，容易出现版本配套错误，不利于系统维护。
- 版本规则不清晰，没有区分大版本、小版本、补丁版本，所有的开发工作混在一起进行，包括架构升级、新技术引入、新特性开发和缺陷修复等，所有的更新都混在一个版本发布，导致版本质量始终不稳定。

2. 客户界面上常见的版本问题

- 版本升级频繁，给客户造成系统非常不稳定的错觉。注意：ToB 业务一般追求稳定，应当避免频繁升级。
- 未对版本发布节奏进行有效控制和管理，为满足客户的临时需求频繁零散发布版本，导致版本过多，版本管理和维护成本大幅提升。

- 版本更新信息未能及时通知客户，导致客户升级后系统不稳定，给客户带来业务上的损失，这些信息包括配套变更、补丁限制、升级注意事项等。

3. 产品规划中常见的版本问题

- 版本缺乏有效的生命周期管理，产品都没有竞争力了还在市场上销售。
- 版本规划节奏不明确，对版本收编升级路径考虑不足，版本碎片化严重。
- 需求管理混乱，产品发布前还在变更需求，导致版本质量和上市时间都不能得到有效保证，开发工程师为应对不断变化的需求而疲于奔命。
- 版本路标管理不完善，没有很好地管理客户交流路标，不知道向哪些客户承诺了哪些需求，后续路标变化时也不知道该向客户通知哪些变更。

4. 产品研发过程中常见的版本问题

- 版本之间没有严格的继承关系，版本特性兼容性差，在老版本上开发的功能特性在新版本上不能正常运行，导致版本收编困难。
- 补丁发布过多，补丁的质量要求比版本还要低，甚至包含新特性，带来大量的质量问题，同时特性管理混乱。
- 为满足市场需求，对版本缺少适当的控制，导致版本过多，维护成本非常高。

为了解决上述这些问题，企业需要明确版本管理规则和版本管理方法，对产品版本进行统一管理。

8.2.2 版本管理的基本概念

在 ToB 业务的版本管理中，通常会使用版本、补丁、特性、版本窗口、版本火车等版本管理的概念，本节先对这些基本概念做个简单介绍。

版本：版本是产品在不同时间段的特性集合，包括产品的第一个交付和后续持续交付。一个产品可以有多个版本。整体来看，版本的属性至少包括版本号、BOM 编码、版本生命周期点、版本阶段点、功能特性等。例如，微软的 Windows 产品有 Windows 7、Windows 8、Windows 10、Windows 11 等版本。

补丁：补丁是面向客户解决产品版本缺陷的软件单元，是基于客户视角的改错（含代码、设计和特性的错误）。通常为了确保补丁质量，禁止补丁携带新特性。例如，对于微软的 Windows 7 操作系统，提供了 2 个大的补丁包 service pack 1 和 service pack 2，当然还有众多的小补丁软件 KBxxxxx。

特性：特性指用户可见的功能，通常可以分为基础特性、价值特性等。基础特性指支撑系统运行所需的基本功能；价值特性指可以为客户带来附加价值的特性，包括客户特别想要的特性和超越竞争对手的特性。例如，在 Windows 操作系统中的各种应用就是 Windows 的特性，包括记事本、画图、录音机等，并且这些都是基础特性。某些应用只在 Windows 企业版中支持，在家庭版中不支持，包括远程桌面、虚拟机等，这些属于价值特性。

版本窗口：指产品在某一时刻同时需要开发和维护的版本的总数量，即在生命周期内的版本的数量。在集成产品开发（IPD）中，版本窗口不以时间长短衡量，而是以版本数量体现，研发通过对版本窗口的限制来控制同时需要开发和维护的版本的数量，从而节约研发成本，避免工作任务过载。例如，在 Windows 产品上，如果 2022 年微软公司同时开发和维护的版本仅仅是 Windows 10 和 Windows 11，那么 Windows 产品的版本窗口就是 2。这样微软公司只需要投入 2 个研发团队对 Windows 版本进行开发和维护，对于老旧的版本不再维护，从而大量节约了研发成本。

版本火车：指的是版本的发布计划。版本就像火车一样，有固定的发布（发车）时刻表。各业务部门根据自己的研发进度，赶上合适的版本火车，进行统一发布，确保解决方案配套完整。

8.2.3 版本命名规则

在集成产品开发（IPD）中，对于版本命名规则，推荐使用 VRCB 的版本命名规则模式，即 < 中（英）文产品名 > +<_>+<VxxxRxxxCxxB* >，如图 8–6 所示。

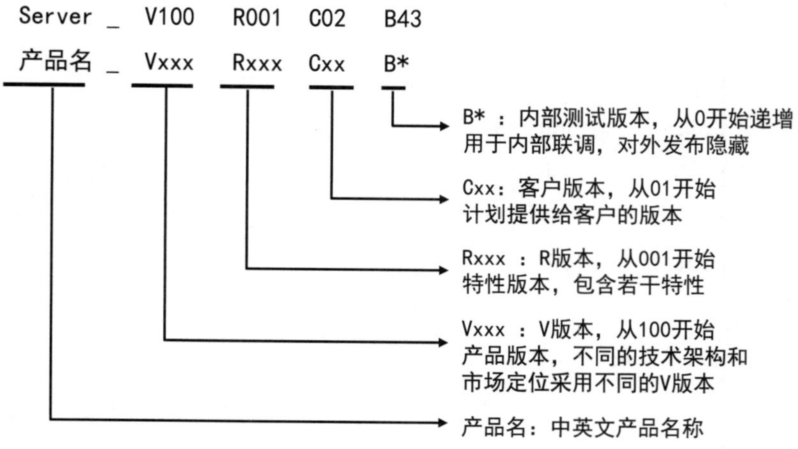

图 8–6 版本命名规则示意图

具体规则说明如下。

1. V 版本：Vxxx

“Vxxx”（Version）代表某一产品或其系列产品，根据市场定位或开发平台的不同，一个产品分为若干个 V 版本。例如，根据产品技术架构的不同划分为不同的 V 版本，其中，采用 SOA 架构的版本为 V100，采用微服务架构的版本为 V200。

根据市场竞争的需要、技术、功能特性、成本因素等，每个 V 版本都有一个总体开发规划，按计划开发若干个 R（Release）版本。一个 V 版本可以包含若干个 R 版本。

如果满足下列任何一种情况，则必须产生新的 V 版本，即产品的大版本。

- 产品平台发生变化，与原有平台不能兼容，例如，从 SOA 架构变更为微服务架构。

- 产品市场定位发生变化，引起产品特性的重大变化，例如，新开发一个专门针对交通行业的版本 V200，功能特性上与现有的版本 V100 存在比较大的差别。

V 版本以三位数字表示，数字间没有任何其他字母、符号出现，从 100 开始，不同平台或技术的同类产品尽量采用大数标示，即 V 后面第一位，如 V100、V800。

2. 特性版本：Rxxx

“Rxxx”（Release）版本表示产品特性版本，可以包含若干个特性，形成一个具体的系列产品。一个 R 版本纳入什么特性，需要综合考虑市场竞争、技术与成本方面的因素。

在规划产品路标时，需要确定该产品所有的大版本（Version），以及每个大版本（Version）包含的特性版本（Release）、版本的发布时间和所包含的特性。例如，企业计划开发 2 个 V 版本，分别是基于 SOA 架构的 V100 版本和基于微服务架构的 V200 版本。在基于 SOA 架构的 V100 版本中，计划 3 年内通过 3 个 R 版本完成所有功能的开发，即依次开发出 V100R001 基本功能版本（第 1 年开发完成）、V100R002 增强功能版本（第 2 年开发完成）、V100R003 完整功能版本（第 3 年开发完成）。同样，基于微服务架构的 V200 版本也可以规划多个 R 版本。

如果满足下列情况，则必须产生新的 R 版本。

- 产品市场定位和产品平台没有发生变化，但是衍生出新的系列产品。
- 综合考虑市场竞争、技术与成本方面的因素，产品特性发生变化。

R 版本以三位数字表示，数字间没有任何其他字母、符号出现，从 001 开始，在同一个 V 版本下以 1 为单位连续递增，例如，R001、R002。

3. 客户版本：Cxx

“Cxx”（Customer）表示计划提供给客户的版本，以两位数字表示，数字间没有任何其他字母、符号出现。其中，C00 表示自用版本，提供给客户的版本从 01 开始，以 1 为单位连续递增。

4. 内部测试版本：B*

“B*”（Build）表示开发与版本构建过程中的软件产品 Build 版本。B 后面的 * 从 0 开始，以 1 为单位连续递增。当软件中任何模块变化升级后，整体软件产品名中的 * 自动加 1。内部测试联调版本必须包含“B*”字段，对外发布版本需隐藏“B*”字段。例如，IT 产品线的服务器产品 Server，经过多轮 bug 修改，最终稳定版本软件的名称为 Server_V100R001C01B031，移交给客户的软件名称为 Server_V100R001C01，隐藏掉“B031”这一内容。

5. 总结

针对上述四种版本类型的差异，下面做一个简单的对比总结，如表 8-3 所示。

8.2.4 版本管理规则

在版本管理的过程中，除了版本的命名规则外，还需要明确版本管理规则，例如，

表 8-3 版本类型的区别

对象	V 版本	R 版本	C 版本	B 版本
名称	系列产品版本	特性版本	客户版本	内部测试版本
产品层次	产品平台（基础型号）	特性集合（细分型号）	客户化产品（定制型号）	测试产品
市场范围	总体市场	细分市场	具体客户	内部使用
技术层级	基础架构	特性应用	定制应用	无
规划要求	路标规划	任务书开发	特性开发	无
持续周期	年	月	周	天
举例	V100 智能手机	V100R001 5G 智能手机	V100R001C01 电信定制型 5G 智能手机	V100R001C01B05 内部测试版本

版本窗口数量的限制、版本的收编规则等。版本管理的规则主要包括三大类，即基本规则、规划规则和数量限制规则。

本节将提供一些基本的版本管理规则供读者参考。企业实际运用的版本管理规则需要根据产品形态、研发管理方式、商业模式等因素确定。相关参考规则如下。

1. 版本基本规则

- **版本的定位**：R 版本是主线版本；C 版本在 R 版本的基础上快速灵活地满足客户要求；B 版本是开发过程中转测试的内部版本，B 版本禁止面向客户。
- **补丁版本定位**：SP 补丁是基于客户视角的改错（含代码设计、特性错误），禁止提供新特性。重点强调：补丁版本坚决不能提供特性，否则会导致版本管理上产生非常大的混乱。
- **版本号的应用**：销售签合同体现 V/R 版本号；版本规划体现 V/R/C 版本号；研发发布、准入测试、供应链、服务交付、维护则体现 V/R/C 版本号 +SP 补丁号，后台系统记录 V/R/C 版本号 +SP 补丁号，以方便确认客户版本。
- **版本规划**：R 版本和 C 版本都必须提前规划，规划时要明确价值特性、版本升级路径、版本收编策略、版本生命周期策略。
- **许可证控制**：如果版本或特性采用许可证（License）控制，则一般只控制到 R 版本上。
- **兼容性要求**：下一个 R 版本必须完全兼容上一个 R 版本的软件功能特性，以确保产品能够平滑升级。

2. 版本规划规则

- 不要将一个 R 版本拆分为多个阶段的版本进行交付。如果有必要进行阶段划分，则建议创建多个 R 版本，便于管理。
- 下一个 R 版本的 PDCP（研发合同签订）时间不能早于上一个 R 版本的 TR5（少

量早期发货）时间，避免工作任务过载。

- 上一个 R 版本中的 C 版本应在下一个 R 版本被收编，最多隔一个 R 版本收编。
- C 版本没有独立的生命周期，其生命周期遵循 R 版本的生命周期规则。

3. 版本数量限制规则

- 每个产品每年建议规划 x 个 C 版本和 x 个 R 版本，视企业具体情况确定。
- 每个产品在生命周期中的 R 版本管理窗口数量小于等于 x 个，视企业具体情况确定。
- 每个 R 版本（含 C 版本）年度规划的补丁包也需要有数量限制。

8.2.5 版本发布方法

使用集成产品开发（IPD）方法进行研发的产品，其规模通常比较大，需要多个产品线协作才能完成解决方案发布，各产品线之间也存在一定的相互依赖关系。因此，在版本发布上通常采用的是“版本火车”的发布方式。采用“版本火车”的发布方式，可以很好地协调各产品线的进度，从而保证整体解决方案的发布。

基于路标规划的各产品、技术、平台、部件版本的“火车计划”，就像列车时刻表一样，是对客户的承诺，不能随意调整。版本火车描述了产品路标中各个模块和技术与产品之间的集成、依赖关系，使得各层的版本规划相互配合；版本火车意味着按计划发布，没有延迟。

版本火车的发布计划通常在产品路标规划中确定，包括版本发布的时间、预计发布的特性，各开发团队应严格对齐。版本火车计划整体流程大致如图 8–7 所示。

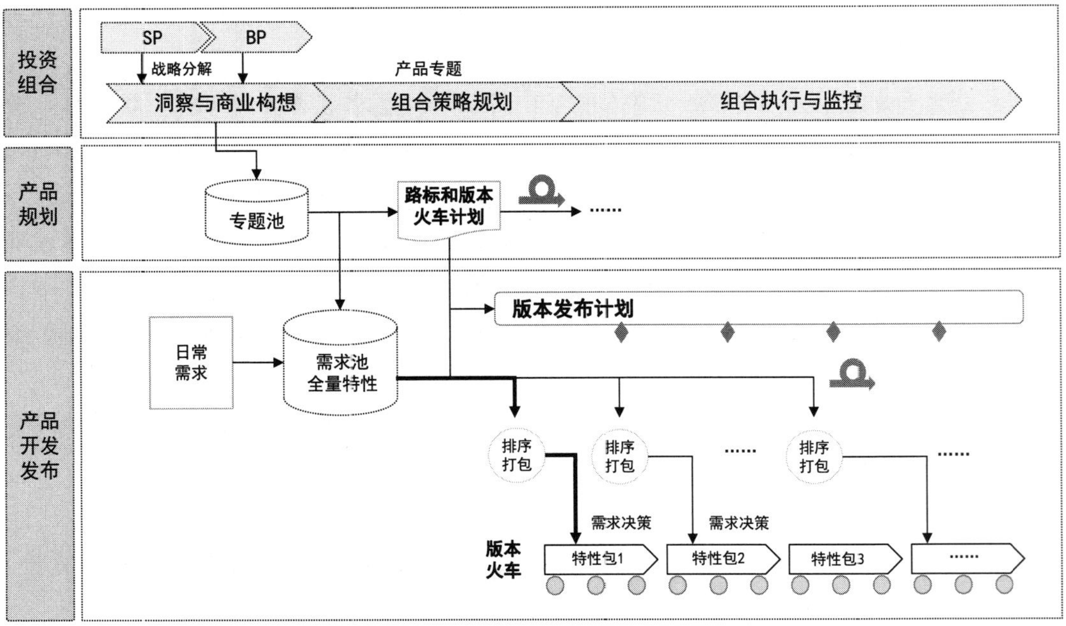

图 8–7 版本火车计划整体流程

在版本火车计划中，需要明确的相关信息包括以下方面。

- 详细的发布信息（相对标识、名称、部署日期、风险级别、发布类型等）。
- 整个生命周期中的各个阶段及预定日期。
- 每个阶段要完成的活动和任务。
- 里程碑时间和质量要求。
- 管理发布版本火车计划的主要负责人。

需要补充说明的是，版本火车的发布方式并不是集成产品开发（IPD）所独有的，在规模化敏捷（Scaled Agile Framework，SAFe）中，由于团队之间需要展开必要互动，为了使团队实现价值流最大化，实现持续交付价值，采用的也是版本火车（Agile Release Train，ART）的形式。当然，在 SAFe 中 ART 有更多具体的规则和要求，读者可以查阅相关资料详细了解。

8.3　产品数据管理：挖掘数据价值，提升产品竞争力

当前处在数字经济时代，数据正在成为新的生产力，数据的价值不言而喻。在企业管理中，数据同样至关重要，数据也是企业的核心资产。产品数据支撑着企业的有效运作，从原材料采购，到生产、销售、售后服务，无不在使用和产生产品数据。通过对产品数据的分析，企业可以找到降低产品成本的方法，找到提高产品质量的路径。产品数字化是企业数字化转型的基础，支撑企业实现数字化运营，如图 8–8 所示。

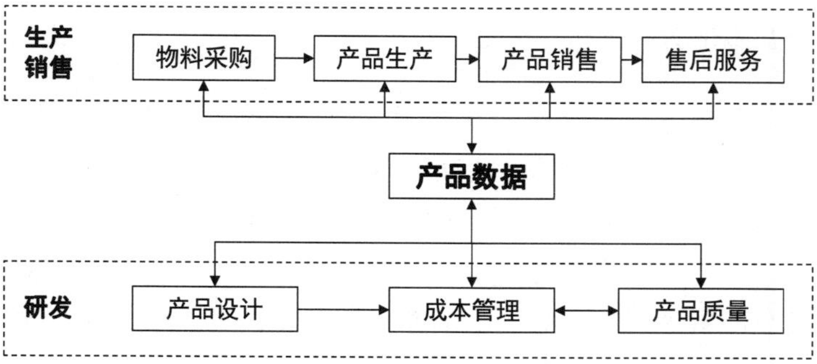

图 8–8　产品数据价值示意图

产品数据是产品生命周期内产生的所有数据，通常指产品从概念开始，直到完成产品交付，获得客户满意的整个价值创造和价值传递过程中所产生的各种数据。产品数据涵盖需求分析、产品规划、架构设计、产品开发、市场营销、产品制造、产品销售、客户服务等领域。

产品数据是产品与解决方案为客户创造和传递价值的载体，因此产品数据是企业最为重要的数据，其价值包括以下方面。

- **从运营角度**：产品数据是企业安全与合规运营的基础，也是企业内大数据应用和人工智能应用的基础。通过数据驱动业务运营，支撑企业数字化转型。

- **从客户角度**：产品数据提供产品版本、特性、价格、规格、资料等信息，供客户进行产品选择，是提升客户体验的基础。
- **从研发角度**：产品数据能够帮助研发工程师识别产品的质量问题、成本问题、流程问题，是产品质量管理、成本管理、研发效率提升的基础。
- **从交付角度**：产品数据提供产品报价清单、验收清单、产品安装使用指导等内容，帮助交付人员高质量、快速向客户交付产品，提升客户满意度。
- **从 IT 角度**：围绕产品数据建设 IT 系统，通过数据驱动产品的研发、生产、销售等活动。产品数据是提升工作效率的基础，也是业务活动实现 IT 自动化的基础。
- **从销售角度**：产品数据提供了销售所必须的基础数据，确保销售人员能够快速获得客户的订单。同时，产品数据也是财务核算的基础，帮助财务人员分析销售情况，是提升销售效率和资产运营效率的基础。

对产品数据的管理，称为产品数据管理，产品数据管理包括产品基本信息管理、物料管理、产品配置管理。

在实际工作中，产品数据管理可以借助产品生命周期管理系统（Product Lifecycle Management，PLM）和产品数据管理系统（Product Data Management，PDM）进行，从而有效提升企业的产品数据管理能力。具体关于产品生命周期管理系统（PLM）和产品数据管理系统（PDM）的功能和使用方法，读者可以联系相关厂家进行了解。

8.3.1 产品基本信息管理

产品基本信息指的是以产品交付物为中心的，从不同视角定义的产品编码、名称等关键信息及关联关系。产品基本信息是规划、研发、销售、采购、制造、服务、财务等一切产品相关业务开展的基础，贯穿企业的方方面面。产品基本信息结构如图 8-9 所示。

产品基本信息的管理包括产品维度基本信息管理、销售及交付维度基本信息管理、研发维度基本信息管理三个主要部分。

- **产品维度基本信息管理**：主要管理产品按各种维度的分类和组织，包括产业目录、销售产品分类、重量级团队。产业目录和销售产品分类由产品规划部门制定及刷新，用于指导研发、生产和销售等业务的开展。
- **销售及交付维度基本信息管理**：主要管理产品的各种版本，其在产品规划中产生，用于指引和指导具体产品的销售和交付业务。销售人员利用产品配置工具与客户确定商务结构，交付人员根据产品配置工具生成的物料清单进行交付。
- **研发维度基本信息管理**：主要管理研发的各种项目，项目基本信息体现研发过程和研发结果的关系，包括产品的逻辑结构、系统架构、实现结构等。

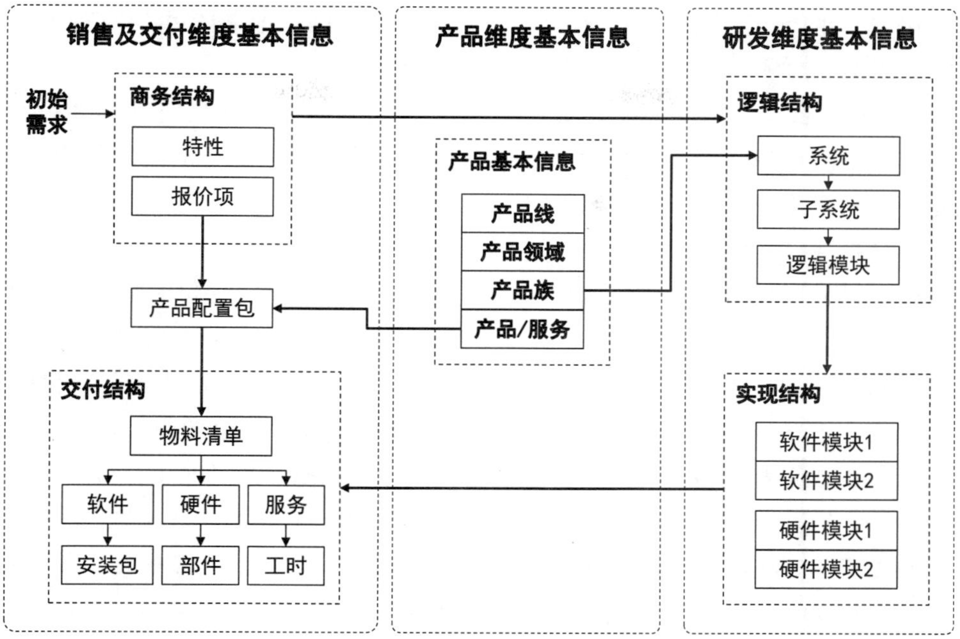

图 8-9 产品基本信息结构示意图

8.3.2 物料管理

为方便读者理解物料管理的相关内容，本小节将简单介绍物料管理过程中涉及的一些基本概念，包括物料编码（Part）、物料清单（BOM）、基础物料清单（B-BOM）、销售物料清单（S-BOM）等，如图 8-10 所示。

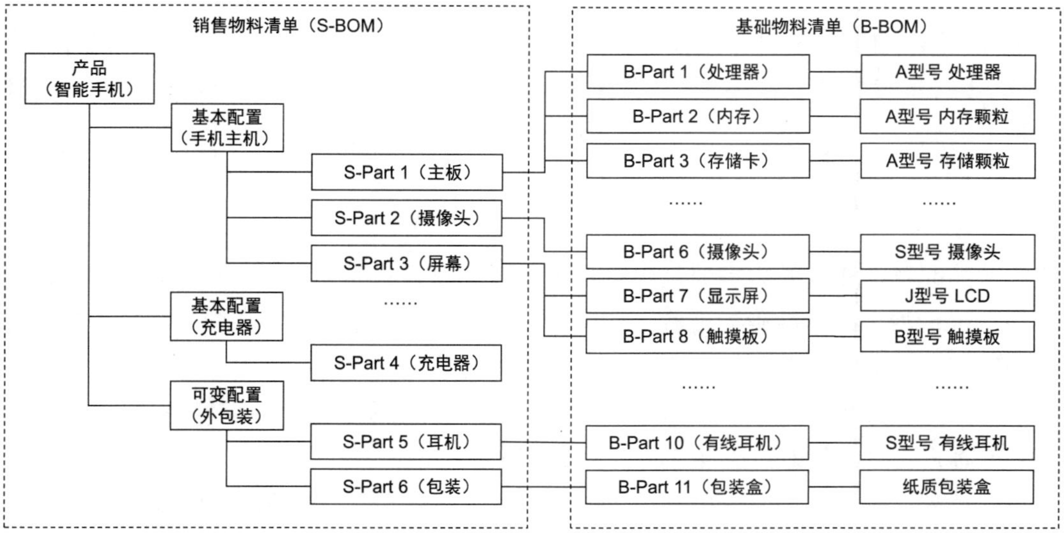

图 8-10 物料清单（BOM）结构示意图

物料（Part）编码，是企业范围内对物料的唯一定义。在产品物料选用、采购、验收、储存、生产、发货等业务中使用唯一定义的物料编码。物料编码需要确保唯一性，需要避免一物多名、一名多物或物名错乱等问题。

物料清单（Bill of Material，BOM），是产品物料构成关系的数据表。在一个 BOM 中，由多个 Part 编码组成父子项关系，以结构化数据形式表达产品的物料构成关系；可根据不同的应用场景构建不同的视图，是销售订单选配、制造任务发料和加工、物料需求计划制订、财务成本处理等的重要依据。

基础物料（Base-Part，B-Part）编码，指的是面向生产、交付的基本物料单元的编码，并具有唯一性。例如，智能手机的处理器、内存等都会有一个 B-Part 编码。

基础物料清单（Base Bill of Material，B-BOM），指的是面向生产、交付的物料清单，是交付环节业务处理的依据。一个 B-BOM 中包含多个 B-Part，例如，一台智能手机（B-BOM）在制造过程中需要处理器、内存、存储卡、摄像头、显示屏等物料（B-Part），那么在 IT 系统中对应的一个 B-BOM 就包含多个 B-Part。

销售单元（Sale-Part，S-Part）编码，指的是面向客户的产品销售单元的编码。S-Part 的基本属性包括编码、描述、价格、状态等，其中编码是 S-Part 的唯一标识，应用于产品报价单中。S-Part 和 B-Part 可能存在一对多的关系。例如，为了屏蔽物料切换，简化销售界面，在面向客户销售时，智能手机主机被分为主板、屏幕、摄像头等 S-Part，其中主板可以被拆分成不同的 B-Part，如处理器、内存、存储卡等，如图 8-10 所示。

销售物料清单（Sale Bill of Material，S-BOM），指的是面向客户的销售和报价的产品清单，是销售合同的重要组成部分，受产品市场策略、报价方式、定价策略的指导和影响。一个 S-BOM 中包含多个 S-Part。S-BOM 可以帮助企业简化订单处理流程，进行发货前预装配，从而减少交付时间，屏蔽物料细节，屏蔽内部物料切换，减少合同更改，同时还可以支持早期投标。例如，同样一款型号的手机（S-BOM），包含一块 5.5 英寸的高清屏幕（S-Part），这块屏幕可以选用两个不同厂家的物料（B-Part），对客户不可见。

8.3.3 产品配置管理

产品配置是在产品销售的过程中与具体客户确定的部件、功能和服务的清单，企业根据这份清单给出准确的报价，并校验这些部件或功能是否存在冲突、是否存在配套问题，以此指导后续的生产制造和服务交付，如图 8-11 所示。

产品配置是客户订单流转的核心，企业各团队都需要根据产品配置进行工作。

- 客户可以清楚地知道自己购买了什么规格的产品。
- 计划、制造、供应按照产品的配置制订生产计划，并根据计划进行产品的生产和供应。
- 财务根据产品配置确认收入和成本，进行概算、预算、核算、决算。
- 研发需要根据产品配置开发相应的功能模块，满足客户的需求。

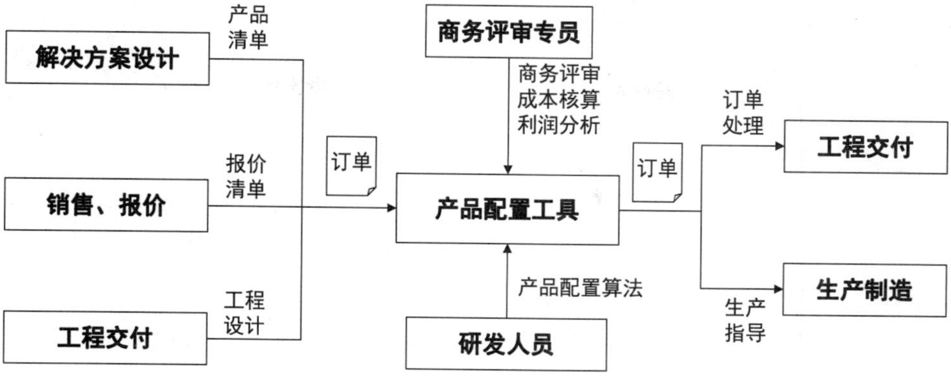

图 8–11　产品配置工具功能示意图

产品配置是通过产品配置工具完成的。通过产品配置工具，拉通销售、制造、供应和交付，帮助相关人员高效准确地完成订单相关工作。产品配置工具的主要功能包含以下方面。

- 产品开发时，研发工程师利用产品配置工具完成产品算法的配置。
- 解决方案设计工程师利用产品配置工具，按照客户的要求配置出客户需要的产品。
- 报价工程师利用产品配置工具生成报价清单。
- 商务评审专员在产品配置工具上对报价进行商务评审、成本核算和利润分析。
- 工程交付工程师在产品配置工具上进行工程设计，生成施工图、施工方法等。
- 订单处理专员将产品配置工具的数据导入 ERP，形成指导生产的订单。
- 生产工艺工程师从产品配置工具中提取指导生产、安装、测试的信息。

对于一些初创企业或者业务简单的企业，产品配置工具可以是一个 Excel 表格。对于一些大型企业，则需要开发或者采购一个复杂的 IT 系统来实现产品配置相关的功能，例如，Salesforce 的 CPQ 软件。

8.4　成本管理：全生命周期成本优化

8.4.1　成本管理的问题

在波特的战略框架中，总成本领先始终是第一梯队的最佳选择。因为总成本领先的企业可以在更广的市场获得更大的利润。如果一个企业无法做到总成本领先，那么它只能不断追求差异化或在狭小的细分市场里去竞争，这样的风险是比较大的。主要有两个方面的风险：一方面，如果企业没有及时推出新的差异化产品，就有被客户抛弃的风险；另一方面，由于过度关注差异化特性，忽略了在基础特性上的投入，导致产品满意度不高。

在考虑成本问题时，很多企业会出现一些这样或那样的问题，具体如下。

- **局部成本最优，总体成本非常高。**例如，在设计产品硬件的时候，为了降低单板成本，选用了很多特殊的物料，使得每块单板的成本最低，但是却导致了企业总体需要的物料非常零散，采购工作繁杂，制造和维修的成本都急剧上升。
- **短期成本最优，长期成本非常高。**还是以硬件单板设计为例，在设计的时候未考虑物料的长期价格趋势和供应能力，选择了一个短期内价格最低的清仓物料。在产品上市发货后不久，由于物料短缺或涨价，物料无法供应，导致不得不重新设计，各方面成本都大幅增加。
- **过度追求低价采购，不重视长期合作伙伴关系建设。**采购原材料的时候，采用价低者得的招标方式，导致采购的原材料质量非常不稳定。同时，由于没有长期合作伙伴，合作伙伴利润空间小，很容易导致原料缺货，影响产品生产和销售，此时企业不得不进行高价采购，得不偿失。
- **过设计或者欠设计。**过设计和欠设计都是不好的。过设计会直接导致成本增加，同时还可能给企业带来致命的影响。例如，如果一个灯泡能用 100 年，把一个低值易耗品做成了固定资产，那么灯泡的市场空间会越来越小，也就没有几家灯泡企业可以生存了。同样，欠设计也是不可取的，欠设计会导致产品质量不佳、售后和维护成本过高、用户体验下降、企业的品牌价值降低等一系列负面问题，损失远大于节约的成本。
- **不能一次性把事情做好，重复返工。**在产品设计的时候，不重视设计质量，导致重复返工，严重浪费时间、人力、物力。正如当年 IBM 专家给华为做咨询时说的："华为有时间重复做一件事情，但是没时间一次性把一件事情做好。"
- **人力成本不算成本。**有些企业在采购时，特别是采购生产工具时，总是抱有"能省则省"的心态。例如，正常情况下两个产品线需要两套测试设备，长期使用，但为了节约开支，只采购了一套测试设备，导致测试的时候需要频繁地重新部署环境，不仅浪费了大量的时间和人力，还推迟了产品的上市时间。
- **不重视经验积累，缺乏能力。**企业内部不重视能力积累，过往的工作经验没有形成案例加以推广，同时缺乏足够的工具和可重用的模块，导致效率非常低。例如，产品设计都是从 0 开始，上一个产品犯的错误在新产品中还会再犯，上一个产品做得好的实践也没有得到复制和推广。

总的来说，就是没有考虑整个生命周期的成本，包括设计、生产、仓储、运输、销售、售后等总体成本，也没有从用户的角度考虑全生命周期总成本，包括用户时间成本、学习成本、替换成本、使用成本等，导致产品竞争力非常弱，无法与友商同台竞技。

8.4.2 成本管理的方法

为了实现总成本领先，需要对产品成本进行全生命周期的设计和优化，包括设计成本、采购成本、生产成本、运输成本、交付成本、售后服务成本、管理成本、用户的采购和使用成本等，避免局部最优、全局很差的局面。常见的成本管理方法有很多，简单总结如表 8–4 所示。

表 8–4 成本管理的主要方法

成本类型	主要的成本管理方法
总体成本	• 总体成本分析和设计，追求总成本领先，避免局部最优 • 从长期角度优化成本，降低产品全生命周期成本 • 通过成本结构分析和优化，寻找成本构成不合理的环节并改进
管理成本	• 建设流程型组织，降低企业的沟通成本、决策成本和试错成本 • 及时优化流程机制，确保流程通畅，满足业务要求，避免流程僵化 • 减少不必要的管理损耗，例如，无意义的审批、朝令夕改的政策
研发成本	• 建设产品平台，重用共用构建模块 • 外包或者采购通用技术，降低研发成本 • 注重研发质量，避免返工，一次把事情做好 • 注重经验积累，提高工作效率
采购成本	• 建立合作伙伴体系，避免临时招标和单一来源采购 • 与研发充分沟通，尽量做到物料归一化 • 向市场要预测，通过预测优化采购时机和采购成本
制造成本	• 选择合适的制造模式，降低制造基础设施投入和管理成本 • 与研发沟通，优化制造方法和工艺 • 通过市场预测，优化产品制造，避免临时生产或库存过高
仓储运输成本	• 选择合适的运输方式，包括海运、空运和快递，少量补货则快递更便捷 • 避免零散发货，避免临时补货，降低运输成本 • 与研发沟通，优化产品包装设计，降低包装和运输成本
工程交付成本	• 实时跟进产品供应进展，避免窝工 • 做好充分准备，尽量一次交付完成，避免多次进场，浪费时间 • 建设易耗部件领用机制，避免因为“缺一颗螺丝钉”而等待客户重新下单采购的不合理情况发生 • 与研发沟通，优化交付方法和工具，例如，通过预安装减少现场交付，通过自动化工具降低交付复杂度，通过远程交付节约专家资源
售后成本	• 提升产品质量，减少售后服务工作量 • 与研发沟通，建设售后服务知识库，及时解决客户问题，降低售后成本 • 与研发沟通，开发维护工具，如一键故障修复、远程故障定位等，降低维护成本

8.4.3 成本管理的流程

在产品的设计与研发过程中，成本管理业务主要包括三方面，即目标成本设定，目标成本分解、实现和验证，成本优化，如图 8–12 所示。

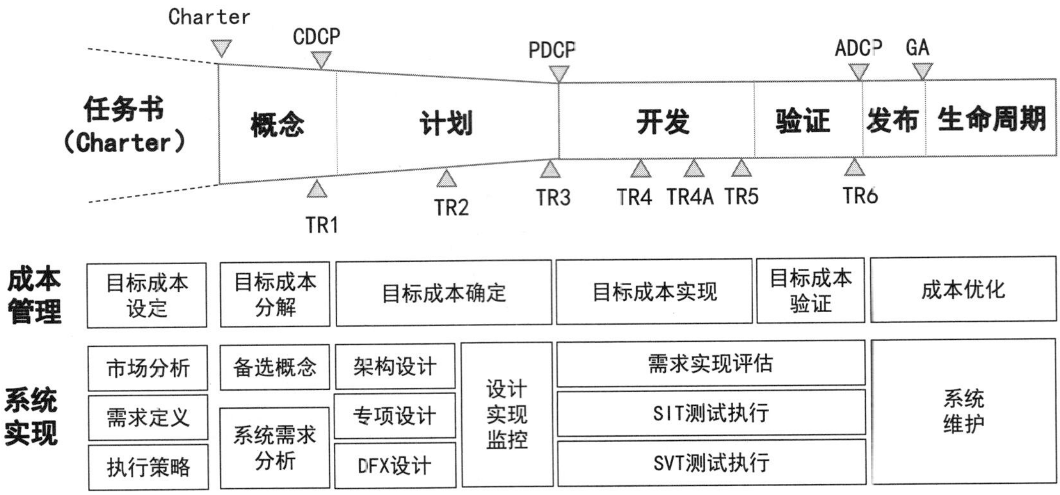

图 8-12 成本管理流程示意图

- **在任务书（Charter）中设定目标成本。**例如，在任务书（Charter）开发的过程中，综合分析市场、客户、竞争等因素，从长远的角度设立成本目标。
- **在产品开发时落实成本目标。**例如，在产品设计和开发的过程中，需要充分考虑部件的成本、质量、采购量、生命周期等，从长远的角度降低产品成本，而不是一味降低单一物料的采购成本。
- **在生命周期管理中优化成本。**在生命周期阶段，及时发现问题，采用新方法和技术，推动成本下降，满足客户的需求。

在研发过程中，主要的成本优化手段如下。

- **总体优化：**从长期整体的角度，拉通产品的各环节，优化成本结构，避免局部最优、全局很差的情况。需要站在用户的角度，充分分析和优化产品全生命周期成本结构，同时也要注意一些不起眼的成本的影响。例如，笔者在销售岗位工作的时候，经常和同事们说，那些看不见的小钱累积起来可能最终导致项目的亏损，包括运输、仓储等成本。
- **注重积累：**既注重现有模块和组件的重用，也注重各种能力、经验、方法、工具的总结和推广，从而提高工作效率和工作质量，降低成本。
- **简化设计：**避免过设计，否则会造成成本浪费，当然也不能欠设计。满足客户需求的设计即为最好的设计。例如，如果一个企业内部系统用两台服务器就可以搞定，则不建议采用微服务架构，用十几台服务器。
- **内建质量：**高质量是低成本的前提。企业无法将一堆有质量缺陷的部件整合成一个高质量的产品，只有每个部件、每个环节都保证高质量，才能保证整个产品高质量。同时，只有高质量的产品，才能提升企业的品牌价值，才能减少售后和维护成本，才能降低研发和制造的返工成本。
- **归一化、标准化：**尽量使用统一标准的产品和原料，这样既可以减少管理成本，又可以提高单一原料的采购量，从而提升议价能力，保证原料采购安全，提升产品质量。

- **利用外包力量**：一家企业不可能什么事情都做到最优，一定有擅长和不擅长的业务，将自己不擅长的业务外包给擅长的企业，可以有效地节约企业的成本，降低风险，同时，还可以与合作的企业实现共赢。例如，软件开发工作可以外包给软件与信息服务企业，产品的加工制造可以外包给制造代工厂，等等。
- **建立战略合作伙伴关系**：无论是从采购的角度还是销售的角度来看，建立长期的合作伙伴关系可以有效地降低交易成本，同时还可以增强企业的抗风险能力。

另外，关于成本管理的财务知识，例如，成本核算、财务报表分析等，有大量书籍可以参考，如《用Excel学成本核算》《成本与效益》《成本管理》等，本书不做介绍，有兴趣的读者可以参考阅读。

8.5 质量管理：通过质量三部曲实现全面质量管理

8.5.1 质量管理简介

1. 什么是质量

参照ISO 9000：2015标准，质量的定义是一组固有特性满足客户和其他相关方要求的程度。即：符合要求才意味着有好的质量。这里的要求包括很多方面，包括合适的时间、满足需求的功能、必要的性能、基本的稳定性，以及能够帮助客户创造价值、减少成本、避免损失等。举个例子，如果客户希望获得一台种地用的拖拉机，那么，从客户的角度来说，能够高效、低成本地完成耕种任务的拖拉机就是高质量的产品；从农业设备制造商的角度来说，应该尽量设计和生产结实耐用、易维护、价格便宜的农用拖拉机来满足客户的需求，而不是一台超级跑车。

2. 质量管理的发展阶段

质量管理的发展经历了以下四个明显的阶段。

第一阶段：质量检验（Quality Inspection，QI）

1903年，泰勒提出科学管理理论，标志着科学管理时代的开启。在此阶段，人们认为质量是检验出来的，检验活动与其他职能分离，出现了专职的检验员和独立的检验部门。此阶段常用的质量管理手段是量产后的质量检验、事后把关。这种理念导致的后果是存在大量生产返工、浪费严重、失效成本高。

第二阶段：质量控制（Quality Control，QC）

20世纪20—50年代，从单纯依靠质量检验、事后把关，发展到质量控制。例如，1925年休哈特提出统计过程控制理论，1930年道奇和罗明提出统计抽样检验方法，1941—1942年间美国军方资助供应商在军需物资生产中推进统计质量控制技术的应用等。在此阶段，人们认为质量是制造出来的，强调过程导向。常用的质量管理手段是过程控制，质量检验融入产品形成的过程中，有了质量统计工具及检验性预防，防止了大批量不良品的产生，大量减少了生产返工。

第三阶段：质量保证（Quality Assurance，QA）

20 世纪 50 年代，戴明提出了用统计学的方法进行质量和生产力的持续改进的观点，经过不断完善，最终形成了对质量管理产生重大影响的“戴明十四法”。1958 年，美国军方在 MIL-Q-9858A 中提出了“质量保证”的概念，该概念在西方工业社会产生了很大的影响。在此阶段，人们认为质量是设计出来的，强调源头导向。常见的质量管理手段是控制产品生产前的设计开发和验证等工作的质量。

第四阶段：全面质量管理（Total Quality Management，TQM）

20 世纪 60 年代初，朱兰、费根堡姆提出“全面质量管理”的概念，质量管理进入全面质量管理阶段。在此阶段，人们认为质量是管理出来的，强调全员参与、建设质量文化、流程导向，推崇零缺陷、质量免费、满足客户要求和持续改进。同时，大量统计工具用于质量改进工作，例如，质量改进老七法、质量改进新七法、六西格玛方法等。进入 20 世纪 90 年代，六西格玛和全面质量管理（TQM）逐渐成为许多“世界级”企业的管理战略，以获得核心竞争力，质量的概念也从狭义的“符合规范”发展到“顾客满意”。

3. IPD 中的质量管理

在集成产品开发（IPD）中，遵从全面质量管理的理念，通过质量三部曲，提升质量管理能力，实现研发的全面质量管理。集成产品开发（IPD）的每一个业务活动都有明确的质量要求，也定义了一系列的质量标准，例如，高质量的任务书（Charter）、高质量的营销资料、高质量的软件版本等。

以产品开发为例，产品开发过程中的质量三部曲如图 8-13 所示。

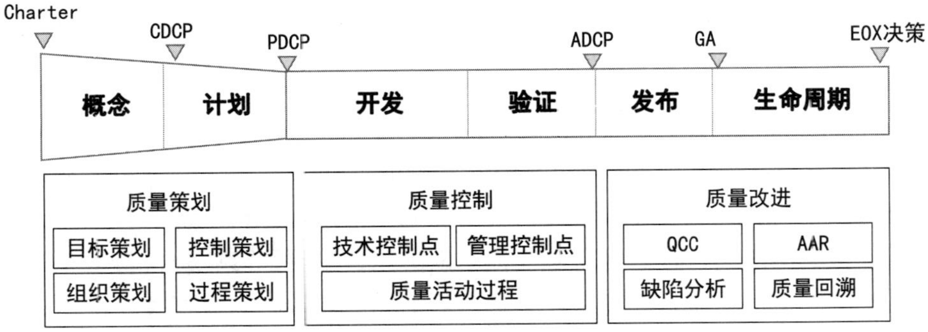

图 8-13 产品开发过程中的质量三部曲示意图

质量三部曲指的是质量策划、质量控制和质量改进三个动作，其定义如下。

- **质量策划**：确定质量目标，并确定相关计划和行动，建设质量管理组织，牵引和指导质量目标达成。例如，每千代码缺陷数量目标为小于 1 个。
- **质量控制**：基于质量活动过程，设置一系列质量控制点，并根据质量控制标准，采用技术和管理手段，落实质量目标。例如，技术评审点（TR）等。

- **质量改进**：通过一系列的行动，增强质量管理的能力，提升质量结果。例如，QCC、AAR、质量回溯等。

8.5.2 质量策划

质量策划是质量管理的一部分，致力于制定质量目标，并规定必要的运行过程和相关资源，从而保证质量目标达成。参见：《GB/T 19000—2016 质量管理体系 基础和术语》。

“凡事预则立，不预则废。”质量策划是质量管理的首要任务，通过质量策划，确定质量目标和计划，指导具体的质量管理活动，保证质量目标的达成，一次性把事情做正确。质量策划的好坏影响着业务目标是否可以达成，高标准的质量目标还能体现出产品的竞争力，确保产品在质量方面优于竞争对手。

质量策划包括目标策划、过程策划、控制策划、组织策划。质量策划完成后，要以质量计划文档的形式输出并落实监控，通过对质量计划的审核与进展跟踪，发现问题，及时纠正，确保质量目标达成，如图 8–14 所示。

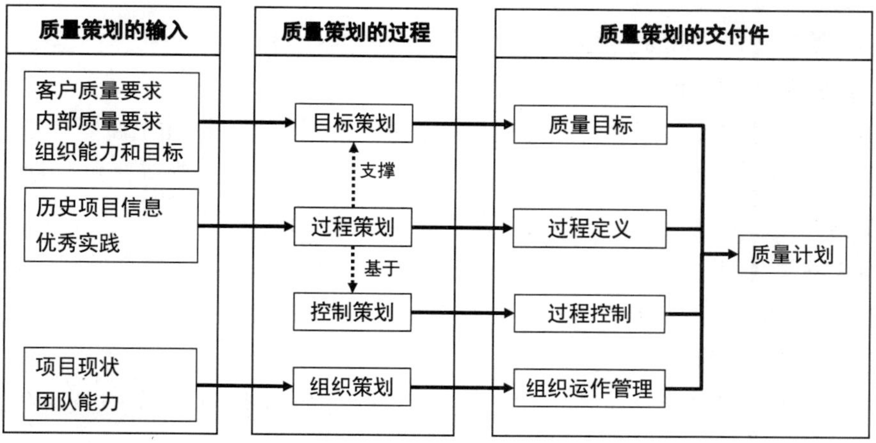

图 8–14 质量策划流程图

1. 质量策划的输入

收集当前信息作为质量策划的输入，包括现状信息、历史信息（如历史缺陷数据、历史经验总结、案例库等）、团队的能力基线、组织能力和目标（如年度质量目标、质量基线等）、内外部质量要求等。

2. 质量策划的过程

质量策划的过程包括四个方面，分别是目标策划、过程策划、控制策划和组织策划。

（1）**目标策划：设定质量目标。**

- 在策划质量目标的时候，首先需要从客户的视角出发，识别业务目标；然后再从业务目标出发，进行质量目标策划，输出有明确验收标准的质量目标，并与利益关系人充分沟通，达成共识。策划质量目标时，需要全员积极参与讨论。

- 当企业的质量目标高于客户的质量目标时，建议按照高质量要求执行，就高不就低。例如，企业要求 99.99% 的可靠性、客户要求 95% 的可靠性，则按 99.99% 执行。
- 目标策划是后续各模块策划的基础。

（2）**过程策划：设计达成质量目标的活动过程。**

- 为达成质量目标，需要结合业务特点，确定合适的质量活动过程，必要时进行适当的裁剪。例如，具体的设计过程、开发过程、评审过程、验收过程等。
- 进行过程策划时，需要重点考虑质量目标的达成风险及历史经验教训。
- 过程策划经过批准后，将以质量活动过程为准，进行质量控制。

（3）**控制策划：选择合适的质量控制点。**

- 控制策划是根据过程策划的内容，设定质量控制点（CP），并定义质量控制的标准。例如，在开发过程中设置多个技术评审点（TR），并定义 TR 标准。
- 在项目实施过程中，依据控制策划的内容，参照标准衡量执行的情况，识别实施过程中的偏差，采取有效的纠正措施，确保目标顺利达成。
- 控制策划的产出物是过程度量计划及审核评估计划。

（4）**组织策划：设计质量管理的组织。**

- 明确团队结构及各角色的职责和能力要求，针对能力差距输出赋能计划。
- 组织策划过程中，需要参考质量目标，明确团队导向、激励方式，输出团队运作的规则，并建设合适的质量文化。
- 组织策划保证了过程策划、控制策划内容的落实，为最终实现质量目标提供了有效的运作管理条件。

3. 质量策划的交付件

根据质量策划的过程，输出质量策划的交付件，包括质量目标、过程定义、过程控制、组织运作管理和质量计划。

8.5.3 质量控制

质量控制是考察业务结果与质量标准是否相符，并及时纠正产品缺陷的过程。在业务运作过程中，根据控制策划的内容，通过监控质量过程，采用各种质量活动和质量控制手段，消除业务过程中引起不合格的因素，以达到质量要求。

通过质量控制，能够及早发现产品中的问题，降低质量问题带来的成本。业界的一些统计数据表明，越早发现问题，修复的成本越低，例如，若产品设计评审时发现缺陷，返工成本为 1，那么，测试时发现缺陷的返工成本是设计评审时的 14.5 倍，测试后发现缺陷的返工成本是 45 倍，客户发现缺陷的返工成本是 68 倍。

质量控制是基于质量活动过程进行的，严格按照质量活动过程执行是质量控制的前提，有效的过程控制是保证质量的有效手段。只有严格按照质量活动过程执行业务，并在关键质量控制点进行质量检验、验证、评审（质量评估）把关，做好过程质量控制，才能确保最终交付结果的质量。

主要的质量控制手段包括两大类，即技术类手段和管理类手段。

- **技术类手段**：即通过工具和技术来保证质量。包括问题澄清、产出物评审、产出物检视、验收、持续集成、白盒测试、黑盒测试、自动化测试、设立规范、出入口检查、结果审计等。
- **管理类手段**：即通过各种管理方法确保质量。包括项目总结、质量评估、度量分析、交叉审计、流程审计、质量标准学习、质量文化建设、质量知识竞赛、团队氛围建设、星级评估等。

针对最常见的质量控制手段，接下来做一个简单的介绍。

评审：通过阅读和分析工作成果，尽早地发现工作成果中的缺陷，并帮助开发工程师及时消除缺陷，从而有效地提高工作质量，同时加强相关人员对工作成果的理解，共享企业所拥有的技术和经验。评审分为正式评审和非正式评审。

- 正式评审需要按照流程规范举行正式评审会议。例如，技术评审（TR）、服务评审（SR）、市场评审（MR）、供应链评审（SCR）等。
- 非正式评审通常在同事之间展开，不必举行评审会议，适合于同事之间相互发现问题。例如，组内交叉评审、同行评审。

测试：通过对工作成果进行测试和验证，发现工作成果中的缺陷。测试包括白盒测试、黑盒测试、单元测试、集成测试、验收测试、阿尔法测试、贝塔测试、市场测试等。通过测试可以有效确认产品是否满足需求。为了提高测试效率，可以建设自动化测试系统，例如，代码自动化测试系统、装备自动化测试系统等。

质量门和出入口准则：类似于瀑布开发模型的出入口准则，在每一个流程阶段设置一扇质量门，通过这扇质量门就意味着项目前一个阶段已经完成，并且达到了预期的质量要求，可以进行下一个阶段的工作。在使用质量门进行质量控制时，需要事前明确任务或阶段的完成标准和质量判断标准，对任务或阶段的质量完成情况进行判断，通过标准达成情况判断和预测风险。

持续集成（CI）：是一项软件开发实践，每人每天至少集成一次，每次集成通过自动化构建完成。通过持续集成，保证随时拥有可工作的软件，可以大幅缩短反馈周期，实时反映产品真实质量状态；缺陷在引入的当天就被发现并消除，降低缺陷修改成本；同时，由于将集成工作分散在平时的工作中，每天都生成可部署的软件，从而避免产品最终集成时爆发大量问题。

度量分析：度量在质量管理中有着非常重要的地位，没有度量就没有改进。度量分析指通过对项目、过程及其产品进行数据定义、收集以及分析，从而发现项目的问题和风险。通过度量分析形成能力基线，为项目进度、质量、成本现状的判断和管理决策提供参考依据。产品质量度量指标如图 8–15 所示。

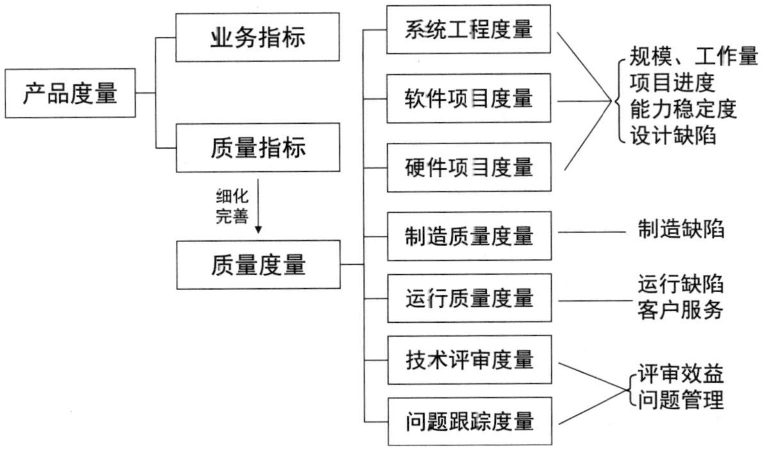

图 8-15　产品质量度量指标示意图

关于其他的质量控制手段以及相关细节信息，读者可以查阅相关资料进行了解，本书不再重复。

8.5.4　质量改进

质量改进是通过一系列的行动，增强质量管理的能力，提升质量结果。即通过消除系统性的问题，进一步提升现有的质量水平，使质量达到一个新水平、新高度。

质量改进本身是一个 PDCA 循环的过程，它需要固化在流程体系中，进行标准化。通过质量控制，使标准化的流程得以执行和实施，达到新的质量水平，如图 8-16 所示。

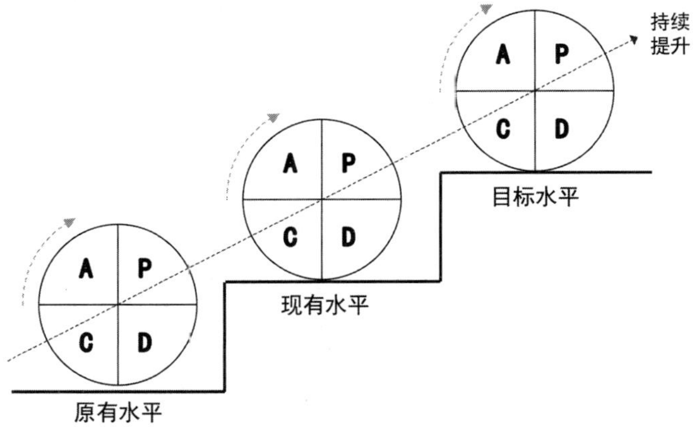

图 8-16　质量改进 PDCA 循环示意图

在集成产品开发（IPD）中，把组织级的质量改进的目标、活动、运作与实际开发的目标、活动、运作进行有机结合，确保客户和组织层面的质量改进需求和目标得到落实，并在实际工作以及团队例行运作中落地，支撑最终商业目标的达成。

在实际工作中，有很多质量改进方法可以使用，如表 8-5 所示。

表 8–5 常见的质量改进方法

质量改进方法		掌握现状	设定目标	根因分析	对策制定和实施	效果检查	巩固措施	总结
质量改进老七法（Q7）	分层法	◎						
	检查表	◎	•	•	•	•	•	
	排列图	◎				•		
	鱼骨图			◎				
	直方图	•				•		
	控制图	•			•	•	•	
	散布图	•				•		
质量改进新七法（N7）	系统图			◎				
	关联图			◎				
	亲和图							
	矩阵图				•			
	网络图				•			
	PDPC 法				◎			
	矩阵数据分析	•		•	•			
其他方法	SIPOC	•						
	标杆分析法	•	◎			•		
	流程图	•			•		•	
	5W2H	◎						
	5Why			◎				
	头脑风暴法			◎	◎			
	简易图表	◎	◎	◎	•	◎	◎	◎

注：◎表示特别有效，•表示有效。关于各方法的详细内容，读者可以查阅相关资料进行了解。

除了上述主流的质量改进方法以外，在集成产品开发（IPD）中还有一些常见的质量改进活动，帮助改进质量，具体如下。

- **质量控制圈（Quality Control Circles，QCC）**：由基层员工自发组织、自主管理的质量改进活动。通过分析问题根因，应用质量工具方法，聚焦解决问题的措施，促进效率提升、质量改进、成本降低。
- **复盘（After Action Review，AAR）**：对过去的事件进行分析，分析事件成功或者失败的原因，总结项目经验教训，得出最终解决问题的方法。
- **缺陷分析**：对产品进行定量和定性的分析和解释，对缺陷进行分析，目的是正确理解缺陷数据，并以此来更好地控制产品的开发进度、成本和质量。通过缺陷分析可以实现对产品质量的评估、预测和改进。

- **质量回溯**：一种预防性业务改进方法，通常是由内外部重大质量问题触发，以彻底解决问题，积累经验教训。质量回溯以避免问题重复发生为导向，同时对潜在的管理问题及时改进。

关于这些质量改进活动的详细步骤，读者可以查阅相关资料进行了解，如中国质量协会编著的《质量经理手册》，本书不再赘述。

8.5.5　质量回溯

在质量改进活动中质量回溯通常是必选项，因此，有必要对质量回溯做一个简单的介绍。质量回溯是一种十分常见的质量改进活动，即通过问题过程回放、根因分析、预防措施制定及执行等一系列有序的活动，系统地消除管理体系中问题产生的根因，从而预防同类问题再次发生，最终完善整个团队的管理规范、流程制度，如图 8–17 所示。

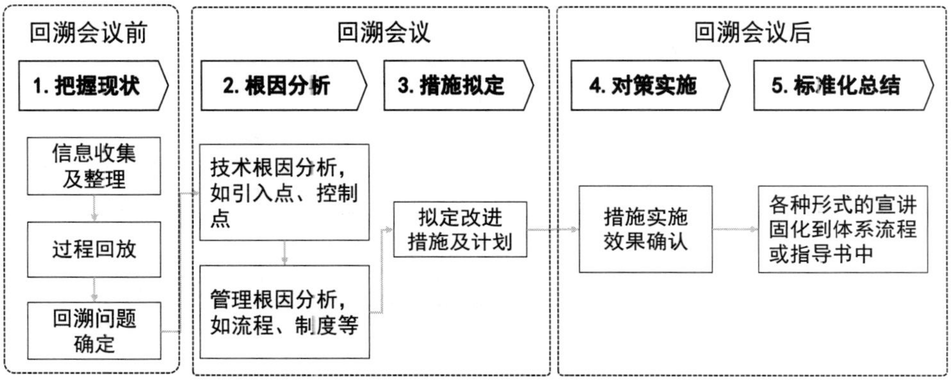

图 8–17　质量回溯流程图

质量回溯的过程如下。

- **把握现状**：通过对原始问题和原始信息的收集和整理，回放整个事件过程，从而确定要回溯的问题，确认问题的严重性、普遍性和责任主体。常见的工具有系统图、亲和图、鱼骨图、关联图等。
- **根因分析**：根因是指当这种原因被纠正以后，将会防止此类事故或者类似事故的再次发生，包括技术根因和管理根因。通常可以使用 5 Why、多角度提问等方法来发现根因，直到这个问题可以被解决。我们以使用 5 Why 方法找到杰弗逊纪念馆墙壁损坏严重原因的案例进行说明，内容如下。

Why 1：为什么杰弗逊纪念馆受酸雨影响比别的建筑物更严重？

答：因为清洁工经常使用清洗剂进行全面清洗。

Why 2：为什么要经常清洗？

答：因为有许多鸟粪。

Why 3：为什么会有许多鸟粪？

答：因为这里非常适宜虫子繁殖，这些虫子是鸟的美餐。

Why 4：为什么这里非常适宜虫子繁殖？

答：因为里面的人常年把窗帘关上，阳光照射不到内部，阳台和窗台上的尘埃形成了适宜虫子繁殖的环境。

到此问题根因找到了，而且这个根因可以利用现有的技术解决，即“拉开窗帘”。

- **措施拟定**：基于根因识别可能的对策，然后选择合适的改善对策，并进一步将对策转换为可以执行的措施。例如，对于上述杰弗逊纪念馆的案例，解决问题的措施就是“拉开窗帘”。
- **对策实施**：执行改善对策，跟踪执行效果，并知会问题解决情况给相应层级的管理者。管理人员不仅需要参与整个回溯活动，而且需要积极推动改进措施的落地，并对改进效果进行确认。例如，对于上述杰弗逊纪念馆的案例，需要告诉纪念馆相关管理员，以后要经常拉开窗帘。
- **标准化总结**：措施落地后，对改进效果进行评估和总结，通过管理会议、案例分享等形式进行传播，并将措施或活动固化到流程指导体系文档中。例如，对于上述杰弗逊纪念馆的案例，需要进一步跟踪“拉开窗帘”是否彻底解决了该问题，是否需要将“拉开窗帘”作为纪念馆日常维护手段写入纪念馆维护手册，甚至安装自动拉开窗帘的电动装置，每天定时自动拉开窗帘。

另外，需要重点补充说明的是：质量回溯应该尽量避免给员工带来惩罚，质量回溯的目的并不是对员工进行惩罚，而是以避免问题重复发生为导向，对潜在的管理问题及时改进，以彻底解决问题，积累经验教训。对于管理者，需要尽最大努力削弱质量回溯等于惩罚的观念。一旦员工认为质量回溯就是惩罚，那么质量回溯时员工就会避免表达对自己不利的真相，导致质量回溯无法发现问题真正的根因，也就无法从根本上解决问题。

8.6　项目管理：项目是研发管理的基础，一切活动皆项目

8.6.1　项目与项目群

什么是项目？根据美国项目管理协会（PMI）的 PMBOK 体系对项目的定义，项目是为创造某项独特产品、服务或成果所做的一次性活动。日常工作中，项目无处不在，例如，销售一个产品（销售项目）、开发一款手机（研发项目）、交付一个数据中心（交付项目）、编写一个任务书（Charter 开发项目）等。由于项目有明确的目标和期限，因此，采用项目化运作方式能够给企业带来巨大的好处，具体如下。

- **提高工作效率**：通过清晰地定义团队职责、工作的过程和要求，再配合丰富的、有效的工具模板，能够有效提升工作效率。
- **确保目标达成**：通过设定量化的、可衡量的任务目标和计划，保证团队工作聚

焦。通过积累知识领域的经验，降低项目风险，确保项目目标有效达成。

- **提高产品质量**：通过在项目执行过程中进行全面质量管理，提高产品质量。例如，设立关键控制点（KCP），加强质量监控，确保产品质量。
- **降低项目成本**：通过概算、预算、核算、决算，确保项目投资合理有效、成本和费用可控，降低项目的成本。

在集成产品开发（IPD）中，绝大部分工作都是按项目运作的，常见的项目如下。

- **规划类项目**，例如，路标规划项目、任务书开发项目、技术规划项目等。
- **技术研发类项目**，例如，预研项目、技术开发项目、平台开发项目等。
- **产品开发类项目**，例如，系统设计项目、软件开发项目、硬件开发项目、资料开发项目、概念测试项目、集成验证项目、补丁版本研发项目、器件替换项目等。
- **产品导入类项目**，例如，制造导入项目、维护导入项目、市场导入项目等。
- **变革类项目**，例如，IPD 变革项目等。

项目群（Program）是一组相互关联的项目的集合。项目群管理是指对项目群进行统一协调和管理，以保证项目群绩效最大化，而不是单个项目绩效最优。举个例子，产品解决方案项目通常都是典型的项目群（如视频监控解决方案），该项目群下有若干个相互关联的项目（如监控摄像头开发项目、监控管理平台开发项目、客户端软件开发项目等），对这些项目按项目群集中管理，能够更方便地分享彼此的信息，协调项目之间的依赖关系，解决人力资源共享和冲突的问题，共享对外沟通渠道，减少单项目管理的风险等。

项目组合（Portfolio）是为实现组织战略目标而组合在一起的项目、项目群和其他工作。项目组合中的项目或项目群不一定彼此依赖或有直接关系。项目组合管理是指通过项目或（和）项目群的组合，以合理方式来分配组织的有限资源，以便实现资源使用效益的最大化。例如，视频云公司拥有监控视频、会议视频、娱乐视频三个项目群，其构成一个视频类项目组合。在制订年度业务计划的过程中，各产品线产品管理部会依据各产品线的战略规划分析，识别当年需要实现的产品需求，确定当年的产品项目路标，优先保证这些产品项目的资源供给。

项目、项目群与项目组合之间的关系如图 8-18 所示。

8.6.2 项目管理简介

根据 PMI-PMBOK 的定义，项目具有以下三个主要特征。

- **一次性**：有明确的起点和终点，目标明确且具有一次性。
- **独特性**：每个项目涉及的工作任务不同，环境约束不同，工作存在差异。
- **成果的不可挽回性**：若项目失败或没有达成目标，则不可重来。

项目的这些特征使得完成项目、达成项目目标具有非常大的风险和不确定性，项目管理不好或缺乏项目管理可能导致项目不能按时完成、成本超出预算、质量不达标、

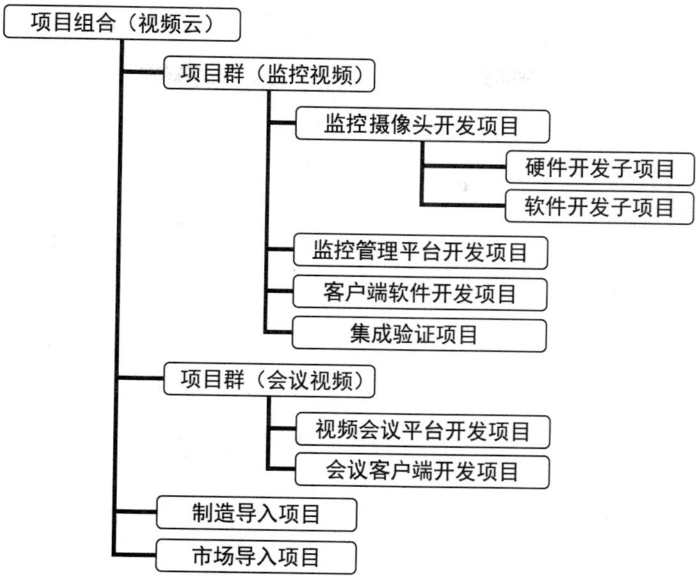

图 8-18　项目、项目群、项目组合的关系

返工、范围变更频繁、相关方不满意以及组织声誉受损等，因此项目管理非常重要。

什么是项目管理？根据 PMI-PMBOK 的定义，项目管理是将知识、技能、工具与技术应用于项目活动，以满足项目的要求。项目管理是在资源有限的条件下，通过项目经理和项目管理团队的努力，运用系统的理论和方法对项目涉及的全部工作进行有效的管理，即在整个项目生命周期内进行计划、组织、指挥、协调、控制和评价，以实现项目的目标。项目管理是对项目生命周期全过程的管理，是一项系统工程，其本质是整合资源与能力，通过一个组织达成项目交付目标。

截至目前，项目管理的主流体系有中国项目管理师认证（CPMP）、项目管理知识体系（PMI-PMBOK）、国际项目管理师认证（PRINCE2）、国际项目管理资质认证（IPMP）等。以项目管理知识体系（PMI-PMBOK）为例，在 PMI-PMBOK 中，将项目过程分成五个过程组，即启动、计划、执行、控制与收尾。在项目知识领域方面，PMI-PMBOK 将项目管理划分为十大知识领域，即整合管理、范围管理、时间管理、成本管理、质量管理、人力资源管理、沟通管理、风险管理、采购管理、相关方管理。PMI-PMBOK 是一个非常通用和实用的项目管理方法，可以应用在任何项目管理领域，包括产品研发、IT 工程交付、房屋建造、奥运会开幕式等。在集成产品开发（IPD）中，每个业务活动也都可以参照 PMI-PMBOK，按项目运作，确保业务目标达成。

由于 IPD 的每个业务活动都有明确的输入、输出和目标要求，在运作过程中又积累了丰富的工具、模板、指导手册，因此，可以在 PMI-PMBOK 的基础之上，对集成产品开发（IPD）的项目管理进行更具体化的定义，从而更有效、更精准地指导不同业务活动的运作。

以项目过程组为例，对比 PMI-PMBOK 的过程组和 IPD 各业务活动过程，可以发现 IPD 各业务活动过程与项目管理过程基本类似，但内容更具体，如表 8-6 所示。

表 8-6　常见的项目过程组

业务活动	项目过程组			
PMI-PMBOK	启动	计划	执行 & 控制	收尾
路标规划	立项		现状分析、策略分析、制定路标规划、审核路标规划	项目关闭
任务书开发	立项		市场分析、产品定义、执行策略、任务书移交	项目关闭
技术规划	启动		分析、融合优化、执行	项目关闭
技术开发	立项	概念与计划	开发、迁移	项目关闭
产品开发	立项	概念与计划	开发、验证、发布	项目关闭

另外，由于集成产品开发（IPD）更强调商业成功，因此，可以在 PMI-PMBOK 的基础上，对项目管理范畴进行一些调整和修改。以研发项目管理（RDPM）为例，参照 PMI-PMBOK 的项目管理范畴，在 PMI-PMBOK 的基础之上增加了商业目标、项目文化两大部分，如图 8-19 所示。

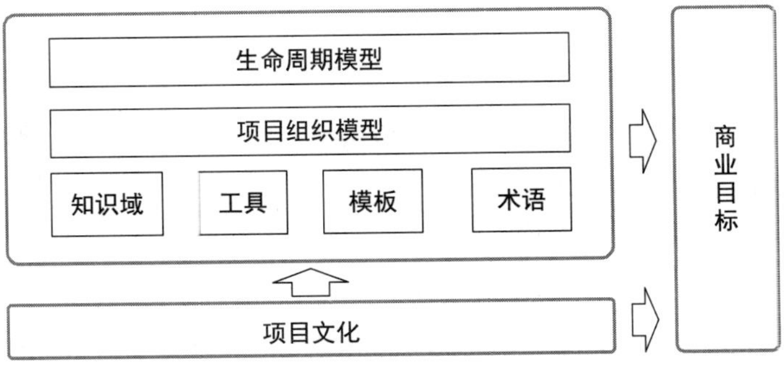

图 8-19　项目管理范畴示意图

其中每一个模块的定义与 PMI-PMBOK 基本相同，读者可查阅 PMI-PMBOK 了解详细的内容。在研发项目管理（RDPM）中，各模块大致的定义如下。

- **商业目标**：强调了项目目标要符合组织商业诉求。
- **生命周期模型**：从过程维度对项目生命周期各阶段、活动、评审点进行了定义。
- **项目组织模型**：从组织维度对项目相关的角色和团队及其职责、权力和活动进行了描述。项目生命周期模型和项目组织模型提供了一个通用的项目管理基本框架，便于组织内统一项目管理的语言和运作方式。
- **知识域**：提供了从成功项目实践中总结出的各种项目管理活动的方法，主要包括十大知识领域。

- **工具**：介绍了项目管理过程中使用到的 IT 系统。
- **模板**：介绍了项目管理的常用模板，例如，项目任务书模板、项目计划模板、项目状态报告模板、项目总结报告模板。
- **术语**：列举了研发项目管理中的特定词汇及解释，统一了概念，便于读者查阅。
- **项目文化**：强调了对人和项目软环境的关注，包括对成员、主管、团队的要求。

接下来的章节，将针对上述各模块进行简单介绍。

8.6.3 生命周期模型

1. 产品生命周期和项目生命周期

产品生命周期和项目生命周期是两个不同的概念。产品生命周期是从产品概念产生到产品停止维护或使用的过程。项目生命周期是产品生命周期的一部分，包括从项目开始到项目收尾（或终止）的过程。产品生命周期和相应的项目生命周期的位置如图 8–20 所示。

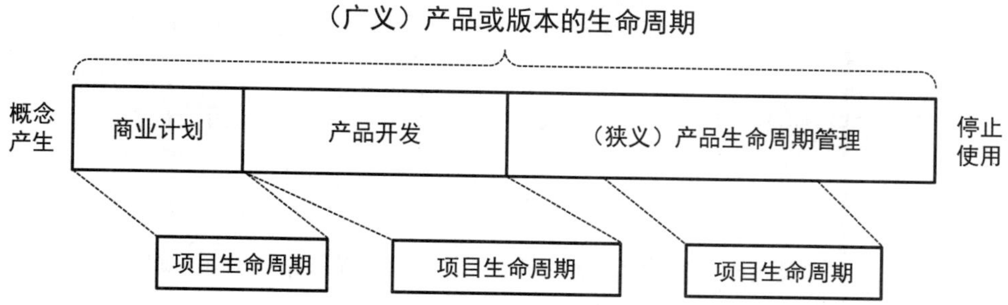

图 8–20　产品生命周期与项目生命周期的区别

广义的产品生命周期开始于一个想法或概念，结束于产品停止维护或使用。例如，客户经理在拜访某客户时，发现了一个新需求，客户经理将需求反馈给产品管理部，产品管理部接受了需求，产品的生命周期就启动了。经过需求分析、产品立项，如果证明它具有商业价值，就可以进行开发、验证、发布，并交付给客户使用。最后，这种产品的竞争力逐渐下降，逐渐满足不了客户的需求，并且企业决定不再支持这个产品。这就标志着该产品生命周期的结束。

版本是产品在不同时间段的特性集合，版本生命周期类似于产品生命周期，即从版本概念产生到该版本停止维护或使用的过程。

项目生命周期是产品生命周期的一部分，企业可以在产品（或版本）生命周期的任何阶段启动一个项目。举例如下。

- 任务书开发阶段的市场洞察项目、客户需求调查项目、任务书开发项目等。
- 产品开发阶段的产品设计项目、产品开发项目、产品测试项目、试验局验证项目、制造导入项目、销售导入项目等。
- 产品生命周期阶段的补丁版本开发项目、器件替代项目、产品维护项目等。

2. 项目生命周期模型

项目生命周期模型提供了项目的统一过程结构的描述，集成了项目管理相关的流程、活动、评审点等。在集成产品开发（IPD）中，对于不同类型的项目，由于其目标、工作方法、产出的内容、质量保证方法各不相同，因此，其生命周期模型存在比较大的差别，如 8.6.2 节提到的各业务活动的项目生命周期对比，如表 8-6 所示。

以研发项目管理（RDPM）为例，RDPM 项目生命周期模型旨在提供一个研发项目管理流程的基本框架，保证组织对项目实施有效的管理和控制，确保项目的交付与组织的商业目标保持一致。其项目生命周期模型如图 8-21 所示。

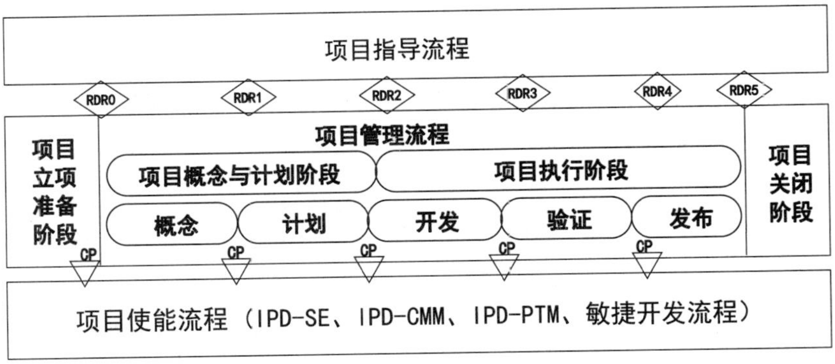

图 8-21　RDPM 项目生命周期模型示意图

研发项目管理（RDPM）项目生命周期模型由三层流程组成，与项目组织模型中的三层项目管理职能单元（项目指导职能、项目管理职能和项目执行职能）相匹配。三层流程简述如下。

- **项目指导流程**

项目指导流程描述在项目管理过程中，项目运作指导团队如何评审、监控项目，并对项目给予支持，确保项目符合商业目标和要求，以及获得资源的保障。例如，在 IPD 中通过 DCP 决策评审实现对项目进行监控和资源投入承诺。在研发项目管理（RDPM）中，通过研发评审（Research and Development Review，RDR）评估项目状态和进展，并进一步指导和支持研发项目工作。

- **项目管理流程**

项目管理流程描述项目管理的阶段定义以及各阶段的项目管理活动。以研发项目管理（RDPM）为例，在 RDPM 项目生命周期模型中，项目管理流程划分为七个阶段。

（1）**项目立项准备阶段**：从资源、技术、组织等方面进行评估和准备，完成项目任务书开发。

（2）**项目概念阶段**：制订初步的项目计划，完成包需求分析和备选方案。

（3）**项目计划阶段**：制订详细的项目计划，完成架构设计和概要设计。

（4）**项目开发阶段**：执行项目计划，完成产品的模块设计和开发，完成样机开发。

（5）**项目验证阶段**：执行项目计划，进行产品验证，完成试产和 Beta 测试。

（6）**项目发布阶段**：执行项目计划，进行大规模量产，完成移交、维护支持。

（7）**项目关闭阶段**：完成项目，进行项目总结，关闭项目活动，释放资源。

其中，检查点（Check Point，CP）是项目经理在管理项目的过程中，为确保项目按要求完成而设定的。

- **项目使能流程**

项目使能流程描述不同的项目开发模式及相应的工程活动，例如，系统分析、系统架构设计、软件开发（瀑布和迭代模式）、硬件开发、结构设计、资料开发、系统集成与验证等流程。与这部分工作有关的能力非常重要，是研发的核心关键能力，直接影响研发项目目标的达成。

出于篇幅和本书目的的考虑，本书对项目使能流程的内容不做过多的描述，读者可以查阅相关资料进行详细了解。

8.6.4 项目组织模型

项目管理不仅是项目经理和项目管理团队的事情，还需要项目外的其他很多角色和团队提供指导、支持、配合。所以，明确定义项目管理相关的角色和团队，有助于项目经理和项目管理团队更加高效地执行项目管理活动，并使项目的交付更符合客户和组织的要求。

以研发项目管理（RDPM）为例，研发项目管理（RDPM）项目组织模型对项目组织进行了概括和抽象，它为每个职能单元定义了适用于各类项目的通用角色，并对关键角色的职责、权力、活动进行了定义，清晰地区分了项目线组织和职能线组织的职责。

在项目组织模型中，根据利益干系人在项目活动中的职责差异，将项目的关键利益干系人的职能划分为项目指导职能、项目管理职能、项目执行职能三个职能单元，分别进行描述，这三个职能单元的关键利益干系人与其他利益干系人一起，构成了项目完整的利益干系人全景图，如图 8–22 所示。

- **项目指导职能**：项目运作指导团队确定项目方向，对项目重大事项进行决策，并对项目提供必要的支持。例如，集成组合管理团队（IPMT）、集成技术管理团队（ITMT）。
- **项目管理职能**：项目管理团队对项目目标的达成负责。项目管理团队负责挑选适合项目管理的方法、技术和工具，执行项目管理活动，识别所有对项目有威胁的偏差，并报告给项目运作指导团队，由项目运作指导团队来决定是否要改变项目范围。例如，产品开发团队（PDT）、技术开发团队（TDT）等。此外，项目管理团队还负责协调所有不同的利益干系人，确保项目目标在组织内各层级得到沟通和理解。
- **项目执行职能**：项目各执行小组负责依照团队制定的项目管理规范执行项目，

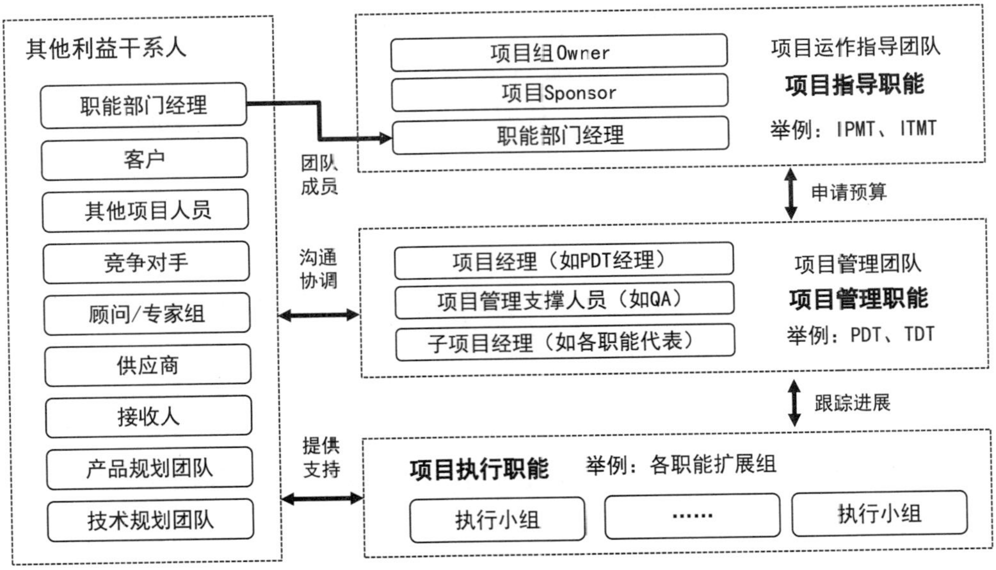

图 8-22　项目组织模型示意图

保证高质量交付，达成目标，满足客户需求。例如，系统设计组、软件特性开发组、硬件单板开发组、测试验证组、结构开发组、资料开发组等。

研发项目管理（RDPM）项目组织模型旨在帮助项目经理和项目管理团队理解研发项目的组织环境、组织结构和关键角色，分析、识别和管理项目的利益干系人。

8.6.5 知识域

知识域是指特定领域范围的知识，包括领域内的所有经验、理论、方法论等。由于项目管理是一项跨学科的工作，因此，会涉及很多领域的知识。在 PMI-PMBOK 中，定义了十个知识领域，所有的这些知识领域都可以直接应用到集成产品开发（IPD）的项目管理中。

在集成产品开发（IPD）中，不同的项目涉及的知识领域有所不同。例如，产品商业计划开发项目基本上不涉及采购管理领域，但是非常强调商业计划方面的知识等。因此，不同的项目会对相关知识领域进行调整，以更好地符合项目管理的要求。

以研发项目管理（RDPM）为例，在研发项目管理（RDPM）中，涉及项目管理的十个知识域。每个知识域描述了研发项目管理过程中需要实施的重要的项目管理活动以及从事相关活动的最佳实践，如图 8-23 所示。

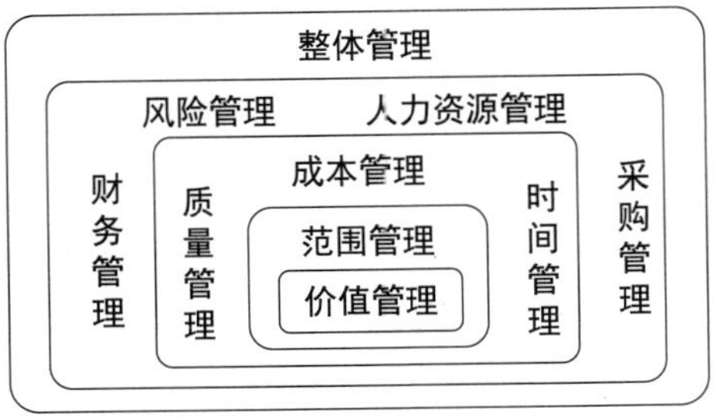

图 8-23　项目管理知识域示意图

整体管理：对所有项目管理活动进行整合、统一管理，确保所有项目活动都聚焦于项目目标的实现，并对项目涉及的内外部利益干系人进行协调和控制，确保目标达成。

价值管理：对项目的价值进行分析、定义和管理，包括项目产出的价值（对客户的价值）和项目运作所产生的价值（给组织带来的价值）。例如，项目经理与客户不断沟通需求，仔细分析客户的真正需求，并确定合适的设计方案，在客户要求的时间内，交付“刚刚好的系统”，这是项目产出的价值。价值管理是项目管理的核心。

范围管理：明确为了达到项目的目标，项目需要交付的成果。简单地说，就是为项目界定一个界限，划定哪些方面是项目应该做的，而哪些方面是不应该包括在项目之内的，确定项目的目标和主要的可交付成果。需要强调的是：项目目标一定要务实，不要好高骛远；项目目标制定过程中需要反复和客户沟通，力求满足所有干系人的利益诉求；项目目标还需要保持相对稳定，千万不能频繁变化，否则只会浪费项目资源，严重拖延项目进度。

时间管理：管理和控制项目的交付时间和进度，确保项目按计划进行，最终按时完成。常见的时间管理活动包括工作任务分解、工作量估算、关键路径分析、浮动时间管理等。常用工具包括甘特图（GANTT）、PERT 图、燃尽图等。

成本管理：在客户期望、市场竞争和企业盈利目标等多种约束下，对产品按照预定的目标成本进行设计和研发。主要成本包括材料成本、制造费用、研发费用、管理费用、销售费用、财务费用等。例如，项目经理组织研发工程师分析和评估不同系统架构设计方案下的人力、风险等成本，确定最优的产品架构方案，从而降低产品研发成本。参见本书 8.4 章节。

质量管理：为保证项目满足原先规定的各项要求而组织质量保证活动。在项目执行过程中进行全面质量管理，借助质量策划，实施质量保证和质量控制等活动，达成项目质量目标要求。参见本书 8.5 章节。

财务管理：对项目财务进行概算、预算、核算、决算，包括：对项目期间的收入进行预测和管理，确保项目投资合理有效；对完成项目活动所需的费用进行预算和管理，确保项目费用在预算范围内可控。有关财务管理的专业书籍有很多，读者可以查阅相关资料进行了解，本书不展开描述。

风险管理：风险指的是可能影响项目进度、质量、范围等的不确定因素。风险管理即对这些可能影响项目的不确定因素进行主动应对和管理，降低或者消除不确定因素对项目的影响。常见的风险管理过程为风险识别、风险评估、制订风险管理计划、实施风险应对计划、风险跟踪和控制。主要的风险防范措施包括规避、缓解、转移、接受。

人力资源管理：组建、领导和管理项目团队，确保项目人力资源和绩效满足项目需求，同时团队成员能够获得成长，实现双赢。需要说明的是：由于团队合作通常需要有一个磨合期，因此项目团队需要保持相对稳定，不建议团队成员频繁流动；团队成员之间应该技能互补，需要组建“明星团队”，但不需要组建“全明星团队”，当然，团队需要的是人才，而不是人手。

采购管理：从项目组织之外采购或获得为完成工作所需的产品、服务或成果的过程。例如，采购研发物料、采购测试设备、采购通用技术、采购合作产品、采购咨询报告、外包人力等，确保项目可以正常开展。

知识域是对项目管理知识的完整描述，在实际工作中，读者可以将 PMI-PMBOK 的知识领域作为项目管理的参考和指导。

8.6.6 工具和模板

在集成产品开发（IPD）中，对每个业务活动都提供了大量的工具和模板。由于不同业务活动的工作目标、范围、产出物都不相同，因此，在工具和模板上存在很大的差别。例如，为研发项目管理（RDPM）提供的项目管理工具包括但不限于计划管理工具、配置管理工具、变更管理工具、需求管理工具、缺陷管理工具、风险管理工具、管道管理工具、集成管理工具等。而任务书开发（CDP）项目的工具和模板包括市场评估报告模板、竞争评估报告模板、技术分析报告模板、初始需求包模板、产品构想报告模板、执行策略模板等。关于每个业务活动具体的工具和模板，可参见各业务活动的详细描述。

另外，对研发项目管理（RDPM）还提供了四个通用的项目管理文档模板，包括项目任务书模板、项目计划模板、项目状态报告模板、项目总结报告模板。这四个通用项目管理文档模板的说明和要素如下。

- **项目任务书模板：**项目任务书明确了项目的目标和范围，为项目开展指明了方向。项目任务书模板的要素包括商业背景、期望的目标、项目范围、项目组织、报告机制、验收方式、约束条件等。
- **项目计划模板：**项目计划用于指导项目执行。项目计划由项目赞助人批准，并作为项目经理和项目赞助人之间的合同。项目计划模板的要素包括项目目标、总体策略、约束条件、客户信息、与其他项目的接口关系、项目干系人、项目价值、项目范围、项目质量、项目采购、项目进度、项目预算、项目组织、项目风险管理、项目沟通计划、项目移交和关闭等。
- **项目状态报告模板：**项目状态报告用于向项目赞助人和项目运作指导团队报告项目状态，定期呈现项目实际状态与项目计划的符合度，项目后续阶段的问题和风险，以及建议措施，确保管理层能够在必要的时候采取适当措施，对项目进行控制。项目状态报告模板的要素包括项目状态、风险管理、变更控制等。
- **项目总结报告模板：**项目总结报告阐述了项目在价值、时间、成本和输出等方面的结果，以及与初始计划的偏差，同时，也总结了从项目中获得的经验教训和改进建议。编写项目总结报告的目的是将从项目中获得的经验教训传递给以后的项目，保证组织能力得到持续改进。项目总结报告模板的要素包括项目背景、项目价值、项目成果、经验教训等。

8.6.7 项目文化

“三个臭皮匠，顶个诸葛亮。”团队合作是项目成功的关键因素。例如，米格-25是苏联研发生产的喷气式战斗机，虽然使用的很多零部件都远远落后于当时的美军战机，但是米格-25是世界上第一种飞行速度突破3马赫的高空高速战斗机，整体作战性能超过了同时期美国和欧洲国家生产的战斗机。主要原因是米格公司在设计时从整体考虑，对各部分进行了更加协调的组合设计，使飞机在升力、速度和应急响应方面超过了对手，成为当时最好的战机之一。这种由组合和协调引起的意想不到的效果，被称为“米格-25效应”。

在研发项目管理（RDPM）中，为了更好地凝聚团队、提升团队的战斗力，增加了项目文化模块。通过优秀的文化，可以激发员工和主管的斗志，从而保证项目的商业成功。在该模块中明确了对项目成员、主管和团队的基本要求。通常在优秀的团队中，对项目成员、主管和团队的基本要求如下。

项目成员：在寻找团队成员时，尽量寻找“自燃型”的成员，避免“阻燃型”的成员。每一位团队成员都需要不断学习，提升在团队中与他人沟通的技巧和能力，协同配合他人开展工作，以积极主动的心态参与团队计划制订与任务安排，共同承担团队目标和责任，并贡献自己的独特价值。

项目主管：把对人的关注放在首位。管理者，首先是管人，然后是管事。如果没有一支敢打硬仗、善打硬仗，敢于胜利、善于胜利的队伍，项目的目标是很难实现的。关于领导力的话题，读者可以阅读库泽斯和波斯纳的著作《领导力：如何在组织中成就卓越》，其中提到的卓越领导者的五个习惯“以身作则、共启愿景、挑战现状、使众人行、激励人心”，值得学习和实践。

项目团队：项目的成功取决于团队每一位成员的积极主动和对于所承担任务的百分之百的责任感。在组建团队时，需要根据项目要求，挑选能力互补的成员，保证项目组全体成员能够相互合作，共同完成项目的目标。

8.7 常见问题探讨

1. 流程会不会阻碍创新?

首先，**僵化的流程会阻碍创新**，而不断自我优化的流程会有助于企业创新。笔者认为，创新的本质是厚积薄发和容忍失败，而厚积薄发和容忍失败都是需要通过流程来保证的。通过流程规则，能够保证创新的结果得到持续的积累。

其次，**创新需要充分授权**。在一个自我优化的流程型组织中，充分授权是组织的典型特征。通过充分授权，能够保证员工进行独立思考和试错，开展业务创新。

最后，**创新也需要目标牵引**，没有方向的创新是盲目创新。通过流程，可以很好地规划创新方向，跟踪创新进展，为创新活动匹配合适的资源。

总的来说，流程建设与创新并不矛盾，创新需要通过流程来保障。

2. 是否需要新建一套创新管理流程?

有必要建设一套创新管理流程，区别于主流产品开发流程，主要原因如下。

首先，业务目标上存在较大差别。主流产品开发追求商业成功，需要产品有合理的收入和利润。但是，创新项目通常没有利润，需要企业进行战略投资，是一种探索和尝试。

其次，业务特点上存在差别。创新项目通常是少量投入、快速试错，通过 MVP 进行概念验证。而主流产品需要稳扎稳打，一般会经过严格的分析论证，确定产品的商业目标，再进行产品的开发和上市。

最后，决策要求不同。创新项目需要更灵活、更快速的决策机制，而主流产品通常采用稳健的投资决策机制。如果用主流产品决策机制来管理创新项目，决策会变得比较复杂，决策时间也会变得很长，会打击创新团队的积极性。

因此，针对创新项目，需要单独建设一套合适的流程机制，支持产品创新。

3. 创新项目适合采用哪种团队管理方式?

对于创新项目，推荐采用自组织型团队进行管理，参见本书 9.1 章节。采用自组织型团队带来的好处如下。

（1）工作思路和方法上比较灵活，不受主流产品开发流程的影响。

（2）聚焦业务目标，独立决策，充分发挥团队的创造力。

（3）小团队运作，不存在跨部门沟通和协调问题。

（4）对创新过程中出现的风险可以有效隔离，避免影响企业其他业务。

（5）单独的资源投入，避免资源被主流产品抢占。

4. 成本与质量的关系是什么?

成本和质量都是客户的核心关注点，两者密不可分，需要统筹考虑。

过低的质量要求会带来成本的上升。也可以说，合理的质量可以降低成本。例如，如果能够一次性把事情做好，降低不良品率，不返工、不窝工，那么显而易见，效率是最高的，成本是最低的。同时，还可以提高品牌知名度，减少售后服务工作，进一步降低营销和服务成本。

过低的成本会带来质量的下降。例如，在采购过程中，过度追求低成本，导致供应商以次充好，最后带来产品整体质量的下降，从而降低了产品的口碑，提高了产品的销售、服务和交付成本等。

过高的质量要求会造成成本浪费。例如，工程师设计了一款 100 年都用不坏的手机，导致成本大幅增加；但是随着网络技术的升级和换代，老款手机无法接入新的网络，导致老款手机不得不被迅速替换，这些增加的成本没有发挥任何价值。当然，换个角度看，100 年都用不坏的手机，其实也并不是客户所期望的，因此也可以理解为这并不是高质量。

5. 质量回溯是不是意味着惩罚?

首先需要强调的是：质量回溯的目的并不是对员工进行惩罚，同时，也应该尽量减少回溯带来的惩罚。只有大家真正认识到回溯的目的，在质量回溯的时候，员工才不会相互推诿、相互甩锅，才能毫无保留地回顾问题，实事求是地寻找问题根治的办法，从而彻底解决类似问题，积累经验教训。

当然，对于质量意识淡薄、未按要求操作，甚至是违规操作、有明显过失者，还是需要追究相关责任，给予一定的惩罚，以保证公平。

6. 集成产品开发（IPD）与 PMI-PMBOK 是什么关系？

集成产品开发（IPD）的基础是项目管理，在集成产品开发中，每一个业务活动都是一个小的项目，通过项目化运作，有效地提高整个体系的运作效率。

项目管理可以按照 PMI-PMBOK 的理论指导进行。但是，仅按 PMI-PMBOK 的理论来指导，还远远不能满足实际工作的需要。企业需要对 IPD 的每一个业务活动进行实例化、具体化，丰富项目管理的方法、工具、模板，积累项目管理经验，建设相关的领域知识，确保每一个业务活动都有明确的工作指导、有效的工具支撑，并能够得到良好的执行。

7. 研发项目管理（RDPM）与 PMI-PMBOK 是什么关系？

研发项目管理（RDPM）是以 PMI-PMBOK 为基础，结合集成产品开发（IPD）的具体要求，面向研发开发的项目管理流程方法。

从本章节的讨论中可以看出，针对研发工作，研发项目管理（RDPM）流程中包含了很多独有的工具、模板和方法，能够更好地支持集成产品开发（IPD）运作。每一个企业都可以基于 PMI-PMBOK 定制和总结自己的研发项目管理（RDPM）流程，开展企业特有的项目管理培训和项目管理内部认证考试，帮助企业提升研发项目管理能力，确保项目成功。

8. 研发项目管理主要的风险有哪些？

在项目管理过程中，风险管理是一个经常被忽视，但非常重要的工作。没有风险管理，项目失败的概率会大幅提升，甚至可以说，没有风险管理就不是项目管理。在研发项目管理过程中，常见的风险如下。

- **市场和客户风险**：主要是指市场需求和客户要求发生变化，引起产品规格的改变。包括增加新的需求、取消原来的功能需求、客户供货时间要求突然发生变化、合同被取消等风险。
- **技术风险**：在产品开发过程中出现方案选择失误、方案设计考虑不周等，导致研发任务不能按时完成。例如，采用比较先进但还不成熟的技术可能导致质量和稳定性方面存在一定的风险，采用比较成熟的技术可能导致产品没有竞争力，无法达到商业目标。
- **财务风险**：由于企业扩张过快、资金回笼不及时等因素，造成企业流动资金紧张。资金不足导致产品开发、生产无法按计划进行。
- **制造风险**：主要指在产品批量生产时，因为某些生产设备和工具等准备不足、生产人员技能培训不到位、生产系统未充分调试，以及在生产过程中产生大批量返工，而对正常生产造成影响。

- **采购风险**：主要是指在产品批量生产启动后，由物料数量不足、外购件供货期变长、原材料涨价等问题带来的风险。
- **客户服务风险**：由于客户环境的问题造成产品使用、维护、升级出现问题。客户服务问题如果不能很好地解决，会直接影响客户体验，对产品的商业成功造成影响。
- **项目管理风险**：项目管理者对项目各项任务的浮动周期、风险估计不足，项目组成员突然变更，以及企业的流程、制度不完善等，影响产品开发、生产、交付。

9 重量级团队管理

管理学家斯蒂芬·P. 罗宾斯认为，团队就是两个或者两个以上相互作用、相互依赖的个体，为了特定目标，按照一定规则结合而成的组织。因此，团队的构成要素总结为 5P，分别为目标、人、定位、权限和计划，解释如下。

- **目标（Purpose）**：团队应该有一个明确的目标，为团队成员导航，指引团队走向某处。没有目标的团队就没有存在的价值。
- **人（People）**：人是构成团队最核心的力量，只要有两个人就可以构成团队。
- **定位（Place）**：团队在企业中处于什么位置，需要获得谁的支持，最终对谁负责；团队的成员在团队中需要扮演什么角色。
- **权限（Power）**：团队的权力大小，明确哪些问题可以由团队自主决策，哪些需要向上级部门申请决策。
- **计划（Plan）**：一系列具体的行动方案和计划，指导团队最终达成目标。

本章将探讨集成产品开发（IPD）中的团队组成形式、管理方式、决策方式，帮助读者理解集成产品开发（IPD）的运作机制。

本章核心内容

- 团队的组成：通过重量级团队建设，能够确保整个团队都关注产品的商业成功。同时，又打破了部门墙，实现了责任共担、信息共享，充分利用了企业的资源、多领域知识和能力，做到了经验集成。
- 团队管理方式：通过会议管理机制，确保团队高效运作。
- 团队决策方式：通过建设严格的授权与决策机制，充分激发组织活力。

9.1 重量级团队：目标统一、责任共担、信息共享

1. 常见的团队组织结构

在团队组织结构方面，目前有三种主流的团队组织形式，即职能型团队、自组织型团队和矩阵型团队，如图 9–1 所示。

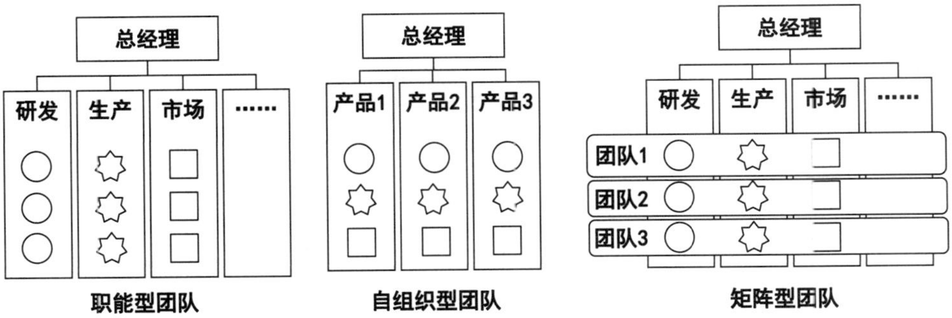

图 9–1 三种团队组织形式示意图

（1）**职能型团队。**在职能型团队中，产品开发被划分为多个模块，每个模块由相应的职能部门负责，串行执行。职能部门之间的沟通需要由职能经理或高级管理人员进行协调。

- 优点：优化资源利用，职能专业化，具有规模经济，责任清晰，员工的职业成长和发展路径一致，便于管理。
- 缺点：各职能部门都不对商业成功负责，部门墙太重，跨部门协同困难，难以形成合力，团队响应速度慢，业务靠经验驱动。

职能型团队主要适用于业务变化缓慢、专业能力要求高的企业。例如，在传统制造企业中，产品生产和销售按计划进行，各职能部门之间沟通较少，在职能部门内部可以通过长期积累经验，形成强大的专业能力，提升企业的竞争力。

（2）**自组织型团队。**自组织型团队又称为老虎团队、臭鼬工厂、创业团队。团队包含各种不同技能背景的成员，团队领导者全力聚焦于业务，对团队成员全权负责。

- 优点：独立自主，责任聚焦，对目标负责，不存在跨部门沟通和协调问题。
- 缺点：企业内的优秀资源和经验得不到共享，浪费严重。团队与企业的其他部门或团队相互隔绝、相互独立，不利于在企业层面进行协同。

自组织型团队通常适用于重要的、高风险的、创新的项目。采用该组织形式可以充分发挥团队的创造能力，并有效隔离项目的风险，避免风险蔓延到整个企业。

（3）**矩阵型团队。**矩阵型团队是结合了职能型团队和自组织型团队的优点而形成的一种新的组织结构。在矩阵型团队中，项目团队的成员来自各职能部门，项目团队聚焦业务，对业务成功负责。

矩阵型团队分为强矩阵和弱矩阵。在强矩阵中，项目经理关注业务进展，对业务的商业成功负责；职能经理只关注员工能力培养、专业能力建设、资源建设。在弱矩阵中，项目经理主要负责牵头和统筹，充当协调人和联系人的角色，业务进展依然由职能经理负责。

- 优点：目标统一，整个团队都关注产品的商业成功。同时，又打破了部门墙，实现了责任共担、信息共享，充分利用了企业的资源、多领域知识和能力，做到了经验集成。另外，在产品开发过程中，各职能部门都是从一开始就参与项目工作，实现了工作并行，缩短了周期。
- 缺点：管理相对复杂，团队成员面临多头领导，需要有效的协调和汇报机制。

矩阵型团队主要适用于业务变化快、专业能力要求高的创新型企业，例如，科技型企业。在科技型企业中，技术和业务变化都非常快，新技术给产品的设计、开发、制造和销售带来新的变化，业务的变化又使得内部经验需要充分分享和流动，因此需要各职能部门保持高效沟通、积极配合，从而实现商业成功。

2. 重量级团队

为了适应业务的快速变化、技术的突飞猛进，保证产品的商业成功，在集成产品开发（IPD）中，主要采用的是强矩阵式管理模式，即重量级团队。

以产品开发团队（PDT）为例，其核心团队成员包括研发代表、市场代表、财务代表、服务代表、采购代表、制造代表和质量代表，团队的主管是 PDT 经理，如图 9-2 所示。

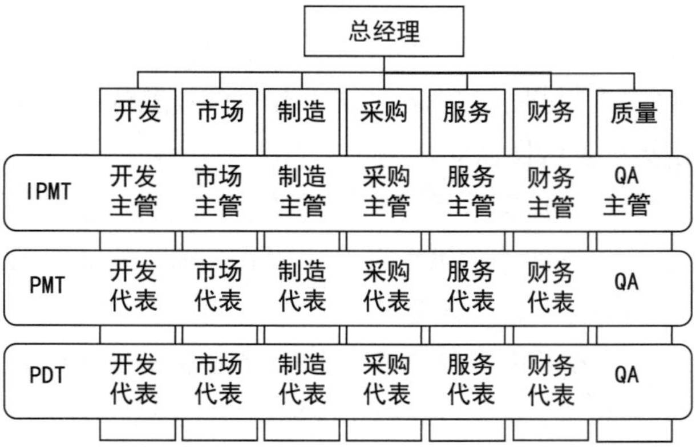

图 9-2 重量级团队示意图

在集成产品开发（IPD）管理体系中，存在很多的重量级团队，主要分为三类，即管理类重量级团队、规划类重量级团队、开发和运营类重量级团队。

（1）**管理类重量级团队。**

投资评审委员会（IRB）：在企业总体战略的指导下，以客户需求为导向，进行产品投资决策，并围绕产品投资决策的落实，推动市场、研发、采购、供应链、销售、服务等部门协同一致，满足客户需求。

解决方案管理团队（SMT）：管理跨产品线解决方案的规划和预算，对跨产品线解决方案进行投资决策；协调各产品线在业务投入和实施方面的冲突，保证企业整体利益最大化；完善解决方案层面的组织及流程，补齐解决方案体系运作过程中存在的业务短板。

集成组合管理团队（IPMT）：负责单一产品线的投资决策，对产品线投资的损益及商业成功负责。

集成技术管理团队（ITMT）：负责企业的技术规划制定与技术开发决策，确保产品发展需要的工程和技术能力得到保障，避免因技术能力不足而导致产品竞争力差。

超级产品开发团队（SPDT）：作为独立的产业经营团队，直接面向外部独立的细分市场，对产品（子产品线）的端到端经营损益及客户满意度负责。

（2）**规划类重量级团队。**

组合管理团队（PMT）：支撑 IPMT 的运作，负责制定产品线的中长期发展规划、年度业务计划、年度营销计划、产品组合和路标、任务书，评估中长期发展规划、年度业务计划、年度营销计划的执行情况，并提出改进措施和计划建议。

需求分析团队（RAT）：通过例会制度，对需求进行专业分析，包括解释、过滤、分类、排序等，必要时进行市场调研，最终给出关键要素评估意见，包括收益程度、风险程度、工作量、是否采纳等，并排列出优先级，形成市场需求包或待定需求列表。

需求管理团队（RMT）：负责产品线的需求管理流程、方法和工具的推行工作，以及需求管理人员的技能提升。

技术管理团队（TMT）：技术与工程专家委员会，产品线创新、技术开发投资责任主体，在 IPMT 或 ITMT 的授权下对创新、技术开发投资进行决策并负责。

（3）**开发和运营类重量级团队。**

产品开发团队（PDT）：负责管理产品开发的整个过程，包括开发项目立项、产品开发、将产品推向市场。目标是根据产品线 IPMT 项目任务书中的要求，完成产品开发，保证产品包在财务和市场上取得成功。

解决方案开发团队（SDT）：负责管理解决方案开发的整个过程，包括开发项目立项、解决方案开发、将解决方案推向市场。目标是根据产品线 IPMT 项目任务书中的要求，完成解决方案的开发与交付，保证解决方案的商业成功。

生命周期管理团队（LMT）：以产品发布的内容为基础，进行不断刷新和持续优化，满足市场变化的要求；根据产品运营绩效目标，例行监控市场、制造、服务绩效的实际表现，进行差距分析和机会分析，制定改进措施并推动职能部门落实；适时建议进行销售、生产、服务的终止，真正实现端到端的降低运作成本、提高收益和盈利能力、提高客户满意度、提高产品和解决方案竞争力。

技术开发团队（TDT）：负责平台与技术的开发与交付，关注技术目标的达成，负责将成熟的技术迁移到 PDT，使之符合各 PDT 的业务目标。

3. 重量级团队职责对比

为了更好地区分这些团队的职责，下面根据产品概念出现到产品生命周期结束的过程，将主要产品相关的重量级团队的职责进行一个简单的比较，如图 9–3 所示。

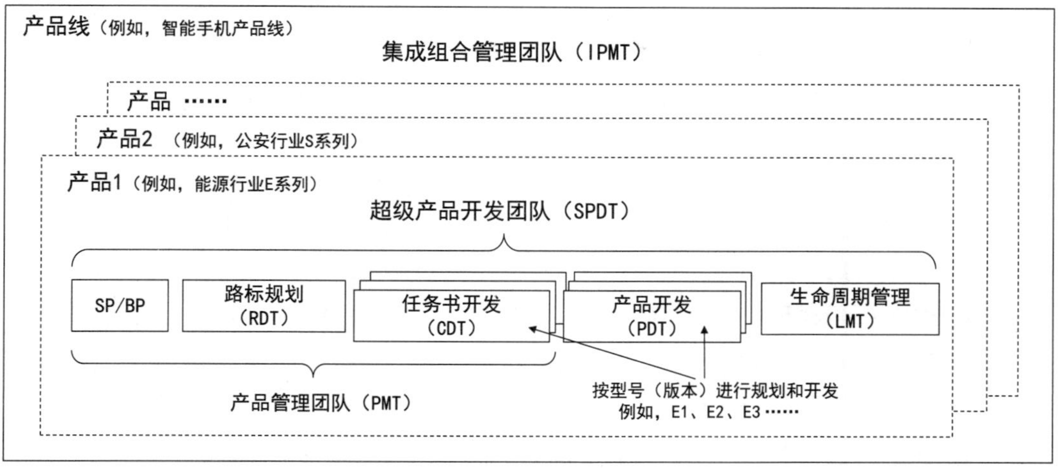

图 9–3　重量级团队职能范围示意图

其中，IPMT 对整个智能手机产品线的商业成功负责，整个智能手机产品线包含多个产品系列。能源行业 E 系列 SPDT 对该产品系列的商业成功负责。在具体的产品系列中，按产品型号（版本）进行产品开发和上市，包括 E1、E2、E3……。

主要产品相关的重量级团队具体的职责范围和关注点对比如表 9–1 所示。

表 9–1　重量级团队职能对比表

职能对比	PDT	LMT	SPDT	IPMT
独特价值	新产品开发与及时交付	优化产品组合市场绩效表现	管理子产品线的端到端绩效	管理产品线的端到端绩效
管理范围	新产品（版本）	上市的产品（版本）	产品（子产品线）	产品线
时间跨度	从研发立项，到产品上市	从产品上市，到生命周期结束	从产品规划，到生命周期结束	从产品规划，到生命周期结束
管理特点	项目管理为主	运营管理为主	管理、决策为主	管理、决策为主
关注点	产品的优生	产品的幸福一生	产品系列的一生	产品组合的一生
上级团队	SPDT、IPMT	SPDT、IPMT	IPMT	IRB

9.2　团队管理：高效的组织，高效的会议

团队管理涉及很多方面，包括团队组建、人员招聘、职责分工、目标设定、目标过程辅导、绩效管理、绩效沟通、团队氛围建设、任职资格评定等。为了更好地管理

团队，有很多方法和技巧值得学习和使用，具体如下。

- **SMART 原则**：具体的（Specific）、可衡量的（Measurable）、可达的（Attainable）、相关的（Relevant）、有明确的截止时间（Time-bound）。
- **OKR 方法**：目标（Objective）、关键结果（Key Results）。
- **STAR 法则**：情境（Situation）、任务（Task）、行动（Action）、结果（Result）。
- **BIC 模型**：行为（Behavior）、影响（Impact）、后果（Consequence）。
- **3R 倾听法**：接纳（Receive）、回应（Respond）、求证（Rephrase）。
- **CFR 对话模型**：对话（Conversation）、反馈（Feedback）、认可（Recognition）。
- **ORID 模型**：事实（Objective）、感受（Reflective）、反思（Interpretive）、行动（Decisional）。
- **GROW 辅导模型**：目标（Goal）、现实（Reality）、选择（Options）、意志（Will）。
- **塔克曼团队发展理论**：组建期（Forming）、震荡期（Storming）、规范期（Norming）、成熟期（Performing）、解散期（Adjourning）。
- **管理者管理方式**：指导式（Directing）、教练式（Coaching）、参与式（Participating）、委任式（Delegating）。
- **管理 4C 模型**：澄清（Clarify）、承诺（Commitment）、胜任（Competence）、控制（Control）。
- **TOPIC 模型**：建立信任（Trust）、目标导向（Objective）、管理流程（Process）、共同承诺（Commitment）、高效沟通（Communication）。
- **DISC 性格测试**：支配性（Dominance）、影响性（Influence）、稳健性（Steady）、服从性（Compliance）。

类似的方法还有很多，不逐一列举。善用这些方法和技巧，可以有效地帮助管理者进行目标设定，完成目标过程辅导和绩效管理，营造良好的团队氛围，激发员工的活力。

关于这些方法和技巧的详细使用说明，读者要想了解，可以查阅相关资料，包括研发绩效管理、领导力、沟通技巧、组织行为学等。出于本书的目的考虑，不在这里做详细描述。

在本章节，重点讨论团队管理过程中“如何开会”的问题。高效的会议可以让团队成员在目标上快速达成一致，保证团队有效运转；无效的会议只会消磨团队成员的时间和意志，让团队快速走向分裂。

在集成产品开发（IPD）管理体系中，对会议过程有明确的要求，避免召开低效的会议。会议的要求和规则如图 9-4 所示。

1. 会前

- 汇报人需要提前准备会议材料，会议材料建议采用“金字塔原理”进行表达，同时，需要有明确的“关键决策点”和“决策建议”。
- 参会人员需要预审会议材料，了解议题背景和目的，提高会议效率。

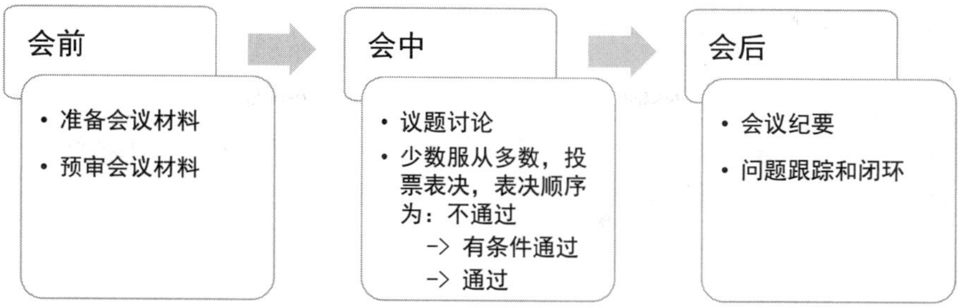

图 9–4　会议管理示意图

2. 会中

- 按议题逐个展开讨论。议题汇报人按顺序汇报议题，单个议题时长建议不超过 30 分钟。因为只要限定议题时长，很多议题几分钟就能搞定。
- 针对议题直接展开议题内容。如有不了解议题背景的与会成员，可做简单快速的补充，但不推荐。如果议题汇报人没有提出相关决策建议或可行的解决方案，则推迟讨论议题，直到有初步的决策建议或解决方案后，再提交议题进行讨论。
- 建议采用投票表决的方式。表决顺序为“不通过→有条件通过→通过”，由会议秘书记录表决结果。对于“有条件通过”的表决，需要记录和跟踪“通过条件”的达成情况，并进行闭环。
- 投票过程中，建议按角色投票，每个角色一票。团队核心成员不能参会时可以委托代表参会、投票表决。临时参会或者列席人员不参与投票。
- 建议采用少数服从多数的投票原则。主管视情况可以有最终决策权。

3. 会后

- 会议结束后，建议在两个工作日内发布会议纪要。
- 质量保证专员（QA）需要统计各代表参会情况，对于参会率过低的代表，建议更换。
- 根据会议决策进行工作安排，并跟踪和记录进展，如有必要，可以在下次例会上汇报工作进展，直至问题解决。

在研发体系中，主要有两种类型的例行会议，如表 9–2 所示。

表 9–2　研发体系主要例会类型表

项目	职能部门例会	业务部门例会
召集人	职能部门主管，如采购部主管	业务部门经理，如 PDT 经理
会议主题	职能部门（如采购部）讨论 IPD 运作的问题和改进措施	业务部门（如 PDT 团队）讨论业务运作的问题和改进措施
举例	采购部主管召集各 PDT 采购代表开会，讨论采购问题和改进措施	智能手机 PDT 经理召集各职能部门代表开会，讨论智能手机产品开发的问题和改进措施

以 PDT 例会为例，主要的会议议程如表 9–3 所示。

表 9–3 PDT 例会主要议程示例

议题名称	关键决策点	汇报人	纪要人	相关与会人	议题时间	议题时长
产品线经营分析	回顾产品线经营进展，制订下一步工作计划	财务代表	王五	xx	9:00—9:20	20 分钟
遗留问题跟踪	跟踪历史遗留问题进展	质量代表	李四	xx	9:20—9:40	20 分钟
销售进展汇报	汇报销售进展及问题、解决方案和计划	销售代表	xx	xx	9:40—10:00	20 分钟
市场工作进展汇报	汇报市场工作进展及问题、解决方案和计划	市场代表	xx	xx	10:00—10:30	30 分钟
交付和服务工作进展汇报	汇报交付和服务工作进展及问题、解决方案和计划	服务代表	xx	xx	10:30—10:50	20 分钟
研发项目进展汇报	汇报研发项目进展及问题、解决方案和计划	研发代表	xx	xx	10:50—11:20	30 分钟
XXX 客户问题讨论	问题解决方案选择 方案 1：xxx 方案 2：xxx	张三	xx	xx	11:20—11:40	20 分钟
XX 产品头脑风暴	针对 XX 产品的头脑风暴创意	李四	xx	xx	11:40—12:10	30 分钟

PDT 例会的要求一般有以下几点。

- 所有会议必须有明确的议题，包括议题目的、关键决策点、议题时长等。
- 召开会议时，PDT 各代表需要全程参会，列席或者临时参会的人员按时间段参加会议。
- 质量保证专员（QA）全程参与会议，确保会议过程质量，记录会议情况。
- 推荐采用“少数服从多数 + 主管一票否决”的方式进行决策。
- 不建议将评审会议开成头脑风暴会、业务培训会、务虚会。
- 不建议将经营分析、问题分析、进展分析等会议开成表彰会、邀功会。
- 开会的目的就是解决问题，而且是解决重要的、值得大家开会的问题。不要为开会而开会，开会必须有明确的目的和结论。

除了上述会议议程样例中的议题以外，PDT 例会常见的议题如表 9–4 所示。

另外，关于会议的管理，读者还可以参考帕特里克·兰西奥尼的著作《该死的会议：如何开会更高效》，这里不再过多描述。

表 9–4 PDT 例会常见议题

议题	议题内容	议题结论建议
经营分析汇报	部门经营进展、目标差距、改进举措	下一步经营计划
遗留问题汇报	跟踪前期遗留问题的进展	遗留问题是否解决，是否需要再次汇报
项目立项申请	路标、版本、开发等项目立项申请决策	是否同意立项（同意、不同意、有条件同意）
项目过程评审	项目进展过程中的评审，并给出相关决策建议	是否继续进行（继续、重做、取消）
项目关闭申请	路标、版本、开发等项目结项，项目交付件的发布	是否同意关闭项目
市场洞察汇报	汇报市场洞察结果	根据市场洞察结果做出下一步指示，如特性立项
专项问题讨论	专项问题的解决方案	解决方案选择和决策
评审会议	评审材料是否合格	通过 / 不通过，给出具体的评审意见
研讨会	战略研讨会、经营研讨会	输出研讨结论

9.3 授权与决策：让听到炮火的人指挥战斗

为了充分激发组织活力，在集成产品开发（IPD）管理体系中，按业务的重要性和影响范围进行分层授权和分层决策。日常事务在一线决策，重大问题由高层决策，确保在充分发挥团队主动性的前提下，实现高效合规的运作。授权的主要原则如下。

- **授权**：上一级团队可以对下一级团队进行授权，下一级团队如果需要将其获得的授权进一步对下授权，需要获得上一级团队的批准。
- **行权**：每个团队可以根据自己的授权范围进行决策，当超出授权范围时，需要由上一级团队决策。在决策过程中，通常采用集体决策方式，尽量保证正确地决策。
- **授权要求**：为了让听到炮火的人指挥战斗，通常要求一线决策比例占绝大多数，例如，要求 70% 的业务在一线决策。若无法达到要求，则需要重新调整授权范围和规则。

针对不同的业务类型，需要由不同的团队进行决策。在集成产品开发（IPD）中主要的决策团队有三个，分别为行政管理会议（人事相关）、业务决策会议（办公会议）、跨部门委员会（跨部门），三个决策团队主要的决策内容和决策机制如表 9–5 所示。

表 9–5 主要决策团队及决策内容和决策机制

决策团队	职责和关注点	建议决策机制
行政管理会议（人事相关）	各实体组织内各级干部任用推荐、员工评议、制定激励措施等重要的人事管理工作	全体参会有效 2/3 投票通过 会议内容注意保密
业务决策会议（办公会议）	对部门内运营事务进行日常管理，关注能力建设； 可以对行政管理会议决策范围外的人事问题进行决策，如干部培养、招聘、培训、组织建设等问题； 解决与其他部门在运营事务上的冲突	投票决策 主管可以有最终决策权
跨部门委员会（跨部门）	在特定业务范围内进行跨部门、跨流程的业务决策，明确业务的路线和方向； 在特定业务范围内推动跨部门、跨流程业务协调和问题解决，保证端到端的运作协同	2/3 以上参会有效 半数投票通过 可委托代表参加

9.4 常见问题探讨

1. 什么时候选择强矩阵，什么时候选择弱矩阵？

主要根据职能部门是否能够掌握整体业务状态、决策内容对业务的影响程度等因素来决定，没有统一的标准。

如果职能部门有非常强的专业性，各职能部门耦合度相对较低，可以对独立业务的成败负责，那么可以采用弱矩阵。例如，在传统制造企业中，采购、生产和销售可以采用弱矩阵管理。在弱矩阵中，项目经理主要负责牵头和统筹，充当协调人和联系人的角色。

如果职能部门对整体业务并不能很好地掌控，职能部门经理无法看清全局，同时决策失误会给企业带来巨大影响，那么推荐采用强矩阵。例如，在高科技企业中，产品研发、制造、销售、交付需要统一口径和相互协同才能达成商业目标，所以采用强矩阵更好。在强矩阵中，项目经理关注业务进展，对业务的商业成功负责；职能经理只关注员工能力培养、专业能力建设、资源建设，不关注业务进展。

2. 企业是否需要建设全部的重量级团队？

通常并不需要，企业可以视实际情况建设合适的重量级团队。

企业可以根据业务的规模决定建设哪些重量级团队，合并相关团队的职能。对于比较小的企业，只需要建设规划、研发、销售团队即可。对于超大规模的企业，为了有效管理，需要分层分级建设多种重量级团队。

3. 各重量级团队成员是兼职的，还是全职的？

在集成产品开发（IPD）管理体系中，实行的是矩阵式管理，因此，各重量级团队的代表均来自各职能团队，通常都是兼职的。理论上，一个人可以兼职多个重量级团队的代表，但实际运作过程中，考虑到能力和精力的问题，并不推荐一人兼任多个岗位。

4. 授权管理和流程建设冲突吗?

授权管理和流程建设并不冲突。

因为授权本身需要有一套完整的机制，确保合理授权、有效行权。如果没有流程的保障，没有明确的授权和行权机制，可能带来的结果是无法真正地授权。

5. 为什么AT的决策方式是“少数服从多数”，ST的决策方式是“主管最终决策”?

首先，行政管理会议（AT）决策的是人事问题，为了确保公平合理、避免主管的个人偏见，所以采用少数服从多数的决策方式。

其次，业务决策会议（ST）决策的是日常活动和能力建设问题，主管需要对日常经营结果负责，因此在充分听取意见和表决结果以后，主管可以根据自己的判断进行决策。

总的来说，需要根据不同的场景，灵活采用合理的决策方式，既保证公平公正，又确保高效运行。

6. 企业什么时候需要建设绩效管理机制?

当企业规模较小的时候，管理者一眼就能看到所有相关信息，此时通常不需要建设复杂的绩效管理机制，工作重点是团队合作、信息共享、能力建设、效率提高。例如，企业在初创期，只有几十名员工，此时全员都是为梦想拼搏，不需要明确的绩效管理机制。

当企业达到一定规模后，管理者无法管理企业所有的细节问题，为了保证公平合理、统一目标和思想、避免代理问题，企业不仅需要建设绩效管理机制，甚至还需要建设更完善的流程体系，保证企业合规稳健运营，把企业的能力构建在流程和制度上。

10　研发变革管理

本章将探讨研发变革的内容，包括变革的方法、时机、流程和评价机制，希望给读者一些启发。

本章核心内容

- 变革的策略：根据企业的情况，确定变革的策略，进行改革或者改良。
- 变革管理流程：把变革当成一个产品来经营，通过严格的变革管理流程，确保变革成功，降低变革的风险。
- 变革推行方法：通过变革八步法，有效推行变革。
- 变革评价方法：采用变革进展指标（TPM）衡量变革进展，使变革最终取得良好的业务效果。

10.1　变革管理简介：唯有持续改变才能适应新的环境

1. 什么是变革

随着社会的进步、技术的发展、企业规模的扩大、客户需求的变化，企业在经营过程中会面临很多从未遇到的新问题和挑战。为了能够应对这些新的问题和挑战，更好地适应新环境，改善业务经营能力，企业需要不断调整组织文化、业务流程、IT 技术等，这个组织调整的过程就是变革。

组织变革通常会涉及三个方面，即组织、流程和 IT 技术。

- 组织：通过协调资源来支撑流程活动的执行，是对做事的人进行变革。
- 流程：通过一系列有序的活动来确保业务目标的达成，是对做事的方法进行变革。
- IT 技术：通过信息技术来提高组织、流程的运作效率，是对做事的工具进行变革。

在进行变革的时候，这三个方面需要相互配合。如果只调整其中一个方面，最终的效果可能不会令人满意。例如：仅仅建设了流程，没有配套的 IT 系统支持，可能导致流程浮于表面，无法固化和落地；仅仅调整了组织结构，但未明确工作流程和岗位职责，可能会导致各部门责任不清，工作方法和思路不统一，业务无法有效开展。

2. 改革和改良

在企业变革的时候，通常会有两种途径，即改革和改良。

改革：是推翻现有的方法，创建一套新的方法。改革通常会给企业的业务带来一定的冲击，风险相对较大，同时带来的收益也会比较大。如果改革成功，可以帮助企业建立一套相对完善和统一的新框架、新体系、新制度，为企业未来几十年的发展打下良好基础，开启新的篇章。例如，华为当年从 IBM 引入 IPD，进行了大刀阔斧的改革，建设了完整的研发管理体系，为华为的腾飞打下了坚实的基础。

改良：是针对遇到的问题，在不改变整体运营框架的基础上，进行逐步的改变。由于改良每次的变动比较小，因此风险相对较小，但是收获也会小一些，同时没办法解决一些根本问题。

具体来说，改革和改良的对比如表 10-1 所示。

3. 变革的问题和时机

任何变革都会给个人和组织带来不适应和不确定性，带来一些新的问题和挑战，并且可能会导致工作效率的下降。在变革过程中，很多人都会产生这样或那样的疑问和想法，包括但不限于个人收入上的影响、职业发展机会、就业的风险、权力和权利的变化、工作环境的变化、工作压力的变化、情感上的影响等，常见的问题如下。

- 变革能带来什么？未来会怎样？对我有什么风险？
- 现有的流程和方法是否还能够使用，是否需要学习新的方法？

表 10–1 改革和改良的对比表

对比项	改革	改良
类比	• 重新买一件衣服，可以选择新的款式和风格，但刚开始穿的时候可能有点不合身	• 在旧衣服上打补丁，可以穿出门，而且比较合身，但款式和风格不会变化
优点	• 帮助企业建设完整的框架、体系、制度，确保未来长期的竞争力	• 针对问题，逐步改进 • 风险小、影响小、速度快
缺点	• 对业务冲击较大，风险大 • 单个项目持续时间长	• 没有建设完整的体系框架 • 难以解决一些根本性问题 • 总是在变，感觉没有稳定的状态
优化建议	• 针对改革可能带来的风险和问题，企业需要在改革前进行充分的调研和分析，并进行充分的试点和论证，尽量减小给业务带来的影响 • 采用“快赢”方案，快速获得收益	• 在改良的过程中，需要同步开展顶层设计，设立长远的目标和计划，再对目标和计划进行分解，逐步推进变革，确保目标可达 • 对于一些核心问题，在适当的时间还是需要解决
案例	• 华为引入 IPD 流程	• 企业流程的优化

- 现有的专业技术是否还能够使用，是否需要学习新的技能？
- 流程调整后，沟通是否还很顺畅？跨部门团队如何运作？
- 组织调整后，以前的平级是否变成了我的上级？
- 变革后是否有更多的监管和考评，是不是没有现在自由了？
- 岗位调整了，工作角色是否会有变化？在企业里面的地位是否有改变？
- 对个人的影响力、权威性和控制力是否有影响？
- 在新的环境下工作是否安全？变革会不会导致我失业？

张鼎坤博士对国内 103 位企业中高层管理者的问卷调查显示，87% 的管理者担心变革后会失去原有的权力，这会给变革带来很大的阻力，如表 10–2 所示。

表 10–2 变革阻力因素问卷调查结果表

序号	变革的阻力	比例 /%
1	不愿因变革而失去原有的权力	87
2	不愿放弃既得利益（专业、影响、收入、资源等）	75
3	难以改变过去的观念、思维习惯和行为模式	66
4	不愿因变革而受到下岗、解雇的威胁	62
5	不愿面对不确定的环境，对未来的信心不足	51

鉴于上述的原因，企业在高速发展的时候最适合变革，具体分析如下。

- 企业在高速发展的时候会遇到很多新的问题，只有持续不断地调整和变革，才能应对企业的高速发展，跟上业务的发展节奏。
- 企业在高速发展的时候，几乎每个员工都有提升的机会，绝大部分员工都是变革受益者，变革的阻力会小很多。而当企业发展成熟甚至衰退的时候，变革会带来更大的恐慌，因此阻力会变得更大、风险也会更大。
- 企业在高速发展的时候进行变革，会使企业的流程制度持续满足企业发展的要求，避免积累大量问题，最后统一爆发，导致企业不得不进行一次大规模的改革。所谓“冰冻三尺，非一日之寒”，不要等到危机重重的时候，再进行釜底抽薪的改革。

因此，企业高速发展的时候是最好的变革时机。当然，只要企业有变革的需要，也可以随时进行变革，当下就是最好的时机。总之，要拥抱变化，让企业敏捷起来。

10.2 变革管理流程：把变革当成一个产品来经营

如何进行变革？参照华为的经验，就是把变革当成一个产品来经营，通过严格的变革管理流程，确保变革成功，降低变革的风险。通过互联网公开的资料了解到，华为的变革管理主流程如图 10-1 所示。

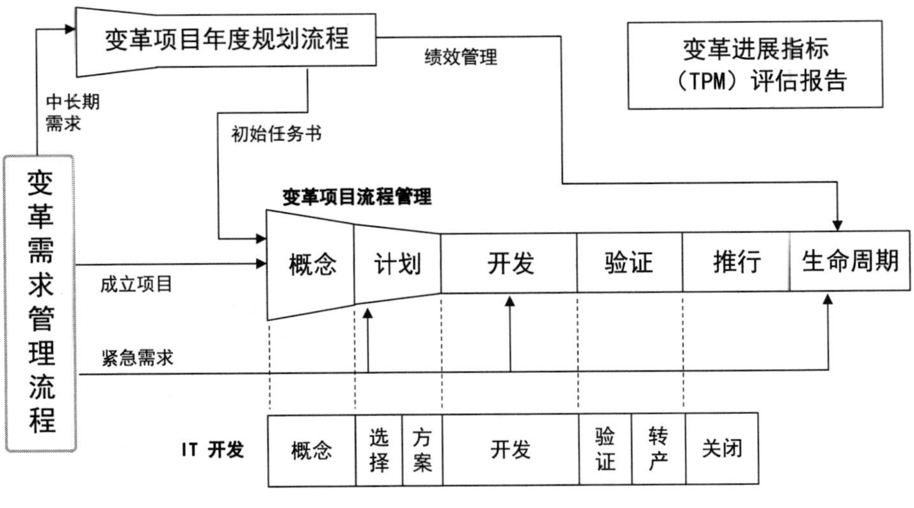

图 10-1 变革管理流程示意图

与产品研发类似，变革管理流程也包括变革项目规划、变革需求管理、变革项目开发、IT 开发等模块。主要模块的内容如下。

- **变革项目规划**：对变革项目进行规划，输出变革项目的目标、变革项目的任务书（Charter）等，类似于产品规划。
- **变革需求管理**：与产品需求管理类似，主要是收集各业务部门的变革需求，进行分析、分发和验证等工作。

- **变革项目开发**：类似于产品开发流程，分为六个阶段，即概念、计划、开发、验证、推行和生命周期。
- **IT 开发**：根据变革项目的进展，进行相应的 IT 系统建设，以支撑变革有效落地。

其中，变革项目开发各阶段简述如下。

- **概念阶段**：确定业务需求，提出初始变革方案；评估初始变革方案的可行性；给出明确的建议，为变革管理团队提供决策依据。
- **计划阶段**：细化初始变革需求，制订完整的集成项目计划，以便变革管理团队进行评估和做出承诺；确定变革方案，并完成概要设计。
- **开发阶段**：完成变革方案的设计、开发和测试。
- **验证阶段**：完成变革方案的验证；做好推行准备，并评估推行准备度。
- **推行阶段**：完成项目成果的推行。
- **生命周期阶段**：监控变革方案使用情况、性能和效果，以及投资收益；启动改进型项目或退出型项目。

需要说明的是，变革方案通常有两个主要的来源。

- 企业内部优秀实践的提炼和总结，例如，某个产品线尝试的新方法。企业可以对优秀的实践加以提炼，进行复制推广。毕竟流程是为业务服务的，变革方案要做到来源于业务，最终服务于业务。
- 学习业界先进企业的优秀实践。在变革过程中，除了提炼内部优秀实践外，还可以开放心态，学习其他企业的优秀实践，进行适配和改造，进而在本企业推行。

10.3 变革推行方法：变革推行八步法

为了更有效地推动变革，可以借鉴咨询公司和华为的实践经验，采用变革推行八步法。变革推行八步法的具体步骤如表 10–3 所示。

1. 形成紧迫感

通过差距分析，找到企业的变革方向。让所有人认识到企业的差距和威胁，创造企业不得不进行变革的氛围，推动变革展开。相关的活动可以包括以下方面。

- 与行业竞争对手进行对比，找出行业差距。
- 与企业的业绩目标进行对比，找出目标差距。
- 参观国内外优秀企业，寻找管理上的差距。
- 聘请咨询顾问进行培训、授课，感受先进企业的经验和方法。

2. 建立指导团队

建立变革指导团队，确定变革目标和成功要素，并制定对应的评价标准。变革指导团队可以通过逐层连接的方式进行组建。在这种组织结构中，每个下级组织的领导

表 10–3　变革推行八步法步骤表

步骤	内容	举例
1. 形成紧迫感	创造令人信服的氛围，表明不进行变革会带来的影响	参观优秀的企业，进行对标分析
2. 建立指导团队	建设从上到下的变革管理团队，确保能够顺利地将企业整体变革目标贯彻到基层部门	成立变革指导委员会
3. 确立变革愿景	描绘清晰明确、富有挑战、切实可行的变革愿景	确定变革愿景
4. 有效沟通愿景	通过多渠道、有效的沟通手段，将变革的愿景传递给所有利益相关者	进行变革宣传和研讨
5. 授权行动	针对不同人群，采取有针对性的方式，让所有人逐步了解、认同和承诺支持变革	分层组建变革推行团队
6. 创造短期收益	通过“快赢”“试点推行”“设立小目标”的方法，创造短期成效	试点推行，初见成效
7. 巩固深化	进行变革运营，持续优化和固化变革成果	流程持续优化，并通过 IT 进行固化
8. 形成文化、制度化	通过不断加强变革的影响，逐步形成新的企业文化	客户需求导向

者同时也是上一级组织的成员，这样可以兼顾上下级组织的利益，顺利地将企业整体的变革目标贯彻到基层部门，如图 10–2 所示。

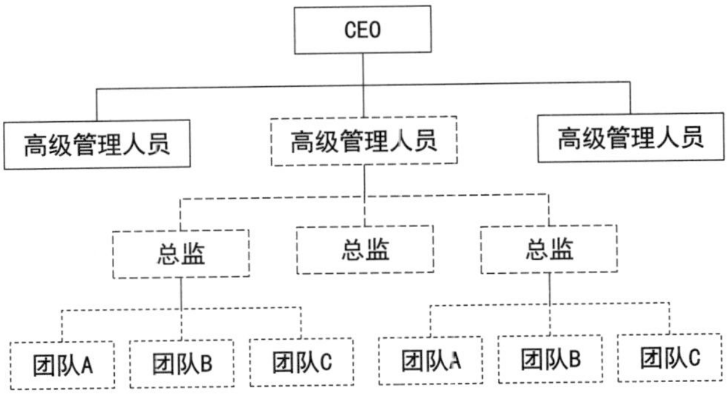

图 10–2　变革指导团队示意图

3. 确立变革愿景

通过对内外部环境和客户需求进行分析，展望企业的未来，描绘出变革的愿景，指导变革推行，具体可以包括以下方面。

（1）**愿景建立**：通过集思广益，结合实证案例和量化数据，建立企业的变革愿景，并反复讨论和修改，确保达成一致。

（2）**愿景分析**：基于企业内部和外部环境，对变革愿景展开分析，包括企业的优劣势、机遇与挑战、企业核心竞争力、关键业务、客户关键需求等。

（3）**展望未来**：当企业达到愿景状态的时候，企业会发生哪些变化，包括但不限于组织的变化、员工对组织看法的变化、客户对组织看法的变化等。

4. 有效沟通愿景

通过多渠道、有效的沟通手段，将变革愿景传递给所有利益相关者，确保变革的有效落地。与利益相关者的沟通可以分为六个步骤，分别如下。

（1）**分析利益相关者**，包括变革的领导者、变革的影响者、变革关键资源的控制者，例如，业务部门、实施部门、关联部门、协作部门等。

（2）**制定沟通的关键目标**，确保与关键利益相关者形成共识，使其支持变革。

（3）**确定沟通的主要信息**，确保每个人都能够充分理解变革的愿景和目标。

（4）**确定最有效的沟通渠道和沟通方法**，包括宣传海报、宣传手册、宣传片、宣传邮件、面对面沟通、问题反馈、宣传会议、变革研讨会、变革培训会等。

（5）**确定最有效的沟通者**，即谁去进行沟通最为有效，例如，CEO 召开变革动员大会，变革团队进行变革培训和答疑等。

（6）**进行沟通**，并形成共识，确保关键利益相关者支持变革。

5. 授权行动

通过分析变革的阻力，针对不同的人群，采取有针对性的方式，消除关键障碍，包括组织结构、知识技能、系统机制以及态度上的障碍，让所有人逐步了解、认同和承诺支持变革。

- 对不了解变革的成员，可以通过沟通宣传，让其逐渐理解变革，建立变革意识。包括：营造变革氛围、开展充分的变革沟通、提高项目成员对变革的参与度。
- 对不具备变革能力的成员，如对业务流程不了解、对 IT 系统不熟悉的成员，要进行培训和赋能，提升其技能。包括：提升个人与团队能力、强化变革愿景。
- 对不愿意变革的成员，要通过绩效管理等手段，促使其承诺变革，建立责任意识，认识变革的价值，认同变革，确保其都能够参与变革。

6. 创造短期收益（快赢）

通过解决大部分利益相关者都关心的小问题，创造短期收益成果，并对收益成果进行有效宣传，从而推动变革前进。主要包括以下方面。

（1）**制订短期收益行动计划**。制订的计划需要符合一定的原则，包括可实现、可衡量、具有说服力、具有及时性、关乎所有的利益相关者、与现实条件相匹配、与长期目标保持一致。

（2）**执行短期收益行动计划，创造收益成果**。按项目管理的思路执行短期收益行动计划，创造短期收益成果。

（3）**有效宣传短期收益成果**。通过明确的关键数据、清晰的过程、令人信服的案例，对收益成果进行有效宣传。宣传时需要明确解释收益成果与变革活动之间的关系，通过收益成果证明愿景的正确性，确认取得了明确无误的正面效果，使人没有理由怀疑变革的进展。

（4）**将经验融入下一步的计划中。**对创造短期收益的工作进行复盘，将经验融入下一阶段的工作计划中。复盘的内容主要包括：亮点、不足、改进措施、下一步行动计划等。

7. 巩固深化

进行变革运营，持续优化和固化变革成果，直到所有人都认同新的工作模式。包括：持续的沟通和反馈、持续的培训和赋能、持续的变革和优化调整等。

8. 形成文化、制度化

通过不断加强变革的影响，逐步形成新的企业文化，并将相关流程 IT 化，确保变革成果固化。

10.4　变革的评价：利用变革进展指标衡量变革进展和效果

对于集成产品开发（IPD）变革，可以采用变革进展指标（Transformation Progress Metrics，TPM）来衡量变革的进展和效果，发现变革中存在的问题，最终使变革取得良好的业务效果。

变革进展指标（TPM）是衡量变革推行进展及业务成效的重要指标，评估的内容包括九类，即业务分层、结构化流程、基于团队的管理、产品开发、有效的衡量标准、项目管理、异步开发、共用基础模块、以用户为中心的设计，并扩展到衡量职能部门的能力和效率，如市场管理、研发、采购、制造。

使用变革进展指标（TPM）对研发推进 IPD 变革的进展进行回顾和总结的主要思路是：通过访谈和问卷调查获取信息，核实和验证信息，发现问题，分析问题根源，寻求解决方案，同时进行 TPM 评分。使用变革进展指标（TPM）进行变革评估，主要有以下几个步骤。

1. 通过问卷调查，收集变革进展信息

通过问卷调查的方式来获得变革进展信息。问卷的内容是开放式的问题，方便收集更真实的状态信息。问卷内容既要考虑 IPD 推行的程度，又要考虑 IPD 推行的效果。

2. 通过分析调查问卷，评估企业所处的变革阶段

通过分析变革的进展信息，进行评估打分。

- 该分数说明了企业变革处在哪个阶段，一共分为五个级别：试点、推行、功能、集成、世界级。
- 该分数是一个相对得分，即如果业界最佳企业进步了而自己没有进步，则分数可能会降低。

具体如表 10–4、表 10–5 所示。

表 10–4 变革推行程度得分表

推行程度	级别定义
0.1~1.0	试点：受控、有限地引入
1.1~2.0	推行：在部分产品线、产品中开始推行
2.1~3.0	功能：在大多数产品线、产品中进行推行，行为正在发生变化
3.1~4.0	集成：完成推行，文化已经发生变化
4.1~5.0	世界级：与新的 IPD 理念持续保持一致

表 10–5 变革推行效果得分表

推行效果	级别定义
0.1~1.0	试点：有部分成效，流程有较大的缺陷
1.1~2.0	推行：关键衡量指标有部分改进，运作稳定，流程缺陷较小
2.1~3.0	功能：大多数衡量指标得到改进，实施有成效
3.1~4.0	集成：大多数衡量指标有很大改进，实施非常有效，流程没有缺陷
4.1~5.0	世界级：实施质量不断提高，竞争力领先

3. 提出改进计划，并持续跟踪执行

根据变革进展评估结果，发现变革中存在的问题，分析问题的根源，提出改进行动计划，并持续跟踪和执行。在下一年变革进展评估时，回顾上一年行动计划的推进进度和效果，并制订本年度行动计划，形成闭环，促进业务和管理的持续改进。

企业使用变革进展指标（TPM）进行变革评估，实质上是建立了一套变革推行和持续改进的机制，有助于实现客户满意和卓越的经营绩效目标。通过不断识别研发过程中的改进机会并实施改进，企业能够持续提升研发质量、效率，降低研发成本、风险，最终形成持续改进的文化。

最后预祝各个进行 IPD 变革的企业早日成功，铸就一流企业。

附录1：缩略语

（1）ADCP，Availability Decision Check Point，可获得性决策评审点。

（2）ART，Agile Release Train，敏捷发布火车。

（3）BB，Building Block，基础模块。

（4）BOM，Bill of Material，物料清单。

（5）BP，Business Plan，商业计划，通常指年度商业计划。

（6）BU，Business Unit，业务单元，指按产品或解决方案维度建立的产品线。

（7）CBB，Common Building Block，共用构建模块。

（8）CDCP，Concept Decision Check Point，概念决策评审点。

（9）CDP，Charter Development Process，任务书开发流程。

（10）CDT，Charter Development Team，任务书开发团队。

（11）CMM，Capability Maturity Model，能力成熟度模型。

（12）CMMI，Capability Maturity Model Integration，能力成熟度集成模型。

（13）DCP，Decision Check Point，决策评审点。

（14）DI，Density of Issues，遗留问题密度。

（15）EOFS，End of Full Support，停止全面支持。

（16）EOM，End of Marketing，停止销售。

（17）EOP，End of Production，停止生产。

（18）EOS，End of Service & Support，停止服务和支持。

（19）ESP，Early Support Program，早期客户支持。

（20）ESS，Early Sales & Support，早期销售支持。

（21）E2E，End to End，端到端。

（22）GA，General Availability，一般可获得性。

（23）IPD，Integrated Product Development，集成产品开发。

（24）IPMT，Integrated Portfolio Management Team，集成组合管理团队。

（25）IPR，Intellectual Property Rights，知识产权。

（26）IRB，Investment Review Board，投资评审委员会。

（27）KPI，Key Performance Indicator，关键绩效指标。

（28）LMT，Lifecycle Management Team，生命周期管理团队。

（29）LTC，Lead to Cash，线索到回款，即从线索、销售、交付到回款的端到端的业务流程。

（30）MFR，Manufacturing Review，制造评审。

（31）MM，Marketing Management，市场管理。

（32）MPP，Marketing Plan Process，市场计划流程，产品上市流程。

（33）MR，Marketing Review，市场评审。

（34）MTL，Marketing to Leads，市场到线索。

（35）OBP，Offering Business Plan，产品包商业计划。

（36）ODP，Offering Definition Process，产品包定义流程。

（37）OKR，Objectives and Key Results，目标关键结果方法。

（38）OR，Offering Requirement，包需求，又叫产品包需求，包括内部和外部客户需求。

（39）OSBP，Offering/Solution Business Plan，产品包／解决方案商业计划。

（40）PBI，Product Base Information，产品基础信息。

（41）PCN，Product Change Notice，产品变更通知。

（42）PCR，Plan Change Request，计划变更请求。

（43）PDC，Portfolio Decision Criteria，组合决策标准。

（44）PDCP，Plan Decision Check Point，计划决策评审点。

（45）PDT，Product Development Team，产品开发团队。

（46）PDU，Product Development Unit，产品开发部。

（47）PM，Project Manager，项目经理。

（48）PMBOK，Project Management Body of Knowledge，项目管理知识体系。

（49）PMP，Project Management Professional，项目管理专业人士资格认证。

（50）PMT，Portfolio Management Team，组合管理团队。

（51）POR，Procurement Review，采购评审。

（52）PQA，Product Quality Assurance Engineer，产品质量保证工程师。

（53）QCC，Quality Control Circle，质量控制圈。

（54）QMS，Quality Management System，质量管理体系。

（55）RAT，Requirement Analysis Team，需求分析团队。

（56）RDP，Roadmap Planning，路标规划。

（57）RDR，Research and Development Review，研发评审。

（58）RMT，Requirement Management Team，需求管理团队。

（59）SCR，Supply Chain Review，供应链评审。

（60）SDT，Solution Development Team，解决方案开发团队。

（61）SE，System Engineer，系统工程师。

（62）SIT，System Integration Test，系统集成测试。

（63）SMT，Solution Management Team，解决方案管理团队。

（64）SP，Strategy Plan，战略规划，指企业及各规划单元的中长期发展计划。

（65）SPDT，Super Product Development Team，超级产品开发团队。

（66）SR，Service Review，服务评审。

（67）ST，Staff Team，业务决策会议，是日常业务协调与决策的平台。

（68）SWOT，Superiority Weakness Opportunity Threat，态势分析法。

（69）TD，Technology Development，技术开发。

（70）TDR，Technical Development Review，技术开发评审。

（71）TDT，Technology Development Team，技术开发团队。

（72）TMG，Technical Management Group，技术专家组。

（73）TMS，Technical Management System，技术管理体系。

（74）TMT，Technology Management Team，技术管理团队。

（75）TPD，Technology Product Development，技术产品开发。

（76）TPM，Transformation Progress Metrics，变革进展指标。

（77）TPMT，Technology Portfolio Management Team，技术组合管理团队。

（78）TPP，Technology Planning Progress，技术规划流程。

（79）TR，Technical Review，技术评审。

（80）TTM，Time to Market，上市时间。

（81）UCD，User Centered Design，以用户为中心的设计。

（82）WBS，Work Breakdown Structure，工作分解结构。

附录2：思维导图

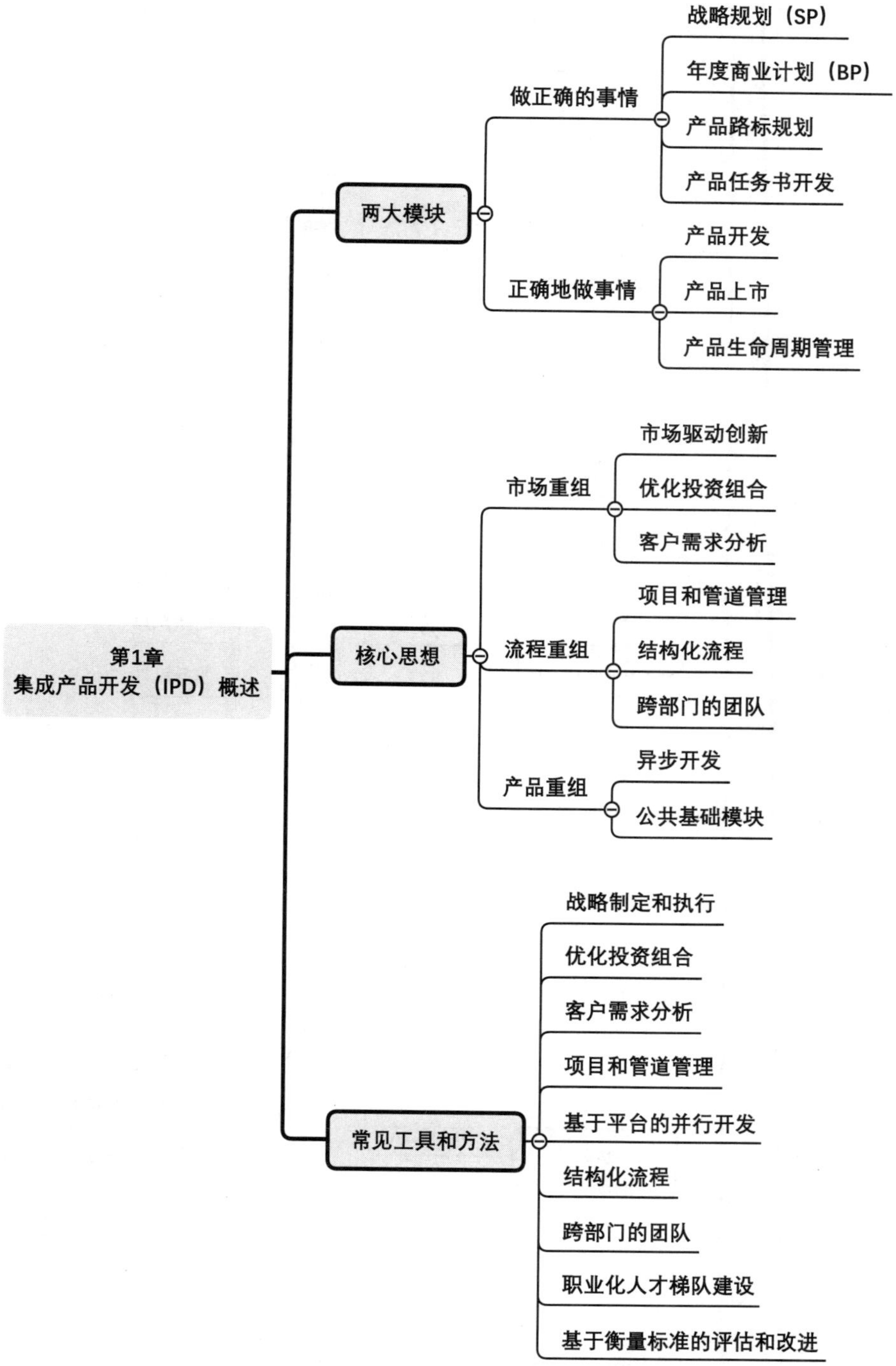

附图1　集成产品开发（IPD）概述思维导图

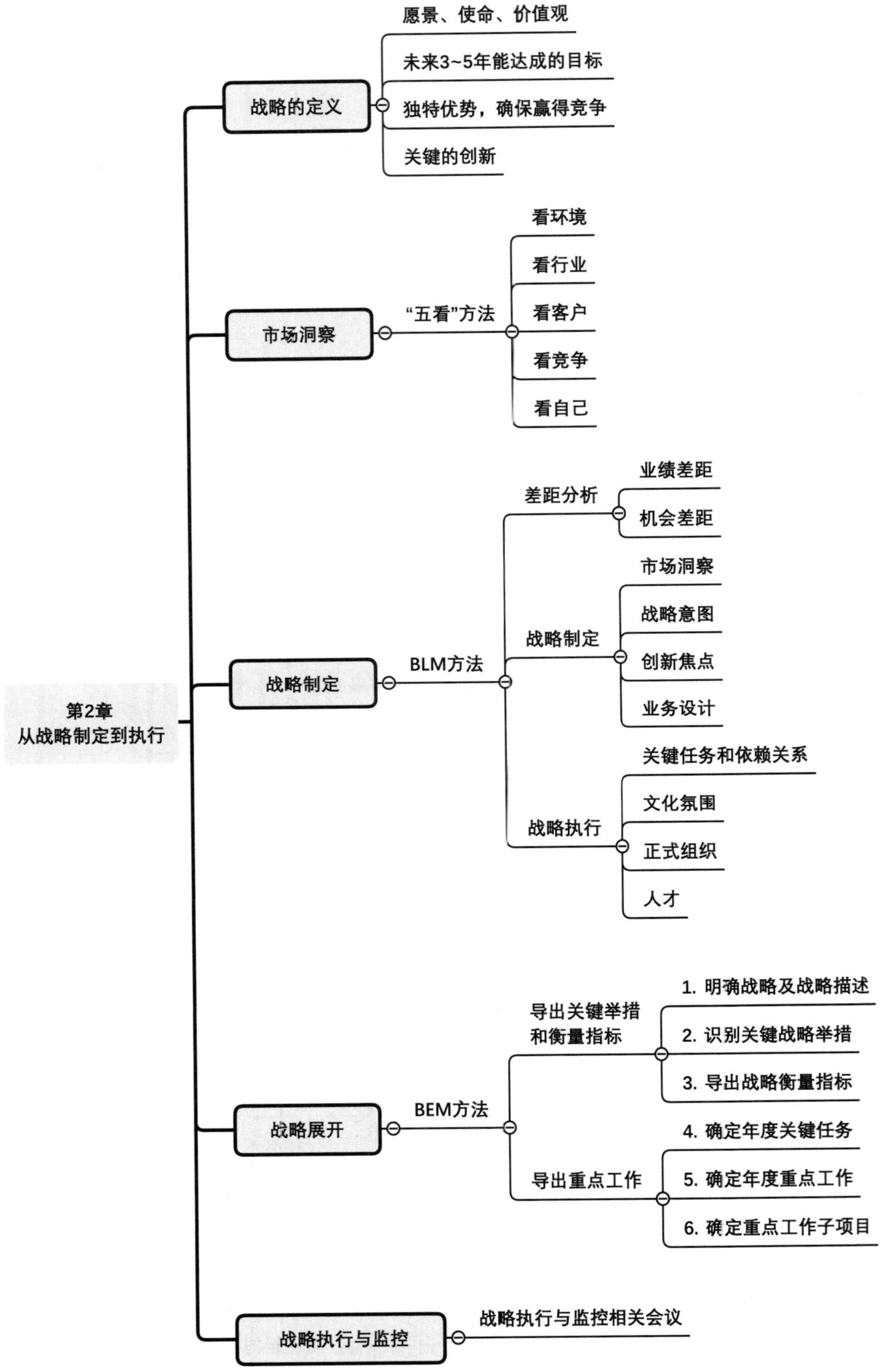

附图 2　从战略制定到执行思维导图

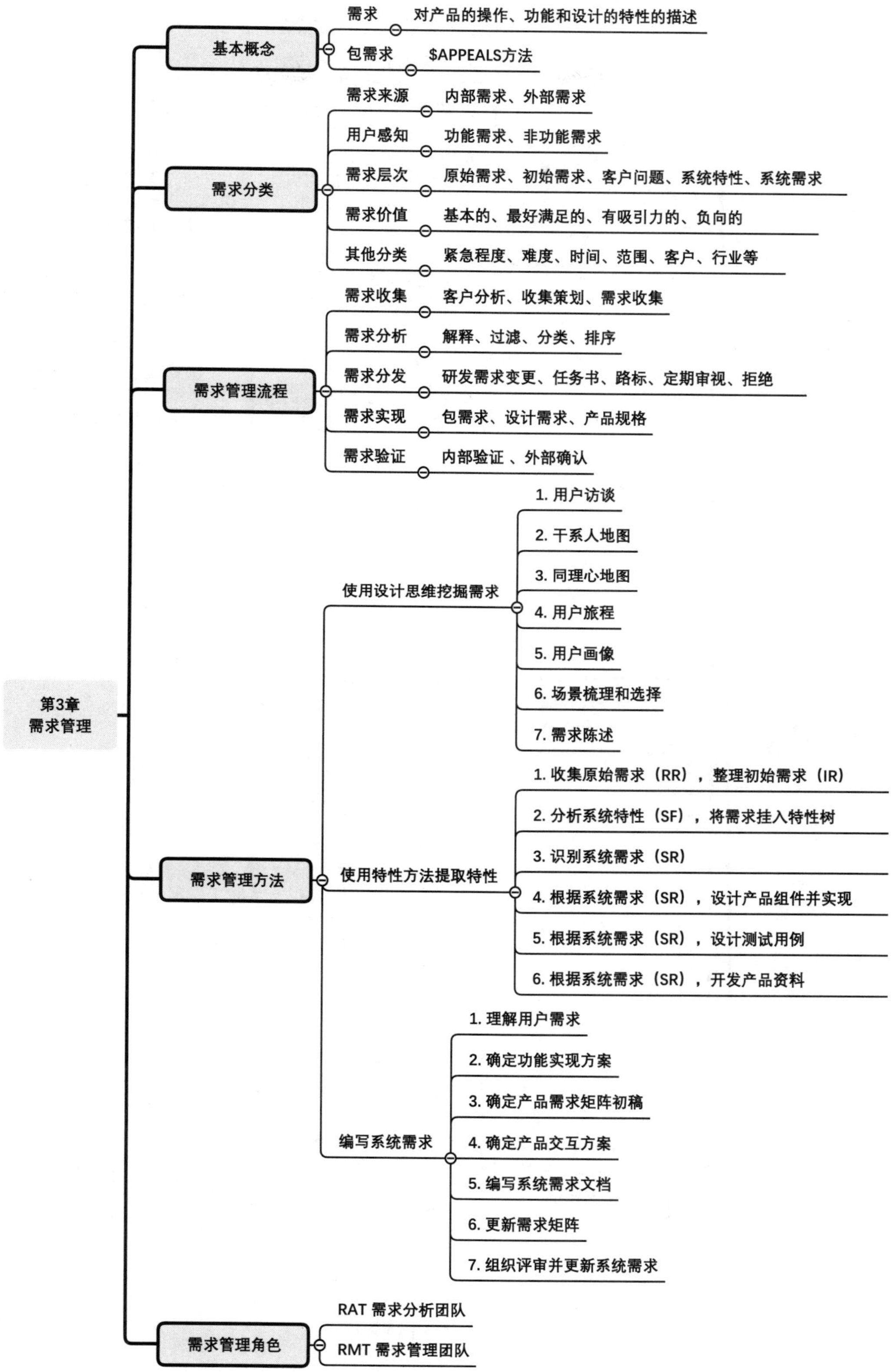

附图 3　需求管理思维导图

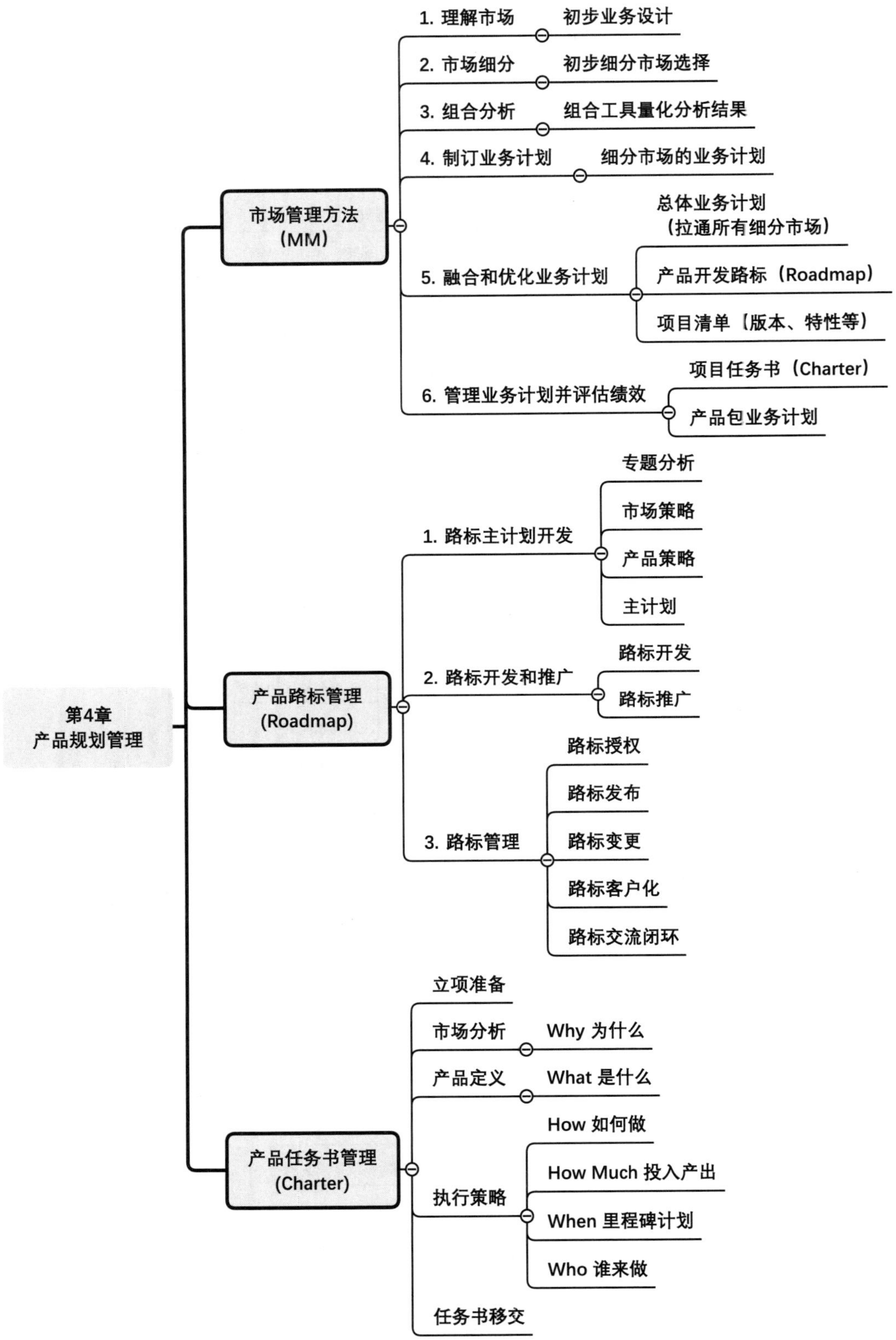

附图 4 产品规划管理思维导图

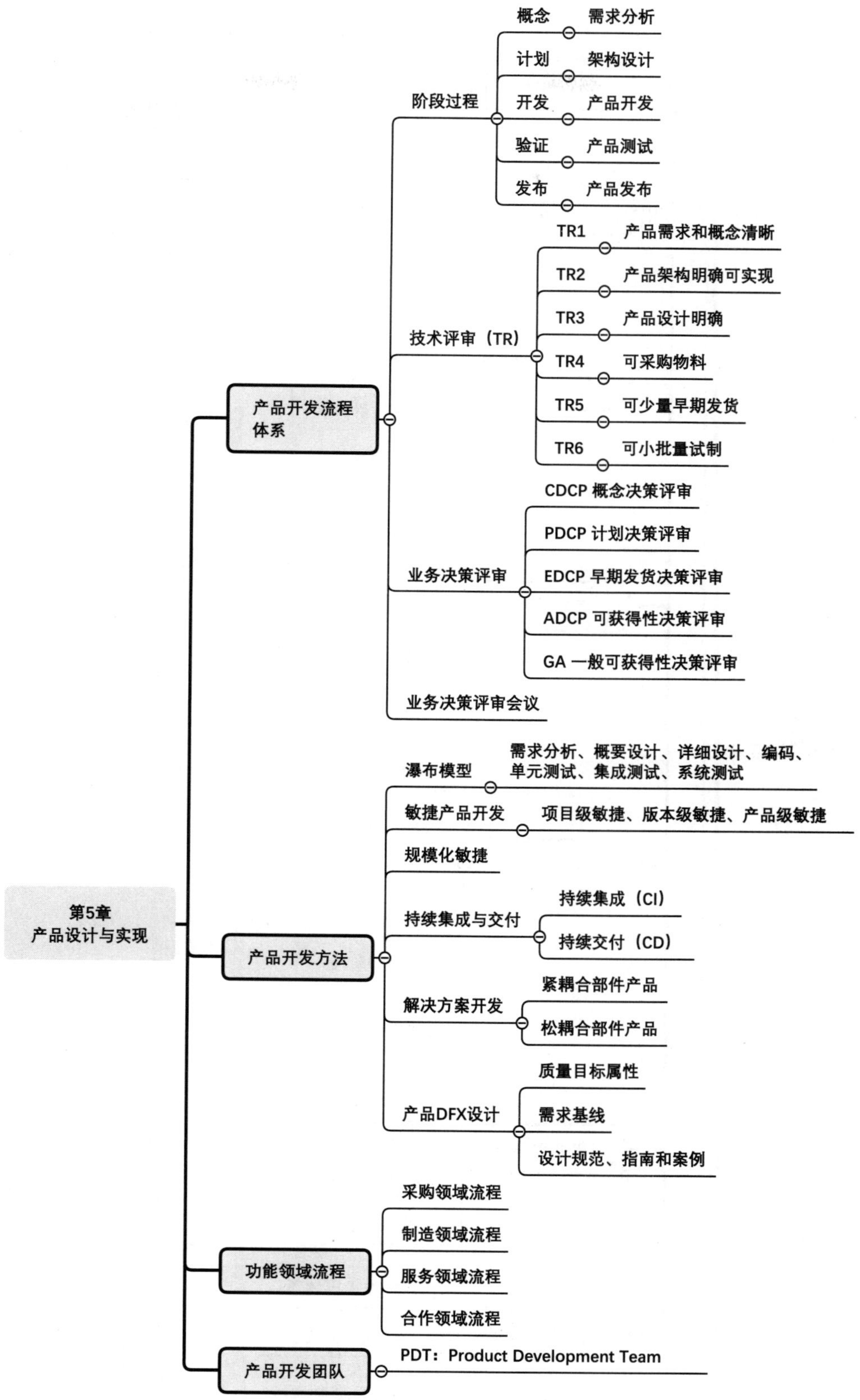

附图5　产品设计与实现思维导图

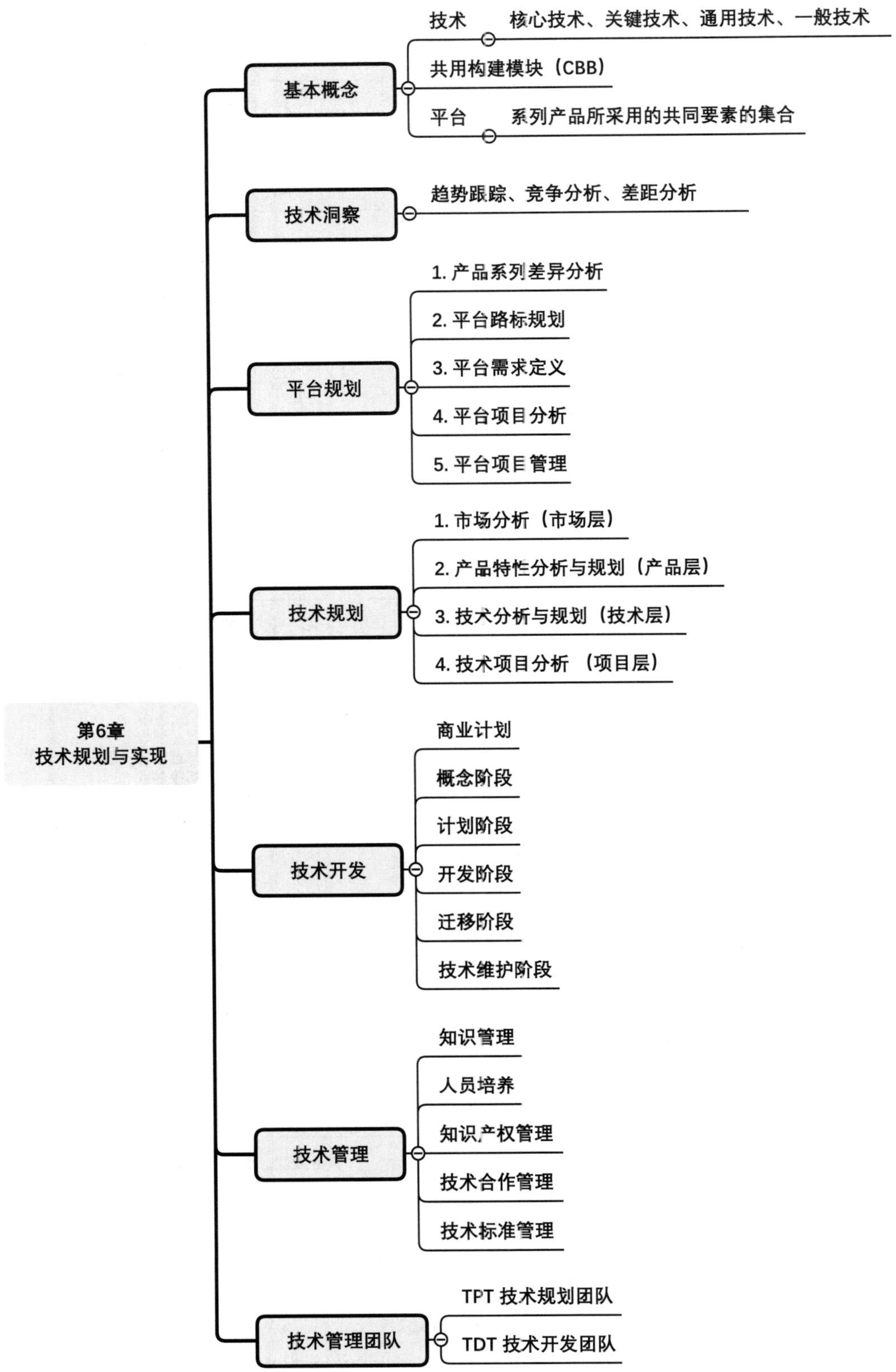

附图 6 技术规划与实现思维导图

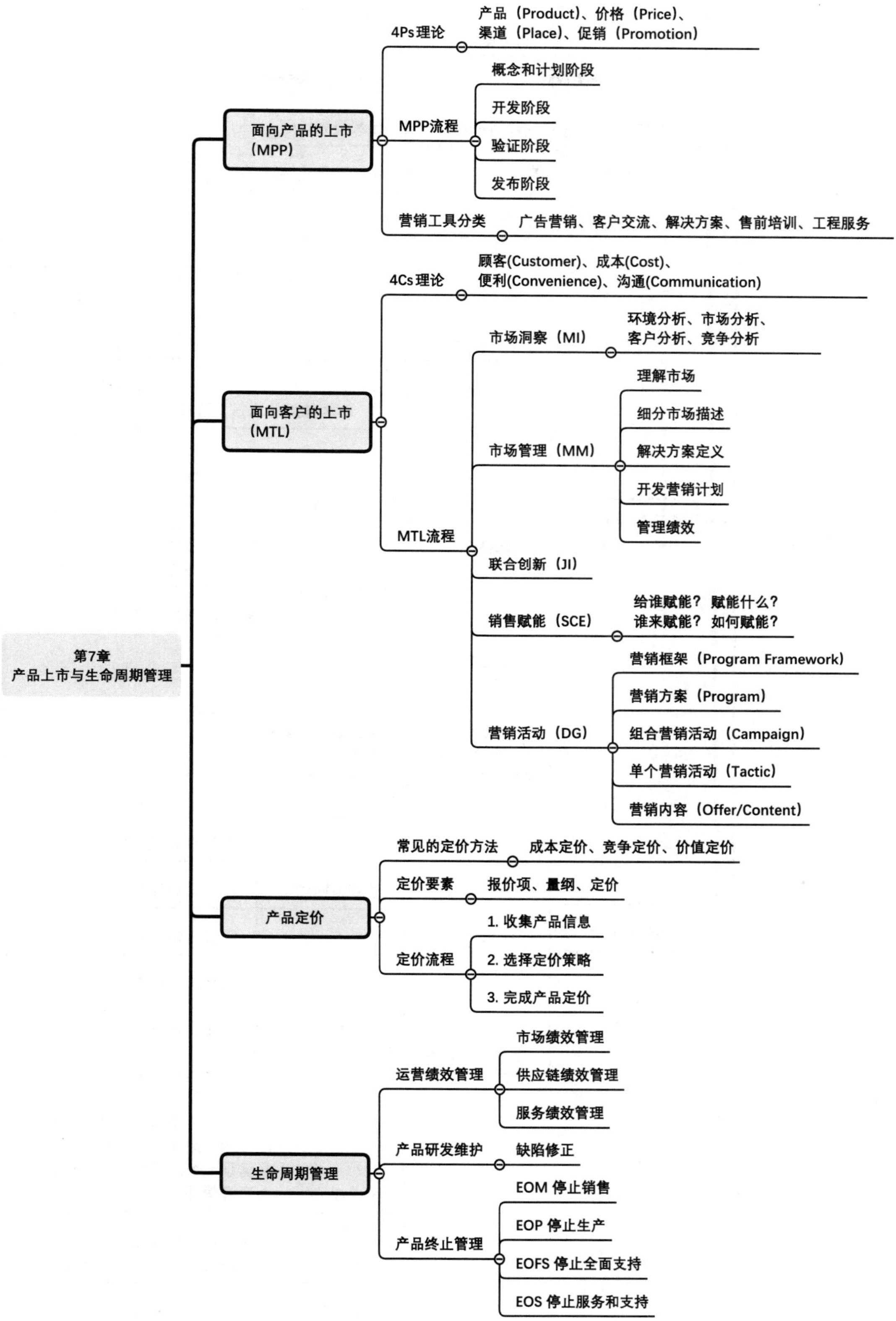

附图 7　产品上市与生命周期管理思维导图

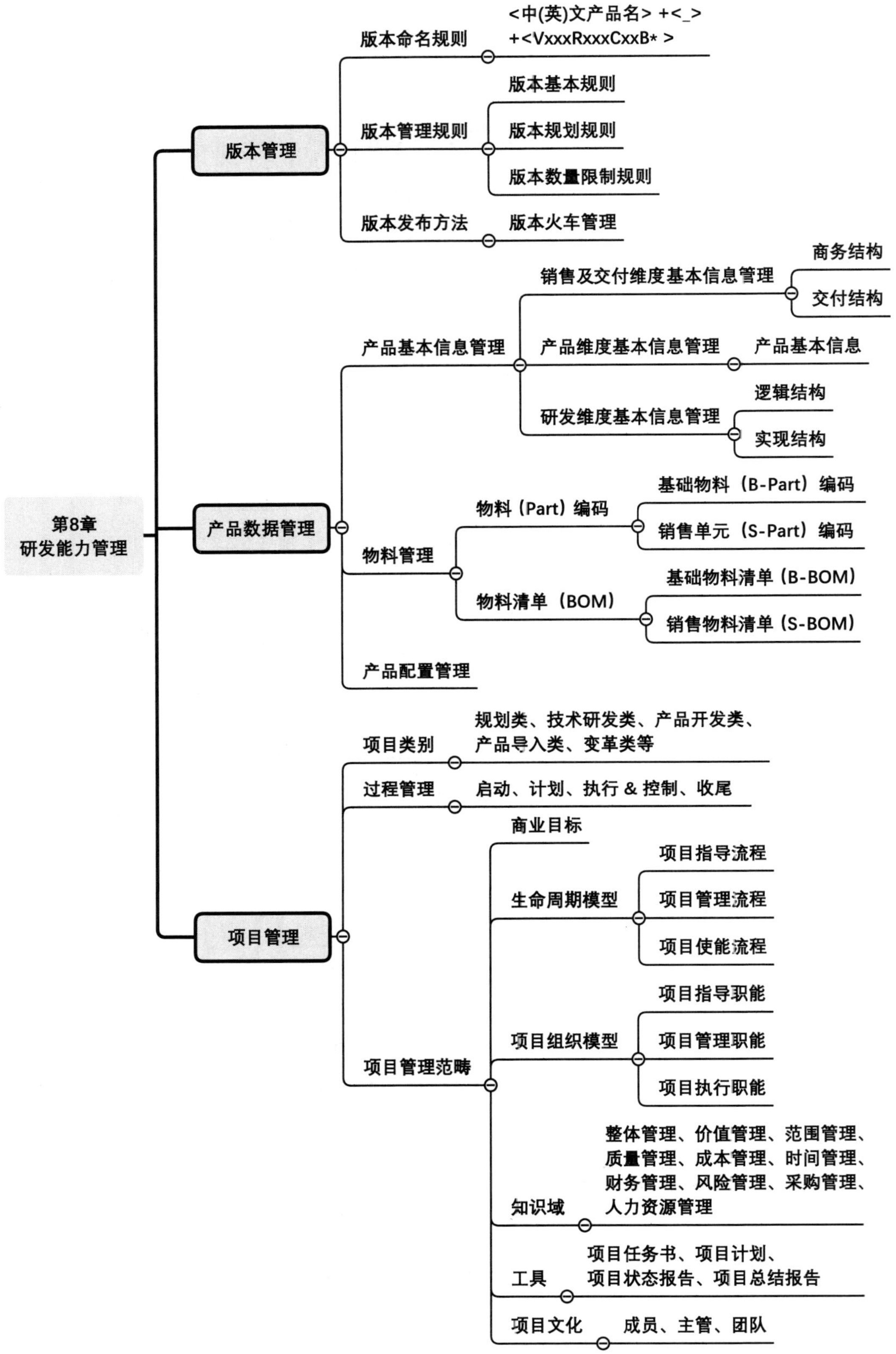

附图 8 研发能力管理思维导图（1）

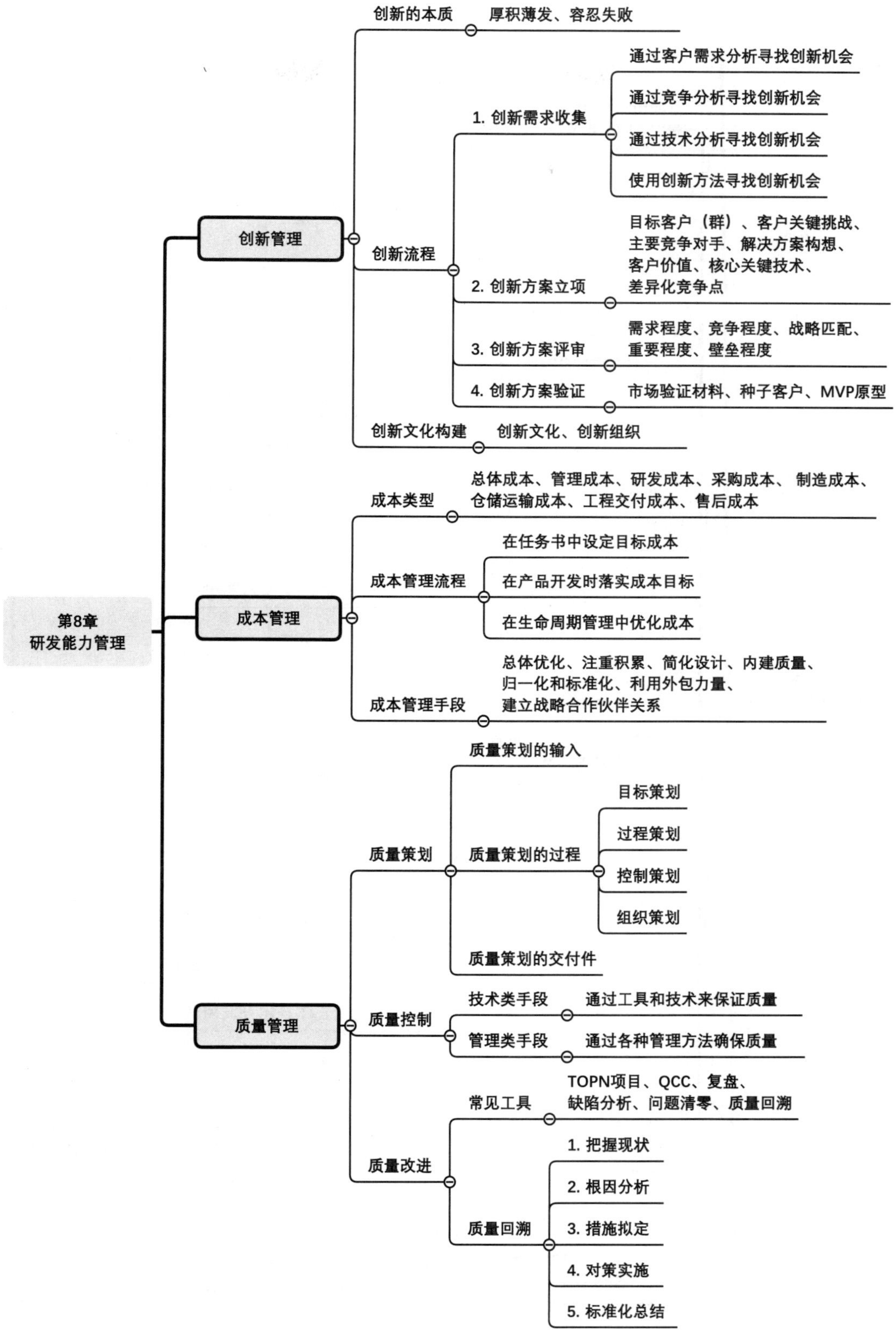

附图 9　研发能力管理思维导图（2）

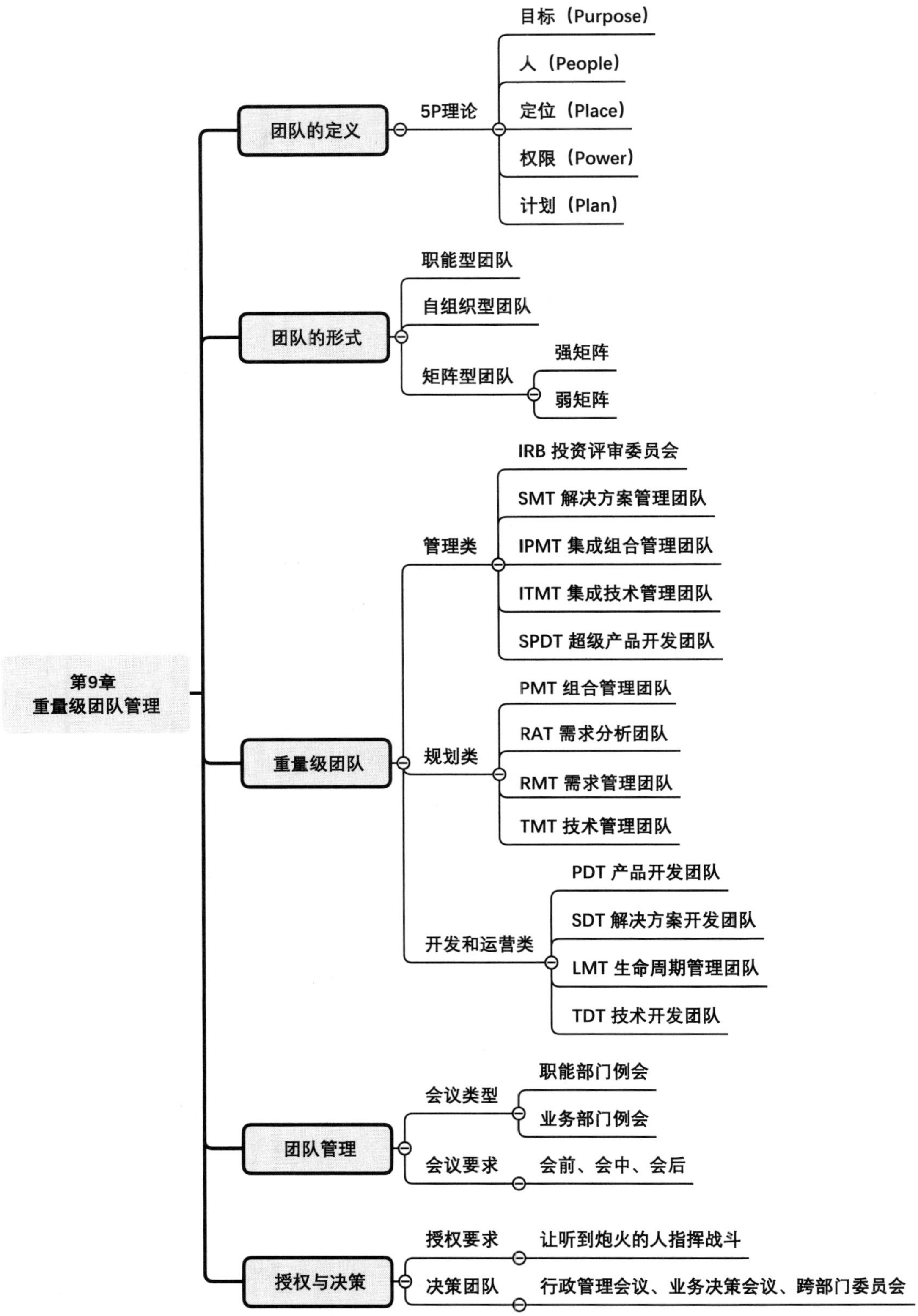

附图 10　重量级团队管理思维导图

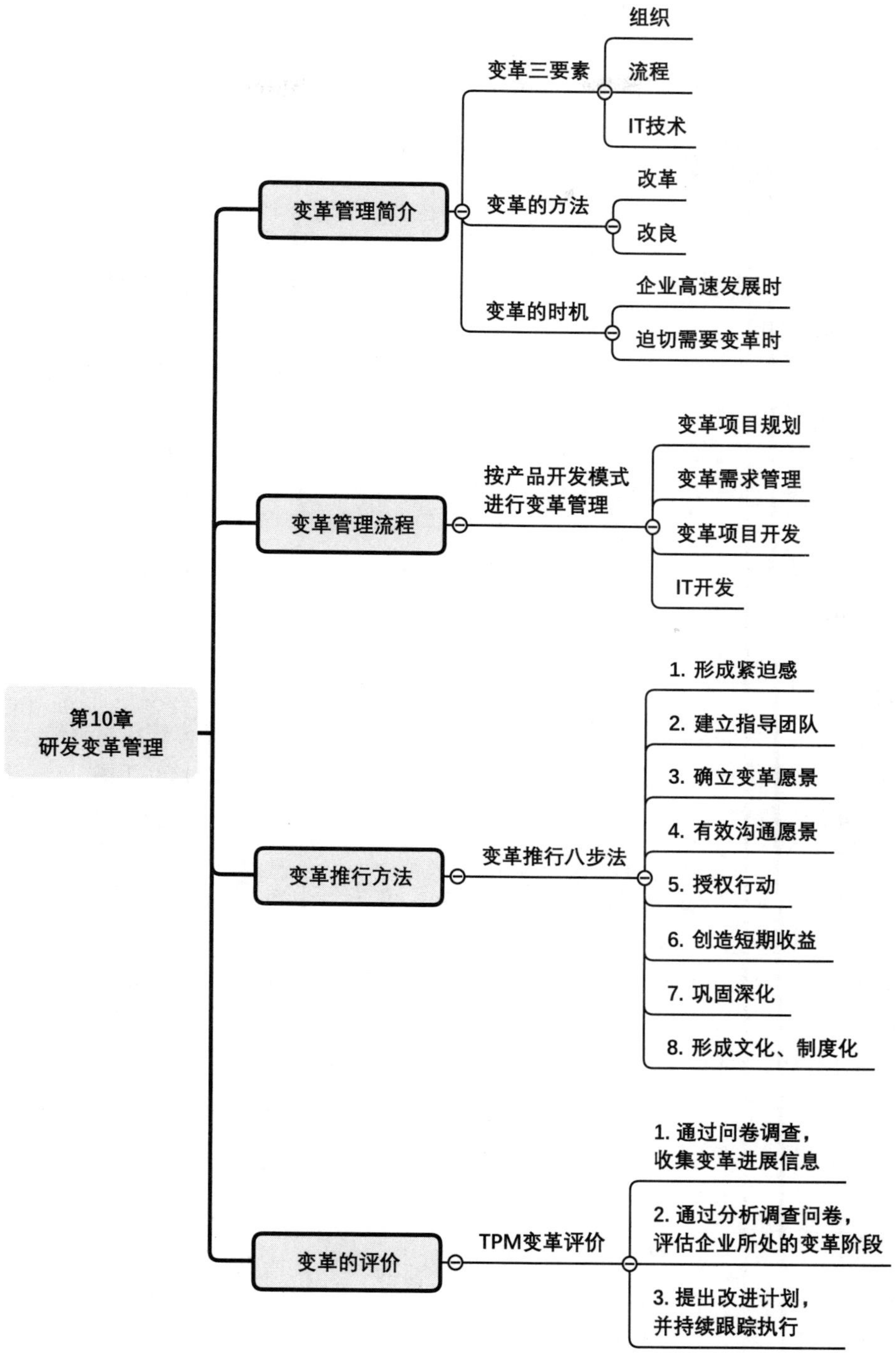

附图 11　研发变革管理思维导图

参考文献

［1］麦格拉思．培思的力量：产品及周期优化在产品开发中的应用［M］．徐智群，朱战备，等译．上海：上海科学技术出版社，2004.

［2］钱・金，莫博涅．蓝海战略［M］．吉宓，译．北京：商务印书馆，2005.

［3］卡普兰，诺顿．战略地图：化无形资产为有形成果［M］．刘俊勇，孙薇，译．广州：广东经济出版社，2005.

［4］加勒特．用户体验要素［M］．范晓燕，译．北京：机械工业出版社，2019.

［5］摩尔．跨越鸿沟［M］．赵娅，译．北京：机械工业出版社，2009.

［6］中国质量协会．质量经理手册［M］．北京：中国人民大学出版社，2010.

［7］斯莱沃斯基，莫里森，安德尔曼．发现利润区［M］．吴春雷，译．北京：中信出版社，2010.

［8］（美）项目管理协会．项目管理知识体系指南［M］．王勇，张斌，译．北京：电子工业出版社，2009.

［9］周辉．产品研发管理——构建世界一流的产品研发管理体系［M］．北京：电子工业出版社，2012.

［10］兰西奥尼．该死的会议：如何开会更高效［M］．陈佳伟，译．北京：中信出版社，2013.

［11］依迪斯．新解决方案销售［M］．武宝权，译．北京：电子工业出版社，2014.

［12］产品开发与管理协会．产品经理认证（NPDP）知识体系指南［M］．北京：电子工业出版社，2017.

［13］奥斯特瓦德，皮尼厄．商业模式新生代［M］．黄涛，郁婧，译．北京：机械工业出版社，2016.

［14］库泽斯，波斯纳．领导力：如何在组织中成就卓越［M］．徐中，沈小滨，译．北京：电子工业出版社，2018.

［15］夏忠毅．从偶然到必然：华为研发投资与管理实践［M］．北京：清华大学出版社，2019.

［16］科特勒，阿姆斯特朗．市场营销原理［M］．郭国庆，译．北京：清华大学出版社，2019.

致　谢

本书是笔者在华为技术有限公司、华为-3COM公司、烽火通信科技股份有限公司、深信服科技股份有限公司等企业从事产品研发工作的经验总结，书中介绍了集成产品开发（IPD）方法和应用实践，希望能够帮助更多读者了解集成产品开发（IPD）的应用细节。

在本书的编写过程中，得到了很多朋友和同事的大力支持，特别是李长春博士、吴良坤、张青、胡成田、王松、单魁、柏伟宁、龚燕春、周金友、刘志文等专家，在此深表感谢，同时也感谢与我一起奋斗多年的领导和同事们。

此外，笔者还需要感谢广大推行和实践集成产品开发（IPD）的企业。随着集成产品开发（IPD）在各行业中不断推行和实践，必将使集成产品开发（IPD）体系变得越来越完善，进一步帮助更多的企业成功，为社会创造更大的价值。

最后，笔者要感谢企业管理出版社的老师们，谢谢你们给我这次出版的机会，让我能够为社会贡献一点自己的力量。

王四海

2022年8月